ISBN 978-0-259-75463-3
PIBN 10636009

This book is a reproduction of an important historical work. Forgotten Books uses
state-of-the-art technology to digitally reconstruct the work, preserving the original format
whilst repairing imperfections present in the aged copy. In rare cases, an imperfection in
the original, such as a blemish or missing page, may be replicated in our edition. We do,
however, repair the vast majority of imperfections successfully; any imperfections that
remain are intentionally left to preserve the state of such historical works.

1 MONTH OF FREE READING

at
www.ForgottenBooks.com

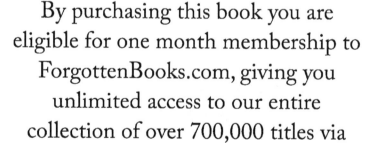

By purchasing this book you are eligible for one month membership to ForgottenBooks.com, giving you unlimited access to our entire collection of over 700,000 titles via our web site and mobile apps.

To claim your free month visit:
www.forgottenbooks.com/free636009

Reisebilder

aus

Ostafrika und Madagaskar

von

Dr. Conrad Keller.

Mit 43 Holzschnitten.

Leipzig.

C. F. Winter'sche Verlagshandlung.

1887.

Ueberſetzungsrecht vorbehalten.

Vorwort.

Wäre eine längst verbrauchte Redensart noch verwendbar, so würde ich hier vorausschicken, daß von vielen Seiten der Wunsch ausgesprochen wurde, meine bisher zerstreuten Reisebeobachtungen, welche an verschiedenen Orten mitgetheilt wurden, im Zusammenhang zu veröffentlichen.

Ich biete dem Leser eine Reihe afrikanischer Reisebilder, bald ernste, bald heitere, wie sie sich mir in bunter Abwechselung darboten. Sie sind nach der Wirklichkeit entworfen, und ich glaube, daß man ihnen Naturwahrheit zugestehen muß.

Ich schildere vorzugsweise die Wandertage eines Naturforschers, habe aber überall, wo es anging, das steifleinene Gewand der Gelehrsamkeit abzulegen versucht und eine möglichst zwanglose Form der Darstellung gewählt. Eine strenge Kritik stimmt vielleicht dieser Form nicht überall bei, anderseits glaube ich doch vielfach auf die Billigung der Leser rechnen zu können.

Meine erste Afrikareise wurde im Winter 1881/82 ausgeführt, die zweite wurde im Jahre 1886 unternommen.

Während dieser Reisen sind die frischen Eindrücke niedergeschrieben und als „Afrikanische Reisebriefe" in der „Neuen Zürcher Zeitung" veröffentlicht worden.

Ich empfand oft genug die ernsten Schwierigkeiten, formgerechte Reisebriefe aus den Tropen nach Europa zu schicken; aber der Zwang, den ich mir durch litterarische Verbindlichkeiten auferlegt hatte, erwies sich doch auch wieder wohlthätig.

Die Eindrücke wurden inmitten einer unvergleichlichen Tropennatur in einer Stimmung festgehalten, welche später nie mehr ganz genau hervorgerufen werden kann.

Jene Reisebriefe haben viele, zum Theil eingreifende Umänderungen erfahren, welche mehr formeller Natur sind. Einige habe ich jedoch unverändert gelassen, weil die Bilder bei einer Ueberarbeitung nur an Lebhaftigkeit des Kolorites eingebüßt hätten.

Daher ist in dieser Schrift Vieles so wiedergegeben, wie ich es an den Ufern des Indischen Oceans, in der Wüste oder im afrikanischen Urwalde niedergeschrieben habe.

Einige neue Kapitel führen den Leser an Probleme des organischen Lebens heran, welche wohl allgemeineres Interesse beanspruchen.

Da manche der gewonnenen Thatsachen neu sind, findet auch der Fachgenosse hier Verwendbares.

Natur und Menschen suchte ich zu schildern, wie sie sind, und da ich in meinem Urtheil an keinerlei Rücksichtnahme gebunden bin, werde ich da und dort von meinen Vorgängern abweichen.

So werde ich über madagassische Verhältnisse anders urtheilen, als verschiedene neuere Autoren.

Die von mir begangenen Gebiete werden zum Theil als gefahr= voll bezeichnet, dennoch hatte ich selbst in dem verrufenen Gebiete von Madagaskar nie einen ernstlichen Unfall zu beklagen, obschon ich im Verkehr meistens auf die Eingeborenen angewiesen war. Der primitive Mensch, der „Wilde", ist im Grunde viel leichter zu behandeln, als man gewöhnlich annimmt. Seine Denkweise ist eine naive, man muß sich in seine geistige Art hineinleben, um ihn zu gewinnen. Schonende Behandlung ist immer die sicherste Waffe, er legt seine Vorurtheile und sein Mißtrauen verhältnißmäßig leicht ab.

Ich glaubte durch Beigabe einer größeren Zahl von Illustrationen einzelne charakteristische Landschaftsscenen, Naturerzeugnisse und wenig bekannte Volkstypen wiedergeben zu sollen, da sie die Schilderung erst genügend anschaulich machen können.

V

Es sind mit wenigen Ausnahmen Originalbilder, welche der Künstler mit richtigem Verständniß ausgeführt hat. Zu ihrer Herstellung dienten meine eigenen Zeichnungen oder photographische Aufnahmen, welche ich während der Reise gemacht habe.

Die Vertrautheit mit photographischen Arbeiten verdanke ich meinem Collegen Professor Dr. Barbieri, welcher mich im photographischen Laboratorium des schweizerischen Polytechnikums in die nöthige Technik einführte und mir eine vollständige photographische Ausrüstung zu besorgen die Güte hatte.

In botanischen Fragen erfreute ich mich der Unterstützung der Botaniker am hiesigen Polytechnikum, und die genaue Bestimmung der mitgebrachten Pflanzen wurde vom Director unserer botanischen Sammlungen, meinem Freunde J. Jäggi, besorgt.

Ich darf ferner nicht unerwähnt lassen, daß meine Reiseunternehmungen auch außerhalb der rein wissenschaftlichen Kreise die lebhafteste Förderung erfahren haben, und ich hebe dies mit um so größerer Genugthuung hervor, weil unser Land keine Akademien oder ähnliche Institute besitzt, welche mit ihren reichen Hülfsmitteln Reiseunternehmungen in außereuropäische Gebiete ins Leben rufen können.

Die „Ostschweizerische geographische Gesellschaft in St. Gallen" gewährte in dankenswerther Weise eine Subvention für meine erste Reise und wiederholte dieselbe bei Anlaß meiner Rückkehr nach Afrika.

Ferner fühle ich mich gegenüber der „Kaufmännischen Gesellschaft Zürich" in hohem Grade verpflichtet, da ihre kräftige Initiative das Zustandekommen meiner zweiten Reise möglich machte. Sie übernahm in liebenswürdiger Weise die Pathenstelle, als meine Idee einer Madagaskar-Expedition als unbeholfenes Kind in das Licht der Welt hinauszuschauen versuchte.

Endlich bleibt mir noch die angenehme Pflicht, unserer Landesbehörde, dem hohen Bundesrathe, meinen Dank auszusprechen. Indem derselbe für meine Reise nach Madagaskar eine ausreichende Subvention gewährte, dokumentirte er die erfreuliche Thatsache, daß auch unsere

kleine Republik den internationalen Tribut auf dem Gebiete der Afrika=
forschung zu entrichten gewillt ist.

Die ungehemmte Hingabe an größere Forschungsaufgaben wurde
mir damit erleichtert. Blieben mir auch vielfache Entbehrungen nicht
erspart, so wurde ich hierfür durch die unvergeßlichen Eindrücke der
großartigen Welt der Tropen und die Bekanntschaft mit originellen
Völkern reichlich entschädigt.

Die Mühsale der Reise sind längst vergessen — die schöne Er=
innerung ist geblieben!

Zürich, am 1. Juli 1887.

Dr. Conrad Keller.

Inhalts-Uebersicht.

Ankunft in Unterägypten und auf der Landenge von Suez.

Nur allzuleicht regt sich beim Naturforscher, der aus Neigung und Beruf sich die Erforschung des organischen Lebens in seinen verschiedensten Erscheinungsformen zur Aufgabe macht, eine lebhafte Sehnsucht nach der Welt der Tropen. Und diese Sehnsucht ist ja verzeihlich und ganz naturgemäß, findet er doch unter dem heiteren und lachenden Himmel des Südens ein ergiebiges Feld, welches seine Forscherthätigkeit mit reicher Ernte belohnt und ihm eine Fülle der großartigsten Eindrücke darbietet.

Für ihn hat die Reiselitteratur eine gefährliche Seite, denn nur allzuleicht entzündet sich seine Phantasie an der Schilderung tropischer Naturscenen; er wünscht die lebenswarmen Bilder jenseits der Meere mit eigenen Augen zu schauen. Er kann nur schwer widerstehen, wenn ihn einmal das Reisefieber erfaßt hat.

Aber oft steht er einer rauhen Wirklichkeit gegenüber, welche ihn gefesselt hält, und umsonst versucht er seinen Fuß in jene Hesperiden= gärten zu setzen, um Anderen gleich von den Früchten einer verschwen= derischen Tropenwelt zu pflücken — sein Ideal bleibt oft nichts weiter als ein Ideal, um früher oder später zu zerrinnen.

Unter solchen pessimistischen Gedanken hatte ich einen längst ge= hegten Wunsch, eine Reise in die Tropen zu unternehmen, bereits als unerfüllbar aufgegeben. Gerade der schweizerische Naturforscher befindet sich in einer besonders ungünstigen Lage.

Unser kleines Land besitzt keine überseeischen Kolonien, welche die Gelegenheit einer größeren Reise bieten, auch fehlen uns jene wissen= schaftlichen Akademien oder ähnliche Institute mit reichen Geldmitteln, welche in den großen Staaten der Nachbarschaft Mittel für Reisezwecke auswerfen. Unsere Landesregierung hat namhafte Summen für die Er= forschung des heimatlichen Bodens bewilligt, für Forschungszwecke in außereuropäischen Gebieten darf sie nur ganz ausnahmsweise ausreichende Subventionen gewähren.

Trotz dieser ungünstigen Verhältnisse, welche anderseits das Gute haben, einen reiselustigen Kopf erfinderisch zu machen, bot sich mir gegen alles Erwarten im Winter 1881 die günstige Gelegenheit, einen lange gehegten Plan rasch auszuführen. Ich konnte Europa für einige Zeit verlassen, um in Aegypten die Wunder einer uralten Kultur mit eigenen Augen zu sehen und dann weiter im Süden an den Ufern des Rothen Meeres meinen Untersuchungen obzuliegen und gleichzeitig das tropische Afrika kennen zu lernen.

Die eigenartige und formenreiche Welt des Meeres hatte für mich von jeher einen besonderen Reiz, ihre glänzenden Gestalten im Gebiet des Indischen Oceans zu beobachten, muß ja verlockend sein.

Dann versprach der Orient mit seiner ganzen Originalität, mit seinem bewegten Treiben und mit seinen bunten ethnographischen Bildern mir Eindrücke, welche für einen Freund des Volkslebens unvergleichliche Genüsse in Aussicht stellten.

Der Zeitpunkt der Reise war allerdings kritisch, denn eben hatte sich die Choleragefahr glücklich verzogen, als schwere und unheildrohende Wolken am ägyptischen Himmel aufstiegen und den politischen Horizont zu verdüstern drohten. Begann sich doch bereits die ägyptische Revo= lution vorzubereiten, und es war nicht vorauszusagen, ob das Gewitter nicht unmittelbar bevorstehend sei.

Dennoch betrieb ich die Ausrüstung für die bevorstehende Reise in aller Eile und traf schon Ende December 1881 in Triest ein.

Der naturwissenschaftliche Reisende fühlt sich hier bald zu Hause, denn die österreichische Regierung hat hier der Wissenschaft eine Heim= stätte bereitet, die schon manchem Forscher schätzbare Dienste geleistet und mir von früheren Studien her in bestem Angedenken war.

Ich meine die zoologische Station im Campo Marzo, welche zwar auf bürgerlich=einfachem Fuße eingerichtet ist, aber unter der treff= lichen Verwaltung von Dr. Gräffe sich immer als ein sehr leistungs= fähiges Institut erwies.

Mein langjähriger Freund half mir in dieser Station meine wissenschaftliche Ausrüstung ergänzen. Da er lange in der Südsee als Naturforscher gelebt, wußte er besser als ich, welche Einrichtungen in fremden Gegenden unentbehrlich sind.

Schon in den ersten Tagen des Januar 1882 konnte ich mich an Bord des prächtigen Lloyddampfers „Saturno" begeben, um nach Alexandrien zu fahren.

Es ist ein eigenthümliches Gefühl, zum ersten Male auf einem großen Oceandampfer hinaus in ferne Gegenden zu ziehen, dem ich mich um so eher hingeben konnte, als um diese Zeit der Strom der Orientreisenden bereits vorüber ist und die Reisegesellschaft nicht sehr zahlreich war.

Bei heller, warmer Witterung und spiegelglatter See ging's die Adria hinunter. Die zerrissenen dalmatinischen Küsten bieten vielfache Abwechselung und ihre wildromantisch aussehenden Felsennester sind nicht ohne Originalität. Ihnen folgen die lieblichen Gestade der griechischen Inselwelt, und gerne benutzte ich einen kurzen Aufenthalt des Dampfers, um bei Korfu ans Land zu gehen. Die malerisch gelegene Stadt zeigt uns in ihren engen Gassen ein Stück Leben der modernen Hellenen von farbenreicher Wirkung. Die aussichtreiche von Cypressen umsäumte Esplanade zu besuchen, darf natürlich nicht unterlassen werden, und sie gewährt in der That einen reizenden Ausblick auf das Eiland, wie auf die benachbarten Küsten Albaniens.

Aber mit dem Verlassen dieser mit dem Zauber der Sage und Dichtung verklärten und an historischen Erinnerungen so reichen Stätten sollte ich bald auch mit den weniger angenehmen Seiten einer größeren Seefahrt bekannt werden.

In der Nähe von Kreta begann das Meer stürmisch zu werden und forderte zahlreiche Opfer. Auch ich entging nicht. Eine solche Fahrt ist dann just das richtige Mittel, um die Sehnsucht nach dem Lande hoch genug zu schrauben und die richtige Stimmung für den Orient hervorzurufen.

Als nach einer Fahrt von $5\frac{1}{2}$ Tagen beim ersten Morgengrauen die afrikanische Küste in Sicht kam und bei einem wundervollen Sonnenaufgang die rauchenden Essen und die zahlreichen Windmühlen von Alexandrien sichtbar wurden, zahlreiche dunkle Palmen auftauchten und die phantastischen Umrisse des halb verfallenen Schlosses El Mels sich scharf vom Horizont abhoben — da wurden Alle an Bord neu belebt.

1*

Als endlich die dunkeln Gestalten der Araber in ihren Barken den Dampfer umzingelten, ein wahres Höllengeschrei erhoben und katzenartig unser Verdeck erkletterten, waren die Leiden der Seereise bereits vergessen.

Ich war Neuling im Orient, und der Eintritt in das mir gänzlich fremde Land ist so einfach nicht. Meine zahlreichen Kisten, welche die wissenschaftlichen Ausrüstungsgegenstände enthielten, wurden zunächst von der ägyptischen Douane zurückbehalten. Meine vielen Gläser mit Con-servierungsflüssigkeiten, Fischereigeräthe und optischen Instrumente aus-zupacken und den Zollbeamten erst weitläufig auseinanderzusetzen, wozu alle diese Dinge dienen, und damit das Mißtrauen dieser Beamten zu beschwichtigen, ist mit Zeitverlust und endlosen Plackereien verbunden. Hat man in solcher Lage nicht specielle Empfehlungen zur Hand, so setzt man sich großen Unannehmlichkeiten aus.

Ich hebe mit Genugthuung hervor, daß das österreichische Konsu-lat mir in dieser Angelegenheit seine zuvorkommenden Dienste anerbot und sie in wenigen Stunden erledigte.

Alexandrien mit seinem halb orientalischen, halb europäischen Cha-rakter machte noch den Eindruck einer in ihrer Vollblüte stehenden Handelsstadt, und ich ahnte nicht, daß der eherne Mund englischer Kanonen demnächst eine furchtbare Sprache reden sollte und die Brandfackel des Krieges diese blühende Stadt schon nach wenigen Monaten zur Hälfte in einen Trümmerhaufen verwandeln würde.

Als Frembling im Lande der Pharaonen wollte ich zunächst das Leben im Delta und die wunderbare Metropole des Orients — Kairo — näher kennen lernen.

Die Bilder, welche eine Fahrt durch die vom altehrwürdigen Nil getränkten Fluren bietet, sind oft genug beschrieben. Es war ein warmer Januartag, als ich im Schnellzug der Chalifenstadt zueilte. Das Delta prangte im üppigsten Grün, die genügsamen und fleißigen Fellahin trieben ihre schwerbeladenen Kamele und Esel vor sich her, die breithörnigen Büffel wateten in dem schwarzen Nilschlamm umher; zahlreiche Schöpf-räder, seit undenklichen Zeiten unverändert geblieben, waren überall in Thätigkeit und versorgten die wohlunterhaltenen Kanäle mit Nilwasser. Gute Bekannte aus der Heimat kommen daher; es sind die Schwalben, welche ihre gewohnte Orientreise längst antraten, es sind die Bachstelzen, welche an den Sümpfen wippen, Wiedehopfe, welche von der dahin-

eilenden Lokomotive aufgescheucht werden, daneben zahllose Schwimm=
vögel, Strandläufer u. f. w.

Eine fast überreiche Vogelwelt hat im Delta Quartier genommen,
ohne jedoch einer behaglichen Ruhe und Sicherheit sich zu erfreuen;
denn wenn der Bewohner des Nildeltas auch eine genügsame und fried=
liche Natur ist — der Vogelwelt stellt er ebenso leidenschaftlich nach
wie der Bewohner Italiens.

Wer sich in den Besitz einer Feuerwaffe setzen kann, durchstreift
die Umgebung der elenden Fellahdörfer und sucht sich einige armselige
Vögel zu erhaschen.

Wenn man indessen die primitiven Waffen näher ansieht, so ge=
winnt man die Ueberzeugung, daß die Verheerung nicht allzugroß sein kann.

Dem Fellah darf man dieser kleinen Missethat wegen weniger
grollen als dem glücklicheren Bewohner Südeuropas. Seine Lage ent=
spricht nur zu sehr den allbekannten Schilderungen. Inmitten einer
verschwenderischen Natur bietet er ein Bild des Elendes. Wer seine
aus getrocknetem Nilschlamm erbaute Wohnung auch nur ein einziges
Mal näher besehen hat, wird sich eingestehen müssen, daß unsere Schweine=
ställe im Vergleich mit seiner Hütte wahre Luxusbauten sind. Ich will
nicht leugnen, daß die braunen Fellahdörfer mit ihrer Umgebung von
schlanken Dattelpalmen und breitästigen, dunkelbelaubten Sykomoren für
den Maler reizende Motive abgeben können — vom rein menschlichen
Gesichtspunkte aus betrachtet bieten sie durchweg ein Bild menschlichen
Elendes.

In physischer Hinsicht ist dieser Zug auch deutlich genug ausgeprägt.
Nicht ein jugendfrisches Gesicht ist mir unter den zahllosen Kindern be=
gegnet, welche dem Reisenden unter dem ständigen Ruf: Moje! Moje!
in irdenen Krügen Wasser anzubieten pflegen. Fast die Hälfte dieser
armseligen Geschöpfe ist mit der ägyptischen Augenkrankheit behaftet, ist
triefäugig oder hat ein Auge eingebüßt.

Und dennoch klebt der Fellah mit einer wunderbaren Zähigkeit an
seinem Boden und an seiner armseligen Hütte, wenn er auch stets ge=
knechtet und von oben ausgebeutet wird.

In seiner geistigen Kultur gänzlich vernachlässigt, niemals in den
Besitz eines menschenwürdigen Daseins gelangt, muß naturgemäß sein
Charakter knechtisch, kriechend und feig geworden sein.

Kein Wunder, daß in ihm jeder Funke Freiheitsgefühl ersticken mußte und er bei dem sich vorbereitenden blutigen Waffenspiel so kläglich Fersengeld gab.

Die Führer der ägyptischen Revolution — abgesehen von den guten Freunden, welche nur ihren Egoismus zu befriedigen suchten — waren Idealisten, welche nicht mit den seit Jahrtausenden wirksamen Faktoren rechneten. Als solchen harrte ihrer eine bittere Enttäuschung.

Etwas freundlichere Bilder treten auf, wenn man sich Kairo nähert. Die Wohnungen werden besser und die physische Beschaffenheit der Bewohner ansprechender.

In der Ferne, noch duftig und halb verschwommen, tauchen die Pyramiden von Gizeh auf, und bald befindet man sich mitten im Gewühle der zauberhaften Chalifenstadt.

Erst jetzt hat man den wirklichen, unverfälschten Orient. Kairo gilt mit Recht als die Perle des Orients, der Araber besingt mit seiner reichen Phantasie das unvergleichliche Masr el quahira, und der dürftigste Fellah packt sich wenigstens ein Mal in seinem Leben etwas Dattelbrot und Eier zusammen, um die Wunder der Hauptstadt mit neugierigen Augen zu besichtigen. Er kehrt dann zu seinem Weibe zurück und hat noch jahrelang zu erzählen von dem geräuschvollen Masr.

In der That dürften wenige Städte der Erde auf den Neuling einen so tiefen und nachhaltigen Eindruck machen, wie die orientalische Metropole mit ihrem großartigen und farbenreichen Leben.

Mit einem Male befindet sich der Abendländer in einer neuen und vom Occident gänzlich verschiedenen Welt.

Da finden sich alle jene bunten Bilder beisammen, von welchen wir aus bloßen Schilderungen nur eine blasse Vorstellung gewinnen.

Da zieht der unverfälschte Orient in buntem Gemisch an uns vorüber: die phantastischen Trachten der verschiedenen orientalischen Völker, vom lärmenden Eseljungen und schmutzigen Derwisch bis hinauf zum vornehmen Pascha; gläubige Moslimin, welche sich zum Gebet auf die Erde werfen, die dichtverschleierten orientalischen Frauen und die elegante, aber unverhüllte Abendländerin.

Da sind die glänzenden Bazare und die schmutzigen arabischen Stadtviertel, in denen der herrenlose, schakalähnliche Hund träge und feig herumschleicht. Wer das Volksleben studieren will, findet hier Stoff in

Fülle. Man möchte Monate verweilen, denn stets tauchen neue und originelle Bilder auf.

Leider konnte ich nur zehn Tage in Kairo verweilen. Bei der liebenswürdigen Aufnahme, welche ich bei meinen Landsleuten fand, gestalteten sich dieselben höchst genußvoll und belehrend zugleich, die Besuche in Heliopolis, in den Museen von Bulak und die Besteigung der Cheopspyramide sind ja ganz dazu angethan, unvergeßliche Eindrücke zu hinterlassen.

Von großem Interesse war mir die Bekanntschaft mit Professor G. Schweinfurth, welcher auf dem afrikanischen Boden so heimisch ist und mir daher werthvolle Winke für meine weiteren Unternehmungen geben konnte.

Mit großer Liberalität von ihm aufgenommen, weihte er mich in die Funde ein, welche kurz vorher in den alten Sarkophagen von Theben gemacht wurden.

Ein Zufall und ein Verrath hatten diese Funde der Wissenschaft zugeführt. Die Araber boten nämlich seit längerer Zeit sehr alte Statuetten zum Verkauf an, welche als vollständig echt gelten mußten.

Sie hatten offenbar alte Gräber geplündert, hielten aber theils aus Eigennutz, theils aus Furcht die Fundstellen geheim.

Die ägyptische Regierung verfolgte die Sache mit wachsamen Augen und kam ihr auf die Spur.

Mehrere Brüder waren im Besitze des Geheimnisses. Sie wurden ohne viel Umstände ins Gefängniß gesetzt, aber sie blieben stumm wie ihre Königsgräber. Endlich geriethen sie unter sich in Streit, die Minorität wollte gestehen, die Majorität schweigen. Einer der Brüder, welcher fand, es sei weit angenehmer, als Beduine frei in der Wüste herumzuschweifen, als von der Polizei bewacht zu werden, machte Geständnisse und zeigte eine tief im Sande verborgene Stelle.

Ohne diesen Verrath wären vielleicht die kostbarsten Sachen auf eine empörende Weise verschleudert worden, und die Regierung war einsichtig genug, dem Araber eine hohe Belohnung zu geben und damit Andere zu ermuntern, antiquarische Fundstellen anzuzeigen.

Die Sarkophage zeigten eine überraschend gute Erhaltung, und ich konnte ihre Schönheit nur bewundern. Man ersieht aus den eröffneten Särgen, welchen pietätvollen Kultus die alten Bewohner des Nillandes mit ihren Todten trieben.

Aeußerlich sind die Särge mit reichem Bilderwerk verziert, die Mumien durchweg gut erhalten und die Tücher, womit die Leichen umwickelt sind, so frisch und rein, als ob die Einsargung erst vor kurzer Zeit stattgefunden hätte. Alle Särge sind reich mit zierlichen und schön erhaltenen Todtenkränzen angefüllt.

Die Blumen wurden mit großer Sorgfalt aneinander gereiht, und die Herstellung dieser Guirlanden muß geschickte und zarte Hände erfordert haben.

Die Auswahl der Blumen und Blätter war eine große, Lotosblumen, Seerosen, Akazienblüten, Rittersporn u. s. w. am häufigsten.

Diese Funde gewähren damit auch ein hohes naturwissenschaftliches Interesse, indem sie uns einen Einblick in die Flora früherer Jahrtausende gewähren und ein gut erhaltenes Herbarium darstellen, welches nicht etwa bloß in die Zeiten des großen Linné zurückreicht, sondern noch dreißig Jahrhunderte älter ist und aus einer Zeit stammt, da noch keine Iliade gedichtet ward.

Wie gut diese botanischen Reste noch erhalten waren, bewies mir ein Delphinium, das in Wasser aufgeweicht wurde und an welchem ich nicht allein die Krone mit dem wohlerhaltenen Sporn, sondern auch die unversehrten Staubfäden mit ihren Staubbeuteln erkennen konnte, ja an manchen Stellen war die Blume noch lebhaft violett gefärbt.

Eine Blume, welche vor Sesostris geblüht hat, heute noch in ihrer violetten Farbe bewundern zu können, ist wohl kein alltägliches Vorkommniß!

In Kairo konnte ich bald genug die Wahrnehmung machen, daß ich meine Studien stark zu beschleunigen hatte, da die politische Atmosphäre sehr schwül war und schon die nächste Zeit eine recht kritische und unangenehme Situation schaffen konnte.

Der kühne Fellachen-Oberst Arabi-Bey war damals der Löwe des Tages und stand an der Spitze der Nationalpartei; ich vernahm bald nachher seine Ernennung zum Pascha.

Es war dies offenbar eine demonstrative Belohnung dafür, daß er kurz vorher einige Regimenter aus der Umgebung von Kairo zusammenzog, mit klingendem Spiel vor das Ministerialgebäude marschierte, die Wachen des Königs entfernte und vom Khedive die Einberufung eines Parlamentes erzwang.

Ueber die Absichten Arabi's gingen die Meinungen sehr auseinander, seine eigene Frau behauptete, der Khedive hätte ihn früher in einer zarten Angelegenheit verletzt, aus Rache wolle der ehrgeizige Oberst denselben verjagen und sich in den Besitz der schönen Fürstin setzen; die Regierungspartei sah in ihm einen gefährlichen Meuterer; die Nationalpartei vergötterte ihn als eblen Patrioten. Thatsache ist, daß er während der ägyptischen Wirren die in Aegypten ansässigen Europäer immer rücksichtsvoll behandelte.

Stark betheiligt an jener nunmehr zu Grabe getragenen Bewegung war die Universität von Kairo, deren einflußreichste Professoren den Häuptern der Nationalpartei sehr nahe standen.

Die Gama el Azhar, die größte Hochschule des Orients, spielt in dem geistigen Leben der Bekenner des Islam eine nicht zu unterschätzende Rolle, und wiederholt wurde mir gesagt, daß ich dort ein höchst originelles Stück des orientalischen Wesens vorfinden werde, so daß ich mich zu einem Besuch dieser im Abendlande wenig bekannten Merkwürdigkeit Kairos entschloß.

Ich gebe hier die Eindrücke wieder, wie ich sie kurz nach dem Verlassen dieser Brutstätte des mohammedanischen Fanatismus meinem Tagebuch einverleibte. Dasselbe schildert den Besuch in folgender Weise:

Ich weiß nicht, bin ich in einem Narrenhause gewesen, oder war das ein Märchen aus Tausend und einer Nacht? So mußte ich mich unwillkürlich fragen, als ich wieder ruhig zwischen den vier Mauern meiner Wohnung am Ezbekiye-Garten saß.

Der Besuch der Gama el Azhar ist nicht Jedermann gestattet, und ich verschaffte mir eine Karte zum Eintritt, rief meinen Eseljungen und ritt durch die Muski, die belebteste Straße von Kairo hinaus.

Ist man halbwegs bei den Chalifengräbern angelangt, so biegt man rechts ab in eine Seitengasse und erreicht in wenigen Minuten die Moschee El Azhar. Auf zwei Punkte muß besonders Rücksicht genommen werden. Erstlich wähle man einen arabischen Dolmetscher und sodann beobachte man die größte Vorsicht und Andacht, auch wenn die Lachmuskeln kaum mehr zu bemeistern sind, denn man befindet sich auf einem Boden, wo man unter Umständen Beleidigungen mit der größten Seelenruhe aufnehmen muß.

Daß man sich in der Nähe der orientalischen Alma mater befindet, wird bemerkbar durch die zahlreichen Bazare, wo der Koran feilgeboten

wird und zahlreiche Schreibtafeln, Papiersachen, Tintengeschirre und roth=
gebundene Kollegienhefte zu haben sind.

Man gelangt in den Vorhof der Moschee, welche als hohe Schule
dient, und die wachthabende Polizei fordert die Einlaßkarte.

Man erwarte nicht, einen Prachtbau zu betreten. El Azhar ist
ringsum von Häusern umgeben und halb versteckt. Nur die schlanken
Minarets verrathen uns, daß hier eine Moschee steht.

Das Gebäude macht den Eindruck hohen Alters und befindet sich
in etwas baufälligem Zustande. Es ist so alt als das heutige Kairo
und wurde schon im zehnten Jahrhundert für den Sitz mohammedanischer
Gelehrsamkeit eingerichtet.

Seit mehr als 800 Jahren sind von dieser klassischen Stätte aus
viele Generationen streitbarer Vorkämpfer des Islam hervorgegangen, und
heute noch strömen zahlreiche Jünger der Wissenschaft und des Glaubens
herbei, um zu den Füßen ihrer Meister zu sitzen und ihren Wissensdurst
zu löschen. Die Zahl der Studenten soll sich auf etwa 10 000 belaufen,
und ich glaube, diese Ziffer ist nicht allzustark übertrieben.

Wer seine Stiefel auszieht oder sich Strohpantoffeln miethet, darf
ein Vestibül betreten, wo schon zahlreiche Studierende sich aufhalten.
Hier sind die Leibbarbiere der akademischen Jugend, mit Messer und
Scheere, um die Köpfe zu rasiren. Der Student kauert ruhig vor seinem
Coiffeur nieder, und dieser beginnt an der Peripherie, um in concentrischen
Kreisen das Haupthaar abzutragen.

Man erreicht nachher einen weiten, offenen Hof, wo das studentische
Leben sich schon in der buntesten Weise entfaltet. Die Landsmann=
schaften finden sich hier im freiesten Verkehr zusammen.

Es wird da auch gezecht, aber der Labetrunk ist kein brauner
Gerstensaft — sondern gewöhnliches Nilwasser, welches der Gastwirth
aus einem schweren Thonkrug in messingene Schalen gießt.

Andere Gruppen widmen sich ernsteren Beschäftigungen, arbeiten
die Randbemerkungen aus, welche während der Vorlesung gemacht wurden,
oder üben unter drolligen Bewegungen die einzelnen Suren des Korans ein.

Einige Schritte weiter und wir treten an eine Cisterne, wo eine
neue Gruppe die vom Koran vorgeschriebenen Waschungen vornimmt.
Sehr empfehlenswerth ist hier, daß diese Stätten noch nicht von weib=
lichen Studierenden besucht werden.

An den Seiten des Hofes sieht man Säulengänge und zahlreiche abgetheilte Hallen für die verschiedenen Landsmannschaften, die sogenannten Riwak mit einem besonderen Aufseher.

Die Jünger der Wissenschaft scheinen wenig Hang zu kosmopolitischen Anschauungen zu haben, sie sondern sich hier nach einzelnen Provinzen und treiben vielfach Unfug.

Aber das interessanteste Leben beginnt erst im Grunde des Hofes, wo man die weiten Räume des Allerheiligsten betritt. Hier sind die Hauptlehrsäle in einer Säulenhalle mit magisch gedämpftem Lichte.

Hier sind die einzelnen Professoren, „Schech" genannt, welche die muselmännische Wissenschaft vortragen. Rechtslehre, Geschichte, Philo= sophie und Gottesgelehrtheit sind die wichtigsten Materien. Als Uni= versalhandbuch dient der Koran.

Verschiedene tausend Studenten beleben dieses Sanctuarium, und man wandert bequem von einer Vorlesung zur andern. Gleich am Eingang hält ein älterer Herr, mit Brille bewaffnet, seine stark besuchten Vorlesungen.

Seine Lehrkanzel ist an einer Porphyrsäule aufgestellt und seine Zuhörer liegen dem Meister buchstäblich zu Füßen. Mit untergeschlagenen Beinen sind sie dicht um ihren Schech gedrängt; jeder hat seinen Koran. In ruhiger, gemessener Weise liest er einzelne Stellen des Korans vor und fügt für jeden Kasus seine Erläuterungen bei. Mit Eifer machen die Hörer ihre Randbemerkungen.

Meister wie Schüler sind mit einem rothen Turban bedeckt, der weiß umwunden ist. Das Bild erinnert an unsere Farbenstudenten.

Ich vermuthe, der würdige Herr ist ordentlicher Professor des mohammedanischen Rechtes, vielleicht schon arabischer Geheimrath oder Justizrath, denn er hat ein großes, aufmerksames Auditorium von etwa 200 Studenten.

Ich gehe etwa ein Dutzend Schritte weiter. Auf einer sehr ein= fachen, hölzernen Lehrkanzel sitzt ein Herr von angenehmem, bürgerlichem Aussehen. Vor etwa 60 Zuhörern trägt der Meister ruhig und be= stimmt vor, sein Gestus ist sehr gewählt, wenn auch nicht besonders lebhaft.

Zuweilen hält er in seinem Vortrag inne und richtet Fragen an seine Zuhörer, oder es werden Fragen an ihn gerichtet.

Ich vermuthe, dies war ein Extraordinarius für islamitische Theo=
logie freisinniger Richtung. Seine Studenten haben mich gut aufge=
nommen, d. h. mich einige Male unter Zischen fixirt.

Abermals ein Dutzend Schritte weiter und ich befinde mich in einer
dritten Vorlesung. Vor einer Marmorsäule steht ein zerbrechliches
Katheder aus Rohrgeflecht. Mit untergeschlagenen Beinen, welche zu=
weilen krampfhaft angezogen werden, sitzt ein junger Araber in dunkler
Kleidung. Es ist eine unschöne, magere und offenbar etwas hektische
Figur. Sein Hörsaal ist mäßig voll; es sind etwa 30 Schüler um ihn
versammelt. Er spricht heftig und stößt nur abgebrochene Sätze hervor.
Sein Gestus ist unbeholfen und sein Gesicht verzerrt er beim Vortrag
in leidenschaftlicher Weise.

Seine Hörer sind zwar junge Männer von 17 Jahren, aber sie
führen sich ziemlich ungezogen auf. Es fehlt an der nöthigen Disciplin.
Während des Vortrages balgen sich die jungen Herren; dicht vor mir
werden gegenseitig Rippenstöße verabfolgt.

Meine Person besehen sie in ziemlich unverschämter Weise; häufig
höre ich das Wort „Kelb", d. h. Hund aussprechen, womit ich gemeint
bin. Einige benutzen auch den gebrochenen Plural dieses Wortes und
schreien: „Kilab!"

Ich vermuthe, daß ich hier der Vorlesung eines arabischen Privat=
docenten, höchstens eines Titular=Schech beigewohnt habe. Derselbe
scheint mir Vertreter der orthodoxen Theologie, der sunnitischen Richtung
des Islam zu sein.

Ich wollte mich wieder in den freien Hof begeben, als ich dicht in
der Nähe der Gebetsnische eine dichte Gruppe beobachtete, bei welcher
offenbar etwas vorging.

Mein Dragoman zupfte mich und flüsterte mir zu: „El Schech el
Kebir", das ist der große Professor! Um so besser, da wollen wir uns
noch den Rector magnificus von Kairo näher ansehen.

Eben erhob er sich vom Boden und seine kaum mittelgroße Figur
stand mir gegenüber. Ich sah ein säuerlich=bitterlich=süßliches Gesicht,
um dessen Lippen unaufhörlich ein geriebenes Lächeln spielte. Der
Mann schien mir seiner Macht sehr, sehr bewußt. Die Studenten brachten
ihm eine auffallende, eine geradezu kriecherische Verehrung dar, jeden
Augenblick wurde seine Hand erfaßt und geküßt.

Die Bekleidung des großen Schech bestand aus einem grünen Kaftan und einem grünen Turban. Ich hatte demnach einen Nachkommen des Propheten vor mir, denn nur diese dürfen Grün tragen. Er setzte sich wieder, ein Schüler nach dem andern fiel vor ihm auf die Erde und berührte mit der Stirn die dargereichte Rechte. Das Haupt der hohen Schule hielt offenbar einen Kursus über angewandten Islam ab, und als dieser zu Ende war, trat er auf meine sehr aufmerksame Wenigkeit zu und begrüßte mich in gebrochenem Italienisch.

Ich krümmte pflichtschuldig meine Wirbelsäule und verneigte mich respectvoll. Er hielt nun eine arabische Anrede, aus der ich nur die Frage verstand: Wer bist Du?

Ich durfte nun nicht mehr stumm bleiben.

Alle diese seltsamen Eindrücke hatten stark auf meine Empfindungen gewirkt, ich konnte kaum mehr ernst bleiben, denn dieses Treiben kam mir vor wie ein Karneval, und als der große Schech nun gar an mich eine Frage stellte, so schossen unglücklicher Weise einige richtige arabische Vocabeln durch mein Gehirn und fügten sich zu einer halbwegs richtigen Phrase zusammen — ein harmloser Kalauer entschlüpfte mir, indem ich dem hohen Herrn bemerkte, ich sei ein Kollege aus Europa, welcher auch als Schech an einer hohen Schule lehre.

Der Mann wurde hierauf empfindlich und bemerkte etwas piquirt: „Bleibe mir weg mit Deiner hohen Schule in Europa, denn bei Dir gibt es keinen Allah!" Er empfahl sich, seine Schüler folgten ihm und ließen zum Abschied ihre eigenthümlichen orientalischen Gewohnheiten hervortreten. Daß sie mir Gesichter schnitten und mir einen „Christenhund" an den Kopf warfen, konnte mich kaum überraschen. Als sich aber ein siebzehnjähriger Bengel dicht vor mich hinstellte und seine Zunge so weit als nur möglich herausreckte, fand ich diese akademischen Manieren doch etwas stark und verließ diese Stätte der Jugendbildung!

Ich habe hier ein Stück des kairener Lebens mit möglichster Treue zu geben versucht, man wird es originell genug finden.

Von Kairo aus begab ich mich zunächst mit der Wüsteneisenbahn nach Ismailija, um daselbst thiergeographische Arbeiten an die Hand zu nehmen. Der mitten in der Wüste gelegene Ort am Ausgang des Wadi Tumilat ist nicht gerade groß, aber die von europäischen Geschäftsleuten und Beamten des Suez=Kanals bewohnte Stadt mit ihren geraden Straßen und hübschen Gärten macht durch ihre Sauberkeit einen sehr vortheilhaften Eindruck, während das Arabisch=Ismailija, etwa 10 Minuten südlich vom europäischen Quartier gelegen, ein ziemlich armes und unreinliches Dorf bildet. Die Lage inmitten der gelben Sandhügel an dem etwas melancholischen Timsah=See ist nicht unschön. Unterkunft ist leicht erhältlich.

Die feierliche Ruhe und der Ernst der Landschaft steht in einem großen Gegensatz zu dem tollen und lauten Treiben Kairos. Nur die Nächte sind etwas unangenehm, da die schakalähnlichen Hunde, welche ja von jeder ägyptischen Ortschaft unzertrennlich sind, mit Sonnenuntergang ihr widerwärtiges Geheul anheben und mit einer rührenden Ausdauer bis zum ersten Morgengrauen fortsetzen.

Von hohem Interesse erschien mir die Zusammensetzung der Thierwelt in den Bitterseen und im Suez=Kanal, und ich konnte auf den Excursionen in verschiedener Richtung bald ein reiches Material zusammenbringen.

Im Anfang hatte ich zwar einiges Unglück, denn als ich einen jungen Araber mit der ersten Sammlung von Fischen aus dem Suez=Kanal nach meiner Wohnung schickte, um inzwischen noch Gläser und Weingeist einzukaufen, erhielt ich zu meinem Erstaunen ein Gericht mehr, als alle übrigen Gäste meines Hotels — es waren gebackene Fische, welche ich meinem arabischen Diener übergeben hatte und der sie in der Küche abgegeben hatte!

Zum Glück ließen sich diese Objekte wieder ersetzen. Nachdem ich mir möglichst vollständige Sammlungen angelegt und bei den einheimischen und europäischen Fischern genauere Erhebungen über das Vorkommen und Fehlen der bekanntesten Meeresgeschöpfe in den Bitterseen veranstaltet, wandte ich mich nach Suez. Die Wüsteneisenbahn fährt fast beständig dem Suez=Kanal parallel.

Ich kann nicht behaupten, daß Suez auf mich einen guten Eindruck gemacht hat. Es ist die schmutzigste Hafenstadt, welche mir je vorgekommen ist, und zeigt alle Spuren des Zerfalles.

Ich will mit aller Bereitwilligkeit anerkennen, was der Orient an Schönem, an Herrlichem bietet, aber in die Fußstapfen derjenigen zu treten, welche jeden zerlumpten Araber, jede elende Hütte, ja jeden Haufen

Unrath als echt orientalisch, gar als klassisch bewundern, ist mir un=
möglich.

Der orientalische Charakter ist verwischt, und was an Europa an=
klingt, ist nicht immer sehr vortheilhaft. Man wird schwerlich auf so
kleinem Raum so viel Gesindel antreffen, wie in Suez.

Die Straßen sind staubig und voll Unrath, eine Brutstätte für
Flöhe, welche den Reisenden unaufhörlich quälen; die Umgebung ist in
landschaftlicher Hinsicht ziemlich reizlos. Der Strand des Meeres bietet
dem Zoologen nur wenig, da er flach und sandig ist.

Von einem Aufblühen des Ortes in Folge der Eröffnung des
Suez=Kanals ist keine Rede, er hat nur während des Baues dieses
Riesenwerkes eine ephemere Bedeutung erlangt.

In commerzieller Hinsicht bleibt noch einiger Verkehr mit dem
Suban und Arabien.

Führt auch die große Pilgerstraße nach Mekka nunmehr über Suez,
statt wie früher über Koseir, macht der fromme Moslim auch mit Vor=
liebe seine Einkäufe bei seinen Glaubensgenossen, so ist doch der Pilger
im Ganzen arm und bedürfnißlos. Daher sind die Bazare durchweg
unbedeutend. Das Speditionsgeschäft hat seit der Vollendung des
Isthmusdurchstiches seine Zukunft völlig eingebüßt, und andere Erwerbs=
zweige, welche vordem blühten und auf die Equipirung der auf der
Rhede liegenden Dampfer bedacht waren, sind nunmehr gänzlich gesunken.

Ich könnte mich mit dem Ort noch versöhnen, wenn er wenigstens
ordentliche Esel und nicht so heruntergekommene Eseljungen besäße.

Aber auch das ist nicht der Fall, dieses Volk besitzt eine unglaub=
liche Dreistigkeit, gegen welche nur der Segen Allah's, d. h. die Peitsche hilft.

Da ist der Eseltreiber der Metropole doch eine ganz andere Er=
scheinung und bildet in dem gleichen Maaße die originelle Figur wie
der Schusterjunge in Berlin oder der Lazzarone in Neapel. Ein ge=
borenes Sprachengenie, sind ihm alle Zungen des Abendlandes geläufig,
und nichts ist drolliger als die Fertigkeit, womit diese im Ganzen ordent=
lichen Jungen ihre Reitthiere anempfehlen. Mit echt orientalischer
Phantasie greifen sie oft zu den verwegensten Vergleichen, um die Vor=
züge ihrer Thiere anzupreisen, und sogar der Kaiser und Bismarck müssen
den Glanz ihrer Tugenden erhöhen.

Daneben ist der Junge ein Muster von Genügsamkeit. Er läuft
hinter dem Reiter her, ohne je zu ermüden, er macht den Weg zu den

Pyramiden, ohne etwas zu genießen, wenn er auch nicht unempfindlich gegen Knochen, Eier u. dergl. ist.

Sein lebhaftes Interesse für einen ausgiebigen „Bakschisch" weiß er wenigstens noch in eine annehmbare Form zu kleiden.

Aber wie gesagt, man findet das nur in Kairo, während der Esel=junge in Suez jeder Originalität entbehrt. Seine Reitthiere konnte ich auf größere Excursionen kaum gebrauchen.

Es war mir wahrhaft wohlthuend, daß ich im Hotel d'Orient wackere Wirthsleute antraf. Sie stammen aus Dalmatien und halten ein einfaches aber sauberes und billiges Gasthaus.

Große Dienste leistete mir sodann ein junger Franzose in dem benachbarten Port Tewfik, welcher meine im Suez=Kanal vorgenommenen Studien in jeder Weise fördern half und durch seine tüchtigen natur=wissenschaftlichen Kenntnisse mich sehr unterstützen konnte.

II

Thiergeographische Ergebnisse im Suez-Kanal.

Eine hohe Kultur hatte sich schon im Lande Aegypten entwickelt, als der schaffende Menschengeist im alten Hellas noch schlummerte und die Geschicke der abendländischen Völker noch im Reiche der Mythe **spielten.**

Von Kindheit auf sind wir daran gewöhnt, in der Geschichte dieses ehrwürdigen Landes weniger an das geräuschvolle Geklirr der Waffen zu denken, als vielmehr an ein Volk mit merkwürdigen staatlichen Institutionen, an die zähe Ausdauer riesiger Menschenmassen, deren Zusammenwirken unter dem Druck ihrer Herrscher gigantische Denkmäler der Baukunst schuf.

Wir denken an die mächtigen Isistempel, an die seltsamen Sphinxe, an die kühnen Obelisken mit ihrer geheimnißvollen Hieroglyphenschrift, wir denken zu allererst an die gewaltigen Pyramiden, welche dem Zahn der Zeit auf ewig zu trotzen scheinen.

Aber nicht allein die graue Vorzeit schuf auf diesem Boden staunenswerthe Zeugen menschlicher Kunst — als ob der klassische Boden Aegyptens providentiell für große Schöpfungen ausersehen sei, fügte dort auch die neueste Zeit ein staunenswerthes Werk hinzu. Es ist der Suez-Kanal, die größte menschliche Leistung des neunzehnten Jahrhunderts.

Werfen wir einen Blick auf die Karte, so scheinen allerdings die beiden Erdtheile Asien und Afrika nur durch einen schmalen Streifen Landes miteinander verbunden. Heute fahren Jahr für Jahr Tausende durch den Isthmus und finden es ganz vernünftig und natürlich, daß man hier eine Weltstraße für den Verkehr gebaut hat.

Es ist aber noch nicht allzulange her, da schwebte man in Europa zwischen Furcht und Hoffnung, ob diese Unternehmung je glücklich zu Ende geführt werde.

An die Berge von Schwierigkeiten, welche dem Isthmusdurchstich entgegenstanden, denkt heute Niemand mehr.

Was es heißt, mit allen Intriguen an einem orientalischen Hofe glücklich fertig zu werden, um nur die Concession hierfür zu erlangen; was es heißt, alle Minen gegen eine solche Unternehmung in der europäischen Diplomatie bloszulegen; was es heißt, als Wanderapostel von Stadt zu Stadt zu reisen, um die finanziellen Kreise zu gewinnen; was es heißt, mitten in der Wüste zehn Jahre hindurch ein Arbeitsheer mit den täglichen Bedürfnissen zu versorgen und unter dieser aus allen Nationen zusammengewürfelten Menschenmasse Ordnung und Disciplin aufrecht zu erhalten — daran denken wohl Wenige. Allein das echte Genie eines Ferdinand von Lesseps schreckte vor keiner Schwierigkeit zurück.

Es hieße Eulen nach Athen tragen, wollte ich die eminent praktische Tragweite seines Werkes noch besonders hervorheben. Es genügt der Hinweis auf die Thatsache, daß schon im Jahre 1881 über 2500 Schiffe auf dieser Wasserstraße dahinzogen, heute mehr als 3000 Fahrzeuge per Jahr diesen Weg einschlagen und die kühnsten finanziellen Erwartungen übertroffen wurden.

Der Suez = Kanal bietet aber neben seiner praktischen Bedeutung noch ein ganz besonderes wissenschaftliches Interesse dar.

Indem der geniale Franzose zwei Meere verband, mußte man im Kreise der Naturforscher mit einiger Spannung ein Schauspiel erwarten, wie es nie zuvor in dieser Ausdehnung und Eigenartigkeit zur Beobachtung gelangen konnte.

Gewisse Passagiere benutzen nämlich die neue Karawanenstraße, ohne die vorgeschriebenen Kanalgebühren zu entrichten — es sind die thierischen Karawanen beider Meere, welche in den Kanal vordringen und das entgegengesetzte Gebiet zu erreichen suchen. Als natürliche Folge dieser Schöpfung tritt eine Vermischung, eine Diffusion zweier Meeresfaunen auf.

Für den Thiergeographen hätte keine günstigere Stelle auf der Erdoberfläche zur Vermittelung zweier Meere gewonnen werden können, da in diesen Gebieten sehr eigenthümliche Verhältnisse bestehen.

Zwei verschiedene Meere kommen sich bis auf 150 Kilometer oder 30 Stunden nahe, aber wie grundverschieden ist ihre thierische Bevölkerung bei Port Said und bei Suez. Es sind durchaus verschiedene Faunen.

Ob man bei Port Said, oder am Strande von Marseille, Neapel oder Triest weile, überall begegnet man ungefähr den gleichen Arten. Es ist die Mittelmeerfauna, welche enge Beziehungen zu derjenigen des atlantischen Gebietes besitzt.

Ein ganz anderes Bild gewährt die Meereswelt von Suez, wo man etwa auf dem täglich stattfindenden Fischmarkt einen Einblick auf die Erzeugnisse der tiefblauen Fluten des Rothen Meeres erlangt.

Da begegnen wir einer echt tropischen Meeresbevölkerung, wie wir sie etwa bei Singapore oder an den Küsten der fernen Philippinen antreffen.

Fahren wir etwa in einer Segelbarke in die Gegend von Ain Musa, so weiden wir unsere Augen bereits an den herrlichen Korallen des Rothen Meeres mit ihren graziösen Formen und ihren duftigen Farben, an den tropischen Gestalten der Rifffische, welche an Farbenglanz mit den Kolibris und den tropischen Schmetterlingen wetteifern, an den sonderbar gestalteten Weichthieren und Sternthieren, deren Gattungen bis nach der Zanzibarküste und nach Australien hin zu verfolgen sind.

Der Kontrast beider Meere ist nicht nur für den Forscher, sondern auch für den Laien ganz augenfällig.

Wie können wir uns mit dieser Erscheinung zurecht finden?

Der Schlüssel liegt in der Geschichte unserer Erde.

Die Meereswelt des Rothen Meeres stammt aus dem großen Becken des Indischen Oceans, vermochte aber nicht nach dem Mittelmeer zu gelangen, da dasselbe offenbar lange geologische Zeiträume hindurch vom Rothen Meere getrennt ist.

Aehnlich wie Gebirge oder Meere und Sandwüsten als unübersteigbare Schranken zweier Landbevölkerungen auftreten, so bildete der Isthmus von Suez eine trennende Schranke für zwei Thierbezirke des Meeres.

Die Schranke ist gefallen, ein Austausch der Bewohner beider Meere ist möglich, und man frug sich, wie dieser erfolge.

Da bisher weder die Kanalgesellschaft noch irgend eine der reichen wissenschaftlichen Anstalten die einzelnen Phasen verfolgen ließ, so hatte ich bei meinen Untersuchungen noch ein völlig unausgebeutetes Feld vor mir.

Warum wandern eigentlich die thierischen Arten von einem Gebiete ins andere.

2*

Die Gründe sind im allgemeinen die gleichen, welche den Menschen zum Wandern anspornen.

Wenn wir Menschen wandern, so können verschiedene Motive vorliegen. Wir suchen vielleicht unseren Ideenkreis zu erweitern und die Welt in ihren verschiedenen Erscheinungsformen kennen zu lernen, manchmal ist es ein religiöses Motiv, welches die Menschen nach geheiligten Stätten ziehen läßt.

Aber das sind doch mehr vereinzelte und zufällige Ursachen. In der Regel ist es die harte Noth, welche die menschlichen Individuen von der kargen Scholle der Heimat wegtreibt, und die Auswanderung ist ein Versuch zur Lösung einer socialen Frage.

Man wird nicht fehl gehen, wenn man behauptet, daß der Trieb der großen Völkerbewegungen vorwiegend im Magen wurzelt, die Auswanderungsfrage ist eine Magenfrage.

Man sehe auf die stets wachsende Zahl der Europamüden hin, welche nach überseeischen Gebieten wandern; man sehe auf die Asienmüden hin, welche von China her auf den Westen Nordamerikas hinüberströmen und nur künstlich noch zurückgedämmt werden können, so kann man über die Ursachen der Wanderung nicht mehr im Unklaren sein.

Ganz analoge Verhältnisse bestehen in der Thierwelt. Es gibt nicht nur menschensociale Fragen, es gab stets und gibt noch heute auch thiersociale Fragen, welche gelegentlich sehr brennend werden.

Aus freiem Antrieb und zum einfachen Vergnügen unternimmt kein Thier größere Wanderungen.

Es ist der Hunger, in vielen Fällen auch der Trieb zur Fortpflanzung, welcher thierische Geschöpfe zum Wandern anspornt, und überall, wo eine zu große Anhäufung der Individuen erfolgt, greift das Thier zur Auswanderung, um dem Triebe der Selbsterhaltung zu genügen.

In welchem Maße sich die Bewohner des Salzwassers anhäufen können, dafür liefert gerade der am Nordende des Suez-Kanals gelegene Menzaleh-See ein schlagendes Beispiel.

Er bedeckt einen Flächenraum von etwa 180 000 Hektaren und sein Fischreichthum ist ganz bedeutend. Die ägyptische Regierung zieht alljährlich aus der Verpachtung der Fischerei im Menzaleh-See die Summe von 1½ Millionen Franken; ferner leben auf den zahlreichen Sandbänken und Dünen dieses Sees unzählbare Scharen von Möven,

Silberreihern und Pelikanen, welche nach den Berechnungen von Brehm täglich etwa 600 Centner Fische verzehren!

Wo die Gewässer derart mit thierischen Bewohnern übersetzt sind, da muß eine starke Konkurrenz um die vorhandenen Nährstoffe und zuletzt eine thiersociale Noth eintreten. Wie wir bald sehen, wird daher die Gelegenheit zur Auswanderung reichlich benutzt.

Theoretisch genommen, erscheint die Wanderung unter Zuhülfenahme des Suez-Kanals auf den ersten Moment sehr einfach, ist bei näherer Betrachtung jedoch sehr verwickelt.

So verschieden die in Rede stehenden Thierbezirke sind, so muß uns zunächst die Thatsache überraschen, daß schon vor der Eröffnung des Lesseps'schen Kanals, also schon vor 1870 eine mäßige Zahl von Arten beiden Meeren gemeinsam war.

Es sind Arten, die noch übrig bleiben, wenn man die Kosmopoliten und Halbkosmopoliten der Meere abzieht.

Sie müssen früher zu irgend einer Zeit die Landenge von Suez passirt haben, und wenn früher der Unterschied beider Faunen durch eine seit langer Zeit bestehende Trennung durch den Isthmus erklärt wurde, so muß diese Annahme etwas eingeschränkt werden.

Mit der von Lesseps geschaffenen Wasserstraße ist nämlich bereits zum dritten Male eine Verbindung zwischen dem Mittelmeer und dem Rothen Meer hergestellt.

Schon zur Pharaonenzeit wurde auf der Landenge von Suez mit dem Bau eines Schifffahrtskanals begonnen. Herodot, Strabo, Diodorus Siculus und verschiedene altarabische Schriftsteller haben mehr oder weniger eingehende Nachrichten über den Suez-Kanal des Alterthums hinterlassen.

Spuren desselben sind von der durch Bonaparte geleiteten französischen Expedition wieder zum Vorschein gekommen.

Herodot hat diesen Kanal wahrscheinlich gesehen. Er berichtet, daß Necho, Sohn des Psammetich, mit dem Bau desselben begonnen habe und daß hierbei 120 000 Aegypter zu Grunde gingen. Der Perserkönig Darius führte das Werk zu Ende.

Nach anderen Angaben soll schon vor dem trojanischen Kriege Sesostris mit dem Bau begonnen haben. Darius setzte ihn fort, aber vollendete ihn nicht, weil man ihn überzeugte, daß der Wasserspiegel des Rothen Meeres viel höher liege als derjenige des Mittelmeeres, und folglich das Land überschwemmen müsse.

Dieser Irrthum hat sich merkwürdiger Weise bis in die neueste Zeit hinein forterhalten, da er durch die fehlerhaften Vermessungen der französischen Expedition noch verstärkt wurde.

Dieses Vorurtheil saß sogar im Volke so fest, daß man z. B. in Venedig kurz nach Eröffnung des Lesseps'schen Kanals eine den Markus= platz überschwemmende Hochflut auf das Einströmen des Rothen Meeres zurückführte und wüthend über die Kanalbauer loszog.

Es ist ziemlich sicher, daß der Suez=Kanal des Alterthums vor mehr als 2000 Jahren, d. h. um 275 v. Chr. unter Ptolemäus II. fertig wurde.

Er war von ansehnlicher Breite, so daß zwei Dreiruder aneinander vorbeifahren konnten.

Seine Bedeutung für die berührten thiergeographischen Fragen kann jedoch nur eine geringe sein, denn er bildete keine directe Verbindung beider Meere.

Er entsprang aus dem östlichen Nilarm bei Bubastis, nahm seinen Weg westlich durch das heutige Wabi Tumilat und wandte sich beim Serapeum nach Süden zum Rothen Meere.

Sein Wasser war daher so versüßt, daß eine Wanderung der Meeresbewohner in größerem Maßstabe nicht stattfinden konnte, aber möglicher Weise einzelne Arten durch die Schiffe verschleppt wurden.

Dieser Kanal ging nach und nach der Versandung entgegen, und schon um die Zeit von Christi Geburt muß er nur mit Mühe fahrbar gewesen sein.

Wenigstens erzählt die Geschichte, daß jene Kleopatra, welche einen Cäsar und einen Antonius in ihre Netze zog und im Orient schließlich ein ziemlich ausgelassenes Leben führte, nach der Schlacht von Actium, als die Sache für Antonius eine schiefe Wendung nahm, ihre Kostbar= keiten auf Schiffe nach dem Rothen Meere flüchtete, daß aber viele dieser Schiffe im Pharaonenkanal stecken blieben.

Als Aegypten unter die Herrschaft der Araber gelangte, wurde der versandete Kanal wieder fahrbar gemacht. Amru trug sich sogar mit der Idee, denselben direct mit dem Mittelmeer zu verbinden; allein der Chalif Omar wollte das Eindringen fremder Schiffe in die arabischen

Gewässer nicht erleichtern. Im Jahre 767 ließ der Chalif Almansor den Kanal aus strategischen Gründen ganz zuschütten.

Eine noch ältere, dritte Verbindung beider Meere muß zur Quartär= zeit, d. h. während des jüngsten geologischen Zeitabschnittes unserer Erd= geschichte bestanden haben.

Fehlen darüber auch historische Angaben, so spricht die Boden= beschaffenheit auf der Landenge um so deutlicher hierfür.

Der Isthmus wurde zur Quartärzeit von Wasser bedeckt, bildete aber nur eine seichte Meereslagune. Diese war in der Mitte stark ver= süßt, nach beiden Meeren hin stark brackisch.

Der Nil floß zu jener Zeit wahrscheinlich nicht direct nördlich ins Mittelmeer, sondern bahnte sich seinen Weg durch das heutige Wadi Tumilat nach Osten, um in der Gegend des Timsah=Sees gleichzeitig nach dem Rothen und dem Mittelmeere abzufließen.

Wer das Wadi Tumilat aufmerksam untersucht, wird unschwer in demselben ein altes Flußbett erkennen, die Reste von zahlreichen und noch heute im Nil lebenden Süßwassermuscheln bestätigen diese Deutung.

In Folge der Schlammablagerungen, welche beim Bau des Kanals aufgedeckt wurden und sich bei Ismailija überall im Aushub zeigten, wurde die Isthmuslagune seichter und der Nil wurde schließlich genöthigt, seine Mündung nach Norden abzulenken.

Waren zu dieser Zeit für den Austausch der Thierwelt beider Meere immerhin Schwierigkeiten vorhanden, so vermochten doch schon damals einzelne Arten dieselben zu überwinden, und nach einer kritischen Sichtung der vorhandenen Angaben bleiben ungefähr zwei Dutzend Species, welche zur Quartärzeit die Landenge von Suez überschritten haben. Unter diesen befinden sich beispielsweise die Molluskenarten Cypraea moneta, Solecurtus strigilatus, Donax trunculus und eine mit großer Leichtigkeit wandernde Herzmuschel (Cardium edule).

Man darf nach den vorausgegangenen Thatsachen die Behauptung aufstellen, daß gegenwärtig die Bedingungen zur Auswanderung und zur Vermischung beider Thierbezirke weit günstiger sind als im Alter= thum und zur Quartärzeit.

Man hatte denn auch eine Massenwanderung erwartet, und san= guinische Naturen hofften, daß sich in Bälde Kolonien der wunderbaren indischen Meereswelt an allen Gestaden des Mittelmeeres zeigen werden, man müsse keine kostspieligen Reisen mehr unternehmen, um ihrem Studium nachzugehen, da dieselbe spesenfrei zu uns herüber wandere.

Die Zeitungen berichteten häufig von gewaltigen Haifischzügen, welche vom Suez-Kanal her im Mittelmeere eintrafen. Gewöhnlich tauchten solche Berichte um die Hundstage herum auf.

Es ist die alte Geschichte. Je unwissender man über die Erscheinungen der Natur ist, um so thätiger wird die menschliche Phantasie.

Die strenge und kritische Forschung hat mich zu einer weit nüchterneren Auffassung dieses Wanderprocesses geführt.

So einfach und glatt läuft auch heute die Reise durch den Suez-Kanal nicht ab, und darf ich ein Bild gebrauchen, so möchte ich sagen, daß ähnlich wie die menschlichen Karawanenzüge in der Wüste mit unendlichen Mühsalen, mit der brennenden Hitze, dem quälenden Durste und dem lähmenden Samum zu kämpfen haben, die Thierkarawanen durch den Suez-Kanal hindurch mit Gefahren und Hindernissen mannichfacher Art behelligt werden, und seit der kurzen Zeit des Bestehens dieser Wasserstraße vermochten nur einzelne Arten als besonders kühne und widerstandsfähige Wanderer das entgegengesetzte Meer zu erreichen. Angesichts der zahlreichen Schwierigkeiten hat es mich sogar überrascht, daß in einer relativ kurzen Zeit überhaupt schon so viele Arten den Isthmus zu überschreiten vermochten.

Es mögen hier die wichtigsten hemmenden Momente hervorgehoben werden.

Da ist zunächst die Bodenbeschaffenheit zu nennen. Das Kanalbett ist der Ansiedelung einer reichen Meereswelt entschieden nicht sehr günstig. Es besteht von Port Said an bis Suez aus lockeren Diluvialablagerungen, aus Quarzsand oder wenig zusammenhängendem Gipsmergel. Festere Bestandmassen treten zurück, und nur bei Ismailija findet man sporadisch einen lockeren Sandstein und weiter südlich auf kurze Strecken eine festere Gipsbank.

Diese Stellen werden von der Thierwelt mit Vorliebe besetzt.

Eine Vegetation von Pflanzen, welche der Thierwelt ein schützendes Versteck darbieten könnte, findet sich nur vereinzelt. Ein allgemeines Nachrücken der Thierwelt ist aber erst dann zu erwarten, wenn eine reiche Algenvegetation den Vormarsch angetreten hat. Doch konnte ich beim zweiten Besuche auf dem Isthmus an mehreren Punkten eine starke Zunahme der Vegetation feststellen.

Ein wesentliches Hinderniß bilden die Bitterseen, wovon namentlich der 35 Kilometer lange Bittersee bei Suez und der Timsah-See, weniger dagegen der Ballah-See und der Menzaleh-See in Betracht kommt.

Das Vorrücken ist ein etappenweises. Eine Thierkarawane, welche in einen Isthmussee eintritt, wird sich in demselben fächerartig ausbreiten und ihn erst bis zu einem gewissen Grade anfüllen müssen, bevor sie eine Etappe weiter gelangen kann. Im günstigsten Falle wird sie den Umweg an den Seeufern entlang vorschreiten, um in das nächstfolgende Kanalstück vordringen zu können.

Fig. 1.   Der heutige Suez-Kanal.

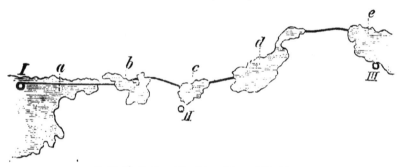

I. Port Said.   II. Ismailija.   III. Suez.

a. Menzaleh-See.   b. Ballah-See.   c. Timsah-See.   d. Großer Bittersee.

e. Rothes Meer.

Ganz auffällig zeigt sich dies gegenwärtig bei der großen Karawane, welche vom Rothen Meere her nach Norden zieht. Die meisten Arten fand ich bis zum Jahre 1886 noch in dem großen Bittersee im Norden von Suez zurückgehalten, sie kann einen Vorstoß gegen den Timsah-See vielleicht erst nach Jahren vornehmen.

Dagegen fand ich eine schöne, festsitzende Meduse (Cassiopea Andromeda), welche im Ufergebiet lebt, schon 1886 am Eingang des Timsah-Sees. Auch der Schiffsverkehr muß die Verbreitung der Arten beeinflussen.

Die fortwährenden Gleichgewichtsstörungen, welche die durchziehenden Dampfer im Kanalwasser hervorrufen, müssen hemmend auf das Vorrücken mancher Arten einwirken, die schwimmenden Larven vernichten und eine Menge Eier von ihren schützenden Brutstellen loslösen.

Anderseits können allerdings gewisse Formen durch Schiffe von einem Meere ins andere auf passivem Wege verschleppt werden. So wurde mir mitgetheilt, daß im Hafen von Marseille Seeigel bemerkt wurden, welche der Mittelmeerfauna nicht angehören und nur durch Schiffe aus dem Rothen Meere verschleppt sein konnten.

Ein weiteres Hinderniß bilden die Strömungen im Kanal. Das Wasser ist nicht etwa stagnirend, sondern stets in ziemlich starker Strömung begriffen, was durch verschiedene Ursachen erklärt werden muß.

Die Hauptursache liegt offenbar in der ganz enormen Verdunstung des Kanalwassers, welche in der Mitte bedeutender ist als an den Enden des Kanals. Zur Sommerszeit gehen ganz gewaltige Mengen von Wasser in Dunstform weg. Für den großen Bittersee südlich vom Serapeum, allerdings dem bedeutendsten Evaporationsherde, hat eine genauere Berechnung ergeben, daß zur Sommerszeit täglich sieben Millionen Kubikmeter Wasser durch Verdunstung verloren gehen. Dieser Umstand hat sogar die klimatischen Verhältnisse auf der Landenge beeinflußt.

Während vor 1870 höchstens einmal im Jahre ein Regenschauer zu beobachten war, gelangen nunmehr monatlich zwei Regenfälle zur Beobachtung und eine reichere Vegetation beginnt sich anzusiedeln.

Die verlorenen Wassermengen müssen aus den benachbarten Meeren bezogen werden. Im Norden ist die Strömung südlich, bei Suez umgekehrt nördlich gerichtet. Die Mittelmeerströmung beträgt 0,30 Meter per Sekunde oder 1 Kilometer per Stunde, die Nordströmung bei Suez dagegen 1 Meter per Sekunde oder 3,6 Kilometer per Stunde.

Die Strömungen müssen theils hemmend, theils fördernd auf die Wanderung der Arten, wenigstens der schwimmenden Formen einwirken.

Das letzte, aber vielleicht das größte Hinderniß für die thierische Ansiedelung im Suez-Kanal bildet der veränderte Salzgehalt des Wassers. Das Kanalwasser ist ungewöhnlich stark mit Chlornatrium versetzt, eine Thatsache, welche schon kurz nach dem Durchstich der Landenge zur Beobachtung gelangte.

Zunächst fügt die gewaltige Verdunstung dem normalen Gehalt ein bedeutendes Quantum bei. In den großen Bitterseen allein wird auf diesem Wege der normale Gehalt täglich um 175 Millionen Kilogramm löslicher Salze erhöht, und eine stattliche Reihe von Eisenbahnzügen wäre erforderlich, um dieses tägliche Quantum herzuführen.

Der großartigen Leistung der Natur tritt hier so deutlich die Armseligkeit menschlicher Kraft und Leistungsfähigkeit gegenüber.

Nehmen wir für einen Augenblick an, irgend ein sportsüchtiger Sohn Albions hätte allen menschlichen Witz erschöpft und verfiele auf die abenteuerliche Idee, den großen Bitterseen auf der Landenge von Suez täglich dasselbe Quantum Kochsalz zuzuführen, wie es die Natur ohne fremde Beihülfe thut, so müßte er täglich eine Flotte von 175 Schiffen mit 1000 Tonnen Fracht in den Suez=Kanal einlaufen lassen. An Kanalgebühren allein hätte er Tag für Tag mehr als $1\frac{1}{2}$ Millionen Franken zu entrichten und zur Verladung der Fracht müßte er über eine Armee von 50000 Arbeitern gebieten, wobei noch keineswegs für genaue Einhaltung des Normalarbeitstages garantirt werden könnte!

Noch ein zweiter Umstand trägt zur Erhöhung des Salzgehaltes bei.

An der Stelle der großen Bitterseen befand sich ein ausgedehntes Salzlager als Rest eines früheren Bittersees. Schon die französische Expedition hat hierauf aufmerksam gemacht.

Die Oberfläche dieser Salzbank hatte eine Ausdehnung von 66 Millionen Quadratmeter. Das Salz geht nach und nach in Lösung und bis 1876 wurden ungefähr 60 Millionen Kubikmeter gelöst.

In den tieferen Lagen ist daher eine fast gesättigte Salzlösung vorhanden, die Strömungen und durchziehenden Dampfer vermischen dieselben mit den weniger gesättigten Lagen der Oberfläche, so daß schon im Jahre 1872 das Kanalwasser einen dreimal so hohen Salzgehalt aufwies, als er normal im Meerwasser vorhanden ist.

Zartere Organismen sind aber einem veränderten Salzgehalt gegenüber oft sehr empfindlich und werden vom Wandern abgehalten.

Es ist daher auch geradezu auffallend, wie die wandernden Arten die tiefen, gesättigten Wasserschichten vermeiden und sich an die Oberfläche und die äußere Uferzone halten.

Die Milliarden von schwarzen Miesmuscheln (Mytilus variabilis), welche z. B. den Timsah=See bevölkern, bilden einen weithin sichtbaren, schwarzen Saum am Ufer, fehlen aber in der Tiefe, während sie im Rothen Meere oft tief hinabreichen.

Die künftigen Wanderzüge werden indessen günstigere Verhältnisse antreffen, da der hohe Salzgehalt im Kanal Jahr für Jahr zurückgeht.

Alles in Allem genommen erweist sich der Suez=Kanal als eine Straße, welche für die Thierwelt lang und beschwerlich ist, und wenn

fie dennoch begangen wird, fo müffen es zwingende Gründe fein, welche
fie dennoch diefe Wanderung unternehmen läßt.

Die Exiftenzbedingungen bringen mit fich, daß die Tiefenbewohner
der beiden Meere nach wie vor getrennt bleiben. Die Oberflächenthiere,
die fogenannten pelagifchen Formen fcheinen nur ganz ausnahmsweife
einzudringen. Wenigftens ergibt die pelagifche Fifcherei eine höchft
dürftige Ausbeute, und während der Nacht ift die Erfcheinung des
Meeresleuchtens, welche im Rothen Meere fo prachtvoll auftritt, im
Kanalwaffer nicht zu beobachten.

Immerhin kamen mir unlängft im Kanalftück beim Serapeum und
im Timfah-See fchöne und große Wurzelquallen (Rhizostoma Cuvieri)
zu Geficht, und im Rothen Meere waren die Ohrquallen der europäifchen
Küften (Aurelia) und Rhizostoma Cuvieri fchon vor 1870 beobachtet.
Sie nahmen mit größter Wahrfcheinlichkeit zur Quartärzeit ihren Weg
durch die Ifthmuslagune. Das Hauptkontingent wandernder Arten
liefern die Küftenbewohner.

Unter den Würmern und Krebfen find es vorwiegend Mittelmeer-
arten, welche auswandern.

Die fo gemeinen Seepocken haben Suez längft erreicht und fitzen
klumpenweife an den Tamarindenzweigen am Kanalufer.

Von Weichthieren find über 20 Arten unterwegs, welche zu drei
Vierteln dem Rothen Meere entftammen. Letztere verweilen zum Theil
noch in dem großen Bitterfee, theils find fie fchon bis Port Said gelangt, wie Mytilus variabilis, Mactra olorina und Cerithium
scabridum.

Von befonderem Intereffe ift, daß die koftbare Perlmufchel (Melea-
grina margaritifera) aus dem Arabifchen Meere auswandert und dem
Mittelmeere zuftrebt.

Wir haben daher Ausfichten, daß in Zukunft auch im Mittelmeere
die Perlfifcherei betrieben werden kann, wenn wir es auch fchwerlich
mehr erleben werden.

Eine ftarke Wanderung beobachtet man bei den Fifchen. Es war
vorauszufehen, daß die im Menzaleh-See lebenden, überreichen Kolonien
einen Vorftoß nach Süden machen werden, und die breitgedrückten
Schollen (Solea vulgaris), die fchöngebänderten Umberfifche (Umbrina
cirrhosa) und die gefräßigen Seewölfe (Labrax lupus) liefern den
Fifchern im Kanal eine gute Ausbeute und find längft im Golf von

Suez angelangt. Anderseits haben Barsche und Harder des Rothen Meeres bereits den Isthmus überschritten.

Dagegen wandern größere Raubthiere der Strandzone, wie Haie, Rochen, größere Krebse und Tintenfische nicht. Es soll damit nicht gesagt sein, daß sie später nicht nachfolgen. Bisher sind ihnen die Nahrungsreviere im Kanal offenbar nicht ergiebig genug.

Wider alles Erwarten zeigen die Pflanzenthiere, an denen doch das Rothe Meer so reich ist, nur geringe Lust zum Auswandern. Eine neue Spongie, von mir Lessepsia violacea genannt, ist im Kanal der Hauptvertreter dieser Gruppe und stammt vermuthlich aus dem erythräischen Gebiet. In jüngster Zeit hat eine merkwürdige strandbewohnende Meduse (Cassiopea Andromeda), welche eine sitzende Lebensweise führt, in großen Scharen einen Vorstoß bis zum Timsah-See gemacht; aber die farbenprächtigen Korallenthiere, welche den Reiz tropischer Meere aus= machen und im Rothen Meere so ausgedehnte Riffe erzeugt haben, werden den Isthmus nie überschreiten. Es ist daher auch keine Gefahr vorhanden, daß die Korallenbänke sich je an den Kanalufern ansiedeln und Störungen im Betrieb hervorrufen.

III.

Eindrücke im Ostsudan.

Nach einem zweiwöchentlichen Aufenthalt in dem reizlosen Suez hatte ich ausreichende Materialien für die thiergeographischen Studien im Suez-Kanale erlangt und fand eine gute Fahrgelegenheit, nach einem südlich gelegenen Küstenpunkt des Rothen Meeres zu fahren.

Anfänglich wollte ich einen der ägyptischen Dampfer der Société Khédiviale benutzen, obschon dieselben mit Bezug auf Reinlichkeit und Verpflegung vieles zu wünschen übrig lassen und ziemlich langsam fahren.

Der Agent der Gesellschaft erklärte mir mit aller Bestimmtheit, der Dampfer „Zagazig" werde in den ersten Februartagen nach Djebba und nach Massaua fahren, fügte aber vorsichtig hinzu: Inschallah! Wenn es Allah gefällt!

Es scheint nun wirklich Allah nicht gefallen zu haben, denn plötzlich kam Gegenbefehl, und die Abreise wurde um fünf Tage verschoben, natürlich wiederum mit dem bekannten Vorbehalt.

Wenn der Orientale eine Dummheit begeht oder seine Nachlässigkeit beschönigen will, so nimmt er zu seinem „Inschallah" Zuflucht, und da ich weder Zeit noch Lust hatte, um länger zu antichambriren und die Entschließungen Allah's herauszubringen, so wandte ich mich an den Agenten der italienischen Dampfergesellschaft, welche demnächst den etwas baufälligen Rubattino-Dampfer „Messina" nach der südägyptischen Küste abgehen ließ und nur noch auf einen von Port Said her kommenden Dampfer wartete, welcher Waaren für Massaua angemeldet hatte. Ein Telegramm brachte die Nachricht, daß der Kanal erst in zwei Tagen passirbar sei, indem ein Schiff in demselben fest aufgefahren sei und nur mit Mühe losgemacht werden könne.

Ich ließ dennoch mein Gepäck und die zahlreichen Kisten auf Esel verladen und an Bord der „Messina" befördern.

Der Kapitän lamentirte meines voluminösen Gepäckes wegen. Am Klang seiner Sprache hörte ich sofort, daß die ligurische Küste seine Heimat sein mußte, und ich wußte daher, wie ich mit dem Manne umzugehen hatte.

Die kurzen, kräftigen Gestalten Liguriens haben alle etwas Brummiges in ihrem Wesen. Indem sie ihr Italienisch etwas scharf accentuiren und die dunkeln Vokale stets zu trüben pflegen, so wird obiger Zug noch stärker ausgeprägt. Der Ligurier widerspricht gern, und solange Italien ein Königthum besitzt, huldigt er republikanischen Anschauungen; sollte einst die Republik proklamirt werden, so sitzt der Ligurier ganz gewiß auf den Bänken der Opposition. Aber er ist im Grunde so schlimm nicht — ich kenne die Leute der herrlichen Riviera seit langer Zeit; es sind arbeitsame und biedere Naturen, wenn ihre äußeren Formen auch zuweilen rauh sind.

Unser brummiger Kapitän war denn auch in kurzer Zeit so weit, daß er mir, nachdem wir das offene Meer erreichten, mit der größten Artigkeit seine Seekarten überließ, da ich die Tiefenverhältnisse verschiedener Meeresgebiete genauer zu studieren wünschte.

In der Frühe des 6. Februar wurden die Anker gelichtet und nun begannen neue und anziehendere Bilder aufzutauchen.

Anfänglich hat man ein wechselvolles Gebirgspanorama. Insbesondere zeichnen sich die grotesken Formen der Sinai-Halbinsel scharf von dem tiefen Blau des Himmels ab.

Die kecken Linien erinnern an die Gebirge der albanesischen und griechischen Küste. Die Abhänge der Gebirge sind gefurcht und gewaltig zerrissen. Von Vegetation ist keine Spur zu erkennen, vom Mosesbrunnen an sieht man nicht eine einzige Palme, nicht einen einzigen Strauch mehr.

Das Sinaigebirge, vom Glanze der untergehenden Wüstensonne verklärt, zeigte wunderbar duftige Felsmassen. Die Tinten wechselten von Minute zu Minute. Die höchsten Gipfel erschienen von gewaltigen Wolken verhüllt, hinter welchen man sich unwillkürlich den weitblickenden jüdischen Gesetzgeber und Volksführer denkt.

Aber bald schwinden auch die Gebirge der asiatischen und afrikanischen Küste, und der gefährlichen Klippen wegen muß man sich aus offene Meer halten.

Es wird wärmer in den Kabinen und man fühlt die unmittelbare Nähe der Tropen.

An der Meeresoberfläche läßt sich wenig thierisches Leben erspähen; außer den Delphinen gelingt es nur, einige Medusenschwärme und zahlreiche honiggelbe Röhrenquallen zu beobachten, dagegen verrieth zur Nachtzeit das glänzende Meeresleuchten die Gegenwart von zahllosen organischen Wesen.

Bald tauchten die nubischen Berge auf. Jene so charakteristische, blendendweiße Linie am Strande, welche die Brandung der Riffe anzeigt, mahnte zur Vorsicht. Ali, unser wachsamer arabischer Pilot, stand unermüdlich auf seinem Posten und spähte unaufhörlich nach verdächtigen Untiefen.

Fig. 2.

Hafen und Küste von Suakin.

Wir kamen nach einer Fahrt von beinahe 5 Tagen unversehrt nach einem Scherm, welcher eine Unterbrechung des Küstenriffes darstellt und den Zugang in den kanalartigen Hafen der nubischen Küstenstadt Suakin oder Sawakin bildet.

Die blendendweiße Stadt mit arabischer Bauart machte mir schon in der Ferne einen angenehmen und freundlichen Eindruck. Am Landungs=platze stand eine gewaltige Menschenmenge, die schwarzen Söhne und Töchter Nubiens mit ihrer seltsamen Frisur und ihrer stolzen Haltung.

Es ist für den Neuling ein ebenso fremdartiges und packendes Bild, als wenn er, vom Abendlande kommend, zum ersten Male den Boden des Orients erblickt. Es ist ein echtes Bild des tropischen Afrika.

Meine Ausrüstung ließ sich mit Leichtigkeit ans Land schaffen, und die ägyptische Douane erwies sich mir gegenüber außerordentlich höflich und unterwürfig, da mir das ägyptische Ministerium in Kairo einen Ferman eingehändigt hatte, welcher sofort über alle Zollplackereien hinweghalf.

Die nächste Sorge bestand darin, hier eine passende Unterkunft zu finden.

Es blieb mir kaum etwas besseres zu thun übrig, als mich bei einem Griechen einzumiethen, welcher in der Nähe des Landungsplatzes ein einstöckiges Haus gepachtet hatte und dasselbe unter dem pompösen Titel „Hôtel du Soudan" als Herberge für Reisende anbot. Da die Stadt Suakin keine Gasthäuser besitzt, wollte ich einen Versuch um so eher wagen, als ein Hof und ein geräumiges Zimmer mir für Studien= zwecke geeignet schienen.

Ueber den Freuden am Seestrande habe ich die Leiden in diesem Hause vergessen, aber der Herr möge mich in Zukunft gnädig vor einem ähnlichen Griechen bewahren!

Streit und Zank waren in diesem Hause das tägliche Brod. Die Frau hatte ein sehr loses Maul, und ihr Gemahl gab ihr mit einer rührenden Regelmäßigkeit die gewohnte Tracht Prügel, die Kinder stahlen, wo sie konnten.

Mein Wirth nannte sich „Pantosacco", und man muß es ihm lassen, daß er ein humorvoller, feinfühliger Etymolog ist, denn die Fama be= hauptete allgemein, daß er alles einsacke, was nicht niet= und nagelfest ist. Er war früher übrigens in Suez und Konstantinopel, führte dort jedoch andere Namen. Etwas verdächtig kam mir vor, daß er an der rechten Hand nur noch Daumen und Zeigefinger besaß.

Von angeblich wohlunterrichteter Seite hieß es, drei Finger seien ihm in Konstantinopel mit einem Beil abgehackt worden, als er bei einem Diebstahl in flagranti ertappt wurde.

Ich nannte meinen Wirth, der mich oft genug betrügen wollte, gewöhnlich „Pantophagos", denn so oft er auf dem Bazar etwas für meine erbärmliche Insel einkaufte, wanderte das Genießbare in seinen Magen.

Wohl erbaute mich manchmal der trauliche Gesang der Heimchen und der kluge Blick der zutraulichen Geckonen in meinem Zimmer; aber wie freute ich mich, als ich meine Wirthsleute verabschieden konnte.

Fern von aller Kultur, muß man sich eben fügen.

Sehen wir uns die Natur und die Menschen auf diesem originellen Fleck Erde, auf dem bald nach meinem Besuche sich so tragische Scenen abspielen sollten, etwas näher an.

Der Boden, auf welchem man an der Küste wandelt, ist ein Korallenriff mit einer spärlichen Vegetation.

Eine fruchtbare Alluvialschicht, meist aus den benachbarten Gebirgen hergeschwemmt, erfüllt zwar alle Bedingungen, um bei einiger Kultur einen reichlichen Ertrag abzuwerfen. Allein es fehlt an dem belebenden Elemente — dem Wasser. Die Anwohner haben für ihre Bedürfnisse zwar eine Anzahl tiefer Cisternen erstellt und fangen darin die reichen Regenmengen auf, welche im Winter, dann auch im Mai und August niederfallen, aber ihre Zahl ist ungenügend.

Die Vegetation ist jedoch im Winter reicher, als man erwarten sollte.

Am Strande, wo die Korallenriffe sich sanft gegen das Meer hin senken, hat sich die saftige Salsola in unglaublichen Mengen angesiedelt.

Ihr folgt ein ausgedehnter Rasen von Gräsern, welcher nach den Decemberregen einen herrlich grünen Teppich bildet und als Weide für Kamele, Rinder und Ziegen dient oder ein schmackhaftes Heu, „Haschisch" genannt, liefert.

Einige Palmenwaldungen, theils aus Dattelpalmen, theils aus Duhmpalmen (Hyphaene thebaica) gebildet, bringen etwas Abwechselung in die monotone Landschaft. Zu ihnen gesellt sich die dunkelbelaubte Sykomore (Ficus sycomorus), in deren Wipfel man dutzendweise die flaschenartigen, aus Gras geflochtenen Nester kleiner Webervögel erblickt.

In der Richtung nach Süden bilden Mimosen und Cissusbüsche einen ziemlich ausgedehnten Waldbestand.

Aber es ist nicht der üppige Wald der Tropen, sondern der charakteristische ostafrikanische Buschwald.

Manche jagdbare Thiere suchen hier Zuflucht. Hasen und Rebhühner leben da in Menge. Einmal sah ich in demselben auch eine Schar eines schwarzen Ibis (Ibis comata) lagern. Beim Ritt durch das Buschwerk scheucht man zuweilen die Hyäne auf, welche hier durch zwei Arten (Hyaena striata und H. crocuta) vertreten ist. An sandigen Stellen begegnet man nicht selten einer fast meterlangen Eidechse (Psammosaurus), deren Farbe sich in täuschender Weise an diejenige des Sandbodens angepaßt hat.

Die blühenden Büsche, meist mit starken Dornen versehen, werden von zahlreichen Insekten umsummt, diese sind aber schwer zu erlangen.

Auf dem Boden laufen Tausende von Zecken (Ixodes) herum, eine wahre Landplage für Pferde und Kamele, und wenn die Karawanen von Chartum her an den Küsten des Rothen Meeres eintrafen, konnte man auf der Haut der Kamele stets eine reiche Ausbeute dieser Parasiten machen. Viele derselben sangen sich voll und schwellen bis zu der Größe einer Haselnuß an.

Fig. 3.

Ansicht der Stadt Suakin.

Uebergehend zu der Stadt Snalin, welche in der jüngsten Zeit so oft genannt wurde und dem englischen Ministerium in den verflossenen Jahren so viele Sorgen bereitete, so bietet sie im Allgemeinen denselben Charakter wie alle Hafenstädte am Rothen Meere.

Der schönere Theil, die eigentliche Stadt, steht auf einer Insel im Grunde des kanalartigen Hafens von Suakin. Die im Ganzen recht sauberen Häuser sind in rein arabischem Stil erbaut. Als Bausteine werden, wie dies am Gestade des Arabischen Golfes üblich ist, behauene Korallenblöcke verwendet, welche von den Eingeborenen von den benachbarten Riffen losgemacht werden. Die massigen Formen von Porites

3*

solida, Heliastraea Forskaliana, Coeloria arabica liefern meistens das Baumaterial.

Die flachen Dächer bestehen aus eingemauerten und quergelegten Palmstämmen. Das Holz, welches für die Thüren, für die Verkleidung der Fenster und für das Ameublement im Hause erforderlich ist, wird in Form von Brettern aus Oesterreich bezogen, da die Umgebung nur Brennholz liefert. Fensterscheiben kommen übrigens nirgends zur Anwendung.

Wie überall in mohammedanischen Ländern, sind die Frauengemächer stark vergittert und die Haremsgitter meist recht geschmackvoll gearbeitet.

Fig. 4.

Ein nubisches Wohnhaus bei Suakin.

Die Gassen sind eng, aber weitaus reinlicher als in Unterägypten.

In der Inselstadt wohnen die Notabeln, d. h. die wohlhabenderen Kaufleute, welche meist von Djedda oder Mekka herüberkommen, um hier ihr Vermögen zu machen.

Auf der Insel befinden sich einige unbedeutende Moscheen, die Douane, die ägyptische Post, ein Militärhospital und die Gerichtsgebäude mit den anstoßenden Gefängnissen. Zwischen den arabischen Häusern haben sich vereinzelt auch nubische Familien mit ihren primitiven, aus Matten hergestellten Hütten angesiedelt.

Europäer lebten während meines Aufenthaltes in Suakin nur wenige, die meisten gehörten der griechischen Nationalität an und bestanden mit wenigen Ausnahmen aus schiffbrüchig gewordenen Existenzen.

Eine breite und stets belebte Brücke führt zum Festlande hinüber, wo sich im Winter die volkreichen Quartiere der halbnomadischen Nubier am Strande erheben. Die nubischen Wohnhäuser sind hier sehr primitiv. Das Balkenwerk und das Gerüste der 15—20 Fuß hohen Hütten wird aus krummen Aesten erstellt und darüber eine Bedeckung von Palmmatten gelegt.

Eine Oeffnung mit vorgehängter Matte dient als Hausthür.

Der Hof, in welchem sich die Kinder und die Hausthiere herumtreiben und die Frauen Durrha zerreiben, Mehl bereiten und Brod backen, ist mit Astwerk und Dornreisern eingefriedet.

Fig. 5.

Ein arabisches Kaffeehaus in Suatin.

Das Innere eines nubischen Wohnhauses ist nicht luxuriös ausgestattet. Ich hatte oft Gelegenheit, in solche Häuser einzutreten; einige Schlafgerüste, Kochtöpfe, eine Matte für den Hausherrn und etwa eine Kiste mit einigen Werthsachen — das ist so ziemlich alles, was man in einem bürgerlichen Hause Nubiens antrifft.

Nachts verbreitet ein Oellämpchen einen dürftigen Schein, bei welchem die Familie oft bis gegen Mitternacht zu plaudern pflegt.

Auf dem Festlande befindet sich ferner der volkreiche und stets mit lautem Treiben erfüllte Bazar, daneben die Buden der arabischen Kleinhändler, einige griechische Vakals und schmutzige arabische Kaffeehäuser,

in denen man jedoch einen echten Mokka zu spottbilligem Preise zu er=
halten pflegt.

Am Ende des Bazars gelangt man auf einen großen, freien Platz,
der den aus dem Innern kommenden Karawanen als Rastplatz dient.
Hier bereiten sich auch die großen Kamelzüge für die Abreise nach Kassala,
Berber und Chartum vor.

Auf diesem Platze führen gewöhnlich die Sklavinnen am Freitag
ihre Tänze auf.

Im Hintergrunde erhebt sich ein Fort, von welchem der Halbmond
herab weht und uns einige Feuerschlünde drohend entgegenstarren.

Die Sache ist indessen nicht so bös gemeint, und bei näherer
Betrachtung gewinnt man die Ueberzeugung, daß die aufgepflanzten
Kanonen sehr harmloser Natur sein müssen, denn sie sind gänzlich von
Rost zerfressen.

Der Ausgang der erbitterten Kämpfe, welche bald nach meiner
Abreise in der Umgebung von Suakin geführt wurden, ist Beweis genug,
daß diese Mordwerkzeuge keine großen Erfolge aufzuweisen hatten.

Zur Zeit des Sommers ist dieses Festlandsquartier bis auf einige
Rudimente verschwunden, denn schon im April, wenn Futtermangel für
Kamele und Rinder eintritt, werden die nubischen Wohnungen abgebrochen
und auf Kamele verladen.

Die Bevölkerung zieht dann in die Gebirge, um ergiebigere Weide=
plätze aufzusuchen. Die Bevölkerung sinkt dann von 10000 auf 2 bis
3000 herab.

Sehen wir uns das Leben des Volkes etwas näher an.

In gewöhnlichen Zeiten ist es in der Inselstadt auffallend still.
Vor den Kaffeehäusern sitzen die Moslimin auf ihren Matten, theilen
sich allerhand Neuigkeiten mit und rauchen ihre Wasserpfeife (Nargile).
Auf dem Hauptplatz der Stadt unterhalten sich die besseren Kaufleute
und Beamten Abends leidenschaftlich mit Würfelspiel. Aber im Ganzen
herrscht eine fast feierliche Stille. Die Frauen der Araber leben hier
sehr zurückgezogen und gehen selten aus. Wenn sie etwa eine Freundin
besuchen, so verräth uns ein Paar Stiefel und ein wandelndes Tuch,
daß hier ein lebendes Wesen über die Straße geht. Dagegen hört man
oft aus dem Harem das fröhliche Geplauder der Kinder. Nur wenn
der Thürmer oder Mueddin von den Minarets der Moscheen herab mit
gewaltiger Stimme die Gläubigen zum Gebete ruft, so werden die

Straßen etwas -belebter und verschiedene Männergestalten huschen über die Gassen, um ihr Gebet zu verrichten.

Mit einbrechender Nacht beginnt eine wahre Todtenstille über die Stadt hereinzubrechen. Wer dann ohne Begleitung durch die Gassen wandert, erscheint verdächtig, und als ich eines Abends spät aus einer europäischen Gesellschaft von Beamten und Kaufleuten allein nach meiner etwas entlegenen Behausung heimkehrte, rannte die schwarze Polizei mit erhobenem Knüttel auf mich zu, um mich festzunehmen. Als sie aber in mir einen Europäer erkannte, entschuldigte sie sich höflich und bot mir in der Verlegenheit einen Guten Tag: „nehar-ak saide!" Ich belobte den eifrigen Wächter des Gesetzes, mußte ihm aber bemerken, daß 11 Uhr bereits vorüber sei und daher eine „Gute Nacht" oder „lelet-ak saide" passender angebracht sei.

Viel mehr Interesse bietet das Leben der Eingeborenen drüben auf dem Festlande, wo die Hauptmasse der Anwohner aus dem nubischen Stamme der Hadendoa gebildet wird, daneben aber auch fast alle Völker des Sudan vertreten sind.

Alle Reisenden, welche Ostafrika besucht haben, sind entzückt von dem schönen Menschenschlage, welcher die Länder zwischen dem Nil und dem Rothen Meere bewohnt.

Ich kann ihnen nur beistimmen, es ist ein ausnehmend schönes und wohlgebautes Volk, welches physisch weit über dem Bewohner des eigentlichen Aegypten steht.

Die Männer sind groß und ebenmäßig gebaut, ihre Gesichtszüge sind edel, die Haltung selbstbewußt und oft aristokratisch zu nennen.

Der Nubier ist seiner Vorzüge nicht ganz unbewußt, und gerade die jungen Leute, aber auch verheirathete Männer thun das Möglichste, um ihr Aeußeres in vortheilhaftem Lichte erscheinen zu lassen; man trifft unter ihnen nicht selten recht kokette Individuen.

Einer besonderen Pflege erfreut sich das reiche, dunkle Haupthaar. Es ist zuweilen gelockt, in der Regel jedoch schlicht. Meist wird es in zahlreiche Zöpfchen geflochten oder in Wellen gedreht, und man sieht sehr viele Stutzer, welche ihre Wickelstäbe im Haare stecken haben.

Auf dem Oberkopf erhebt sich ein kurzer Schopf von Zöpfchen oder Wellen. Oft will sich das straffe Haar der Pflege nicht fügen und dann werden dicke Lagen von Hammelfett aufgestrichen und die Enden der Zöpfchen angepappt. Um die Haarfrisur nicht zu verderben, haben sich die nubischen Männer während des Schlafes einer Lage anbequemt, die dem Europäer qualvoll erscheinen würde.

Sie fertigen aus Holz ein eigenes Gestell, Miträs genannt, an, in welches der Hals während der Nacht hineingelegt wird, so daß der Kopf völlig frei ist.

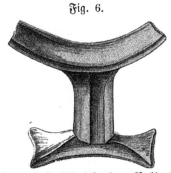
Fig. 6.

Kopfgestell (Miträs) eines Nubiers.

Mit Mühe ließen sich die Eingeborenen bewegen, mir ein solches originelles Schlafgestell abzutreten.

Die Knaben sind kurz geschoren, doch wird irgendwo ein Haarbüschel stehen gelassen, sei es auf der Stirn, sei es auf dem Scheitel oder tief im Nacken. Manchmal sieht man auch den bairischen Raupenhelm.

Man kann die Frage aufwerfen, woher die Nubier und mit ihnen verschiedene äthiopische Völker das Vorbild zu ihrer seltsamen Haarfrisur entlehnt haben.

Ich hoffe, der Leser nimmt es mir nicht übel, wenn ich mit einem Scherz antworte, der aber vielleicht doch ein Korn Wahrheit enthalten könnte.

Im Orient herrscht bekanntlich die verkehrte Welt. Wir schreiben zum Beispiel von links nach rechts — der Orientale macht es umgekehrt. Auch mit gesellschaftlichen Sitten verhält es sich ähnlich.

Ich war höchst erstaunt, als meine arabische Tischgenossen während der Mahlzeit zu rülpsen anhoben und wie!

Ich fürchtete jeden Augenblick eine Katastrophe.

„Kennen denn diese Orientalen bei Tische keine anständigen Manieren?" frug ich einen Europäer. Derselbe verdeutete mir, daß das Rülpsen bei Tische hier zum guten Ton gehöre und der Grad der gesellschaftlichen Bildung nach der Intensität des Rülpsens bemessen werde!

Für den Europäer gilt es als schicklich, sich bei einem guten Freunde nach dem Befinden seiner Familie und der Frau des Hauses zu erkundigen — frägt man einen befreundeten Orientalen nach dem Befinden seines Harems, so darf man von Glück sagen, wenn man nicht zur Thür hinaus geworfen wird.

Würde im Abendlande ein Soldat beim Strümpfestricken ertappt werden, so müßte er vor seinen Waffengenossen Spießruthen laufen —

hier im Orient legt auf der Schildwache der Soldat sein Gewehr ruhig bei Seite und zieht seinen Strickstrumpf hervor!

Im Abendlande hat man eine Abstammungslehre ausgedacht und behauptet, daß unsere paläontologischen Vorfahren dem Affengeschlecht angehören, sich in urgrauer Vorzeit den aufrechten Gang angeeignet haben und durch weitere Entwickelung primitive Menschen geworden seien.

Während man sich bei uns vielorts noch gegen diese Annahme sträubt, ist der Orientale, mag er auch strenggläubig und fanatisch sein, viel vorurtheilsfreier und hat schon längst eine Abstammungslehre des Menschen ausgedacht.

Natürlich ist auch diese verkehrt. Für ihn stammt der Affe vom Menschen ab und ist ein höher stehendes Wesen.

So entwickelte sich im Orient ein Thierkultus, und der Cynocephalus= Affe genoß im alten Aegypten große Verehrung.

Es ist nichts näher liegend, als an den bösartigen Hundsaffen Abessyniens, den Cynocephalus Hamadryas zu denken.

Das Männchen insbesondere mußte den Eingeborenen mächtig im= poniren.

Er heißt bei ihnen Tota, und Thot ist im alten Aegypten eine verehrte Gestalt, eine hohe und göttliche Intelligenz, der Historiograph der Götter.

Daher rührt auch die Vorstellung, daß die Affen schreiben können. Den schreibenden Affen fand man in Philä bildlich dargestellt, und man gab dem Cynocephalus, welcher in einen Tempel gebracht wurde, Tafel und Schreibzeug, um zu erfahren, ob es ein gelehrter oder ungelehrter Affe sei!

Es unterliegt keinem Zweifel, daß der Cynocephalus und besonders der Hamadryas in dem Vorstellungskreise der ostafrikanischen Völker eine hervorragende Stelle einnahm, und die Geschichte des frühesten Christenthums beweist, daß die Verbreiter des Evangeliums mit dieser Thatsache rechnen mußten.

Aus dem Lande der Ichthyophagen (so hießen bei den Alten die Anwohner des Rothen Meeres) wird uns beispielsweise berichtet, daß alldort ein gewisser Bartholomäus Wunder verrichtet und einen Affen, einen Cynocephalus zum Christenthum bekehrt habe, und daß er mit diesem Christianus genannten Affen ins Land der Parther zog, um neue Wunder zu thun.

Man hat es hier offenkundig mit einem frommen Betrug zu thun, aber diese Angabe beweist doch hinlänglich, wie nöthig man dieses betrügerische Mittel hatte, um zum Ziele zu gelangen.

Es ist daher nicht unmöglich, daß der Nubier seine auffällige Haartracht dem Affen und zwar dem männlichen Hamadryas entlehnte. Die Bewohner der unteren Nilländer fanden daran offenbar Gefallen; indem sie beim Aethiopier in die Schule gingen, schmückten sich schon die Pharaonen mit der künstlichen Perrücke, wie die Gräberfunde aus alten Dynastin deutlich beweisen. Sie wurde dann auch im Abendlande aufgenommen.

So wären wir also von unseren Nubiern ganz unmerklich auf den Boden der Abstammungslehre gelangt und hätten folgende schöne ethnographische Ahnenreihe herausgefunden: Affenmähne des männlichen Hamadryas — Haarfrisur des Aethiopiers — Perrücke der Pharaonen — Allongeperrücke in Europa!

Kehren wieder ernstlich zu unseren Schwarzen zurück.

Der Nubier ist gänzlich verschieden vom semitisch-arabischen Stamme, unterscheidet sich aber auch stark vom Neger. Er gehört einer besonderen Menschenrasse an. Die Haut ist dunkelkastanienbraun oder völlig schwarz. Der Wuchs ist viel edler als beim Neger. Die Kopfbildung ist dolichocephal und orthognath, das Gesicht erinnert oft an den Kaukasier. Die breite Nase des Negers kommt bei ihm nicht vor, der Nasenrücken ist vorspringend und ziemlich scharf. Die Lippen sind regelmäßig, weder dünn noch wulstig.

Beim Küstennubier sind die Augen groß und feurig, und gerade der Sawakinese ist seiner Schönheit wegen bekannt. Bei den mehr im Innern lebenden Stämmen ist das Auge etwas kleiner und tiefer liegend.

Die Glieder sind zart und dennoch muskulös, die Männer besitzen nicht selten schöne Waden. Kräftiger Bartwuchs kommt zuweilen vor, manche Männer sind auch an der Brust stark behaart. Nie trägt der Nubier den Fez als Kopfbedeckung, sondern geht auch bei der größten Sonnenhitze unbedeckten Hauptes einher. Junge Bursche tragen zuweilen ein weißes Leinenkäppchen.

Während der Araber ohne Cigarette oder Wasserpfeife nicht zu denken ist, so raucht der Nubier zu Hause nur selten aus einer selbstgefertigten Serpentinpfeife. In der Regel kaut er den Tabak und trägt ihn stets in einem Blechbüchschen bei sich. Kann er sich ein solches nicht verschaffen, so benutzt er Früchte einer Bixaceen=Art, der Oncoba spinosa, als Dose. Wenn den Männern das Attribut großer Schön= heit unbedenklich zuertheilt werden darf, so gilt dies auch mit Bezug auf die Frauen.

Es hält nicht schwer, ihrer in den volkreichen Quartieren ansichtig zu werden.

Obschon Bekennerin des Islam, nimmt es die nubische Frau nicht allzustreng mit der Verhüllung, auch dann nicht, wenn sie jung und hübsch ist. Im Gegentheil.

Während sie als Mädchen scheu und furchtsam ist und beim Er= blicken eines Europäers rasch den Zipfel ihres Kopftuches in den Mund klemmt, spielt sie weit weniger Versteckens, wenn sie erwachsen ist, und als verheirathete Frau trifft man sie zu Hause oder bei der Arbeit im Hofe im tiefsten Negligé. Ein Lendentuch ist dann die gesammte Garde= robe, womit sie sich bekleidet. Wenn sie ausgeht, zieht sie ein weites Tuch unter den Armen durch und schlägt ein Stück über den Kopf. Mit dem zwölften bis vierzehnten Jahre erreicht sie die Blütezeit und verheirathet sich sehr früh.

Nicht selten sieht man unter diesen Frauen Gestalten von voll= endeter Schönheit und tadelloser Modellirung der Formen. Die feinen Gesichtszüge haben einen mehr ernsten Ausdruck. Die Hautfarbe ist ein schönes Kastanienbraun, und der Silber= und Perlenschmuck erzeugt auf dieser Haut eine überraschende Farbenwirkung. Das Haar wird in der Mitte gescheitelt und in eine Unzahl von Zöpfchen geflochten und mit Perlen oder Silberschmuck durchwirkt. Daß sich neben den häus= lichen Arbeiten nicht immer Gelegenheit findet, diese vielen Zöpfchen täglich zu ordnen, ist zu entschuldigen, und daß sich in dieser Gegend vielfach auch kleine Miethsleute einstellen, bedarf wohl keiner ausdrück= lichen Versicherung. Eine Sklavin oder Freundin ordnet von Zeit zu Zeit die Frisur und sucht mit rührender Ausdauer alles heraus, was nicht unbedingt hineingehört. Man begegnet derartigen Bildern vor den Häusern nicht selten.

Ohrringe, Armbänder und Fußspangen sind die Mittel, womit diese Frauen ihre Reize zu heben versuchen.

Die angenehmen Gesichtszüge werden aber entstellt durch den fürchter= lichen Nasenring aus Gold oder Silber, welchen die verheiratheten Frauen ausnahmslos tragen.

Gern bringt die eingeborene Frau in diesem Nasenring auch Blumen an, drollig ist es, daß sie zuweilen ein Büschel Reseda sogar in die Nasenlöcher steckt. Ich wunderte mich, daß sie alsdann nicht niesen muß.

Als Hausfrau macht sie einen im Ganzen sehr günstigen Eindruck. Die Kinder sind nicht so schmutzig wie im Delta, und die prächtigen schwarzen Kleinen werden von ihren Müttern zärtlich, wenn auch nicht mit Affenliebe behandelt. Da Kinderraub in dieser Gegend immer noch vorkommt, so werden sie mit ängstlicher Sorgfalt in der Nähe des Hauses gehalten. Den Europäer fürchten die Kinder, und ihre schönen Augen nehmen ihm gegenüber einen eigenthümlich finstern Ausdruck an. Reicht man ihnen eine Gabe, so nehmen sie dieselbe nach langem Zögern schüchtern in Empfang, später werden sie zutraulicher.

Während der Eheherr etwas bequem ist und die Zeit gern mit Freunden verplaudert, ist die Frau sehr arbeitsam. Mit dem zwanzigsten Jahre ist sie in Folge harter Arbeit bereits verblüht, und da sie ebenso= wenig wie die Fellahfrau Neigung zu Fettleibigkeit besitzt, so wird sie mit zunehmendem Alter klapperdürr und zuletzt von ausgesuchter Häßlich= keit. Daß sie sich nun anfängt, strenger zu verhüllen als in ihren jungen Tagen, ist eine zarte Rücksicht, welche man ihr oft hoch anschlagen darf.

Eigenthümlich ist die bevorzugte Stellung, welche in dieser Gegend die Frau in der Familie einnimmt. Sie ist vielfach Gebieterin, während in mohammedanischen Ländern sonst das umgekehrte Verhältniß Regel ist.

Vielleicht liegt hierin noch ein Rest christlicher Anschauungen vor, welche vor nicht allzulanger Zeit vom Islam verdrängt wurden.

Der Frauencultus zeigt sich recht augenscheinlich, wenn eine Familie dem heißen Klima der Küste entflieht und in die kühleren Gegenden der Berge zieht.

Alsdann ist der Auszug ein glänzender, und nie ist mir ein so buntes und beinahe phantastisches Bild in der Nubischen Wüste vorge= kommen, wie der pompöse Auszug der nubischen Frauen.

Tagelang werden die Vorbereitungen getroffen. Ein elegantes Zelt wird auf den Rücken eines Kameles geschnallt, dasselbe mit grell= gefärbten Quasten überall verziert, bunte Quasten und Bänder am Kopfe, am Halse und am Schwanze des Thieres angebracht und die schwarzen Begleiter, welche vor und hinter dem Lastthiere hergehen, ebenfalls bunt geschmückt.

Im Ganzen hat mir dies Volk im Ostsudan einen höchst günstigen Eindruck gemacht. Es ist geistig geweckt, nichts weniger als fanatisch, und sittlich unverdorben. Die Zuverlässigkeit, Treue und Ehrlichkeit der Leute wurde mir von allen Europäern gerühmt, und die Sicherheit der Gegend war seit langer Zeit sozusagen eine absolute.

Im Verkehr mit dem Fremden ist der Nubier allerdings von einer gewissen Zurückhaltung, welche durch ein leicht erklärliches Mißtrauen gerechtfertigt ist.

Man kann ihm daraus keinen Vorwurf machen, denn der Araber beherrscht ihn, und die wenigen europäischen Elemente flößen ihm auch kein besonderes Zutrauen ein.

Sobald man aber länger mit ihm verkehrt, so entwickelt er seine trefflichen Eigenschaften und wird sehr dienstfertig. Sehr lebhaftes Interesse nahmen die Schwarzen an bildlichen Darstellungen, und wenn ich irgendwo Skizzen anfertigte, dann war die Aufregung eine ganz ungewöhnliche. Erst liefen Männer und Knaben herbei und drängten sich an mein Skizzenbuch heran. Sie bildeten förmlich Spalier und quälten mich unaufhörlich, ihnen die Blätter umzuwenden und frühere Zeichnungen zu zeigen.

Mit fieberhafter Spannung verfolgten sie eine im Entstehen begriffene Zeichnung, und gewann ein Gegenstand Gestalt, so wurde dessen Name laut ausgerufen oder mit einem beifälligen Schnalzen mit der Zunge begrüßt. Lehnte ich mich etwa an eine Hütte, so schlichen die Weiber und Mädchen auf Umwegen in dieselbe, bohrten mit dem Finger ein Loch in die Wand, um in mein Skizzenbuch hineinsehen zu können. Von Zeit zu Zeit hörte ich auch hinter den Wänden dasselbe beifällige Schnalzen. Findet somit die Kunst ihren unbedingten Beifall, so verhalten sie sich der Wissenschaft gegenüber etwas kritisch.

Um den Anforderungen der Medicin gerecht zu werden, hat die ägyptische Regierung in Suakin früher ein Hospital und eine Apotheke eingerichtet. Diese Anstalt ist zunächst für das Militär bestimmt, aber auch die umgebende Bevölkerung kann sie benutzen. Allein die Schwarzen hatten nur den chirurgischen Theil der Medicin günstig beurtheilt, der inneren Medicin gegenüber verhalten sie sich ungläubig und betrachten sie als Humbug.

Sie lassen sich eben nur durch eclatante Erfolge überzeugen. Ein Schwarzer litt an einem Leistenbruch und entschloß sich, sich dem Spital

anzuvertrauen. Etwa 100 Personen begleiteten ihn, um ihm die letzte
Ehre zu erweisen, da er ja doch nicht mehr zurückkehre. Nach einiger
Zeit erfolgte Heilung, der Genesene wurde unter dem Jubel der Bevölkerung abgeholt, drei Tage lang dauerte das Freudenfest, und damit
wurde der Chirurgie der Tribut der Anerkennung ausgesprochen.

Daher pflegten sich nach und nach auch die Filariakranken einzustellen, und ich hatte in Suakin Gelegenheit, den berüchtigten Medina-
wurm (Filaria medinensis) lebend zu beobachten. Bei seiner außerordentlichen Länge richtet er mit Vorliebe an den Gelenken der unteren
Extremität starke Verheerungen, Geschwülste und Eiterungen an. Bricht
die Wunde auf, so zieht man das Ende des Wurmes hervor, bindet es
an ein Hölzchen und verhindert damit das Zurücktreten. Tag für Tag
zieht man an diesem Hölzchen, bis der Wurm unverletzt aus der Wunde
entfernt werden kann.

In Tokar, einem Städtchen südlich von Suakin, wo Baumwolle
ziemlich stark gebaut wird, ist die Filaria medinensis seit langer Zeit
endemisch. —

Das Handwerk ist beim Nubier auf einer ziemlich niederen Stufe.

An Waffen werden hübsche Lanzen und Messer gefertigt. Die
ledernen Amulets, Taschen, Riemen und Sattelzeuge sind ziemlich primitiv.
Die Ziegenhäute werden geschabt und zu Wasserschläuchen, Milchbeuteln
u. dgl. hergerichtet. Die Sklaven, sofern sie nicht für den Wassermarkt oder Landbau verwendet werden, flechten Matten und Körbe.

Die Hauptbeschäftigung ist Viehzucht und Ackerbau. Der Viehstand
ist reich, so daß von jeher ein starker Export von Schafen und Rindern
nach Arabien und Unterägypten stattfand.

An der Küste wird die Perlfischerei stark betrieben. Der Fischfang ist nicht gerade die starke Seite des Küstennubiers. Er benutzt
meist ein Ringnetz oder einen langen Spieß.

Wie in ganz Nubien wandert auch der Sawakinese mit Vorliebe
aus. Kairo und Alexandrien bilden dann in der Regel das Ziel der
Wünsche, dort wird er Kutscher oder Thürhüter und erspart sich eine
bescheidene Summe, mit welcher er später in seine Heimat zurückkehrt.

Aber erst muß er eine gehörige Metamorphose durchmachen, um
zu einem gebildeten Hausknecht tauglich zu werden.

Seine ledernen Amulets und sein Baumwolltuch muß er ablegen,
um sich dem weiten Kaftan anzubequemen. Seine Mähne, seine vielen

Zöpfchen muß er opfern, Miträs und Wickelstab kann er füglich zu Hause lassen, denn diese Dinge würden ihn in der Hauptstadt nur lächerlich machen und ihn aus Gründen der Reinlichkeit discreditiren. Er wird setzt kurz geschoren und trägt den Turban. Sein Tabakkauen muß er sich abgewöhnen, dafür kann er die Cigarette eintauschen.

Erst jetzt wird aus ihm jene prächtige Figur mit der vornehmen Haltung und dem schönen, elastischen Gang, welche man am „Boab" in Alexandrien und Kairo so oft bewundert und welche Victor Scheffel in seinem „Hausknecht aus Nubierland" poetisch verherrlicht hat. Er ist seiner Treue, Anspruchslosigkeit und Zuverlässigkeit wegen überall gern gesehen und im ganzen Orient beliebt.

Mit diesen Eigenschaften verbindet er eine große Anhänglichkeit an seine Heimat, und seine Freiheitsliebe und Tapferkeit befähigt ihn zu fast übermenschlichen Thaten.

Man weiß, mit welchem Heroismus der Nubier im Anfange dieses Jahrhunderts sein Land vertheidigte, als unter der Regierung von Mehemed Ali die Söldnerscharen von Norden her eindrangen. Er mußte sich beugen, aber wie oft mögen in den dürftigen Hütten die Nachkommen beim dürftigen Schein der rußigen Oellämpchen bis spät in die Nacht von den Heldenthaten ihrer Väter erzählen gehört haben, um langsam für die glänzenden Proben der Tapferkeit vorbereitet zu werden, welche noch frisch im Gedächtnisse sind und in Europa einen so tiefen Eindruck gemacht haben.

Die Engländer können ein Lied davon singen, und ich hörte bei der Rückkehr nach Afrika ihre Offiziere nur mit Hochachtung von dem verzweifelten Muth dieser Schwarzen reden.

An den Stälten, wo ein Decennium vorher mein Landsmann Werner Munzinger als humaner Gouverneur vom Ostsudan sich die Ergebung und Dankbarkeit der Eingeborenen in seltener Weise eroberte, sollte bald nach meiner Abreise der wildeste Verzweiflungskampf ent= brennen und der sandige Boden von El Teb, Tokar und Trinkitat mit Strömen Blutes dieser wackeren Wüstensöhne getränkt werden.

Und eine Nation des christlichen Europa, welche so gern für Huma= nität und Frömmigkeit schwärmt, mußte diese sympathischen Kinder Afrikas zu Tausenden und Tausenden dahinmorden. Die Nemesis für diese ruhmlose That wird nicht ausbleiben!

IV.

Das Thierleben am tropischen Seestrande.

Der Meeresarm, welcher sich als Erythräische See oder Arabischer Golf vom Indischen Ocean her über die Tropen hinaus bis zum dreißigsten Grad nördlicher Breite erstreckt, nähert sich unserem europäischen Kontinent so sehr, daß man sich eigentlich wundern muß, warum die Naturforscher die dargebotene Hand nicht häufiger ergreifen und verhältnißmäßig selten in diese Regionen wandern. Gibt es doch hier noch so viele Probleme des organischen Lebens zu lösen.

Allerdings hat schon im vorigen Jahrhundert Forskål diese Gebiete besucht, in den zwanziger Jahren Ehrenberg reiche Ausbeute gehalten, in der Neuzeit haben Häckel, Klunzinger und andere das reiche Leben des Rothen Meeres verfolgt; allein viel fernere Gebiete der Oceane sind dennoch besser bekannt.

Aber an Ort und Stelle findet man doch viel mehr Schwierigkeiten, als man erwartet, und man darf nicht glauben, daß der Einzelne so leicht die Früchte dieser tropischen Hesperidengärten pflückt. Die Arbeit ist oft sauer genug, und im Anfang steht man oft rathlos vor den schönsten Gegenständen.

Am Seestrande einige schöne Korallen oder Schnecken zusammenlesen, ist noch keine Naturforschung.

Ja es gab eine Zeit, wo das Auffinden neuer Formen das höchste Ziel der Zoologen war, wo man den Forscher nach dem Quantum von Bestien taxirte, welche er mit neuen Namen versah; aber das sind glücklich überwundene Zeiten. Ein bloßes Zusammenlesen von Naturkörpern betrachtet man nicht mehr als Naturforschung, so wenig als man ein Memoriren von Vokabeln als Sprachforschung bezeichnet, und jedes Einzelproblem, das man heute zu lösen beabsichtigt, erfordert einen umfangreichen Vorrath von Hülfsmitteln. Man hat zahlreiche Instrumente, sogar einige Litteratur mitzubringen.

Man kann von Glück sagen, wenn der lange Transport kein großes Unheil angerichtet hat. An den europäischen Küsten hat man bequeme zoologische Stationen, in welchen man mit Muße zu arbeiten pflegt, alle nöthigen Hülfsmittel vorfindet und von Wind und Wetter nur wenig abhängig ist.

Hier muß man sich ein Laboratorium erst einrichten. Die Instrumente lassen sich noch leiblich aufstellen, und ich mußte es den Hunden und Katzen meiner Umgebung lassen, daß sie meine zoologische Ausbeute im Allgemeinen respectirten. Eine zahme Gazelle, welche sich mit Vorliebe in der Nähe meiner Sammlungen herumtreibt, setzt durchschnittlich mit erstaunlicher Sicherheit über meine Flaschen hinweg, so oft ich sie verscheuche.

Ein Fettsteißschaf, das sich überzeugte, daß meine Gläser in recht schmackhaftem Heu verpackt sind, stattet mir mit rührender Ausdauer seine Besuche ab, und nur ein unausstehlicher Griechenjunge des Hauses, ein Muster der Ungezogenheit, beschnüffelt trotz strengem Verbot die zahlreichen Gegenstände. Bald zerbricht er eine Koralle, bald ruinirt er ein Glas, und wiederholt muß der Schlingel auf eine sehr wirksame pädagogische Weise behandelt werden.

Eine aufrecht gestellte Kiste wird als Maltisch eingerichtet, auf welchem neue Beobachtungen mit Stift und Pinsel fixirt werden. Aber die Wohnräume besitzen keine Fenster und sind nur vergittert, ein Windstoß sanft herein und eine im Entstehen begriffene Malerei wird verdorben, man muß von vorne anfangen.

Das Material für die Untersuchungen fließt nicht regelmäßig und das Meer ist oft tagelang stürmisch. Wird es windstill, so ist der zu bewältigende Stoff in Ueberfülle vorhanden, aber die zarten Geschöpfe des Meeres verderben ungemein schnell in diesen warmen Regionen.

Von jener wohlthätigen Ruhe, welche der geistigen Arbeit so förderlich ist, kann nicht die Rede sein.

Den häuslichen Bequemlichkeiten muß man entsagen und einen verwöhnten Gaumen darf man nicht mitbringen. Reis, Fische, Rindfleisch und Melonen sind die Tafelfreuden, welche mit einer rührenden Regelmäßigkeit wiederkehren. Was die Bereitung der Speisen anbetrifft, so muß man ein Auge, oft auch beide Augen zudrücken.

Das Trinkwasser wurde mir als vortrefflich angepriesen. Für das tropische Afrika mag das richtig sein. Es ist Regenwasser, in Cisternen aufgesammelt und mit dem faden Geschmack des destillirten Wassers. Da zahlreiche thierische Wesen, namentlich Mückenlarven schon mit bloßem Auge in einem Glas Wasser ein stark bevölkertes Miniaturaquarium erkennen lassen, so kann man seinen Durst nur löschen, indem man ein reines Taschentuch vor den Mund nimmt und dasselbe als Filter wirken läßt. So vollkommen wie die modernen Filteranlagen bei Wasserversorgungsanstalten wirkt dasselbe naturgemäß nicht und es gehen ungezählte Bakterien durch.

Will man größere Ausflüge ins Meer hinaus unternehmen, so muß man sich erst eine tüchtige Bemannung heranziehen und über Boote verfügen. Solange jedoch ein Dampfer im Hafen verweilt, muß man sich auf seine eigenen Kräfte verlassen, denn alle disponiblen Leute sind mit dem Verladen der Waaren beschäftigt.

Aber mit Rücksicht auf die Bemannung ist man weit besser daran, als an andern Küstenpunkten. Sobald sie etwas eingeschult ist, wird sie in überraschender Weise leistungsfähig.

Zunächst verfügen diese Schwarzen über eine vollendete Beobachtungsgabe. Es genügt, ihnen die Richtung anzugeben, in welcher sich ein Gegenstand befindet, und sie bringen ihn sicher her.

Ich fand es am bequemsten, erst ein Verzeichniß der nubischen Farbenbezeichnungen anzulegen und ihnen neben der Richtung auch die Farbe eines gewünschten Thieres anzugeben.

Sie haben ein auffallend richtiges Gefühl für Dinge, welche von Interesse sind, und bezeichnen sie als Meerantiquitäten, als Antica el bahr. In diesem Lande, wo der Handel mit Alterthümern betrieben wird, nennt man im weiteren Sinne Alles, was der Europäer an Merkwürdigkeiten zu haben wünscht, kurzweg als Antica.

Glänzend bewähren sich diese Leute, wenn es sich um Taucherarbeiten handelt. Soll eine Koralle oder ein großer, festsitzender Schwamm am Meeresgrunde geholt werden, so nimmt der Schwarze Hammer und Brecheisen in die Hand, fährt mit der Hand über das Gesicht, holt zu einer kräftigen Einathmung aus und verschwindet von der Oberfläche. Wie ein Delphin schwimmt er um den Gegenstand herum, setzt das Brecheisen bald da, bald dort an, hämmert unter dem Wasser und bringt endlich mit beiden Händen eine schwere Last an den Rand des Bootes. Oft aber ist dieselbe zu schwer oder ein Block sitzt zu fest am Boden. Dann gehen zwei, drei Taucher auf einmal hinunter, hämmern und zerren so lange, bis der Gegenstand nachgibt. Kommen sie unverrichteter Sache herauf und schütteln ihre Mähnen, dann darf man ruhig annehmen, daß man ihnen zu viel zugemuthet hat.

Aber diese Leute haben von Jugend auf eine harte und lange Schule durchgemacht, denn ihr Beruf als Perlfischer verlangt von ihnen Geschick und Ausdauer.

Ich sah oft zu, wie die Vorübungen angestellt werden.

Die älteren Perlfischer werfen irgend eine Muschel oder ein helles Steinchen ins Meer, und den Knaben wird befohlen, diesen Gegenstand heraufzuholen. Der Versuch wird einmal, zweimal, dreimal gemacht — umsonst. Der Gegenstand ist zu tief. Nun gibt's Drohungen und zuletzt Hiebe. Schließlich wird das gewünschte Resultat erzielt.

Das Verweilen unter Wasser wird auf eine andere Weise gelehrt und gesteigert. Der Lehrmeister nimmt einen Korb oder eine Fischreuse und bezeichnet eine Stelle, wo der Gegenstand verankert werden muß. Immer weiter hinaus und immer tiefer muß dies geschehen. Der Junge mag seinen Kopf schütteln und unter den ausdrucksvollsten Geberden Einsprache erheben — es hilft ihm wenig. Mehr als einmal sah ich ob diesem harten System der Erziehung Thränen vergießen.

So werden die Küstenbewohner vorbereitet, um nach den entfernten Riffen auszuziehen und dort tagelang dem Fang der kostbaren Perlmuschel nachzugehen. Ihre dürftige Nahrung besteht in etwas Dattelbrod.

Will man sie zu außergewöhnlichen Anstrengungen veranlassen und sie in ganz große Tiefen schicken, dann muß man ihnen dies mindestens einen Tag vorher mittheilen, damit sie sich einer Hungerkur unterziehen. Der Magen muß alsdann vollständig leer sein. Die Thatsache ist physikalisch leicht zu erklären, denn der auf den Körper wirkende Wasserdruck nimmt mit je 10 Meter um eine Atmosphäre zu und wirkt auf die Baucheingeweide. Er preßt schließlich den Mageninhalt in die Speiseröhre und den Mund. Da dieser ja nicht geöffnet werden darf, so müßte sich der Mageninhalt schließlich einen Ausweg nach der Luftröhre suchen, und es würde die Gefahr des Erstickens eintreten. Dem wird eben durch vorhergehendes Fasten vorgebeugt.

Die nubischen Taucher gingen mit Leichtigkeit in eine Tiefe von 20—30 Meter, nach gehöriger Vorbereitung arbeiteten sie noch in 40—50 Meter, beschwerten sich beim Hinabtauchen jedoch stets mit einem großen Korallenblock.

Bei wiederholtem Tauchen verweilten sie meist 70—80 Sekunden unter Wasser, und im Maximum können sie wohl nicht länger als 3 Minuten unter der Oberfläche bleiben.

Nach den eingezogenen Erkundigungen gibt es in Aegypten nur wenige Taucher, welche die Tiefe von 60 Meter erreichen, und diese werden dann von der Regierung prämiirt. Sie dienen dann auf den Schiffen als Piloten und leisten gute Dienste beim Heraufholen ver= sunkener Waaren.

Die Auswahl der Boote richtet sich nach den vorzunehmenden Arbeiten.

Will man mit dem Schleppnetz in größeren Tiefen fischen, so kann man nur die großen und schweren Ruderbarken verwenden, welche der Araber „Sambuk" nennt.

Für die pelagische Fischerei, bei welcher man es auf die an der Oberfläche schwimmenden Meeresgeschöpfe abgesehen hat, ist der „Huri" vorzuziehen. Es ist dies ein schmales und sehr bewegliches Boot, welches leicht über die Fläche dahingleitet und durch kurze, in eine kreisrunde Schaufel endigende Ruder bewegt wird. Es wird auch als Segelboot benutzt, und für eine solche Umwandlung hat der nubische Schiffer ein ebenso einfaches als praktisches Verfahren. Er zieht ein= fach sein Baumwollenhemd aus, befestigt einen Zipfel vorn am Kiel, das andere Ende behält er in seiner Hand und läßt den Wind hinein= blasen.

Auf einer größeren Fahrt pflegen die Leute ihre weichen und melodischen Gesänge anzustimmen. Der Inhalt ihrer einfachen arabischen Weisen, soviel ich wenigstens verstehen konnte, ist ein Lobgesang auf den Propheten oder hat das Ewigweibliche zum Gegenstand.

Als Leiter dieser größeren und kleineren Fahrten bestimmte ich stets einen intelligenten Schwarzen, Namens Issa. Sein Talent lernte ich bald schätzen und seine Bekanntschaft machte ich auf etwas eigenthümliche Weise. Er bot seine Dienste an, aber schon in den ersten Tagen brannte er mir mit einem Maria = Theresiathaler durch, als ich ihn zum Geld= wechsler schickte. Weniger um der Kleinigkeit wegen, als vielmehr um ein für allemal ein Exempel zu statuiren, ließ ich Issa durch die ägyptische Polizei aufsuchen, und richtig saß der leichte Vogel beim Glase Cognac. Er brummte vier Tage in Numero Sicher und erhielt dort einige Hiebe.

Er kehrte dann reumüthig zu mir zurück und leistete Abbitte. Er wollte das Vergehen gut machen. Auf jede Weise suchte er sich wieder in Gunst zu setzen, ahmte sogar das Blöken der Schafe und das Gemecker der Ziegen mit vollendeter Treue nach, um mich zu erheitern, und war in der Folge wirklich so zuverlässig, daß ich ihn bald allein auf Excursionen schicken durfte, stets brachte er werthvolle Sachen zurück. Erhielt er zur Belohnung noch obendrein ein Glas Cognac, so pflegte er scherzhaft und mit nicht mißzuverstehender Geberde zu erzählen, wie bös die Polizei sein Fell bearbeitet habe.

Sehen wir uns nach den nöthigen Vorbereitungen das Leben am Strande und auf den Riffen etwas näher an.

Der Küstenboden senkt sich nur langsam in das Meer hinaus, so daß man bequem einige hundert Meter hinaus waten kann. Wo am Lande die Winde den Sand verweht haben, erkennt man ein ausgedehntes Leichenfeld, auf welchem abgestorbene Korallen und Weichthierschalen überall zerstreut sind. Es sind die gleichen Arten, welche am Absturz der Riffe noch fortleben, und ihr Vorkommen bis weit ins Land hinein beweist, daß hier ein Hebungsgebiet vorliegt, in welchem im Lauf der Jahrhunderte das Riff langsam, aber stetig über das Niveau des Meeres gehoben wird.

In der Nähe der Flutmarke fesselt zunächst das Treiben einiger sonderbarer Geschöpfe.

Ein eigenthümliches Knistern und Knacken wird mit jedem Schritt hörbar. Es rührt dies von einem kleinen Eremiten-Krebs (Coenobita rugosus) her, welcher leere Schneckengehäuse bewohnt, um im Innern den weichen Hinterleib zu bergen. Aber beim Aufheben wird man umsonst versuchen, den Krebs herauszuzerren, da ein fest schließender Deckel die Mündung des Gehäuses versperrt. Erst wenn man die Beute in Weingeist wirft, krabbelt der Insasse eilig heraus und man gewahrt alsdann, daß in Folge einer zweckmäßigen Anpassung die letzten Glieder der Füße mit der Scheere diesen Deckelapparat herstellen.

Diese Eremiten-Krebse leben zu Tausenden am Strande in besonders gegrabenen Löchern, worin sie vor Nachstellungen der zahlreichen Raubthiere geschützt sind.

Sie übernehmen am Seestrande die Rolle der natürlichen Gesundheitspolizei. Stets hungerig und stets auf der Lauer fahnden sie nach den angespülten Thierleichen und räumen damit in kürzester Zeit auf.

In dieser Region wohnt noch ein anderer bemerkenswerther Kruster, welcher in der Oekonomie der Natur eine nicht geringere Rolle spielt. Auf Schritt und Tritt begegnet man nämlich den Sandkrabben (Ocypoda), welche theils in der Nähe des Wassers, theils in der äußeren Zone der untergetauchten Riffe arbeiten. Ihr Wohngebiet erstreckt sich über eine Zone von etwa 200 Meter Breite, wo sie bald senkrecht, bald in schiefer Richtung Gänge in die Riffe graben, welche etwa die Weite von Maulwurfsgängen besitzen.

Man kann diese Sandkrabben in der That als Maulwürfe des Seestrandes bezeichnen, da sie mit ihren Kiefern unaufhörlich die harten Riffe benagen und mit emporgehobenen Scheeren den feinen Sand aus ihren Löchern herauswerfen.

Verhält man sich still, so kann man die Krabben leicht bei ihrer Arbeit beobachten, sobald man sich aber nähert, ziehen sich diese flinken und vorsichtigen Geschöpfe blitzschnell in ihre Gänge zurück, und es gelingt selten, die Thiere einzufangen.

Die ausgeworfenen Sandmassen bilden oft ansehnliche kleine Hügel von einem Meter Durchmesser und 10—20 Centimeter Höhe. Vielorts stehen sie dicht beisammen, an anderen Stellen sind sie 3—4 Meter von einander entfernt.

Der auf den Riffen überall vorhandene feine Sand ist ihr Werk, und sie sind daher für die Umwandlung der Riffe von der allergrößten Bedeutung.

Ohne sie wäre das über Wasser gehobene Riff einer Ansiedelung von Vegetation so lange ungünstig, bis der Prozeß der langsamen Verwitterung eine schwache Decke fruchtbarer Erde erzeugt hätte. Dies würde aber sehr lange dauern, und durch die Thätigkeit der Krabben ist der Boden für die Vegetation schon vorbereitet, sobald das Riff über das Wasser gelangt. Dann siedeln sich hart an der Fluthmarke die üppigen Bestände der saftigen Salsola und anderer Strandpflanzen an.

In größeren Tümpeln und zwischen den Sandhügeln steht bereits eine angenehme Ueberraschung bevor.

Da wo der Boden durch die Brandung weniger aufgelockert wird, hat sich ein Wesen angesiedelt, das wohl zu den herrlichsten und farbenreichsten Gebilden der Tropenmeere gehört. Es lebt bald vereinzelt, bald in größeren Gesellschaften. Anfänglich glaubt man eine gewaltige Seerose oder See=Anemone vor sich zu haben, denn das Geschöpf ist mit einer breiten Sohle fest verankert und auf einem scheibenförmigen Körper spielen zahlreiche Fangarme von zierlicher Gestalt unaufhörlich im Waffer. Es sind azurblaue, honiggelbe und dunkelgrüne Tentakeln zwischen braunen Krausen und weißen Knöpfen. Das Anfassen dieses zarten Geschöpfes von 15—20 Centimeter Durchmesser geht zwar nicht strafrei aus, und man hat das Gefühl, als hätte man Brennnesseln angefaßt.

Fig. 7.

Festsitzende Riffmeduse (Cassiopea polypoides) (von der Unterseite gezeichnet).

Im weiten Glasgefäß beginnt sich das sonderbare Geschöpf rasch an die Glaswand anzusaugen und entpuppt sich erst jetzt als eine große Meduse.

Während ihre Verwandten frei im offenen Meere herumschwimmen, um ihrer Nahrung nachzugehen, hat diese Art ihre pelagische Lebensweise völlig aufgegeben und ist zu einem festsitzenden Riffbewohner geworden. Ihre Organisation hat tiefeingreifende Umänderungen erfahren. Die Schwimmglocke ist zu einem Fuß geworden, an der Exumbrella

tritt ein kräftiger Muskelbelag auf und die bei anderen Medusen ge=
wölbte Schirmfläche ist in einen riesigen Saugnapf umgewandelt. Die
zahlreichen, nach oben ausgebreiteten Mundarme sind mit einer Menge
von nesselnden Anhängen besetzt, um ja keine herantreibende Beute ent=
gehen zu lassen. Weil sich dieses schöne Thier nach Art eines Polypen
auf dem Boden verankert, habe ich ihm den Namen Cassiopea poly=
poides gegeben. Es wird im nördlichen Theil des Rothen Meeres und
gegenwärtig auch im Suez=Kanal durch eine nahe verwandte Art ver=
treten, welche schon im vorigen Jahrhundert von Forskål entdeckt wurde
und von ihm den Namen Medusa Andromeda erhielt. In der sitzen=
den Lebensweise stimmen beide Arten überein.

Beim Aufwühlen des Sandes zeigen sich in dieser Meeresregion
andere, aber meist kleine Geschöpfe. Es sind Meer=Scolopender, Schnur=
würmer, Meerflöhe und andere winzige Kruster.

Hier treibt sich auch Tag für Tag eine geschäftige Vogelwelt um=
her, es sind Wasserhühner, Reiher, Schnepfen, Möven und Regenpfeifer,
welche eifrig nach dem Gewürm des Bodens suchen.

Zwei= bis dreihundert Meter vom Ufer entfernt, erblickt man da
und dort kleine Inseln, halb Natur, halb Kunst.

Die Neugierde führt uns zu einer derselben, weil ein Seeadlerpaar
darauf brütet.

Aber ohne Bewaffnung mit guten Stiefeln wäre ein Annäherungs=
versuch zwecklos.

Ein kleiner Berg von zerbrochenen, scharfkantigen Schneckenschalen
ist hier aufgethürmt, und man würde sich die Füße blutig ritzen. Ein
kunstloses Nest, aus einigen Fetzen von Matten und etwas Heu erbaut,
beherbergt ein frisches Gelege, das von den Alten mit Wuth ver=
theidigt wird.

Je mehr man auf dem Küstenriffe vorschreitet, um so vielgestaltiger
wird das Leben. Wo der Grund mit Seegras und Algen bewachsen
ist, da finden auch zahlreiche Arten ihren Unterhalt und ein sicheres
Versteck. Hier jagt mit Vorliebe der große, in prächtigen Farben
schillernde Octopus, welcher in den zahlreichen Ritzen der Korallenbank
ein sicheres Versteck findet.

Vielfach liegen große Flügelschnecken regungslos umher oder be=
ginnen zu hüpfen. Sie können nämlich nicht wie ihre Verwandten mit
einer fleischigen Sohle kriechen, sondern strecken ihren wurstförmigen Fuß

heraus, stützen sich auf den langen, klauenartigen Deckel und schnellen sich so vorwärts oder seitwärts.

Nicht selten begegnet man den drolligen Igelfischen (Tetraodon), welche leicht mit einem Netze eingefangen werden. Sie füllen ihren leicht dehnbaren Kehlsack bei jeder drohenden Gefahr mit Wasser, und richten nun die vorher kaum bemerkbaren Stacheln der Haut empor. Das Thier schützt sich in ähnlicher Weise wie unser Igel, wenn er sich einkugelt. Das Wasser wird unter kräftigen Saugbewegungen bei Klappenverschluß der Kiemenspalten eingepumpt.

Wird er aus dem Wasser genommen, so entleert er unter lautem Gurgeln und Grunzen seinen Kehlsack und treibt nun seinen Körper mit Luft auf.

Manches wird in dieser Region leicht übersehen, und die scharfe Beobachtungsgabe meiner Leute lernte ich dann oft schätzen.

Ein Schwarzer hat in einer Ritze etwas gesehen, aber der Gegenstand muß gefährlich sein, denn er wagt die Finger nicht zu gebrauchen, sondern bohrt mit seinem Stocke. Ein unförmliches, froschartiges Wesen kommt zum Vorschein und entpuppt sich schließlich als ein Froschfisch (Batrachus), dessen Hautoberfläche eine Algenvegetation in den Farben so getreu nachahmt, daß das Thier in dieser Verkleidung allerdings leicht übersehen wird und unbemerkt auf seine Beute lauern kann.

Recht ergiebig werden die tieferen Stellen, welche sich schon aus der Ferne durch ihre türkisblaue Färbung verrathen. Gleitet man im leichten Boot unter dem gleichmäßigen Takt der Ruderer über den klaren Grund dahin, so erblickt man die braunen Rasenbüsche der weichen Xenien (Xenia fuscescens), deren zarte, schlauchförmige Polypenthiere ihre fieberigen Fangarme enthalten, dazwischen vereinzelte Exemplare eines braungelben Seesternes mit völlig fehlenden Armen und stark aufgetriebenem Körper von der Größe eines Brodlaibes. Es ist die in den indischen Meeren so weit verbreitete Culcita.

Vereinzelt liegen die schlauchförmigen oder darmähnlichen schwarzen Haftwalzen (Synapta) umher und werden bisweilen meterlang. Sie fühlen sich eigenthümlich rauh an, die großen Anker der Haut bleiben bei der Berührung an den Fingern haften. Diese werthvollen Geschöpfe bilden stets eine willkommene Beute.

Einen besonders schönen Anblick gewähren die Schaaren der sanftgroßen, blauschwarzen Diadem-Igel (Diadema). Ihre fußlangen, dünnen

Stacheln starren nach allen Richtungen vom Körper ab und bilden eine gefürchtete Waffe, da sie über und über mit scharfen Dörnchen besetzt sind. In dieser Region des Riffes ist der Boden zuweilen mit schwarzen Holothurien (H. vagabunda) völlig übersäet.

Da und dort wird ein Hai oder ein gefräßiger Roche (Raja djeddensis) verscheucht und eilt schleunigst der Tiefe zu.

Riesige Badeschwämme, aus dieser Zone heraufgeholt, bergen ein förmliches Museum der verschiedenartigsten Meeresgeschöpfe. Schlangensterne, Ringelwürmer, Kruster und Weichthiere suchen sich die weiten Kanäle des Schwammes als sichere Zufluchtsstätte aus.

Noch mancher Fund ist in dieser Zone zu machen, aber wir wenden uns dem Glanzpunkte eines Tropenmeeres, dem Abhang des Korallenriffes, zu. Schon in der Ferne ist auch bei völlig ruhiger See der Absturz der Riffe leicht erkennbar. Das Grünblau oder Türkisblau der seichteren Stelle geht dort urplötzlich in ein tiefes, gesättigtes Indigblau über. Die Tinten sind, wenn das Meer nicht tagelang vorher zur Ruhe kam, durch eine blendendweiße Linie scharf getrennt. Sie entsteht durch das Brechen der Wogen am Strande der Bank, und biegt in schön geschwungener Kurve gegen den Scherm oder Hafen ein, um sich allmählich zu verlieren.

Im Allgemeinen ist es nicht leicht, in den vollen Genuß der Schönheit eines Korallenabhanges zu gelangen, da eine auch nur leicht gekräuselte Meeresoberfläche nur undeutliche und verschwommene Bilder erkennen läßt.

Wir wählen daher eine geschützte Bucht, und hier entfaltet sich allerdings jenes zauberhafte Gemälde, welches bis heute in Farben noch nie treu wiedergegeben werden konnte und sich in Worten nur dürftig schildern läßt.

Ich habe mich oft in die Schilderungen der Korallenlandschaften oder Korallengärten der südlichen Meere vertieft, trat mit etwas hochgespannten Erwartungen an die Wirklichkeit heran und befürchtete, diese vielgerühmte Pracht möchte vor einer nüchternen Anschauung doch nicht in dem gehofften Maße Stand halten.

Aber weit entfernt, etwa enttäuscht zu werden, bleiben die begeisterten Schilderungen, wie sie beispielsweise die für Naturschönheit so empfängliche Natur eines Ernst Häckel entwarf, immer noch hinter der

Wirklichkeit zurück. Diese duftigen und farbenreichen Bilder muß man selbst genießen, selbst empfinden.

Es ist eine Meereslandschaft von so eigenartigem Charakter, daß man unwillkürlich staunend und träumend anhält, ein so wirkungsvolles Gemälde, daß die Phantasie in einer, ich möchte sagen geradezu fascinirenden Weise gefangen genommen wird. Meine schwarzen Begleiter wurden jedesmal lebhafter, wenn sie diese Abhänge erreichten, ein Beweis, daß ihre Pracht auch auf diese unverfälschten Kinder der Natur zu wirken vermochte.

Man hat diese Korallenlandschaften einem Blumengarten verglichen, sie als Korallengärten bezeichnet. Der Vergleich trifft aber nur bis zu einem gewissen Punkte zu, es ist etwas in dieser Meereslandschaft, was sich nur schwer durch einen Vergleich ausdrücken läßt, es ist eine Landschaft sui generis.

Wohl erinnern die zierlich geformten Korallensträucher, die Rasen, Knollen und Becher mit ihren blumenähnlichen Thieren an ein wohlgepflegtes Gartenbeet, aber die Farbenwirkung ist doch eine besondere.

Es sind seltene, ätherische Farbentöne, deren Duft noch gehoben wird durch die durchsichtige Salzflut, welche die Formen mit einem eigenthümlichen Zauber umgießt.

In einiger Entfernung erblickt man andere Gärten mit zerfließenden Umrissen und in ein geheimnißvolles Halbdunkel gehüllt, welches die Wirkung noch erhöht.

In den Vollgenuß dieser Terrassen mit den bewachsenen Stufen gelangt man nur an ganz ruhigen Tagen, und dann lassen sich bis in bedeutende Tiefen alle Einzelheiten erkennen. Dann genießt man auch das herrliche Schauspiel, daß die Korallenfische aus ihren Verstecken herauskommen und als Schmetterlinge des Meeres sich spielend um die Korallenbäumchen bewegen. Bald sind es bunte Schaaren, die nur wenige Centimeter Länge erreichen, bald sind es große Formen. Die Eleganz ihrer Bewegungen ist höchst anziehend. Ihre Farben geben dem Schmelz der tropischen Vögel und Schmetterlinge nichts nach. Azurblaue, gelbgrüne, zebraartig gestreifte und sammetschwarze Arten bewegen sich in buntem Gemenge. Meist gehören sie den Gattungen Chaetodon, Acanthurus und Scarus an. Unwillkürlich sucht man sie mit dem an einem langen Stock befestigten Netz zu fangen, aber im Nu ist die bunte Gesellschaft verschwunden. Diese Fische sind alle von der

Seite her stark zusammengedrückt, und vermögen daher mit Leichtigkeit in die zahllosen Klüfte und Ritzen der Korallenbänke zu schlüpfen.

Kleinere Arten verbergen sich in dem Astwerk der Korallenbäumchen; bringt man diese herauf, so kann man leicht ein ganzes Dutzend herauslesen. Leider vergehen die Farben rasch an der Luft. Man behauptet, daß sie die Korallenthierchen abweiden. Ich glaube, diese Ansicht ist ungenau. Ich habe sie oft im Seewasser gehalten und sie beobachtet. Sie schlürfen in starken Zügen das Seewasser ein und erwischen damit wohl allerhand Kleinigkeiten, welche in der Nähe der Korallen abfallen. Wahrscheinlich stehen sie mit diesen in einem Verhältniß, welches die zoologische Wissenschaft als Symbiose bezeichnet.

Man hat wiederholt ein Farbengemälde dieser Korallenlandschaften zu geben versucht, ohne damit ganz glücklich gewesen zu sein.

Es wäre eine lohnende Aufgabe für einen Maler, hier längere Studien zu machen, und dem Meere seine zarten und geheimnißvollen Farbeneffecte abzulauschen; es könnten Motive für reizende Stillleben gewonnen werden.

Doch man darf sich hier keinen langen Träumereien hingeben, denn Arbeit gibt's in Fülle, und an einem einzigen windstillen Tage kann das Boot in wenigen Stunden mit schwerer Beute belastet werden.

Hier wuchern in großen Rasen und Büschen die Griffelkorallen (Stylophora) von blendender Weiße. Neben ihnen die zart violetten oder rosafarbenen Kronenkorallen. Frei auf dem Boden liegen die großen Pilzkorallen oder Fungien. Große braune Knollen oder Laibe bildet eine diesem Meere eigenthümliche Hirnkoralle (Coeloria arabica). Einen lilafarbenen Schimmer verbreiten die massigen Porenkorallen (Porites). Vielorts stehen dicht gedrängt wie in einem Beet mit Sternblumen die Sternkorallen mit ihren gelbgrünen Polypen. Aber kaum berührt man diese Gebilde, so ziehen sich dieselben in ihre Kalkbecher zurück, und weg ist der Blumenreichthum.

Eine ganz außerordentliche Schönheit gewährt eine Bank, welche über und über mit der flach ausgebreiteten Turbinaria conica bedeckt ist. Diese nicht gerade häufige Art ist glänzend lederbraun mit leuchtenden, schwefelgelben Polypenbechern.

An den Abhängen siedeln sich vielfach auch weiche Korallen an, welche zur Riffbildung nichts beitragen; so die massige Lederkoralle (Alcyonium pulmo), die Nephtya und die zierliche Kätzenkoralle

(Amothoea virescens), zwischen welchen zuweilen leuchtend=rote Nackt=
schnecken herumkriechen.

Im Ganzen verlangt die riffbildende Koralle viel Licht und vielen
Sauerstoff zu ihrem Gedeihen, in der stürmischen Brandung ist ihr
eigentliches Wohnelement. In den oberen Wasserschichten, d. h. in einer
Tiefe von 3—10 Meter spielt sich das Leben dieser Geschöpfe ab.
Schon in 10—12 Meter Tiefe sind auffallend viele Korallenstücke ab=
gestorben. Fast alle Arten sind eigentlich lichthungerig, ihre Thiere bauen
fast nur in der Richtung der starken Beleuchtung und lassen einen aus=
geprägten Heliotropismus erkennen. Es scheint bisher völlig übersehen
worden zu sein, daß hierin die Ursache liegt, warum die Korallenbank
von einem ausgedehnten Höhlensystem durchzogen wird und nicht eine
compacte Masse darstellt. Eine Koralle beginnt zu bauen und breitet
sich nach oben möglichst aus. Eine benachbarte Koralle macht es ebenso
und schließlich erfolgt eine Berührung, während die Basen getrennt
sind. Zwei sich erhebende Korallenfelsen verhalten sich ebenso, und
schließlich führt dies zu einer lacunösen Structur der ganzen Bank. Doch
nicht alle Korallen gehen dem Lichte nach, einige ziehen den Schatten
vor, wie Fungia Ehrenbergii, die blattartig ausgebreitete Hydnophora
Ehrenbergii und die intensiv=mennigrothe Mopsea erythraea, welche
immer sehr tief sitzen oder in den Höhlungen der Korallenbank ver=
steckt sind.

Dieselbe Lebensweise zeigt auch die häufig vorkommende schwarze
Edelkoralle, welche in einer Tiefe von 30—40 Meter lebt und von
den Arabern „jusr“ oder „abu curbatsch“, d. h. Vater der Peitsche ge=
nannt wird. Ihre schwarze Hornachse wird von den arabischen Hand=
werkern zu Rosenkränzen und zu schönen Cigarrenspitzen verarbeitet.

Wagen wir uns von der Korallenbank ins offene Meer hinaus,
um mit Hülfe des Schleppnetzes die größeren Tiefen zu erforschen, so
gestaltet sich diese Arbeit weniger ergiebig. Der Grund hiervon ist
weniger in der Armuth an Tiefenbewohnern zu suchen, als vielmehr
in der Schwierigkeit der Arbeit. Das Schleppnetz bleibt an den todten
Korallenmassen jeden Augenblick hängen und muß wieder frei gemacht
werden. Eine nicht sorgfältig überwachte Kraft an dem heruntergelassenen
Seil hätte in Bälde den Verlust der Dredge zur Folge. Ergiebiger ge=
staltet sich das Thierleben an der Oberfläche des offenen Meeres, wo die
eigenartige pelagische Fauna mit ihren beweglichen Formen ihr Da=

fein friſtet. Große Ueberraſchung bereitet eine große amethyſtfarbene
Wurzelqualle mit außerordentlich langen Armen, die ſchöne Himan-
thostoma lorifera. Eine fußlange, roſenrothe Rippenqualle, eine Beroë
iſt eine willkommene Seltenheit. Die roſafarbenen Ohrquallen oder
Aurelien treten dagegen in großen Schwärmen auf, und die zarte, glas=
artig durchſichtige Bolina, eine ziemlich große Rippenqualle, bildet an
manchen Stellen der Meeresoberfläche eine förmliche Thierſuppe.

Die meiſten dieſer pelagiſchen Meeresbewohner beſitzen ein Leucht=
vermögen und verurſachen damit die großartige Erſcheinung des Meeres=
leuchtens, welches im Rothen Meere beſonders intenſiv iſt.

Ein nächtlicher Sturm verwandelt oft die Waſſermaſſe in ein Feuer=
meer, und in einer ſtürmiſchen Nacht wurde meine Wohnung am Strande
jedesmal mit einem deutlichen Feuerſchein erleuchtet, ſo oft eine Woge
ans Ufer geworfen wurde.

Dieſes Meeresleuchten iſt mit Einbruch der Nacht ſchwach, nimmt
mit jeder Stunde zu und erreicht gegen Mitternacht die größte Juten=
ſität, um in den Morgenſtunden wieder abzunehmen.

Es hängt dies offenbar mit den regelmäßigen, täglichen Wanderungen
der pelagiſchen Meeresbewohner zuſammen. Mit Anbruch des Tages
ziehen ſie ſich in die tieferen, weniger leuchtenden Waſſerſchichten zurück
und ſteigen erſt am Abend wieder an die Oberfläche empor.

Verſuche, welche ich nach dieſer Richtung anſtellte, ſprachen durch=
aus für die Richtigkeit dieſer Annahme. Es gibt Stellen, wo der
Korallengrund ziemlich eben iſt und namentlich in geſchützten Buchten
die Anwendung des Schleppnetzes ermöglicht. Am Tage holte ich
wiederholt aus einer Tiefe von 30—40 Meter ungeheuere Mengen von
Rippenquallen (Bolina) herauf, welche auf dem Boden bis gegen Abend
ausruhten und dann noch in frühen Morgenſtunden an der Oberfläche
ſichtbar waren.

<hr>

Ich konnte nicht ewig auf den farbenreichen Riffen mit ihrer viel=
geſtaltigen Lebewelt zubringen, wenn man auch Jahre lang hier verweilen
möchte. Glücklich müßte derjenige ſein, welcher ungeſtört hier den Räthſeln
des organiſchen Lebens nachgehen könnte. Welche großartige Meeres=
aquarien ließen ſich an dieſem Strande ohne viel Mühe einrichten, ſie
würden mit ihren farbenprächtigen Bewohnern alle marine Aquarien in
Europa weit hinter ſich laſſen.

Wer weiß, ob nicht in absehbarer Zeit vielleicht auch an diesem Strande sich eine wissenschaftliche Beobachtungsstation erheben wird und der europäische Forscher von Zeit zu Zeit hierher eilen wird, um neue Bausteine für den Ausbau der so riesig angewachsenen Naturwissenschaft zu gewinnen.

Wer hätte vor dreißig Jahren geglaubt, daß solche Beobachtungsstationen an den hauptsächlichsten Punkten der europäischen Küste erstehen werden, und doch zählen wir heute bereits ein halbes Dutzend!

Pflichten des Alltagslebens riefen mich wieder weg und in die Heimat zurück.

Es schien mir oft, daß die Sachlage für die Europäer sich ungünstig gestalten werde. Aus dem Innern des Landes trafen beunruhigende Nachrichten ein. Häufiger und häufiger hörte man von den Erfolgen des Mahdi, dessen Name damals als leuchtendes Gestirn am Freiheitshimmel der Aethiopier aufstieg.

Weiterblickende Geschäftsleute ordneten ihre Angelegenheiten, auf den Mienen der Europäer sah ich oft drückende Besorgniß. Den eigentlichen Grund sollte ich erst später durch Zufall in Europa erfahren. Ich ahnte kaum, daß ich auf einem Vulkan stand, der nur durch Zufall am Platzen verhindert worden war.

Die arabischen Geschäftsleute aus Djedda wollten den Europäern in Suakin dasselbe Schicksal bereiten, welches ihnen in Alexandrien bevorstand; aber man scheint einflußreiche Eingeborene gewonnen zu haben, und ein Aufstand der verhaßten Araber wurde durch die Nubier vereitelt.

Ich bestieg den italienischen Dampfer; meinem griechischen Hausherrn, der mich zu guter Letzt noch betrügen wollte, weinte ich keine Thränen nach, die dankbaren Schwarzen ließen es sich nicht nehmen, mich bis auf das Verdeck zu begleiten.

In wenigen Wochen befand ich mich wieder in Europa, und kaum angelangt, brach das Ungewitter gleichzeitig in Unterägypten und im Sudan los. Der Boden Aethiopiens war zum Hexenkessel geworden, die Stätten, welche ich kaum verlassen, wurden vom Blute braver Kämpfer geröthet, sie bildeten den Schauplatz der widrigsten Greuelthaten.

V.

Wieder auf afrikanischem Boden.

Ein belgischer Baron und zwar keiner von denen, welche stets nur auf dem glatten Boden der glänzenden Salons herumzurutschen gewohnt sind, kam eines Tages aus dem Innern des Sudan an der Küste an und athmete vor meiner Wohnung wieder freier auf.

Seine Kleider waren zersetzt, sein Körper zerschunden, sein zähes, abessinisches Pferd vermochte sich kaum mehr auf den Beinen zu halten.

Ich verwünsche diesen afrikanischen Boden, seufzte der von den Strapazen hart mitgenommene Baron; aber schon dreimal habe ich diese Verwünschung ausgesprochen und doch zieht es mich wieder nach Afrika, sobald ich wieder in Europa bin!

Der Mann sprach gewiß die Wahrheit, und ich machte später dieselbe Erfahrung.

Ich weiß nicht, woran es liegt, daß dieser afrikanische Boden auf uns Europäer eine so eigenthümliche, fascinirende Wirkung auszuüben vermag.

Ging es ja schon den Alten so. Wer im alten Hellas auf höhere Bildung Anspruch erhob, unternahm, wenn immer möglich, eine Fahrt nach Afrika, dem Wunderlande.

Insbesondere galt das Land der Pharaonen als das Land der Sehnsucht, dort bildete der Hellene seinen Geschmack an den Werken der Kunst, in dem Kulturlande am Nil zogen ihn die merkwürdigen staatlichen und religiösen Institutionen an. Beim Scheiden pflegte er die Frucht der königlichen Sykomore zu genießen, weil einem allgemein verbreiteten Aberglauben zufolge dieser Genuß die einstige Wiederkehr nach Afrika sicherte.

Ich will mich bei Leibe nicht zum Anwalt des Aberglaubens machen, aber dennoch hat mich diese Sitte angesprochen. Unsere moderne Zeit denkt zwar viel nüchterner. Was hat der Genuß einer Syfomore mit der Rückfehr nach Afrika zu thun?

Der ursächliche Zusammenhang zwischen einer Maulbeerfeige und jener dunkeln Werkstätte des geistigen Lebens, in welcher der unaufhalt=same Drang in die Ferne zur Entwickelung kommt, ist absolut nicht ein=zusehen. Die Sache ist also müßiger Aberglaube.

Wir sind so klug und weise geworden und glauben nur da, wo sich ein Zusammenhang der Erscheinungen, eine Ursache und Wirkung nach=weisen läßt — und doch, seien wir insgesammt recht ehrlich und steigen wir in die Tiefen unseres Gewissens hinab, so ertappen wir uns auch heute da und dort auf der Fährte des Aberglaubens.

Auch wenn wir das ehrliche Bestreben haben, denselben aus der Welt zu schaffen, so überrascht uns zuweilen doch ein Atavismus, über den wir mit Schonung hinweggehen wollen, weil er innig mit der physischen Natur des Menschen verknüpft ist.

Es verflossen wenige Jahre, seit ich zum ersten Male die originelle Welt Afrikas leibhaftig vor meine Augen treten sah.

Bilder, welche eine jugendliche Phantasie so oft umgaukelten, waren zur Wirklichkeit geworden. Was vorher nur blaß und unbestimmt aus Reiseschilderungen in den Geist einzog, rief tiefe und unvergeßliche Ein=drücke hervor, weil sie der unmittelbaren Wirklichkeit entflammten.

Natur und Kunst, ein neues und eigenartiges Volksleben, sie er=öffneten auch eine neue Welt.

Ich schied von diesen Bildern und begriff die Sehnsucht der Alten. Mit dem einzigen Wunsche, dieselben wieder zu sehen, saß ich bei Kairo im Schatten der Syfomoren. Große Eindrücke machen den Menschen schwach. Mir fiel die abergläubische Sitte der Hellenen ein, und die Syfomoren waren über und über mit Früchten behangen.

Und wenn das Zaubermittel am Ende doch wirksam wäre? Ich spottete über meine Anwandlung von Schwäche und ertappte mich ganz klar vor einer Rückschlagserscheinung in den Aberglauben, und doch holte ich einige Früchte herunter, um sie halb bona fide zu verzehren!

Sie schmeckten schlecht, sie schmeckten abscheulich, sogar unter aller Kritif — aber das Mittel hat geholfen!

Ich befand mich schon 1886 wieder auf dem Wege nach Afrika, und zwar war nicht allein das Nilthal mein Endziel, sondern ich sollte die noch wenig befannte und höchst originelle Welt des oftafrikanischen

Archipels aus eigener Anschauung kennen lernen, ich war auf dem Wege nach der südlichen Hemisphäre, wo die verschwenderische Natur der Tropen ihre lieblichste und zugleich großartigste Entfaltung zeigt, ich war auf dem Punkte, eine verwegene Fahrt nach der fast sagenhaften und von den Reisenden gefürchteten Welt von Madagaskar anzutreten.

In der Schweiz begegnete ich einem allgemeinen Interesse für dieses Reiseproject, allseitig hatte man das Unternehmen in zuvorkommendster Weise gefördert, und der hohe Bundesrath machte durch eine namhafte Subvention die finanzielle Durchführung dieser zweiten Afrikareise möglich.

Die Vorbereitungen waren ungleich größere als bei meiner ersten Fahrt, und mit einem Berge von Kisten verließ ich die Heimat.

Es waren diesmal gemischte Gefühle. Ich hatte sehr dankbare, aber auch sehr verschiedenartige Aufgaben zu lösen; aber ob es meiner Kraft gelingen würde, dieselben zu bemeistern, war mir nicht völlig klar. Ich mußte meinem Lande, welches mir ein großes Vertrauen entgegenbrachte, mich doppelt verpflichtet fühlen, anderseits war es nachgerade zur Tradition geworden, daß man wohl nach Madagaskar hinein, aber gewöhnlich nicht mehr heraus kommt, da die klimatischen Verhältnisse im allerbösesten Ruf standen und auch den Bewohnern nur Böses nachgesagt wurde.

Ich verließ mein Land und wußte nicht, ob ich vielleicht für immer davon Abschied nahm.

Unter solchen gemischten Gefühlen fuhr ich durch den Arlberg nach Innsbruck und Triest.

Aber wenn ich wieder blaues Meer, rauchende Oceandampfer, das luftige Volk der Matrosen und die Uniformen von Schiffsoffizieren sehe, so sind die ängstlichen Gefühle der Landratte verscheucht, alle Bedenken wegen bevorstehender Gefahren verschwinden.

Ich hatte ursprünglich die Absicht, statt in Triest mich in Marseille einzuschiffen, da die Dampfer der Messageries maritimes über Aden direct nach dem ostafrikanischen Inselgebiet fahren und ihre Einrichtung volles Lob verdient. Allein ich wollte noch einen Aufenthalt in Aegypten machen. Die Fahrpreise sind auf den französischen Dampfern etwas hoch, die Verwaltung ist zudem gegenüber wissenschaftlichen Reisenden des Auslandes etwas engherzig und gewährt keinerlei Vergünstigungen.

Dagegen ist man in Oesterreich viel zuvorkommender, und die Direction des „Llohd" in Triest hat den wissenschaftlichen Reisenden wiederholt in höchst anerkennenswerther Weise weitgehende Ermäßigungen auf ihren Dampfern bewilligt. Ich begab mich in den fürstlich eingerichteten Palast der Llohdverwaltung und erhielt rasch den erfreulichen Bescheid, daß mir bis Aden ebenfalls ein stark ermäßigter Fahrpreis bewilligt werde.

Meine Ausrüstung wurde zunächst noch vervollständigt, und ich fand hier verschiedene frühere Bekannte; einer meiner befreundeten Landsleute entschloß sich sogar, mich nach Aegypten zu begleiten.

Am 16. April 1886 schifften wir uns an Bord des „Achille" ein und trafen da zu unserer großen Ueberraschung einen früheren Studiengenossen als Schiffsarzt, welcher auf diesem Wege Indien und China zu sehen hoffte.

Der nach Alexandrien bestimmte „Achille" gilt als einer der besten und schnellsten Dampfer und besitzt eine aus Dalmatinern bestehende Bemannung.

Ueber die Verpflegung an Bord kann ich im Allgemeinen viel Lobendes berichten, nur eine Achillesferse besaß unser Dampfer, und diese bestand in dem Kaffee, der schlechterdings ungenießbar war. Mein sonst nicht verwöhnter Gaumen mußte zu einem Surrogat Zuflucht nehmen.

Es war gerade Palmsonntag, als wir Korfu erreichten. Unser Dampfer hatte Waaren für Alexandrien einzunehmen. Eine Ladung Marmorplatten und 100 Faß Käse mußten an Bord gehißt werden.

Griechischer Käse! Dieses duftende Product hellenischen Fleißes ist mir von meiner ersten Reise her noch in so lebhafter Erinnerung, daß ich gerne für einige Stunden ans Land flüchtete. Ich war sicher, daß die blühenden Citronbäume der aussichtsreichen Esplanade einen weit edleren Duft aushauchen, als der berüchtigte Limburger Griechenlands.

Der Platz war außerordentlich belebt. Eine große Procession zu Ehren des heiligen Spiridion hatte eine Menge Volk aus der Umgebung herbeigelockt, und die jungen Korfioten erschienen mit ihren aufgeputzten, ländlichen Schönen. Auch war der Platz stark mit griechischem Militär besetzt. Auf der Balkanhalbinsel herrschte starkes Säbelgerassel und Griechenland hatte just die Absicht, in Bälde loszuschlagen.

Die Leute erklärten mit merkwürdiger Naivetät, daß die Geschäfte erbärmlich gehen, das Land weder Geld noch Credit besitze, ein Krieg also der einzige Ausweg sei.

5*

Wenn ich mir aber die hellenischen Krieger näher ansehe, so machen sie mir nicht gerade einen sehr martialischen Eindruck. Möglich, daß den Söhnen Griechenlands auch irgend ein Alexander ersteht, welcher die Flamme der Begeisterung anzufachen vermag, zumal die Alexander auf der Balkanhalbinsel gegenwärtig wieder sehr in Aufnahme kommen — aber findet sich dieser Alexander nicht, so könnte der kranke Mann am Bosporus am Ende noch einige verzweifelt unangenehme Lectionen für die Griechen in Bereitschaft haben. Ich erfuhr denn auch bald nachher, daß letztere es doch noch für gerathener fanden, klein beizugeben.

Wir verließen Korfu nach einigen Stunden. Die große Fahr= geschwindigkeit unseres Dampfers und ein vollkommen ruhiges Meer brachten die Reisegesellschaft rasch vorwärts, und in wenigen Tagen er= schienen wir vor Alexandrien.

Das Lootsenboot erreichte uns weit vor dem Hafen und gab dem „Achille" einen Piloten ab.

Derselbe stellte sich starr und ohne ein Wort zu verlieren auf die Kommandobrücke. Seine Laune schien keine rosige zu sein. Hätte Arabi=Pascha nicht ein sicheres Asyl auf Ceylon, so hätte ich geschworen, daß dieser und kein anderer uns in den Hafen von Alexandrien führte. Es war eine genaue Kopie des trotzig=finsteren Fellachengesichtes, das mir stets an dem einstigen Revolutionär auffiel. Genau derselbe finstere Blick hat das Lager von Tell el Kebir beherrscht!

Alexandrien! Wie soll ich dieses Wiedersehen bezeichnen, welche Stürme sind seither über dieses einst blühende Handelsemporium ge= rauscht.

Es war genau vor vier Jahren, als ich das alte Alexandrien in seiner vollen Blüte sah.

Ein junger Kaufmann, wenn ich nicht irre, war er aus Winter= thur gebürtig, führte mich im Wagen am Nilkanal entlang und zeigte mir die interessantesten Stellen der Umgebung.

Wenige Wochen später tobte der Sturm der Revolution in den Straßen, meine verschiedenen Bekannten entgingen mit knapper Noth der Gefahr, aber mein liebenswürdiger Begleiter wurde von einem Haufen fanatischer Araber angefallen und auf offener Straße ermordet. Dann folgte ein infernalisches Konzert aus dem ehernen Munde der englischen Kanonen, Raub und Plünderung der europäischen Quartiere.

Den Schluß bildeten Strick und Galgen, welche ihre Schuldigkeit auf dem Konsulplatz und vor den Thoren der Stadt thaten — wie rasch sich die Ereignisse drängen.

Alexandrien ist heute noch stark verstümmelt. Der Konsulplatz, der Mittelpunkt des fränkischen Lebens, ist kaum mehr zu erkennen. Wo vordem Paläste standen, sieht man nur noch elende Holzbaracken, die schattigen Alleen haben durch den Brand gelitten und bleiben noch auf Jahre hinaus ruinirt.

Die Stadt wird sich immer wieder erheben, sie hat schon ähnliche Schicksalsschläge erlitten. Die Rue Cherif Pacha, welche besonders stark gelitten, ist im alten Glanze erstanden; aber es wird noch lange dauern, bis alle Wunden vernarbt sind.

Die Volksscenen sind nach wie vor dieselben, ihr Farbenreichthum hat nichts verloren, aber die Gesichter zeigen nicht mehr den offenen Blick wie ehedem.

Das treuherzige Wesen, das bei vielen Arabern anspricht und auch beim Fellah schließlich hervorbricht, wenn man ihn über seine traditionelle Bauernschlauheit hinausgebracht hat, ist einem scheuen und zurückhaltenden Wesen gewichen.

In der Staffage des Straßenlebens tritt ein neues Element entgegen, welches weder bei den Franken noch bei den Eingeborenen beliebt ist. Es sind die englischen Rothröcke, welche selbstbewußt einherschreiten und auf die wichtigsten Kasernen vertheilt sind.

Ich wartete den Schnellzug ab, um am folgenden Tage nach Kairo zu fahren.

Ich entrichte auch diesmal der orientalischen Metropole den Tribut der Huldigung.

El Kahira gehört zu jenen seltenen Schönheiten, welche zu jeder Zeit und in jeder Stimmung bezaubern.

Mag der junge Tag die schlanken Minarets und die zahllosen Kuppeln vergolden, mag das sinkende Gestirn des Tages in wechselnden Tinten die nahen Gebirge verklären und den Pyramiden seinen Scheidegruß zurufen, mag der Mond sein mildes Licht über die anstoßende Wüste ausgießen, stets wird man an diesem Fleck Erde neue Reize entdecken.

Kaum in Kairo angelangt, traf ich einen ehemaligen Bekannten. Es war mein früherer Eseltreiber Ibrahim, der mich einst derart geprellt hatte, daß ich ihn abdanken mußte.

Er besaß noch das gleiche Standquartier am Ezbekijegarten und sein Spitzbubengesicht hat sich nicht sehr verändert.

Ich hatte kaum erwartet, den alten Sünder noch unter den Lebenden zu treffen. Ich hatte vermuthet, daß Ibrahim während der ägyptischen Revolution in seiner Weise in den Gang der Dinge eingegriffen, auf bösem Wege ertappt und schließlich sein Dasein an irgend einem Laternenpfahl beschließen mußte.

Aber meine Berechnung traf nicht zu, Ibrahim ging dem Galgen mit diplomatischem Geschick aus dem Wege und vermochte sich mit Anstand durch die ägyptischen Wirren durchzudrücken.

Aber ganz spurlos sind die Ereignisse doch nicht an ihm vorbeigegangen. Sein Gesicht hat einen pessimistischen Ausdruck erhalten, die politische Lage behagt ihm offenbar nicht und die Zukunft des Landes erscheint ihm für Leute seines Schlages hoffnungslos.

Ich glaube, daß er die Situation richtig beurtheilt, denn zur Zeit wimmelt die Citadelle von Kairo von englischem Militär, die Kasernen von Abbasije und Kasr en-Nil vermögen die Rothröcke und die schottischen Hochländer noch lange nicht zu fassen, und die Engländer machen noch keine Miene, als ob sie abzuziehen gesonnen wären.

Ihr Dienst ist nicht anstrengend und der Aufenthalt in der Chalifenstadt sagt ihnen offenbar sehr zu. Soviel man hört und soviel ich mit eigenen Augen sehen konnte, fügt sich die Bewohnerschaft von Kairo willig in das Unvermeidliche, und mit der schöneren Hälfte der arabischen Welt sind die Beziehungen ganz entschieden nicht feindselig. Es wiederholt sich auch im Orient die alte Geschichte, daß Uniformen für weibliche Augen einen ungemein anziehenden Gegenstand bilden, und die Haremsdamen haben am Freitag ihre Fahrten auf der Schubra-Allee ganz aufgegeben und fahren nunmehr am englischen Lager bei Kasr en-Nil auf und ab.

Dem Khedive, der nur ein Werkzeug ist, wird die Lage recht unangenehm, er möchte die Engländer mit Anstand los werden. Vielleicht hilft ihm eines Tages Irland aus der Klemme, dort können die Truppen gelegentlich recht nützlich werden.

In Kairo mußte man bereits daß ich unterwegs sei, und hatte mich erwartet, schüttelte aber den Kopf zu meinem Vorhaben; selbst Professor Schweinfurth beurtheilte ein Vordringen nach Madagaskar ziemlich pessimistisch, da jenes Gebiet in der neuesten Zeit wiederholte Opfer aufzuweisen hatte und ein eigener Unstern auf den dahin unternommenen Expeditionen ruhte.

Ich verweilte nur kurze Zeit, Franken und Kopten bereiteten sich auf das Osterfest vor und auch die Araber hatten ihr Frühlingsfest; dem lärmenden Treiben wollte ich entgehen und fuhr nach Ismailija, um frühere Studien im Suez=Kanal fortzusetzen und einige Beobachtungen zu ergänzen.

Die Eisenbahn fährt am östlichen Rande des Deltas entlang über Belbes nach Bubastis, bei Abu Hammad tritt man in die Wüste ein und gelangt alsbald nach dem historisch gewordenen Tell el Kebir, wo im September 1882 die ägyptische Revolution endgültig niedergeworfen wurde. Das Steigen des Nils, von den Aegyptern geschickt benutzt, machte es den Engländern unmöglich, über Damanhur hinaus ins Delta vorzudringen. Sie bemächtigten sich des Suez=Kanales, welchen Arabi unbegreiflicher oder sagen wir anständiger Weise in seiner Neutralität nicht antastete. Von Ismailija drangen sie längs der Wüsteneisenbahn nach Kairo vor.

Arabi=Pascha hatte ihnen bei Tell el Kebir den Weg verlegt, hier mußte die Entscheidungsschlacht fallen, über deren Ausgang man übrigens kaum mehr im Zweifel sein konnte.

Das Schlachtfeld hat mir noch eine Menge von Einzelheiten erzählt, und ich konnte die einzelnen Etappen verfolgen, in welchen sich die Eng=länder näherten.

Zahlreiche herumliegende Faßreifen, Kistenbeschläge, zerknitterte Konservenbüchsen und zerbrochene Weinflaschen sagen uns, daß die Eng=länder keinen Mangel zu leiden hatten.

Anders im arabischen Lager. Die Verpflegung der Soldaten war jedenfalls nicht glänzend. Man sieht eine Masse zerknitterter Petroleum=blechkisten, welche in Aegypten mit Vorliebe als Wasserbehälter benutzt werden. Einzelne alte Konservenbüchsen und zerbrochene Bierflaschen be=zeichnen das Zeltlager der höheren Offiziere.

Am östlichen Rande des arabischen Lagers liegen zahlreiche Geschosse im Sande zerstreut. Sie wurden am Schlachttage hereingeworfen und sind untermischt mit einer Unzahl von zertretenen Feldflaschen ägyptischer Soldaten, welche bei der Flucht eiligst weggeworfen wurden.

In einigen Stunden war Ismailija erreicht und hielt ich hier an, um meine früheren Untersuchungen wieder aufzunehmen und namentlich auch die am Ende des Wadi Tumilat gelegenen kleinen Bitterseen näher auf ihren faunistischen Inhalt zu prüfen. Ihre Fauna erwies sich außerordentlich spärlich, dagegen machte ich hier bei einem siebenstündigen Marsch durch die Wüste eine Eroberung, auf welche ich ebenso gern verzichtet hätte — ein schmerzhafter Sonnenstich war ein Wink, daß der afrikanische Boden auch seine Tücke birgt, und die darauf folgende Nacht war nicht gerade angenehm.

Ich wandte mich nach Suez, wo ich meine früheren Wirthsleute im Hôtel d'Orient wieder vorfand. Das kleine Hôtel hatte sich vergrößert und ist zum Sammelpunkt der englischen Offiziere geworden, welche seit dem Kriege in Suez stationirt blieben. Die Stadt selbst ist noch mehr als früher heruntergekommen. Die Ereignisse im Sudan haben ihrem Verkehr den Todesstoß versetzt. Vordem blieb wenigstens noch der Handel mit den Gebieten am Rothen Meere. Elfenbein, Straußenfedern und Häute, sowie Perlmutter machten einen nicht unbeträchtlichen Handel aus. Jedes Schiff von Sualin brachte bedeutende Ladungen von Gummi, welche in Suez magazinirt wurden.

Der Import von Rindern und Schafen aus dem Ostsudan war beträchtlich und mußte den Weg über Suez nehmen, um einen großen Theil von Unterägypten mit frischem Fleisch zu versorgen.

Allein zur Zeit hat der Sudanhandel völlig aufgehört. Die Nubier bringen keine Waaren mehr an die Küste, und Unterägypten, welches fast nur Büffel und sehr wenig Rinder besitzt, muß gegenwärtig seinen Fleischbedarf aus Europa beziehen. Das Schlachtvieh kommt meist von Odessa her.

Einen Schimmer von Hoffnung erweckte das in der Nähe von Suez entdeckte Petroleum, von welchem Proben bereits näher untersucht sind. Die Quellen scheinen reichlich zu fließen und liefern per Tag etwa 150 Kubikmeter Oel; aber sie liegen von der Küste zu weit ab im Gebirge, wo die Vegetation fehlt und die Beschaffung von Arbeitskräften erschwert ist.

Die erforderlichen Spesen stehen zum Gewinn in einem so starken Mißverhältniß, daß die Möglichkeit der Ausbeutung sehr in Frage gestellt ist.

Unſer nach Aden fahrender Lloyddampfer „Orion" war angemeldet und hatte in Suez Holz und Mehl auszuladen, welches für Maſſaua beſtimmt war. Ich ließ mein Gepäck an Bord bringen und ſchiffte mich am 1. Mai 1886 in Port Tewfik ein.

In den letzten Tagen wehte ein ziemlich ſtarker Chamſin, welcher ſehr erſchlaffend wirkte, daher die erfriſchende Seeluft ſehr willkommen ſein mußte.

Der nördliche Theil des Rothen Meeres iſt um dieſe Zeit noch angenehm kühl im Vergleich mit der des Südens herrſchenden Hitze. So= bald jedoch das glänzende Kreuz im Süden emporzuſteigen beginnt, ver= ſchwindet dieſe Annehmlichkeit, und mit dem Betreten der Tropen weiß man oft nicht mehr, wo man ſein Haupt hinlegen ſoll.

Da man im Sommer nicht nach Indien zu reiſen pflegt, war die Reiſegeſellſchaft nicht groß; dennoch hatte ſie für mich Intereſſe, da ſie aus den erſten deutſchen Koloniſten beſtand, welche nach Aden fuhren, um dann über Zanzibar nach den neuen Erwerbungen der Deutſchen in Oſtafrika zu reiſen.

Die Vorhut, welcher wohl bald neue Koloniſten folgen, beſtand aus einem Gutsbeſitzer aus Oſtpreußen mit Frau und Kind und einem jungen Landwirth, welcher früher Gutsverwalter in Preußen war. Die Leute ſahen etwas germaniamüde aus, gehen aber mit frohem Muth an ihre Aufgabe.

Sie führten alles mit, was zum landwirthſchaftlichen Betrieb nöthig iſt, und hatten die Abſicht, von Pangani aus landeinwärts zu reiſen, ſich in dem Uſambaralande niederzulaſſen, um dort Plantagenbetrieb zu verſuchen.

Es war mir überraſchend, von dieſen Auswanderern zu vernehmen, daß die kolonialen Beſtrebungen in Norddeutſchland zur Zeit gar nicht populär ſind und ſtarke Vorurtheile gegen die afrikaniſchen Unternehmungen beſtehen.

Die Begründung von Kolonien iſt natürlich mit Schwierigkeiten verbunden und zeitweiſe Enttäuſchungen bleiben nicht aus, der Binnen= länder leidet zuweilen an einer gewiſſen Unbeweglichkeit, ſein Horizont iſt nicht ſelten eng. Die momentane Stimmung, die vielleicht durch einige Erfahrungen in Weſtafrika bedingt ſein mag, wird auf die Dauer kaum die Oberhand behalten, denn durchgeht man ältere und neuere

Reiseberichte, so gehört gerade das Gebiet zwischen der Ostküste und dem Kilimandscharo zu den schönsten und fruchtbarsten der Erde.

Unser Gutsbesitzer hat denn auch die Absicht, später eine ansehnliche Kolonie aus seiner Heimat nachzuziehen.

Am 4. Mai erreichten wir Djedda an der arabischen Küste. Der Ort zählte etwa 17,000 Einwohner und ist der Hafenplatz der etwa 10 Stunden landeinwärts gelegenen Pilgerstadt Melka. Der Verkehr ist nicht unbeträchtlich.

Der Strand ist flach, die Küste voller Riffe, daher ankerte der „Orion" in einer Stunde Entfernung. Der Verkehr mit dem Lande wird durch den arabischen Sambuk vermittelt.

Die Segelbarken kamen denn auch bald schaarenweise angefahren, sie sind meist mit Sudansklaven bemannt, welche im Dienste arabischer Geschäftsleute aus der Umgebung stehen.

Die Stadt Djedda liegt in einer trostlosen Wüstengegend in unschöner Lage am flachen Strande. Vergeblich späht das Auge nach einem Baume oder nach einem grünenden Strauche. Nur der Reiz des Gewinns kann den Menschen an eine solche Stätte fesseln.

Die Stadt weist übrigens einzelne hübsche Häuser im arabischen Stile mit 2—3 Stockwerken auf. Als Baumaterial dienen große Korallenblöcke. Als Mörtel wird ein graublauer, zäher Schlick verwendet, welcher sich an den tieferen Stellen ruhiger Buchten ablagert.

Es scheint, daß die arabischen Maurer gar keinen Sinn für die Vertikale haben, denn die meisten Häuser stehen schief. Auch die schlanken Thürme aller Moscheen von Djedda stehen schief, weshalb ich diese Stadt als das arabische Pisa bezeichnen möchte.

Die arabische Bevölkerung ist verhältnißmäßig hell gefärbt, ihr Charakter ist kein angenehmer, und die europäischen Kaufleute müssen stets auf der Hut sein, um nicht betrogen zu werden. Gegenwärtig importiren die Oesterreicher nicht unbeträchtliche Mengen von Glas- und Holzwaaren, Mehl, Seide und Baumwollstoffe.

Ich besuchte den großen und nicht uninteressanten Bazar von Djedda, welcher neben vielen europäischen Waaren auch die einheimischen Producte zur Schau bringt.

Die Handwerker von Djedda stehen im Rufe großer Geschicklichkeit, sie sind gute Waffenschmiede, fertigen Töpfereiwaaren an und verarbeiten die schwarze Edelkoralle oder „josr" zu hübschen Cigarrenspitzen.

Schöne Arbeiten werden aus Perlmutterschalen gefertigt, wie Knöpfe, Broschen, Kämme u. dergl.

Die großen Bazare sind vollkommen gedeckt und angenehm schattig. Aber es besteht aus diesem Grunde gar keine Ventilation, sodaß man beim Durchwandern von einem ganz abscheulichen Gestank betroffen wird.

Die Stadt ist durch eine Festungsmauer vollkommen gegen die Umgebung abgeschlossen und kann durch eine Citadelle vertheidigt werden. Im Norden der Festungsmauer befindet sich eine Kaserne, in welcher türkische Truppen lagern. Deren Anwesenheit ist eigentlich stets erforderlich, da die Küstenaraber den Türken nicht sehr grün sind.

Ich unterließ nicht, eine Merkwürdigkeit zu besichtigen, welche in Europa wenig genannt wird — ich meine das Grab der Eva, welches kaum eine halbe Stunde vor den Thoren der Stadt gelegen ist. Es machte zwar unausstehlich heiß, aber wer würde so pietätlos sein und nicht den irdischen Ueberresten unserer gemeinsamen Stammmutter einen Besuch abstatten!

Wäre mein Aufenthalt nicht etwas kurz bemessen gewesen, so hätte ich mich in den Kirchenbüchern und in den Todtenregistern der löblichen Stadt Djedda genauer nach dem Todestage unserer Ahnfrau erkundigt, leider ging das nicht, und so wallfahrteten der künftige afrikanische Guts= besitzer und meine Wenigkeit buchstäblich im Schweiße des Angesichtes zum Grabe der Eva hinaus.

Es ist auffallend gut erhalten; da wo der Kopf der Eva liegt, grünt eine Dattelpalme, die einzige, welche ich in der Gegend sah. Zu den Füßen ist eine kleine Kapelle erbaut. Sie enthält Geschenke und Reliquien, und ein Derwisch besorgt hier die Aufgabe, dem Fremden einiges Kleingeld zu entlocken. Ich legte pflichtschuldigst eine Rupie zu den Füßen der seligen Eva.

Die Gesammtlänge des Grabes ist etwa 60 Schritte, und wir müssen daraus schließen, daß die Begründerin des Menschengeschlechts eine recht stattliche Figur darstellte, d. h. an Wuchs mit der Kokos= palme wetteifern konnte.

Bei einigem Nachdenken kann dies jedoch nicht überraschen, denn die Frau war ja eigentlich für das Paradies geschaffen und lustwandelte gern zwischen Apfelbäumen, die Erlangung ihrer Früchte mußte ihr nicht die mindeste Schwierigkeit bieten, bei ihrem hohen Wuchs genügte eine graziöse Handbewegung.

Nachdem Eva das Paradies aus hier nicht näher zu erörternden
Gründen verlassen mußte, scheint sie sich, als sie ihr Ende nahen fühlte,
ziemlich weit von demselben entfernt zu haben, denn in der Nähe von
Djedda konnte das Paradies unmöglich gelegen haben.

Die Töchter, welche Eva in dieser arabischen Wüstenstadt hinter=
lassen hat, sind lange nicht so liebenswürdig wie anderswo und gehören
offenbar zu den ungerathensten. Die Frauen von Djedda stehen näm=
lich im Rufe, sehr unverträglich und zanksüchtig zu sein.

Meine eigenen Beobachtungen sind naturgemäß nur sehr lückenhaft,
aber sie sind durchaus nicht geeignet, diesen Ruf zu widerlegen.

Als wir vom Grabe der Eva zurückkehrten, hörten wir in einer
Seitenstraße ein Höllengekreisch. Zwei Nachbarinnen, vielleicht die
Frauen desselben Gemahls, schimpften derart und führten gegenseitig so
demonstrative Geberden aus, daß wir es als ein Glück ansehen mußten,
daß die beiden Furien im ersten Stockwerke wohnten und durch eine breite
Straße von einander getrennt waren. Wären sie an einander gerathen
so hätte die Sache einen schlimmen Ausgang nehmen müssen.

Mein Begleiter stieß mich mit seinem Ellbogen und recirirte an=
dächtig die denkwürdigen Worte seines landsmännischen Dichters:

Sie flechten und weben
Himmlische Rosen ins irdische Leben.

Die Bevölkerung von Djedda gilt als abergläubisch, fanatisch und roh.

Noch viel roher sind die benachbarten Beduinen, welche im Küsten=
gebiet des Steinigen Arabien leben.

Dieses Gesindel betrachtet den Raub als ehrliches Gewerbe und
plündert oft genug die nach Mekka ziehenden Pilgerkarawanen.

Gerade in der letzten Zeit sind die Räuber wieder dreister geworden
und versetzten Djedda und Mekka in Aufregung.

Zwei Tage vor unserer Ankunft erhielten sie nur wenige Stunden
von Djedda von den türkischen Soldaten eine höchst blutige Lection.

Während diese Küstenstämme früher sich den Raub streitig machten
und unter sich in Fehde lebten, begannen sie auf einmal ihre Taktik
zu ändern. Sie beschlossen, ihre Fehden einzustellen und gemeinsam
einen großen Beutezug zu veranstalten.

Der Grund davon lag offenbar darin, daß die Leute hungerten.

Die Türken, um diese Stämme wenigstens einigermaßen in Ordnung zu halten, hatten ihnen jährlich einen bestimmten Betrag an Getreide verabfolgt. Seit drei Jahren blieben diese Sendungen aus.

Bei dem bevorstehenden Beutezug war anfänglich die Stadt Mekka, welche von Gold strotzen soll, als Versuchsfeld vorgeschlagen. Angesichts der Heiligkeit des Ortes rieth jedoch die Mehrzahl der Scheiks von diesem Plane ab und man wollte es vorerst mit Djedda probiren.

Zahlreiche bewaffnete Banden zogen von Janbo her. Das türkische Militär wurde von Mekka aus benachrichtigt. Der dort herrschende Groß=Scheriff, von Allah mit vielen irdischen Gütern und wenig Verstand gesegnet, wurde zu energischem Vorgehen bestimmt.

Die türkischen Truppen erwarteten in der Nähe von Djedda die Beduinenbanden und eröffneten ein mörderisches Feuer. Zwanzig ihrer Scheiks wurden abgefangen, die Hälfte derselben am oberen Ende der Wirbelsäule kürzer gemacht und ihre Köpfe nach Mekka geschickt — eine etwas kitzelige Pilgerfahrt, bei welcher man doch lieber auf den Ehrentitel eines Hadji verzichtet.

Darob herrschte in Djedda große Bewegung. Die Waffen und Gürtel wurden als Beute hergeschleppt, und aus ihrer großen Zahl zu schließen, muß die Affaire eine blutige gewesen sein.

Es war dies am 2. Mai.

Ich hätte trotz der Hitze einen Ritt nach dem frischen Schlachtfelde hinaus versucht, aber schon beim Grabe der Eva beginnt die dem Moslim heilige Erde, welche kein Ungläubiger betreten darf, und da ich mit heiler Haut in Aden einzutreffen beabsichtigte, fuhr ich weiter.

Am 7. Mai gelangten wir bereits auf die Höhe von Massaua.

Da die Lloydgesellschaft regelmäßig Lokaldampfer nach den Häfen des Rothen Meeres abgehen läßt, wird der Hafen von den nach Indien bestimmten Schiffen nicht mehr berührt.

Ich hätte gerne das Leben der Italiener näher besehen, mußte aber darauf Verzicht leisten.

Was diese in Massaua eigentlich wollen, ist mir unklar.

Zur Anlage einer gedeihlichen Kolonie ist der Platz so ungeeignet als nur möglich. Mit Abessinien anzubinden, ist nicht unbedenklich, und die jüngsten Ereignisse dürften zum Nachdenken anregen.

Den Sudanhandel nach Massaua zu lenken, wird ein vergebliches Bemühen sein, und wenn unter Werner Münzinger vordem dieser Platz zu einem wichtigen commerziellen Punkte wurde, so lag dies wesentlich an den persönlichen Eigenschaften und der großen Beliebtheit des Gouverneurs.

Inzwischen ist in Suakin eine gefährliche Konkurrenz erwachsen, und England wird dort seinen Einfluß nicht so schnell aufgeben. Da ihm Aegypten die Kastanien aus dem Feuer holen soll und zur Errichtung von verschiedenen Handelsstationen am Rothen Meere Hand bieten soll, so wird Massaua lahm gelegt werden.

Man kann der kräftigen Entwickelung des heutigen Italien gegenüber sich gewiß nur sympathisch verhalten, und daß es in dem allgemeinen Kolonialwettlauf mitmachen will, ist ja ganz schön und jedenfalls gut gemeint.

Aber diese Massaua-Expedition ist doch mehr ein toller Jugendstreich, über den man um so schonender urtheilen darf, als das junge Italien wenigstens seinen Namen nicht in so häßlicher Weise mit Blut befleckte, wie dies England gethan.

Dieser Himmelsstrich ist seiner Hitze wegen verrufen, und in der That begann ich bald von der Hitze zu leiden.

Die Kajüte zu beziehen, war nicht mehr möglich. Nach dem Abendthee machte ich mir auf dem Verdeck ein Nachtlager zurecht, verplauderte mit unserem recht liebenswürdigen Kapitän einige Stunden und suchte dann so gut es ging zu schlafen.

Am Morgen bot ein erfrischendes Bad für kurze Zeit einige Erleichterung, aber man mußte dem Klima die erträglichen Zwischenpausen eigentlich abzwingen.

Mittags, den 8. Mai, fuhren wir durch die Straße von Bab el Mandeb an den formidabeln Festungswerken der Insel Perim vorbei und hofften auf eine erfrischende Brise im Golf von Aden; aber die Fläche blieb spiegelglatt und kein Lüftchen regte sich.

Abends um 10 Uhr hatte ich mein vorläufiges Reiseziel Aden erreicht, der „Orion" warf die Anker aus, ich ging jedoch erst am folgenden Morgen ans Land, um mir bis zur Weiterfahrt nach Réunion eine bequeme Unterkunft auszusuchen.

Der Hafenort von Aden, eine vulkanische Halbinsel Südarabiens mit gleichnamiger, aber in einem Thale versteckter Stadt, ist das in weitem Halbbogen sich ausbreitende Steamer-Point, von der eigentlichen Stadt Aden ist bei der Ankunft nichts zu sehen. Es ist der Sitz der englischen Militärbehörden, der größeren Geschäfte, der Konsulate, der Agentien verschiedener Schiffsgesellschaften und der Magazine für Waaren und Kohlen. Ich fand bequeme und billige Unterkunft im Hôtel de l'Univers und traf in der Nähe zu meiner angenehmen Ueberraschung Landsleute aus den Kantonen Zürich und Aargau, bei denen ich vortreffliche Aufnahme fand.

Der Charakter von Aden und Steamer=Point ist ein wunderbares Gemisch von arabischen, afrikanischen, indischen und europäischen Elementen, er ist kosmopolitisch im weitesten Sinne des Wortes und wird hervorgerufen durch die intercontinentale Lage und militärische Bedeutung einerseits, durch die kommerzielle Wichtigkeit anderseits.

Unter den Volkselementen treten die afrikanischen Somalileute in den Vordergrund. Sie sind von der Somaliküste herübergewandert und suchen hier auf irgend eine Weise Erwerb. Die Jungen drängen sich in ihren kleinen Booten gewöhnlich schaarenweise an die ankommenden Schiffe heran und erheitern die Passagiere durch allerhand Faxen und durch ihre Taucherkünste. Ein zehnjähriger Knabe, dem bei dieser Beschäftigung ein Haifisch den linken Arm bis auf einen kurzen Stummel abgebissen hatte, wußte sich besonders bemerkbar zu machen.

Die Erwachsenen besorgen die Ausladung und Einschiffung von Waaren oder dienen als Droschkenkutscher und sind von einer unglaublichen Zudringlichkeit.

Es sind meist kohlschwarze, hochgewachsene Gestalten mit gelocktem, aber nicht krausem Haar.

Ihre Frauen, obschon von angenehmen Gesichtszügen, besitzen einen eigenthümlichen watschelnden und wiegenden Gang, der sie etwas verunstaltet.

Daneben tritt der Araber und der indische Kuli ebenfalls in den Vordergrund.

Ein sehr charakteristisches Volkselement, das aber überall verachtet wird, ist der Jude aus Yemen, welcher den nordsemitischen Typus offenbar noch sehr rein repräsentirt. Er trägt als Kleidung ein langes Baumwollhemd und ein schwarzes Barett, unter welchem an den Schläfen die langen, korkzieherartig gewundenen Locken herabfallen. Er handelt meist mit Straußenfedern, Leopardenhäuten oder ist Geldwechsler und repräsentirt echt alttestamentliche Typen, welche sich auf unseren biblischen Darstellungen viel correcter ausnehmen würden, als die blonden Gestalten, deren orientalische Herkunft oft sehr zweifelhaft erscheint.

Neben den europäischen Kaufleuten und Beamten lebt hier ein asiatisches Element, welches sich von allen übrigen Volksbestandtheilen sehr streng unterscheidet und das ich hier zum ersten Mal zu Gesicht bekam.

Es sind die Parsi, die noch unvermischten Nachkommen der alten Perser, welche sich heute noch zu den Lehren Zoroaster's bekennen, Feuer= anbeter sind und allmonatlich um ein Feuer ihre große religiöse Ceremonie vornehmen.

Man hat sofort das Gefühl, daß man geistig sehr begabten Menschen gegenübersteht, sobald man mit diesen Parsi verkehrt. Mit vorzüglicher Sprachenkenntniß ausgestattet, sind sie im Umgange lebhaft und gewandt.

Das dunkle Auge kündigt einen durchdringenden Verstand, die ge= bogene Adlernase eine nicht gewöhnliche Energie an.

Die Parsi sind sehr wohlhabend und besitzen in Steamer=Point ausgedehnte und blühende Geschäfte.

Das arabische Element ist von dunkler Hautfarbe und von auf= fallend kleinem Wuchs, was wohl damit zusammenhängt, daß es im Gegensatz zum Somali sich sehr früh verheirathet.

Die Araber von Aden, an eine intensive Hitze von Jugend auf gewöhnt, verdingen sich mit Vorliebe als Heizer auf die europäischen Dampfer; sie versehen diese in den Tropen wenig beneidenswerthe Be= schäftigung mit großer Ausdauer.

Endlich entdeckte ich in meiner Nachbarschaft ein ethnographisches Element, das meist ziemlich unsichtbar bleibt. Es haben nämlich hier französische Ordensschwestern ein Missionshaus für Heidenmädchen aus Schoa und den Gallaländern eingerichtet.

Die Mädchen kommen ziemlich früh in die Anstalt und tragen christliche Kleidung, meist eine weite und lange Robe und eine Woll= haube. Sie lernen etwas Französisch, eignen sich einige äußerliche Gebräuche an, gehen täglich zur Messe und kehren als Christen in ihr Land zurück — wo sie gewöhnlich wieder ins Heidenthum rückfällig werden. Was bleibt auch den armen, existenzlosen Geschöpfen übrig, als sich nach ihrer Rückkehr wieder wie die im Lande gebliebenen Mädchen aufzuführen, ihre fremde Kleidung abzulegen und sich zu verheirathen, um wieder ihr heidnisches Geschlecht fortzupflanzen!

Die Oberin ist eine wohlbeleibte Dame von ziemlich jovialem Aussehen. Ein trübseliges Dasein führen diese Leute keineswegs, und man hat schon in später Stunde aus diesem Kloster höchst weltliche Melodien ertönen hören. Ein in Aden sehr beliebter Herr hat sich schon manchen Scherz mit der aufgeräumten Oberin erlaubt und ihr sogar das Heirathen in Aussicht gestellt, wenn sie sich einer systematischen Banting=Kur unterziehe. Man sieht, die Leutchen thun sich in den Tropen nicht allzugroßen Zwang an.

Steamer=Point ist in seiner Umgebung mit zahlreichen und formidabeln Festungswerken versehen, ein Beweis für die strategische Wichtigkeit; welche die Engländer diesem Platze beilegen.

Die Truppen bestehen vorzugsweise aus indischen Soldaten, welche sich ein möglichst kriegerisches Aussehen geben und deren Haltung eine auffallend stramme ist.

Die Umgebung entbehrt fast jeder Vegetation, der glühende Fels ist nackt und öde, denn es fehlt das belebende Element, das Wasser.

Für den Bedarf der Bewohner besteht ein besonderer Wassermarkt.

Wenn nicht einzelne hungerige Geier die Felsen umkreisen würden, so möchte man meinen, es sei alles organische Leben ausgestorben.

Die Luft ist heiß, aber gesund.

Ich verblieb 8 Tage in Aden, und zu Anfang Mai hatten wir noch um Mitternacht 35 Grad Celsius. Von einer erquickenden Nachtruhe war keine Rede mehr, trotzdem ich mein Bett auf der Veranda einrichtete.

Die empfindliche Haut war über und über mit kleinen rothen Bläschen bedeckt, und bei jeder Bewegung fühlte ich mich wie von Nadeln gestochen.

Ich applizirte Eis äußerlich und innerlich, aber das half nur momentan. Bei Tische bewegte der indische Diener unaufhörlich die Punka, welche Kühlung zufächeln soll, aber der Erfolg war ein minimer.

Dem ungeachtet unternahm ich einen Ritt nach der etwa eine Stunde entfernten Stadt Aden. Die Somalijungen liefern zu jeder Zeit gute Reitesel.

Man biegt von Steamer=Point aus erst um einen Gebirgsvorsprung und erblickt dann eine breite, vielfach gewundene Straße. Zur Linken erkennt man in der Ferne einen niederen graugrünen Streifen Landes, es ist die arabische Küste, zur Rechten erheben sich zerrissene, aber sehr malerische Felsmassen, deren rothe Färbung angenehm mit dem Tiefblau des Meeres contrastirt.

In der Höhe gelangt man zum Tunnel, der von indischen Soldaten bewacht wird. Wachsfigurenartig, starr und unbeweglich mustern diese Leute den Ankömmling.

Am Ausgang des Tunnels eröffnet sich eine Ebene, · welche nach dem Meere zu offen ist und zu beiden Seiten von vulkanischen Fels= massen umgeben erscheint. In derselben liegt die Stadt Aden ausge= breitet.

Die blendenden, weiß getünchten Häuser mit ihren flachen Dächern haben gar nichts vom Charakter Arabiens. Das Gepräge ist vielmehr ein indisches. Die Volkselemente sind dieselben wie in Steamer=Point, an bemerkenswerthen Gebäuden ist wenig zu sehen. Die einzige Merk= würdigkeit besteht in den ungeheuern Cisternen, welche schon von den Römern erstellt wurden und für den Wasserbedarf der volkreichen Halb= insel dienen.

Sie sollen gegen 10 Millionen Liter Wasser fassen und befinden sich im besten Zustande.

Im Ganzen finde ich die Stadt ziemlich reizlos, da die nackten und schmucklosen Wohnungen der herrlichen Gärten, die man in orientalischen Städten antrifft, gänzlich entbehren.

Da nur noch wenige Tage bis zum Eintreffen des französischen Dampfers nach Réunion übrig blieben, beeilte ich mich, meine Kisten aufzugeben, um sie direct nach Madagaskar verschiffen zu lassen.

Es ist dies eine ziemlich umständliche Sache, da die Waaren= magazine und die Agentien etwa eine halbe Stunde auseinander gelegen sind.

Ein Kulihäuptling, den ich engagirt hatte, besorgte den Transport für 4 Rupien. In seinen Handlungen war er etwas bedächtig, doch gelang es, nachdem ich etwa eine Stunde in der prallen Sonne braten durfte und jeden Augenblick einen Sonnenstich befürchtete, ein halbes Dutzend Somalileute aufzutreiben, welche meine 20 Kisten auf 3 Kamele verpackten und nach den Magazinen der Messageries maritimes brachten.

Am Abend des 15. Mai verkündeten zwei Kanonenschüsse die An= kunft des französischen Postdampfers „Salazie", welcher mich am folgenden Morgen aufnehmen sollte.

Der Leser schreitet hier vielleicht zu der kühnen Annahme, daß ich die noch bleibenden Nachtstunden auf meiner Veranda angenehm ver=

träumt, mich im Traume vielleicht schon nach dem schönen Eilande Réunion versetzt fand.

Davon konnte aber keine Rede sein, denn die helle Mondnacht hatte viele der ankommenden Passagiere aus Land gelockt; plötzlich wurde unser Hôtel eigentlich erstürmt, um Kutscher zu requiriren, welche während der Nacht nach den Cisternen von Aden fahren sollten. Rasch genug entwickelte sich ein unbeschreiblicher Tumult, in welchem mehr oder weniger deutlich feilschende Passagiere, anspruchsvolle Bootsleute, Kellner, Kutscher und Pferde zu unterscheiden waren.

Alle erdenklichen Idiome schlugen an mein Ohr, durch den Lärm wurden noch die Hunde und Katzen aus dem Schlaf aufgeschreckt, die Hühner meinten, der Tag sei angebrochen, sie mischten alle ihre Stimmen in den allgemeinen Tumult.

Zu guter Letzt gaben nebenan die Gallamädchen ein Abendconcert, und hinter dem Hôtel wurde mit vielem Getrommel und Gekreisch eine arabische Hochzeit gefeiert — unter solchen Umständen mag man seinem Herrgott danken, wenn man ein gesundes Nervensystem besitzt.

Endlich befand ich mich an Bord der „Salazie", eines sichern und gewaltigen Postdampfers von 130 Meter Länge und 12 Meter Breite. Seine durchschnittliche Fahrgeschwindigkeit beträgt 13 Seemeilen per Stunde.

Aber die Strecke bis Réunion ist sehr weit, man hat beiläufig etwa 2400 Seemeilen abzufahren und braucht je nach der Meeresbeschaffenheit hierfür 8—9 Tage.

An Bord befanden sich etwa 90 Passagiere, die Hälfte für Réunion und Mauritius, die andere Hälfte für Australien bestimmt.

Solange wir im Golf von Aden fuhren und die Fläche spiegelglatt blieb, herrschte auf dem Deck das munterste Leben. Die Damenwelt erschien in elegantester Toilette und unterhielt sich im muntersten Geplauder mit den zahlreichen Offizieren, welche nach den Kolonien reisten und nicht ermangelten, täglich in zwei bis drei verschiedenen Toiletten zu erscheinen.

Einige Tage später war das Deck lange nicht mehr so belebt, und die schönere Welt stöhnte in den Kabinen.

Ich sah einige nicht uninteressante Persönlichkeiten, so den greisen Senator Lavalley, welcher beim Bau des Suez-Kanales sich große Verdienste erworben und als Ingenieur-en-Chef beim Durchstich des Isthmus

6*

die rechte Hand von Lesseps bildete. Er will die großartigen Hafen=
bauten besichtigen, welche gegenwärtig in Réunion ausgeführt werden.

Sodann fanden sich die beiden Vice=Residenten von Madagaskar
mit ihren Sekretären an Bord, welche ihr Domicil in den beiden Küsten=
städten Tamatave und Majunga nehmen werden. Den neuernannten
Kommandanten der Kolonie Nossi=Be in Westmadagaskar lernte ich
schon in Aden kennen, da er von Pondichery herkam. Ich sah ihn einige
Monate später in Madagaskar wieder.

Nicht zu vergessen ist ein witziger Zauberer aus Südfrankreich, der
die ganze Welt durchreist, von verschiedenen Fürsten Europas Aus=
zeichnungen besitzt und einen politischen Streich ersten Ranges im
Schilde führt.

Er will erst die beiden Kolonien Réunion und Mauritius mit
seinen Zaubereien in Erstaunen setzen, und wenn er hierfür sein blankes
Gold in der Tasche hat, so will er nach der Hauptstadt von Madagaskar
reisen, um den Howa Gratisvorstellungen zu geben. Er verspricht sich
sehr viel Erfolg für die französischen Unternehmungen aus seinen Zauber=
künsten, und droht die Howa sammt und sonders zu verhexen, wenn sie
sich den Franzosen nicht fügen. Der Mann hat Wort gehalten. Ich
sah ihn später in Ostmadagaskar, wo die langen Spitzen seines mar=
tialischen Schnurrbartes die Bewunderung der eingeborenen Frauen
hervorriefen.

Nach einer Fahrt von 30 Stunden hatten wir bereits das Kap
Guardafui, welches von den Seefahrern so gefürchtet wird, erreicht.

Die 3—400 Meter hohen und völlig vegetationslosen Vorberge
der Somaliküste fallen hier steil ab, und das vorspringende Kap wird
aus eigenthümlich leichenfarbenen Felsmassen gebildet, welche sich in
einiger Entfernung fast unheimlich ausnehmen.

Da wir ganz in der Nähe des Kaps umbogen, so war die gegen=
überliegende große Insel Sokotora nicht sichtbar.

Diese Insel gehört nominell den Engländern und ist in neuerer
Zeit mehrfach besucht worden. Sie wird von einem scheuen Troglodyten=
volk bewohnt, und hat als Kolonie gar keine Zukunft, weil die Segel=
barken für den Verkehr mit Aden sehr ungünstige Verhältnisse vorfinden.
Der Wind bläst stets nur in den Golf von Aden hinein, für die Rück=
reise hat man gar keinen Wind oder Gegenwind.

Von nun an gewinnt man den offenen Ocean, und damit beginnt auch die Monotonie, welche eine größere Seereise in ihrem Genuß wesentlich beeinträchtigt.

Während dieser einförmigen Tage wird alles interessant, was nur einigermaßen die Aufmerksamkeit in Anspruch nimmt. Die Möve, welche kreist, die Taube, welche sich auf die Raa setzt, der Medusenschwarm, der an der Oberfläche des Wassers sichtbar wird, die Haifische und

Fig. 8.

Kap Guardafui.

Delphine, welche sich in der Nähe des Dampfers herumtreiben, die fliegenden Fische, welche in eleganten Bogen aus den Wellen in die Luft emporschießen, das Alles wird stundenlang besprochen, als ob es sich um die wichtigsten Ereignisse handelte.

Am 20. Mai erreichten wir beim ersten Morgengrauen den Aequator. Von dem dicken Strich, welcher auf unseren Karten die nördliche Halbkugel von der südlichen trennt, war absolut nichts wahrzunehmen. Auch von der unterhaltenden Ceremonie der Schiffstaufe ist man abgekommen; aber was die Menschen versäumten, das besorgte die gütige Mutter Natur.

Die milden Tropennächte hatten mich wie viele andere Passagiere auf das Deck gelockt, und in meine Wolldecke eingehüllt, schlief ich in der freien Luft. Als wir die Linie passirten, hatte der Südwest-Monsun bereits stark eingesetzt, eine mächtige Sturzwelle ergoß sich ganz unverhofft auf unser Deck.

Ich hatte meine Taufe, schüttelte mich wie ein nasser Pudel und zog mich ohne viel Umstände in die trockene Kajüte zurück.

In meinem Halbschlummer vergaß ich sogar, für diese huldvoll gespendete Aequatorbrühe meinen Dank abzustatten.

Bald erreichten wir die nur wenige Grade südlich vom Aequator gelegenen Seychellen-Inseln.

Einige derselben kamen ganz nahe in Sicht, ihr frisches Grün erquickte das Auge, das seit Wochen nur öde Felsen oder blaues Meer gesehen hatte.

Die Dampfer legen gewöhnlich bei Port Victoria, der Hafenstadt der Insel Mahé an.

Die Insel besitzt, trotzdem sie nur einen Umfang von 24 Kilometer aufweist, ansehnliche Berge. Das Klima wird als ein herrliches geschildert, und wird in der neueren Zeit vielfach von Lungenkranken aufgesucht. Die Vegetation ist eine äußerst üppige. Die Berge sind bis an ihre Gipfel hinauf mit Kokospalmen bedeckt, da die Gewinnung von Palmöl eine wesentliche Beschäftigung der Bewohner ausmacht. Am Strande erblickt man Waldungen von Kasuarinen, Bambusen, Tamarinden und Arekpalmen.

In naturhistorischer Beziehung bieten die Seychellen ein großes Interesse. So beherbergt die nur etwa 20 Kilometer entfernte Insel Praslin, von Mahé de la Bourdonnais im Jahre 1744 zum ersten Male besucht, die eigenthümliche sonst nirgends vorkommende Fächerpalme, welche die doppelte Kokosnuß (Cocos de mer) liefert. Ich glaube, daß Sonnerat der erste gewesen ist, welcher uns genauere Angaben und Abbildungen dieser merkwürdigen diöcischen Palme geliefert hat. Ihr wissenschaftlicher Name ist Lodoicea Seychellarum. Ihre Früchte wurden an den Küsten von Malabar und bei den Malediven gefischt, bevor man ihre Herkunft kannte. Die Sage behauptete sogar, diese Malediwennüsse wachsen in der Tiefe der Meere Indiens, und selbst der ehrwürdige Rumphius vertritt in seinem Herbarium amboinense noch mit allem Ernste diese Ansicht, welche natürlich schon lange unhaltbar geworden ist. Der Transport dieser Früchte wird vollkommen erklärlich, wenn man bedenkt, daß vom Mai bis September im Indischen Ocean ein regelmäßiger Südwest = Monsun weht. Trägt man die Windrichtung, welche die oberflächlichen Wasserschichten bewegt, bis nach Indien ein, so schneidet die Linie genau die Malediven = Gruppe.

Heftige Cyclone und gewaltige Regengüsse spülen die doppelte Kokosnuß von den Abhängen der Insel Praslin ins Meer hinaus, wo sie in die nach Osten gerichtete Wasserströmung geräth.

Die braunschwarze Nuß, welche ungefähr fußlang und fast ebenso breit werden kann, besitzt eine nicht gerade anständige Form, war aber von Alters her bei den indischen Fürsten hoch geschätzt, weil die aus ihr gefertigten Schalen und Gefäße alle Gifte unwirksam machen sollten. Ihren Unterthanen war strenge verboten, solche Nüsse zu behalten. Einst galt das Stück bis zu 2500 Franken, heute ist die Seychellennuß um wenige Franken erhältlich.

Vor der Eröffnung des Suez=Kanales bildeten die Seychellen einen strategisch nicht unwichtigen Stützpunkt im Indischen Ocean und wurden um die Mitte des vorigen Jahrhunderts von den Franzosen kolonisirt, Ende desselben erschienen englische Kriegsschiffe und verlangten, daß die Inseln neutral bleiben. Nachdem die Engländer 1810 den Franzosen die werthvolle Besitzung Mauritius abgenommen, gingen die Seychellen bald in britischen Besitz über und werden heute von einem Civil= Kommissär verwaltet, welcher von der Statthalterschaft in Mauritius ab= hängig ist.

Die Bewohner sind meistens französische Kreolen, von denen mir ein lange dort ansässiger Kapitän behauptete, daß sie sehr leichtlebig seien.

Sie kultiviren die Kokospalme, Kaffee, Maniok, betreiben Fischfang und Schildkrötenfang. Da sie keine Rinder auf der Insel besitzen, so leben sie vorwiegend vom Fleisch der Schildkröten. Diese bilden ihr eigentliches Schlachtvieh.

Sie unternehmen zur günstigen Jahreszeit in größeren Segelschiffen Fahrten nach Madagaskar, um Handel zu treiben, oder fahren nach den Aldabra = Inseln, um dort die zahlreichen und riesigen Landschildkröten (Testudo indica) zu holen. Ein alter und erfahrener Aldabra=Fahrer, dessen Mittheilungen mir sehr glaubwürdig erscheinen mußten, berichtete mir, daß diese Landschildkröten eine eigenthümliche Brutpflege besitzen,

indem sie mit ihren säulenartigen Beinen ein Loch in den Boden aus=
höhlen, ihre Eier darin ablegen und die Oeffnung nachher sorgfältig
zudecken.

Diese Kreolen fertigen auch sehr hübsche Flechtarbeiten aus den
Blättern der Lodoicea an, welche sie gewöhnlich an Bord der europäischen
Dampfer zum Verkaufe bringen, aber meist sehr hohe Preise verlangen.

Nach kurzer Rast fuhren wir aus dem geräumigen Golf von Port
Victoria hinaus und waren noch 972 Seemeilen von Réunion entfernt.

Der Monsun war uns entgegen und hatte mit voller Kraft ein=
gesetzt, so daß wir nur 10 Seemeilen per Stunde zurücklegten. Das
stolze Schiff tanzte auf hoher See, als sei es närrisch geworden. Die
Damenwelt war völlig unsichtbar geworden und stöhnte wieder in den
Kabinen, auch das stärkere Geschlecht begann allgemeiner der Seekrankheit
zum Opfer zu fallen, die Tischgesellschaft war bedenklich zusammen=
geschmolzen und zuletzt waren wir noch unserer drei, von denen aber
einer nur mit der halben Mahlzeit vorlieb nahm und sich schleunig
entfernte. Ich wurde mit Freuden gewahr, daß sich mein Körper als
seetüchtig erwies, und auch auf späteren Fahrten blieb ich stets verschont.

Nach einer Fahrt von vier Tagen kam endlich die Insel Réunion
in Sicht. Die Höhen waren vollkommen in Nebel gehüllt, da die
Berge selten frei sind.

Man konnte bereits die tiefgefurchten Abhänge und das steil ab=
fallende Kap Bernard unterscheiden. Die hochgehenden Wogen machten
eine Landung bei St. Denis unmöglich und nöthigten den Dampfer,
im Westen der Insel an einer besonders geschützten Stelle zu ankern.
Wir gingen am Nachmittag des 24. Mai bei St. Paul an die Küste und
hofften noch mit dem Abendzug nach dem Hauptort St. Denis zu gelangen

Leider wurde dies durch unseren allzubedächtigen Bootsmann, einen
ziemlich einfältigen Mulatten, verhindert.

Vergeblich trieb ich ihn zur Eile an, er antwortete mir im richtigen
Kreolen=Französisch sehr gelassen: C'est t'op ta'd, Monsieur! Le t'ain
est pa'ti, il faut p'ende une sambe (chambre) à St. Paul.

Ich suchte also ein Gasthaus auf. Madame Heloïse, eine würdige
Matrone von derb=ehrlichem, aber etwas mürrischem Wesen, welche be=
ständig über Rheumatismen klagte, nahm uns in ihrem einfachen Hôtel
auf, und ich war wieder auf festem Boden, inmitten einer echt tropi=
schen Welt.

Der erste Eindruck der neuen Umgebung ist nur durchzufühlen, aber schwer wiederzugeben. Mit Staunen blickte ich in diese mir neue Welt, in eine fremdartige Landschaft, deren verschwenderisches Grün mein Auge sättigte.

Ich befand mich in einem Walde von Mangobäumen, graziösen Kasuarinen, Tamarinden und dunkeln Bananen.

Der Wind spielte in den Kronen der majestätisch aufstrebenden Kokospalmen, ihre Fiedern flüsterten unaufhörlich um die Wette mit den schlanken Bambusen.

Ich frug mich unwillkürlich, ob das Wirklichkeit sei oder ob mir eine gütige Fee ein Traumbild der herrlichsten Art vorgezaubert hatte, ich fühlte mich halb berauscht.

Aber es war kein Traumbild, und wenn ich meine neue Wirthin Madame Heloïse ansah, so mußte ich mir sagen, daß sie eine gute Frau sei, aber so unendlich prosaisch mit ihren Rheumatismen wirthschaftete, daß sie unmöglich die Rolle einer Fee übernommen haben konnte. Es war also baare Wirklichkeit!

VI.

Umschau auf der Insel Réunion.

St. Paul ist die älteste Niederlassung auf der Insel Réunion, der
schöneren Schwester der Heimat von „Paul und Virginie". Früher
Hauptstadt und Sitz der administrativen Behörden, hat die Stadt längst
an Bedeutung verloren und ihren Rang an die ganz im Norden ge=
legene Stadt St. Denis abgetreten. Ich nahm daher bald nach meiner
Ankunft den Bahnzug, um letztere Stadt zu erreichen und im Centrum
des kreolischen Lebens einen Einblick in das Getriebe der Kolonie zu
erhalten. Die Bahn fährt etwa 1½ Stunden über La Possession durch
meist gutbebaute Strecken und passirt beim Kap einen großen Tunnel,
um nach Ueberschreiten des Bettes der Rivière de St. Denis in der
Hauptstadt auszumünden. Ich fand bald ein bequemes Quartier und
verbrachte hier einige herrliche Wochen, deren Genuß mir nur durch die
zahllosen Wanzen, die ihren Weg richtig in die Tropen fanden, etwas
beeinträchtigt wurde.

Obschon mitten im tropischen Winter angelangt, fand ich eine dem
Nordländer sehr zusagende milde und laue Atmosphäre, welche den Or=
ganismus sozusagen gar nicht zum Bewußtsein kommen läßt, daß er
von einem irdischen Medium umgeben ist. Bis in den späten Abend
hinein konnte ich meine Sammlungen auf der Veranda ordnen und die
gewonnenen Eindrücke zu Papier bringen, ohne daß sich ein Gefühl der
Kälte bemerkbar machte, und nur unangenehm ist die Kürze des Tages.
Man ist hier unter dem 21. Grad südlicher Breite und hat im Winter
daher schon um 6 Uhr finstere Nacht.

In der Vegetation vermag der Winter kaum einen großen Still=
stand hervorzubringen, sie prangt, so weit das Auge reicht, in der schönsten
Frische und in der gewaltigsten Fülle.

Die Stadt St. Denis mit ihrer Umgebung gibt ein ziemlich ge=
treues Bild vom Leben der Kolonie.

Obschon sie eine ansehnliche Ausdehnung besitzt und ziemlich genau
30,000 Einwohner zählt, vermag sie als Stadt gar keinen Eindruck zu
machen. Einmal ist ihre Bauart zu einförmig und sodann ist sie halb
versteckt in einem Meere von Grün. Sie ist verborgen in einem üppigen
Tropengarten, dessen Massenhaftigkeit dem Beschauer imponiren muß,
aber nur langsam eine Orientirung zuläßt.

Sie erhebt sich auf einer mäßig geneigten und nicht sehr ausge=
dehnten Ebene, welche im Westen durch das Bett eines größeren Flusses
schluchtenartig eingeschnitten wird und dann durch die gewaltigen Basalt=
massen des Kap Bernard gegen die Ebene von St. Paul abgeschlossen
erscheint.

Im Osten ist die Abgrenzung weniger scharf, die Ebene von St. Denis
geht unmerklich in die sanft ansteigenden Gehänge von St. Suzanne über.

Die Ufergrenze wird, so weit das Auge reicht, durch eine schön
geschwungene weiße Linie bezeichnet; es ist die Strandzone, in welcher
sich die Wogen des stets bewegten Indischen Oceans brechen. Riff=
bildungen am Strande sind nicht vorhanden. Der Hintergrund ist groß=
artig und wird von tief durchfurchten Lavamassen gebildet, welche rasch
im Brulé de St. Denis zu einer Höhe von 1000 Meter ansteigen.
Die höher gelegenen Gebiete der Plaine des Chicots sind am frühen
Morgen gewöhnlich frei von Nebel, den Tag über sind sie meist in
dichte Wolken gehüllt.

Dort beginnt eine Farrenflora, die ihrer Schönheit und ihres
Reichthums an Formen wegen berühmt geworden ist, dann eine Wald=
region von echt tropischer Ueppigkeit. Die Abhänge sind mehr mit niederem
Buschwerk bewachsen, an weniger steilen Stellen meist mit größeren
oder kleineren Beständen von Kasuarinen bepflanzt.

Die Häuser von St. Denis sind meist einstöckig und von leichter
Bauart. Da es an Kalk fehlt, um Mörtel zu bereiten, Nutzhölzer da=
gegen im Ueberfluß vorhanden sind, findet man vorwiegend Holzhäuser
mit steiler Bedachung. Die besseren Wohnungen sind in der Regel von
geschmackvollen Gartenanlagen umgeben, zum Eingang führt eine Säulen=
allee von schlanken Kokospalmen.

Fast alle Kreolenwohnungen besitzen einen weiten Vorraum, eine
geräumige Veranda, welche durch große Bambusmatten nach außen abge=

schloſſen werden kann und in welcher der Kreole eine ſchöne Zeit des Abends im Kreiſe der Familie und der Freunde verbringt.

An der Peripherie der Stadt ſind die ſchattigen Villen der beſſer ſituirten Plantagenbeſitzer oder gegen die Rivière de St. Denis und Rivière du Butor hin die ärmeren Quartiere der Indier und der Mulatten.

Die Straßen, unter denen beſonders die Rue de Paris auffällt, ſind alle ſchnurgerade und ſchneiden ſich unter rechten Winkeln.

Die öffentlichen Bauten ſind im Ganzen nur wenig bemerkenswerth. Das Palais des Gouverneures iſt faſt beſcheiden zu nennen, ein in der Nähe ſtehendes Denkmal wurde dem verdienten Gouverneur Mahé de la Bourdonnais zu Ehren errichtet. Dieſer Dank der Kolonie war ein wohl verdienter, denn dieſer edle Menſch hat ſozuſagen ſein Herzblut dem Gedeihen des franzöſiſchen Anſehens in den Kolonien geopfert, und ſeine Schickſale waren wechſelvolle, entging er ſpäter, als viele auf ſeinen Ruhm neidiſch geworden, auch dem bitterſten Undank nicht und wurde vorübergehend das Opfer niedrigſter Verleumdung.

In der Nähe befinden ſich andere öffentliche Gebäude, ein Militärhoſpital, eine Kaſerne mit großem Waffenplatz. Hübſch nimmt ſich das Stadthaus oder Hôtel de Ville aus, während die Kirchen architektoniſch wenig intereſſant ſind. Auch ein beſcheidenes Theater iſt vorhanden, bleibt aber aus Mangel an Künſtlern meiſt geſchloſſen.

Während meines Aufenthaltes auf Réunion gaſtirte jedoch eine franzöſiſche Truppe, welche dreimal in der Woche Opern gab, bis ſchließlich der Unternehmer pleite machte.

Ich muß, ſelbſt auf die Gefahr hin, als Kunſtbarbar zu gelten, das Geſtändniß ablegen, daß ich einer einzigen Vorſtellung beigewohnt habe, obſchon die Meiſterwerke der Kunſt, wie „Fauſt“, „Robert der Teufel“, die „Hugenotten“ und die „Afrikanerin“ über die Bretter gingen und die Kreolen in hohem Maße entzückten.

Wenn ich dieſe Räume betrat, ſo war es mir weniger um die Kunſtleiſtungen zu thun, als um das eigenartige Publikum der Kolonie betrachten zu können, und die Geſellſchaft iſt in der That höchſt intereſſant.

Die Logen ſind von der feinen Welt der Kolonie beſetzt und man ſieht hier die eleganteſten Toiletten, wie ſie in den Salons der Pariſer nicht luxuriöſer ſein können.

In den unteren Galerien ſieht man die einfacheren Bürgersleute, meiſt farbige, und zu oberſt Kopf an Kopf gedrängt eine ſonderbare

Gesellschaft neugieriger Neger, Kaffern, Indier und wohlbezopfter Chinesen.

Mit besonderer Freude hebe ich hervor, daß für die Pflege der Naturwissenschaften in St. Denis ein Institut besteht, aus welchem ich für meine speciellen Studien viele Vortheile gewinnen konnte.

Ich meine das naturhistorische Museum der Stadt, welches am Ende der langen Rue de Paris im Osten der Stadt gelegen ist.

Ich hatte dasselbe wiederholt vortheilhaft erwähnen hören, und verfügte mich schon in den ersten Tagen meiner Ankunft zu dem Director dieses Instituts, Herrn G. Lantz. Derselbe ist ein Elsässer von Geburt, ist in der wissenschaftlichen Welt wiederholt genannt und hat mit großer Zähigkeit und unter ungünstigen Umständen ein zoologisches Museum geschaffen, das in seiner Art wohl einzig ist und ein rühmliches Zeugniß für das geistige Leben in der Kolonie darstellt. Die naturhistorischen Sammlungen sind in dem früheren Sitzungsgebäude des Kolonierathes recht hübsch aufgestellt.

Sie dienen der Bevölkerung als Bildungsmittel und werden an Sonntagen von dem weißen und farbigen Element zahlreich besucht.

Was aber ihnen ihren eigenartigen Werth verleiht, ist der Umstand, daß sie ein gutes und ziemlich vollkommenes Bild der Fauna von Réunion, Mauritius und Madagaskar geben und bei dem fortwährenden Contact mit den wissenschaftlichen Anstalten von Frankreich durchweg zuverlässige Bestimmungen der Objecte aufweisen.

Sie enthalten verschiedene Stücke von hohem Werth, darunter guterhaltene Knochenreste des ausgestorbenen Dodo (Dicus ineptus) von Mauritius, ein tadelloses Ei des in historischer Zeit erst ausgestorbenen Riesenstraußes (Aepyornis maximus) von der Westküste Madagaskars, eine sehr vollständige Sammlung madagassischer Halbaffen, darunter zwei gute Exemplare des Aye-Aye; die verschiedenen Tanrekarten, die in Europa immer noch sehr seltene Foffa (Cryptoprocta ferox) u. a. Dinge.

An Litteratur fand ich viele werthvolle Specialwerke vor. Der Leiter dieser Sammlungen, welcher dem Besucher gegenüber sehr gefällig zu sein pflegt, klagte wohl nicht mit Unrecht über die großen Schwierigkeiten bei der Unterhaltung einer derartigen Sammlung. Die Feuchtigkeit der Tropen, die Pilzbildungen, die äußerst zudringlichen Ameisen und Schaben sind eine fortwährende Gefahr für die Bälge, sogar die Bücher waren oft genug derartigen ruinösen Angriffen ausgesetzt.

Die Mittel sind im Ganzen bescheiden, da man sich in der Kolonie für Kaffee und Zucker interessirt, aber aus den Mitteln der Kolonie nur geringe Opfer bringt. Die meisten Gegenstände sind auf dem Wege des Tauschverkehres erworben worden oder sind der persönlichen Initiative des Directors zu verdanken, welcher wiederholte Reisen nach Madagaskar und den Seychellen ausführte.

An das Museum schließt sich ein botanischer Garten an, welcher gut gepflegt ist und die wichtigsten Pflanzen der Maskarenen beherbergt. Seine Unterhaltung bietet in einem so fruchtbaren Klima wenig Schwierigkeiten.

Naturgemäß dient er weniger rein wissenschaftlichen Aufgaben, als vielmehr den praktischen Zwecken der Kolonie, er ist Acclimatisationsgarten, und es ist nur zu bedauern, daß nirgends eine Angabe der einheimischen und wissenschaftlichen Namen zu finden ist.

Ich verbrachte manche Stunden in diesem botanischen Paradies, und wenn man auf den sorgfältig gepflegten Wegen die Kolonnaden der majestätischen Kokospalmen mit ihren glatten Stämmen, die Gruppen von Fächerpalmen und Cicadeen, die Waldungen der graziösen Bambusen, der Ficusbäume mit weit ausgreifendem Astwerk, der Eucalyptus- und Pandanusbestände in dem stark gedämpften, dämmernden Tageslichte durchwandelt, so wird man lebhaft an die tropischen Urwaldbilder erinnert.

In ethnographischer Hinsicht bietet die Hauptstadt wie die Insel Réunion überhaupt eine bunte und recht interessante Musterkarte dar.

Um das Volksleben zu studieren, sucht man am besten die Vorstadtquartiere auf und schaut in der Frühe des Tages dem originellen und bewegten Treiben auf dem Bazar zu.

Den solideren Kern der Kolonie bilden die französischen Kreolen. Im weiteren Sinne versteht man unter Kreolen Alles, was von freien Eltern abstammt, in der Kolonie geboren wurde und für Frankreich optirt hat.

Es gibt daher auch indische, afrikanische und madagassische Kreolen.

Der Kreole im engeren Sinne, der französische Kreole, ist nicht ohne Originalität und hat neben vielen guten Seiten ebenso viele Schwächen. Im Verkehr mit dem Fremden ist er recht gewinnend. Er ist gesellig und gastfrei, und in gemüthlicher Hinsicht oft reicher und tiefer angelegt als der Europäer. Mit einer gewissen Gewandtheit im Umgange verbindet er eine gewiße Ungezwungenheit, auf dem Lande begegnet man nicht selten einer bezaubernden Naivietät.

Seine Anhänglichkeit an Frankreich ist eine sehr große, und sie ist allerdings sehr berechtigt, da das Mutterland gerade für diese Kolonie sehr viele Opfer gebracht hat. Im Jahre 1870 sind denn auch zahl= reiche Freiwillige von dieser Insel ausgezogen und haben in der fran= zösischen Armee gedient; im franco = madagassischen Feldzuge haben sich ebenfalls bourbonesische Freiwilligenbataillone gebildet.

Vergleicht man den französischen Kreolen mit dem frisch einge= wanderten Europäer, so überzeugt man sich bald, daß er durch seinen langen Aufenthalt in den Tropen an geistiger Initiative und Energie bedeutend eingebüßt hat; er ist zwar geistig begabt, aber etwas matt und langsam.

Diese Mattheit erhält ihren Ausdruck auch in der Sprache. Es wird zwar ein reines Französisch gesprochen, aber mit einer fast kindischen Aussprache.

Alle „r" werden vollständig eliminirt, und das „j" und „ch" über= all durch „s" ersetzt, der Kreole spricht sour, seu, swal, anstatt jour, jen, cheval, und man gewinnt den Eindruck, als seien die Leute viel zu bequem, diejenigen Konsonanten anzuwenden, welche physiologisch etwas verwickelt zu Stande kommen. Aus dem Munde eines Backfisches klingt dieses kreolische Französisch ganz nett, es ist auch bei Frauen noch ganz erträglich, aus dem Munde eines Mannes klingt es aber geradezu läppisch.

Mit den Verben springt der Kreole ziemlich willkürlich um, ein unregelmäßiges Verbum regelmäßig zu conjugiren verursacht ihm nicht den mindesten Scrupel.

Einige Wortconstructionen sind geradezu bedenklich. Etwas Wasser nennt der Kreole un morceau d'eau. Daneben hat er in seiner Sprache Ausdrücke, deren Bedeutung der Europäer erst herausfinden muß. Seinen Beifall drückt er zum Beispiel nicht etwa durch C'est ça aus, sondern durch Ça-même, Comme ça-même u. dergl. Vielfach hat er in sein Idiom auch madagassische und orientalische Bezeichnungen und Ausdrücke aufgenommen. Der Morgengruß lautet stets Salam! Mein indischer Diener, welcher mir täglich den Morgenkaffee brachte, steigerte diesen Gruß sogar zu „beaucoup Salam!", und als ich ihn zum ersten Male hörte, glaubte ich, er wolle mir eine tüchtige Portion Salami anbieten, was ich in diesem heißen Klima dankend ablehnte, bis mir nachträglich einfiel, daß dieser Gruß dem Arabischen entnommen sei.

Das körperliche Aussehen des Kreolen ist ein gesundes und blühendes.

Die Frauen gelten nicht mit Unrecht als ein Muster von Grazie und Eleganz; man hat ja unlängst durch Nachforschungen in den Archiven herausgebracht, daß sie ursprünglich von Pariserinnen abstammen. Man kennt sogar noch die Namen der pariser Waisenmädchen, welche den Kolonisten zur Begründung von Familien auf einem Segelschiff überbracht wurden.

Uebrigens gibt es auch Familien, welche Madagassenblut enthalten, da einige Kolonisten ihre Frauen in Madagaskar holten. Ein guter Beobachter sagte mir, daß in einigen alten Kreolenfamilien diese Madagassenphysiognomien noch leicht herauszufinden seien, was für die hartnäckige Wirkung der Vererbung nicht ohne Interesse ist.

Die kreolischen Frauen, da sie vielleicht etwas zu wenig geistige Anregung erhalten, sehen sehr auf äußeren Tand, sie entfalten einen oft zu weit gehenden Luxus. Da die Lage der Kolonie zur Zeit eine ziemlich gedrückte ist und die Mittel für den Luxus immer schwieriger aufzubringen sind, so droht dadurch dem Leben der Familie nicht selten Gefahr.

Wenn der Kreole nach außen möglichst auf den Schein hält, so ist er in seinem häuslichen Leben sehr einfach. Seine Tafel ist nicht allzu opulent. Reis und möglichst starke Gewürze bilden seine Hauptnahrung. Der Kreole ist unglücklich, wenn er nicht seinen Reis, seinen Carry, seinen Ingwer und sein Rougail bei jeder Mahlzeit vorfindet.

Im Allgemeinen hält der Kreole sein Land und seine Zustände für vollkommen; auf den Europäer sieht er zuweilen fast mitleidig herab. Diese Hast im Kampf ums Dasein, dieser Ehrgeiz und Egoismus, welcher den Europäer in allen Formen quält, dieser Mangel an Gemüth wird von ihm verurtheilt. Er hat in manchen Punkten nicht ganz Unrecht.

Ein weiteres und hervorstechendes Element in dem ethnographischen Charakter der Insel bildet der Indier. Er wird kurzweg als Malabar bezeichnet, ist von Indien eingewandert, hat einige Zeit sich auf die Pflanzungen verdingt, war Bedienter oder Koch, hat dann einen kleinen Handel angefangen und ist französischer Unterthan geworden.

Der Malabar ist von kleinem Wuchs und auffallend dunkel. Unter den Männern finden sich viele ausdrucksvolle Gestalten mit etwas melancholischem Gesichtsausdruck. Der Malabar ist rührig, von lebhaftem Temperament und nicht so unterwürfig, wie der Durchschnittsindier.

Redet man ihn, selbst wenn er Diener ist, mit „Boy" an, so verhält er sich ungemein schwerhörig, er verlangt die respektvollere Anrede „Agah", oder wie man hier wieder mit einiger Kreolenbequemlichkeit ausspricht „Ayah".

Die Malabarfrauen sind beweglicher als die Kreolinnen. Ich sah unter ihnen Gestalten von sehr ausdrucksvollem Wesen und prachtvoller Modellirung des Kopfes. Zur Blütezeit sind die Züge von einer überraschenden Feinheit und den schönsten kaukasischen Völkerzweigen an die Seite zu stellen. Das große und feurige Auge verräth einen hohen Grad von Intelligenz. Die vollen, glatten und glänzendschwarzen Haare werden entweder zu zwei dicken Zöpfen geflochten und aufgebunden, oder zu einem Chignon aufgedreht, welcher bald auf der rechten, bald auf der linken Seite des Hinterkopfes sitzt.

Die Malabarfrauen lieben Gold- und Silberschmuck, welcher sich auf ihrer zarten, dunkeln Haut sehr effektvoll abhebt. An den vollen, drehrunden Armen prangen massive Armbänder von unverfälschtem Metall. Die Finger sind dicht mit Ringen besetzt. Die zweite Zehe des Fußes ist mit doppelten Silberringen besetzt, die Ohren mit Gold oft so schwer beladen, daß die geschlitzten Ohrläppchen gegen die Schultern herabhängen. Die Nasenflügel sind mit Goldstiften oder mit Goldspangen besetzt.

Der bunte, baumwollene Ueberwurf wird mit einer graziösen Bewegung um die Schultern geschlagen.

Etwas ernüchtert wird man, wenn diese Schönheiten den mit tadellosen Zähnen besetzten Mund öffnen, um sich der beim Betelkauen entstandenen rothen Sauce zu entledigen.

Dieses Betelkauen ist eine unter den Indiern allgemein verbreitete Sitte, und an allen Straßenecken werden frische Betelblätter mit Areknüssen und Kalk feilgeboten.

Die Malabarkinder mit ihren mageren, geschmeidigen Gliedern sind von einer fast katzenartigen Behendigkeit.

Im Gegensatz zum Kreolen ist der Indier sehr sparsam. Durch seinen Fleiß und durch seine Begabung ist er vom Diener zum Herrn geworden. Er erwirbt kleinere Besitzungen, und ein Theil des Handels, dann der gesammte Lebensmittelmarkt ist in seine Hände übergegangen. Die großen Bazare, auf welchen die täglichen Einkäufe für die Haushaltung gemacht werden, gehören jetzt sozusagen ausschließlich den indischen Frauen.

Ein drittes Element bildet der schwarze Afrikaner, welcher verschiedenen Völkerschaften der Ostküste angehört.

Der französische Kreole findet es nicht für nöthig, feinere ethnographische Unterschiede festzustellen, und nennt diese Menschen kurzweg „Kaffern".

Es sind echte Kaffern darunter, daneben auch Leute von der Suaheliküste, Leute von Mozambique und sogar Somali.

Manche dieser Schwarzen sind häßlich wie die Nacht, ihre Frauen oft wahre Vogelscheuchen, aber ihrer Anhänglichkeit an den Weißen und ihres Fleißes wegen beliebt.

Sie arbeiten meist auf den Zuckerplantagen und Kaffeepflanzungen. In gleicher Eigenschaft dienen auch die Madagassen und werden nicht ungern gesehen.

Dazu kommt noch der Chinese. Er bewohnt die Vorstädte. In den ärmeren Quartieren ist er Boutiquier und verkauft Victualien und Getränke.

Der Chinese gehört zur Staffage des Straßenlebens. Er trägt einen breitkrämpigen, in den Nacken gedrückten Strohhut, eine kurze blaue oder braune Blouse und weite Hosen von der gleichen Farbe. Diplomatisch schreitet er durch die Straße, als besäße er das Zeug zu einem Marquis Tseng in seiner Hosentasche.

Mir sind diese bezopften und glattrasirten Leichenwachsfiguren aus dem fernen Osten stets unsympathisch vorgekommen.

Das arabische Element ist heute nur in geringer Zahl vertreten, dagegen bedarf hier der Mischling zwischen Weißen und Schwarzen noch einer besonderen Erwähnung.

Es ist der Mulatte, welcher zahlreich vertreten ist und in den Gang der Dinge in der Kolonie immer mehr eingreift.

Das Kreuzungsproduct zweier verschiedener Menschenspecies, denn im Sinne des Zoologen haben wir es hier sicher mit zwei guten Arten zu thun, ist nicht uninteressant, liefert aber die physiologisch merkwürdige

Thatsache, daß bei solchen Kreuzungen die guten Eigenschaften einen Rückschlag erleiden und die Vererbung sich vorwiegend auf die schlechten Eigenschaften erstreckt.

Die Hautfarbe der Mulatten ist sehr verschieden je nach der Menge von Negerblut; sie zeigt alle Nuancen vom Dunkelbraun bis zum völligen Weiß.

Es gibt Mulattenfrauen von blendendweißer Gesichtsfarbe, die sich unter den schwarzen Haaren noch besonders hervorhebt; aber der Hals und die Arme lassen dann immer noch schwarzes Pigment erkennen.

Der Mulatte ist nicht selten geistig sehr begabt, aber über alle Maßen ehrgeizig und eitel.

Ein Mulattenmädchen ahmt die Europäerin möglichst nach, alle ihre Bewegungen werden affenartig copirt, leiber kommt nur zu oft die Niggernatur wieder zum Vorschein.

Die Mulattinnen tragen selbstredend auch eine möglichst auffällige Tournüre und kokettiren damit auf ihren Spaziergängen.

Manche Mulatten haben sich durch ihre Begabung und durch ihre Rührigkeit zu einer höheren socialen Stellung emporgearbeitet, und sind wohlhabend oder gar reich geworden.

Aber die guten Kreolenfamilien vermeiden eine Berührung mit diesem Element, es gilt auch den ärmeren Kolonisten europäischer Abstammung nicht als ebenbürtig.

Ein Kreole wird keine Mulattin heirathen, auch wenn sie fast vollkommen weiß erscheint, diese bleibt inuncr Négresse, und wird in guter Familie nicht geduldet.

Um so demonstrativer entfalten die wohlhabenden Mulattenfrauen ihren Goldschmuck, um so vornehmer stolziren sie einher, und der braune Mulatte, wenn er es etwa in einer Landgemeinde zum Beamten bringt, wird in der Hauptstadt stets in seinem Schwarz, Cylinder, Stehkragen und weißer Halsbinde erscheinen.

Politisch gehört der Mulatte, da auch ihm das freie Stimmrecht zukommt, zur republikanischen Partei. Er ist auf Seite der radicalsten Linken. Seiner Meinung nach taugt die ganze europäische Politik gar nichts, die französischen Republikaner sind seiner Meinung nach gar nicht von echtem Schrot und Korn, sind weder Fisch noch Vogel. Europa ist in den Augen des Mulatten überhaupt bedenklich zurückgeblieben.

7*

Der wahre Politicus, der einzig vernünftige Republikaner findet sich in seinen Augen nur beim Mulatten der Insel Réunion.

Die guten Leute, deren Mütter oder Großmütter noch als Sklavinnen harte Arbeit verrichteten, haben nach ihrer Anschauung also Europa schon weit überholt.

Es kommt mir das immer vor, wie wenn ein Mucker umsattelt und radical wird. Er befindet sich dann meist auf der äußersten Linken, und jeder, der solche Bocksprünge beargwöhnt, ist in seinen Augen nicht mehr farbecht.

Das materielle Leben der Bewohner ist im ganzen einfacher, als man es mitten in einer verschwenderischen Natur erwarten sollte.

Die Lebensweise ist eine ähnliche wie in Indien. Die Volksnahrung ist Curry mit Reis, er wird hier „Carry“ oder „Cari“ genannt, und darf nie fehlen. Zu seiner Bereitung verwendet man Dutzende von Ingredienzen vegetabilischer und animalischer Natur. Starke Gewürze und Safran, Fische, Geflügel und Rindfleisch bilden seine wesentlichsten Bestandtheile.

Dazu werden Pfefferschoten als Rougail genossen, was mir ganz abscheulich vorkommt, da ich diese heftigen Einwirkungen auf die Geschmacksnerven nicht liebe, und als ich zuerst ahnungslos von diesem Lieblingsgericht der Kreolen kostete, verbrannte ich mir die Zunge derart, daß ich mich nach dem Hahnen der Wasserleitung erkundigte, um den Schmerz zu stillen.

Die schwache Seite der kreolischen Küche besteht in der Fleischnahrung. Die Insel hat keine Wiesen und ernährt keinen irgendwie nennenswerthen Viehstand.

Das Zeburind ist nur selten anzutreffen, und das lebende Fleisch muß aus Madagaskar bezogen werden, das allerdings von seinem reichen Vorrath abgeben kann.

Geflügel und Fische sind reichlich vorhanden, im Innern wird vielfach ein mageres, großköpfiges und hochbeiniges Schwein von schwarzer Farbe gehalten.

Um so reichlicher ist die Gemüsekost und die Früchtenahrung. Ein wahrhaft königliches Gericht bildet der Palmkohl (Chou palmiste). Um ihn zu gewinnen, werden Palmen gefällt und das Herz der Krone in etwa fußlange Stücke geschnitten. Man findet den Palmkohl stets auf dem Markt, wo das Stück zu 6 Sous verkauft wird.

Die Zubereitung ist verschieden; er wird bald gekocht, bald als Salat genossen, aber in jeder Form muß man ihm in That und Wahrheit die Palme unter den Gemüsen zuerkennen.

An Früchten wachsen hier die schmackhaften Bananen in verschiedenen Spielarten, auch Weintrauben kostete ich schon im Mai, doch ist die Weinrebe nicht allzuverbreitet, und kann nur mit größten Schwierigkeiten importirt werden, da die Kreolen eine unbeschreibliche Angst vor der Phylloxera besitzen und zwar weniger der Rebe, als des Zuckerrohrs wegen. Ich besitze einen langen und gelehrten Artikel über diesen Punkt, welcher aus der Feder eines offenbar sehr geistreichen Mannes stammt und in einem angesehenen Blatte der Kolonie veröffentlicht wurde.

In diesem Artikel werden Beschwerden gegen die zahlreichen von außen her eingeschleppten Plagen geführt und der völlige Ruin der Kolonie in Aussicht gestellt, wenn noch die Phylloxera als neue Heimsuchung ins Land käme — denn, so schließt der geistreiche Verfasser, die Reblaus würde nicht genug Reben vorfinden und dann wahrscheinlich über das Zuckerrohr herfallen, dessen süße Säfte für das Insekt ja zu verführerisch sein müßten!

Vordem besaß Réunion auch treffliche Orangen und Citronen, allein seit Jahren gedeiht diese Frucht nicht mehr, und müssen die Orangen von Madagaskar herüber bezogen werden.

An dem Mißlingen dieser Kulturen ist ein von Madagaskar stammender Schmetterling schuld, welcher unserem Schwalbenschwanz sehr ähnelt und den Namen Papilio demoleus führt.

Der in zoologischen Kreisen bekannte Dr. August Vinson hat zu Anfang der siebziger Jahre den Schmetterling, welcher vordem auf der Insel unbekannt war, lebend von Madagaskar herübergebracht, um wissenschaftliche Beobachtungen vorzunehmen. Er vermehrte sich auf Réunion in kurzer Zeit so stark, daß die Raupen, welche auf Orangen- und Citronenbäumen leben, die Kulturen in ihrem Ertrage fast völlig vernichteten.

Kein Schmetterling ist so populär, wie der Papilio demoleus, jedes Kreolenkind kennt ihn unter dem Namen „Papillon Vinson"!

Als Ersatz für diese Früchte mag die Mangofrucht betrachtet werden, deren Feinheit fast unübertroffen ist. Sie wird faustgroß, besitzt eine grüne Hülle, unter welcher ein lebhaft orangegelbes Fruchtfleisch liegt, und im Innern nach Art unserer Pfirsiche einen großen steinharten Kern. Das

Fruchtfleisch hat einen Terpentingeschmack, ist aber saftig und höchst an=
genehm schmeckend.

Das Klima der Insel, gemildert durch die stets vom Oeean her
wehenden Winde, ist ein gesundes und angenehmes, von epidemischen
Krankheiten weiß man nur wenig. Da und dort bemerkt man Elephan=
tiasis, und in einigen Gemeinden kommt eine Krankheit vor, welche wohl
als das scheußlichste aller Leiden bezeichnet werden darf — ich meine
den Aussatz oder die Lepra.

Die Kolonie besitzt für solche Kranke eine eigene Anstalt, die
Leproserie, in welcher dieselben von der Außenwelt abgeschlossen werden.
Die Anstalt ist etwa 4 Stunden von St. Denis entfernt, und liegt tief
in den Bergen von Affouche versteckt.

Da ich noch nie einen Aussätzigen gesehen, entschloß ich mich, den
Weg zu unternehmen, und wurde von dem Director der Anstalt in zu=
vorkommendster Weise empfangen.

Inmitten der schönsten Natur bot sich mir ein Bild des traurigsten
menschlichen Elendes. Ich sah etwa 50 Patienten. Es sind darunter
Gestalten, wie sie die wahnwitzigste menschliche Phantasie nicht scheuß=
licher erfinden könnte.

Die Krankheit ergreift die Europäer nur selten, sie zeigt sich meist
bei Negern, Madagassen und Mulatten.

Die Patienten wurden mir von einer im Dienste der Menschheit
ergrauten Ordensschwester vorgeführt. Dieselbe widmet sich seit 25 Jahren
ausschließlich der Pflege von Aussätzigen, und hat nicht die mindeste
Furcht vor einer Ansteckung.

Ein Vierteljahrhundert diesen schwierigsten Samariterdienst auszu=
üben ist ein stilles, aber großartiges Heldenthum, das mir dem vor mir
stehenden weiblichen Wesen die höchste Bewunderung abnöthigte. Vor
einer derartigen, echten Religiosität, vor einer so selbstlosen Hingabe
nahm ich gern meinen Hut ab.

An eine Heilung der Kranken ist nicht zu denken, sie werden be=
schäftigt, so gut es geht, und jeder erhält ein Stück Land zur Anlage
und zur Pflege eines Gartens. Die Patienten erscheinen auch keineswegs
niedergeschlagen, und suchen nicht selten auszubrechen, um sich in irgend
einer Schnapswirthschaft zu stärken. Um die Disciplin in der Anstalt
aufrecht zu erhalten, sind einige Galeerensträflinge mit der Ueber=
wachung betraut.

Ich wandte mich bald ab von diesem Bilde, und war zufrieden, beim Herabklettern von den Bergen mit Einbruch der Nacht die schimmernden Lichter von St. Denis aus dem Blättermeer hervorleuchten zu sehen.

Werfen wir einen Blick auf das geistige Leben der Kolonie, das in der Hauptstadt nothwendig seinen Mittelpunkt findet, so darf man ja nicht glauben, daß man sich in einer Wildniß befinde. Kirche und Schule arbeiten überall an der Erziehung des Volkes. Neben öffentlichen Bildungsanstalten wirken noch private Erziehungsinstitute.

Das große Lyceum in St. Denis wird von etwa 500 Zöglingen besucht, und an demselben wirken nicht mehr wie früher Geistliche, sondern weltliche Lehrkräfte, welche ihre Studien an französischen Bildungsanstalten erhalten haben.

Die Litteratur ist gar nicht arm, und soviel mir bekannt ist, sind zwei oder drei Kreolen Mitglieder der französischen Akademie. Die Insel hat ihre Poeten, ihre Künstler, ihre Historiker und namhafte Naturforscher.

Ich begegnete wiederholt Männern, welche neben ihrem täglichen Beruf ein lebendiges Interesse an der Wissenschaft besitzen und sich durch solide Kenntnisse auszeichnen.

Ein hübsches litterarisches Erzeugniß der Insel ist das „Album de l'Ile de la Réunion", welches von A. Roussin herausgegeben wird und immer noch fortgesetzt wird.

Es ist das Werk bis zum fünften Bande fortgeschritten, und ich sah eine größere Zahl von landschaftlichen Ansichten und Farbendruckbildern aus dem Pflanzen= und Thierreiche, welche recht geschmackvoll ausgeführt sind.

Die naturwissenschaftliche Litteratur verdankt dem immer noch rüstigen, obschon sehr betagten kreolischen Arzte Dr. August Vinson ein interessantes Werk über Madagaskar und eine sehr schätzenswerthe Monographie der Spinnen von Réunion und Madagaskar.

Daß Coquerel, Lantz u. A. Vieles für die Kenntniß der Zoologie jener Gebiete durch ihre Thätigkeit gethan haben, darf nicht unerwähnt gelassen werden.

Die Tagespresse liefert eine Reihe litterarischer Erzeugnisse, so ein „Journal officiel" und ein „Bulletin de la Société des Arts et des Sciences", welches von der dortigen Gesellschaft für Kunst und Wissenschaft herausgegeben wird.

Daneben bestehen drei größere Zeitungen, welche von Ein=
fluß sind.

Das gelesenste Blatt ist der „Créole", welcher täglich erscheint
und eine ausgesprochene republikanische Färbung besitzt, Neuigkeiten aus
der Kolonie bringt, aber auch über auswärtige Verhältnisse gut unter=
richtet ist.

Er liest sich namentlich dann recht angenehm, wenn mit der Europa=
post oder mit der australischen Post Neuigkeiten eintreffen. Er ver=
öffentlicht auch eine genaue Fremdenliste der hergereisten oder abfahren=
den Passagiere.

Ueber Kolonialpolitik fand ich in diesem Journal oft recht lesens=
werthe Artikel.

Ihm schließt sich der „Nouveau Salazien" an, welcher keine Partei=
farbe besitzt und vorwiegend Handelsblatt sein will. Die „Malle" ver=
folgt conservative Tendenzen und ist das Organ der Monarchisten und
Klerikalen.

Vor nicht langer Zeit besaß die Stadt auch ein Skandalblatt,
welches unter dem Titel „L'Enfant terrible" viel Klatsch auftischte
und einige Zeit hindurch den Bewohnern einen piquanten Stoff zur
Unterhaltung lieferte, dann aber eingehen mußte.

Zur Zeit ist ein neues litterarisches Unternehmen ins Leben ge=
treten, ein in monatlichen Lieferungen erscheinendes Unterhaltungsblatt,
welches ein reiches Programm aufstellt und den Kreolen die Fühlung
mit den wichtigsten Erscheinungen der Litteratur, der Kunst und Wissen=
schaft, den Fortschritten der Technik und Agrikultur vermitteln will.

Es führt den Titel „La Revue bourbonaise". Das erste Heft
erschien in ansprechender Ausstattung am 1. Juni 1886. Ob sich das
Unternehmen halten kann, vermag ich nicht zu beurtheilen.

Nach einer vorläufigen Umschau in der Stadt St. Denis suchte ich
mir auf größeren und kleineren Ausflügen ein Bild der Insel zu ver=
schaffen, und gebe die wesentlichsten Züge hier wieder.

Die Form des Eilandes bildet eine Ellipse, deren großer Durch=
messer in der Richtung von Süd=Ost nach Nord=West liegt und
71 Kilometer lang ist. Der kleine Durchmesser besitzt eine Länge von
50 Kilometer.

In den beiden Brennpunkten der Ellipse liegen die gewaltigsten Erhebungen, im Süden der 2625 Meter hohe Pitou de Fournaise, im nördlichen Theil der Pitou des Neiges von 3069 Meter Höhe. Ob dies Zufall oder gesetzmäßige Nothwendigkeit ist, muß ich dem Geologen oder dem Physiker zu entscheiden überlassen.

Es sind in der That Brennpunkte, d. h. gewaltige Vulkane, von denen der nördliche längst erloschen ist, der südliche aber noch fortbrennt und von Zeit zu Zeit Lavamassen ausfließen läßt. Im Jahre 1861 und 1864 flossen die Lavaströme sogar bis zum Meere herab.

Die Beschaffenheit der Insel ist eine rein vulkanische, sedimentäre Schichten fehlen vollständig.

Die Uferzone ist selten steil abfallend, wie beim Kap Bernard, meist bildet sie einen ebenen Gürtel von wechselnder Breite und von einer verschwenderischen Fruchtbarkeit. Er steigt sanft an, um sich dann rasch in bedeutende Höhen zu erheben. Die Abhänge und Ebenen sind furchtbar eingefurcht, eine Wirkung der erodirenden Kraft des Wassers.

Die Ufer der zahlreichen Flüsse sind voll von Geschiebe, in ihren Betten liegen oft mächtige, gerollte Basaltblöcke. Die Bergschluchten sind meist höchst malerisch. An deren Flanken tritt das Eruptivgestein nackt zu Tage und zeigt nicht selten einen regelmäßigen Zerfall in gewaltige Basaltsäulen.

In der Höhe und an geschützten Stellen liegen die Verwitterungs=producte oft mehrere Meter hoch, und bilden eine fruchtbare vulkanische Erde von lebhaft rother Farbe, aus welcher ein Wald von Farren=kräutern emporsprießt.

Nach dem Innern geht das anfänglich steile Gehänge in Hochebenen über, welche am innern Rande mit schwindelnder Steilheit gegen die im Centrum liegenden Krater abfallen.

Die Vegetation, welche hier einen fruchtbaren Untergrund, reiche Bewässerung und ein warmes und gleichmäßiges Tropenklima vorfindet, erlangt naturgemäß eine staunenswerthe Entwickelung. Der Botaniker findet hier ein wahres Eldorado.

Leider fehlt bis heute eine vollständige wissenschaftliche Durch=arbeitung der Flora dieser Insel.

Bei der bedeutenden vertikalen Erhebung gelangen verschiedene Vegetationszonen zum Ausdruck.

Die zunächst dem Meere gelegene gut bebaute Ebene kann als Kulturzone bezeichnet werden. Sie reicht an den Gehängen hinauf bis zu einer Höhe von 200—250 Meter. In dieser Zone finden sich die meisten menschlichen Ansiedelungen, hier finden sich ausgedehnte Anpflanzungen von Zuckerrohr, Thee, Mais, Kaffee, Vanille, Maniok u. s. w. Viele Nutzpflanzen sind aus Indien oder aus anderen Tropengebieten hierher verpflanzt.

An den Wegen starren uns die dolchförmigen Blätter der Agaven und stachelige Opuntien entgegen, in den Gärten bilden Tamarinden, Mangobäume und Benzoebäume den nöthigen Schatten, in welchem der Kaffeestrauch gedeiht.

Der Mangobaum (Mangifera indica) verleiht diesem Gürtel zum nicht geringen Theil seinen landschaftlichen Charakter. Als junger Baum mit lockerem Astwerk erinnert er an unsere Pfirsichbäume, später, wenn sich seine massige Krone entwickelt, erinnert er am ehesten an unsere Roßkastanien.

Nicht minder charaktervoll hebt sich der Brodfruchtbaum oder Jakbaum heraus. Die Anwohner nennen ihn „jacquier", sein wissenschaftlicher Name ist Artocarpus integrifolia. Seine dunkeln Kronen sind noch massiger als beim Mangobaum, das glänzend dunkelgrüne Laub steht außerordentlich dicht.

Der Stamm liefert das hellgelbe und sehr dauerhafte Jakholz, welches für feinere Möbelarbeiten sehr gesucht wird.

Die monströsen Früchte von Melonengestalt, aber mit rauher Oberfläche, sitzen bald an den Aesten, bald ganz unten am Stamme.

Ihr süßlicher Aasgeruch ist mir widerlich vorgekommen, der Geschmack ist fade. Doch wird dieselbe von den Schwarzen gerne gegessen.

Die im Fruchtfleisch enthaltenen Samen sind vom Aussehen der Saubohnen und kommen im Geschmack unseren Kastanien am nächsten.

Junge Früchte lassen beim Anschneiden eine dicke Milch austreten, welche erhärtet und fast nicht mehr von den Fingern loszubekommen ist.

Dieser Saft liefert einen ausgezeichneten Vogelleim, und ihm ist es zu verdanken, daß vor jeder Mulattenhütte Käfige mit lebenden Zeisigen, Finken und Kardinälen gehalten werden.

Nahe verwandt ist der schlitzblättrige Brodfruchtbaum (Artocarpus incisa), sein Habitus ist aber völlig verschieden. Die Krone ist locker, die gelappten Blätter lang gestielt.

Er erinnert stark an den hier überall angepflanzten Melonenbaum oder „Papayer", dessen kurz gestielte Früchte dem Stamme dicht aufsitzen und von den Anwohnern gekocht oder eingemacht werden.

Die Kokospalmen und Fächerpalmen ragen überall zwischen den Laubkronen hervor, an ihren Stämmen ranken die dichtbelaubten Lianen hinauf.

An den Wegen, an den Ufern der Flüsse und Bäche bilden die Dornsträucher (Lantana) mit ihren reichen Blütendolben schöne Gruppen. Im Gerölle wuchert der Boretsch (Borrago africana), und der Stech= apfel (Datura Tatula und Datura Metel), vereinzelt erblickt man auch große gelbe Malven.

In den feuchten Schluchten wuchern die Begonien in unglaublichen Mengen.

In der Ebene und an den Gehängen trifft man ausgedehnte Waldungen von Kasuarinen (Casuarina equisetifolia). In der Ferne machen sie einen äußerst angenehmen und weichen Eindruck, sie sind im Gesammtcharakter unseren Lärchenbeständen nicht unähnlich.

Erhebt man sich bis zu 1000 Meter, so ändert der Vegetations= character. An den Felsabhängen stehen Gruppen von Aloës, deren Fasern verarbeitet werden.

Sie sind weithin sichtbar und an ihrem Grün=Gelb erkennbar. Ihre vom Winde stets bewegten Blütentrauben werden etwa 6—7 Meter hoch und sind mit weißen Blüten oder mit Brutzwiebeln locker besetzt.

Der Mulatte schneidet die Blütenschäfte zu langen Stangen zu= recht und fertigt aus ihnen das Gerüst zu seinen mit Bananenblättern bedeckten Hütten.

Es beginnen bei etwa 600 Meter die Farren allgemeiner aufzu= treten, und ein vielfach benutzter Baum, welcher auch schon in der Tiefe in der Nähe des Meeresstrandes bemerkbar wird. Es ist der Vacoa= baum (Pandanus utilis), welcher einem riesigen Armleuchter vergleich= bar ist. Er wird nicht sehr hoch. Sein schwammiger, mit grauer Rinde versehener Schaft schickt in horizontaler Richtung einige wenige Aeste aus. Gegen das Ende erheben sich dieselben in rechtem Winkel nach oben und tragen ein Büschel dolchartiger Blätter in schrauben= förmiger Anordnung. Von den Aesten hängen die kindskopfgroßen, kugeligen Früchte herab.

Der Vacoabaum gehört unstreitig zu den nützlichsten Pflanzen der Insel. Seine Blätter werden in Riemen geschnitten und von den ansäffigen Madagaffen mit Geschick verarbeitet.

Man macht aus Vacoa Schachteln, Körbe und die großen Säcke, in welchen der unraffinirte Zucker exportirt wird.

In den Bergen begegnete ich einer Schaar mulattischer Schuljungen, welche Schulsäcke aus Vacoa am Rücken trugen und darin ihre Gelehrsamkeit und ihre Lebensmittel untergebracht hatten.

Hier beginnen auch die ausgedehnten Waldungen mit zahlreichen und werthvollen Nutzhölzern. Deren Ausbeutung unterliegt der strengen Aufsicht der Kolonialregierung.

Bei 1000 Meter beginnt allgemeiner eine Charakterpflanze aufzutreten, welche man nie aus dem Gedächtniß verlieren wird, es ist der von Bory de St. Vincent entdeckte Berg=Bambus (Nastus borbonicus). Der Entdecker gibt als deffen untere Höhengrenze 1200 Meter an, ich halte dies jedoch nicht für ganz genau und sah diesen Bambus schon bei 900 Meter häufig werden.

Das prächtige Riesengras entsendet aus dem Boden eine Anzahl armdicker, 12—15 Meter hoher Stangen, welche oben zierlich auseinander biegen und reiche Blättergarben tragen.

Zur Aesthetik der tropischen Landschaft tragen die Bambusen ohne Zweifel in erster Linie bei und übertreffen durch ihre graziösen Formen selbst die stolzen Palmen.

Das Blätterwerk ist nicht zu locker und nicht zu dicht, größere Gruppen und Bestände rufen durch ihre luftigen Massen, durch die sanften Uebergänge von Licht= und Schattenpartien einen landschaftlichen Effect hervor, der eine wahre Augenweide ist.

In den Schluchten und an den Abhängen treten die artenreichen Farrenbestände und leuchtend grünen Bärlappwiesen (Lycopodium cernuum) in den Vordergrund.

So sehr diese Flora von Réunion zu fesseln vermag, und in ihrer Formenfülle einen gewaltigen Eindruck macht, so hatte ich doch fortwährend das Gefühl, es fehle ihr etwas. Ich verspürte bei ihrem Anblick ein ausdauerndes Gefühl der Unruhe, wie einer, dem seine Brieftasche abhanden gekommen ist. Ich fand bald die Ursache heraus, es fehlt dieser Flora in der That etwas — es fehlt der Blumenschmuck!

Der Nordländer bringt in seiner Vorstellung die blühenden Matten, die farbigen Gärten seiner Heimat mit und meint, je mehr er in die Tropen vordringt, um so mehr müsse auch der Reichthum und Farbenglanz der Blumen zunehmen. Aber er findet sich in seiner Erwartung getäuscht, der Reichthum an farbigen Blumen ist nicht vorhanden.

Ich schreibe diesen Mangel an Blumen auf der Insel Réunion zwei Ursachen zu, einmal den stets vorhandenen starken Luftbewegungen, welche durch die stets wehenden Passate erzeugt werden, und zweitens der geradezu auffälligen Armuth an Insekten.

Die Pflanzenphysiologie hat die überraschende Thatsache festgestellt, daß für Blütenpflanzen eine Selbstbefruchtung nicht immer von Vortheil ist und die Kreuzbefruchtung günstiger wirkt, daher sogar von den meisten Zwitterblütlern letztere der Selbstbefruchtung entschieden vorgezogen wird.

Die Kreuzbefruchtung kann auf verschiedenen Wegen vermittelt werden, sie geschieht am häufigsten durch den Wind, oder es werden die Insekten als Zwischenträger der befruchtenden Elemente benutzt.

Die Windblütler haben ganz unscheinbare Blüten, es sind nicht eigentliche Blumen im gewöhnlichen Sinne des Wortes. Die Thierblütler dagegen müssen durch auffallende Farben ihrer Blumen, durch ihren Duft und die honigausscheidenden Drüsen die blumenbesuchenden Insekten anziehen, damit diese die Kreuzbefruchtung vermitteln. Es sind oft recht sinnreiche Einrichtungen vorhanden, um den Blütenstaub auf das Insekt zu übertragen.

Hier auf Réunion ist nun Jahr aus Jahr ein die Vegetation den starken, von der See her wehenden Brisen ausgesetzt, die Windbefruchtung kommt in ausgiebiger Weise zur Anwendung, sie ist sogar die vorherrschende Art der Kreuzbefruchtung.

Die Insektenarmuth ist geradezu bemerkenswerth, man wird Mühe haben, nur ein Dutzend Coleopteren zusammenzubringen, und der Schmetterlingsreichthum beschränkt sich auf eine geringe Zahl von häufigen Schmetterlingen. Die Hymenopteren sind ebenfalls nur spärlich vertreten.

Bory de St. Vincent spricht die Meinung aus, daß die importirten insektenfressenden Vögel mit die Hauptschuld an dieser Insektenarmuth seien, diese hätten die vordem reichere Fauna vernichtet. Ich zweifle an der Richtigkeit dieser Annahme und glaube, daß der Reichthum an Arten auch früher überhaupt nicht groß war.

Réunion ist ein stark vorgeschobener Posten im Indischen Ocean, der mit Beginn der Tertiärzeit schon nicht mehr im Verbande mit größeren Ländermassen stand.

Die Insektenklasse und namentlich die blumenbesuchenden Ordnungen der Schmetterlinge und Hymenopteren erlangen aber erst mit der Tertiär= zeit ihre eigentliche Entwickelung an zahlreichen Arten, von welchen nur durch Zufall einzelne nach dem isolirten Eilande gelangen konnten.

Es gibt indessen doch einzelne Fälle, in welchen die Befruchtung der Blumen durch Insekten stattfinden muß.

Solche Blumen müssen dann aber, — man gestatte mir den zwar etwas unwissenschaftlichen, aber zutreffenden Ausdruck, — wahre Kraft= anstrengungen machen, um die dürftige Insektenwelt in ihren Dienst zu bekommen. So fand ich in einer Schlucht an der Rivière du Butor vereinzelte Büsche einer prachtvollen Lilie (Gloriosa superba), welche in voller Blüte standen.

Die zu großen Trauben vereinigten Blumenknospen stehen zuerst aufrecht, dann krümmt sich der Blütenstiel, so daß jede Knospe mit der Spitze nach unten gelangt.

Das zuerst grüne Perigon öffnet sich jetzt und wird schwefelgelb. Erst radförmig ausgebreitet, erscheinen die Blumenblätter nach oben zurückgeschlagen, werden intensiver gelb mit dunkelorangem Rande, welcher kraus erscheint.

Die sechs sehr langen Staubblätter breiten sich genau in einer horizontalen Ebene aus. Der lange Griffel nimmt eine Winkelstellung an und bringt die Narben ziemlich hoch über die Ebene der Staub= blätter, so daß eine Selbstbefruchtung zur Unmöglichkeit wird.

Nach einer längeren Blütezeit werden die Perigonblätter dunkelroth und fallen in die frühere Lage zurück.

Ich habe diese Blumen oft beobachtet, ohne das vermittelnde Insekt mit Sicherheit ausfindig machen zu können. Wahrscheinlich ist es ein Tagfalter; Papilio disparilis fliegt am häufigsten in der Nähe.

Wie man sieht, wirken eine Reihe von Faktoren zusammen, um den Zweck zu erreichen: eine lange Blütezeit, eine reichliche Pollen= bildung, eine auffällige Farbe, und sogar Farbenwechsel, aber dennoch ist die Pflanze nicht gerade häufig.

Der natürliche Reichthum an vegetabilischen Producten, das schöne Klima und die Ertragsfähigkeit des Bodens mußten naturgemäß die Ansiedler anlocken, zumal die Insel fast überall leicht zugänglich ist. Bei einem Flächenraum von 252,000 Hektaren besitzt sie einen kulturfähigen Küstengürtel von über 200 Kilometer Länge.

Die Geschicke der Insel waren wechselnde, auch ihre Benennung hat im Laufe der Jahrhunderte wiederholt gewechselt.

Ursprünglich hieß sie Sancta Apollonia, von 1645 an Mascarenhas, die Besiedelung erfolgte um die Mitte des 17. Jahrhunderts, und Flacourt wandelte den Namen in Insel Bourbon um, zur Zeit der französischen Revolution wurde sie als Ile de la Réunion bezeichnet; 1806 hieß sie Insel Bonaparte, dann wieder Bourbon, seit 1848 ist ihre officielle Benennung wieder in Ile de la Réunion umgewandelt.

Die Kindheit der Kolonie war mit vielen Wechselfällen verknüpft; St. Paul an der geschützten Westküste war die älteste Niederlassung, die Schiffe brachten ab und zu aus der Heimat Hülfsmittel und neue Kolonisten, es entstanden im Norden schon 1667 das Quartier von St. Suzanne und 1669 dasjenige von St. Denis.

Die Kolonie bekam regelmäßig ihre Gouverneure, bald gute und bald schlechte.

Unter den rührigsten verdient Mahé de la Bourdonnais hervorgehoben zu werden, welcher um die Mitte des vorigen Jahrhunderts wohl am meisten zur Hebung der Kolonie gethan.

Heute ist die Bevölkerung auf ungefähr 170,000 Seelen angewachsen.

Wenn man die Schwierigkeiten erwägt, welche ein so heterogenes Völkergemisch mit sich bringt, so darf man den Zustand der Dinge als einen recht geordneten bezeichnen. Die oberste Instanz bildet der Gouverneur, welcher dem französischen Marineministerium verantwortlich ist. Ihm ist seit 1866 ein Rath beigegeben, welcher aus dem Militärkommandanten, dem Director des Innern, dem Generalprocurator, einem Archivsekretär und zwei Notabeln besteht.

Für kirchliche Angelegenheiten wird der Bischof und für Unterrichtsfragen der Rector der Lehranstalten zur Berathung beigezogen. Für Unterrichtszwecke wird per Jahr von der Kolonie eine Million verausgabt.

Das Land eignet sich für alle tropischen Kulturen, die wichtigsten Ausfuhrartikel sind Zucker, Rum, Kaffee und Vanille.

Einst zogen die Kreolen besonders aus ihren Zuckerplantagen reichen Gewinn, das Geld floß in Fülle nach der Kolonie, welche gegen die Mitte dieses Jahrhunderts zur schönsten Blüte gedieh.

Der sorglose Kreole glaubte, dies müsse immer so bleiben, und vergaß oft genug, sich durch Ersparnisse auf eine eintretende Krisis vorzubreiten.

Heute ist die Lage der Kolonie eine höchst gedrückte, die Runkelrübenfelder der norddeutschen Ebene haben den üppigen Zuckerrohrpflanzungen dieses fernen Eilandes beinahe den Todesstoß versetzt.

Der Kolonialzucker kann die Konkurrenz des deutschen Rübenzuckers kaum mehr aushalten, und in den letzten 20 Jahren ist die Zahl der Zuckerfabriken auf die Hälfte zurückgegangen.

Der Crédit foncier in Paris, welcher in St. Denis eine Filiale besitzt, hat den Pflanzern aufzuhelfen versucht, mußte aber viele Plantagen an sich ziehen.

Dazu kommen noch andere Verwickelungen. Die Engländer haben die Einwanderung der nöthigen Arbeitskräfte, der indischen Kulis, erschwert, und in den Pflanzungen richtet eine Raupe, welche sich in die Zuckerrohrstengel einbohrt und das Rohr zum Absterben bringt, große Verheerungen an. Die Raupe wird als „Borer“ bezeichnet und ist ungefähr so groß wie unsere Kohlraupe.

Die Borerraupe ist nackt, blaugrün und auf der Oberseite mit vier Punktreihen versehen.

Ihre Lebensweise stimmt mit unserer Cossusraupe überein, ihre Gänge verlaufen meist senkrecht im Halme und stehen mit der Außenwelt durch kreisrunde, etwa 2 Millimeter weite Oeffnungen in Verbindung. Zur Zeit der Verpuppung sitzt sie in der Nähe der Spitze der Zuckerrohrhalme, welche im Wachsthum etwas zurückbleiben oder bei starker Benagung dürr werden. In der Gegend von St. Suzanne traf ich sehr viele zerstörte Rohre an.

Der aus dieser Raupe hervorgehende Schmetterling heißt nach den mir zugekommenen Mittheilungen Hesperia borbonica, und ist eine Eule von düster = brauner Färbung. Sie ähnelt unserer Erdbeereule. Es scheint mir, daß die Pflanzer etwas unpraktisch sind, da durch rechtzeitige und vollständige Vernichtung der befallenen Zuckerrohrpflanzen der Ausbreitung dieser Plage gewiß mit Erfolg entgegen gearbeitet werden könnte.

Der Ertrag der Zuckerplantagen ist immerhin noch bedeutend, da per Jahr etwa 25 Millionen Kilogramm Zucker und etwa 1000 Hekto= liter Rum ausgeführt werden.

Die Kaffeestaude liefert ein gutes Produkt, welches dem echten Mokka nicht viel nachstehen soll.

Leider ist auch sie den pflanzlichen und thierischen Parasiten aus= gesetzt. Auf den Blättern richtet der Kaffeepilz (Hemileja vastatrix) ausgedehnte Zerstörungen an, und im Parenchym zwischen beiden Blatt= flächen frißt die sogenannte „Larve géographique", deren eigenthüm= lich gewundene, Flußläufen nicht unähnliche Gänge zu Zeiten überall auf den Blättern als weiße Figuren durchschimmern.

Der jährliche Ertrag an Kaffee beläuft sich auf 350,000 Kilogramm.

Am wenigsten hat die Vanille=Kultur gelitten. Sie erfordert einige Sorgfalt, giebt aber eine sichere und gute Reute.

Die Lage der Kolonie ist zur Zeit jedoch derart, daß nach neuen Einnahmequellen gesucht werden muß.

Die Kreditverhältnisse der Kreolen lassen sehr zu wünschen übrig, und der völlige Mangel an gemünztem Gelde ist eine ungesunde Er= scheinung. Die Kolonie ist mit Papiergeld überschwemmt und man gibt Banknoten bis zu 50 Centimes herab aus, welche auswärts nirgends als Zahlungsmittel Geltung besitzen.

Das Mutterland mußte in der Neuzeit, um die Kolonie vor Ver= armung zu schützen, ihr eine besondere Fürsorge widmen. Zunächst wurde eine Eisenbahn erstellt, um die volkreichsten Orte der Küste mit einander zu verbinden. Sie bildet einen fast vollständig geschlossenen Gürtel, und ist seit 1882 im Betrieb.

Dann wurden im Nordwesten der Insel, zwischen La Possession und St. Paul großartige Hafenbauten ausgeführt, um den Schiffen, welche meist auf der schlechten Rhede von St. Denis ankerten, eine bessere Unterkunft zu gewähren. Dieses Werk wird den Verkehr erleichtern und hat viel Geld unter die Bewohner gebracht.

Da mit dem benachbarten Madagaskar engere Beziehungen an= geknüpft werden, und dort größere koloniale Unternehmungen in Aus= sicht stehen, so eröffnet sich den Kreolen nunmehr eine etwas bessere Zukunft.

VII.

Ein Ausflug nach Salazie.

Die Insel Réunion ist ohne Zweifel eine Perle im ostafrikanischen Archipel, aber wer ihren vollen Glanz schauen will, darf nicht unterlassen, die im Innern liegenden Gebiete zu besuchen. Erst da entfaltet sich der ganze landschaftliche Zauber dieser tropischen Inselnatur.

Es ist dies heute nicht mehr so schwierig wie früher, da Verkehrswege angelegt sind.

Um den über 3000 Meter hohen Piton des Neiges, welcher die Insel beherrscht, gruppiren sich drei ungeheure Kessel, welche einen schluchtartigen Zugang besitzen.

Es sind die Kessel von Salazie, Mafate und Cilaos. Ihre Namen klingen fremdartig, es sind madagassische Bezeichnungen, denn diese Gebiete wurden früher von entlaufenen Schwarzen der Insel Madagaskar bewohnt, welche mit den Sclavenfesseln gebrochen hatten und hier wie in den Bergen der Heimat unzugängliche Schlupfwinkel fanden. Hier lebten sie als nègres marrons von Beeren, Wurzeln und Palmfrüchten, erhaschten etwa eine entlaufene Ziege und flochten sich aus Baumrinden dürftige Kleider, wie solche heute noch im Museum zu St. Denis aufbewahrt werden.

Man betrachtete sie als vogelfrei, und mehr als einer dieser Unglücklichen erlag der Kugel der Weißen, wenn er entdeckt wurde.

Heute sind diese Gebiete theilweise von französischen Kreolen besiedelt und bebaut.

Ich wählte zum Besuche das vielgerühmte, bergige Salazie. „Vous-allez donc à Salazie. Ah' quil est joli ce pays. C'est notre Suisse!"

So sagten mir die Kreolen in St. Denis, als ich ihnen mein Vorhaben mittheilte, und sie hatten das Richtige getroffen. Salazie ist die kreolische Schweiz, der Vergleich ist genau und bezeichnend. Salazie! In diesem einzigen Worte liegt ein Zauber, den nur der Kreole, der seine Heimat über Alles liebt, richtig zu würdigen versteht.

Salazie electrisirt die Jugend, wenn sie ihre Schulbänke verläßt und zu Beginn der Ferien, im August oder im heißen Januar zur Erholung nach den Bergen von Salazie reisen darf; Salazie beglückt das junge Paar, das seine Flitterwochen in der herrlichen Natur dieser Berge verbringt; Salazie stärkt den ernsten Geschäftsmann, der an der Seite seiner Frau der monotonen Arbeit entflieht und eine Woche in

Fig. 9..

Gebirgswelt in Salazie.

Salazie verplaudert; Salazie läßt den armen Soldaten, der fern von der Heimat vom tückischen Klima der Tropen gelitten, wieder aufathmen; Salazie belebt endlich den gebrochenen Greis, welcher in den heilkräftigen Thermen dieser Berge Linderung seiner Leiden findet.

Der kreolische Dichter besingt in den zartesten Weisen und mit den lieblichsten Bildern einen Ort, der ihm als das vollkommene Eden auf Erden gilt, und mit Stolz erklären die kreolischen Mütter, daß die herrliche Luft von Salazie ein frisches Roth auf die Wangen ihrer Töchter zu zaubern vermöge.

8*

Eine dichterische Ader ist mir von Natur aus versagt, und ich darf eidlich bezeugen, daß ich weder öffentlich noch im Geheimen je ein Gedicht verübt habe, niemals habe ich mich am Pegasus versündigt — ich betrachte die Welt mit den realistischen Augen des schlichten Menschenverstandes.

Aber das Schwärmen der Kreolen für Salazie erschien mir fast rührend, und ich mußte mir sagen, daß eine Gegend, von welcher sogar der bedächtige Mulatte mit Entzücken spricht, etwas Ungewöhnliches sein müsse, denn im fortwährenden Verkehr selbst mit der schönsten Natur kann man zuletzt auch gegen diese gleichgültig werden.

Ich absolvirte noch die Post nach Europa und nahm an einem frischen Junimorgen den Frühzug nach St. André.

Man fährt mitten durch lachende Fluren. Zur Rechten erblickt man ausgedehnte Maniokpflanzungen und Zuckerplantagen, in den zartgrünen Kasuarinenwaldungen sind die ausgedehnten Kulturen der Vanille angelegt. Zur Linken blickt ab und zu das blaue Meer durch die Lichtungen von Palmen und Pandanusgruppen hindurch.

Die weite Ebene von Ste. Suzanne geht sanft ansteigend in die wenig durchfurchten Gehänge über, welche von der Plaine des Fougères herabsteigen.

Die würzige Morgenluft ist wahrhaft erquickend. In St. André war nur kurzer Aufenthalt, dann nahm uns ein Maulthiergespann in Empfang, welches den Postdienst nach dem Bergthale von Salazie versicht.

Erst führt der Weg durch eine Allee von Tamarinden, welche parallel der Küste läuft und bis zum Ufer des nächsten Flusses führt.

Es ist dies die Rivière du Mât.

Das Beet ist fast schluchtenartig eingegraben, und eine kühn ausgeführte Eisenbahnbrücke führt links an das gegenüberliegende Ufer.

Hier biegt der Weg nach Salazie rechts ab, und man tritt, indem man sich fortwährend an's linke Ufer hält, in eine enge und gewaltige Gebirgsschlucht. Zu beiden Seiten hat man ungeheure, fast senkrecht ansteigende Felsmauern, welche mit einem freudig grünen Teppich von Himbeerstauden überwachsen sind.

Die Steigung beginnt merklicher zu werden, und in der Höhe wird die fast undurchdringliche Waldregion sichtbar. In schwindelnder Tiefe erblickt man den schäumenden Fluß, an den Abhängen stürzen Dutzende von Wasserfällen herab. Die kleineren derselben sprühen ihren Gischt bis an den Wagen, in der Entfernung sieht man sie als silberfarbene Stränge oft aus einer Höhe von 500 Meter herabstürzen. Sie sind von mächtigen Begonienbüschen und Palmen eingerahmt.

Am Wege tritt bald die üppigste Farrenvegetation, meist aus Mertensien und Pterisarten bestehend, auf. Daneben stehen die zahl= reichen Kokospalmen und armleuchterartigen Vacoabäume.

Nach etwa einstündiger Fahrt setzt man auf das rechte Ufer hin= über, die Schlucht beginnt sich etwas zu verengern, bis in die Nähe des Dorfes Salazie.

Am Wege stehen vereinzelte menschliche Ansiedelungen, von den dunkelgrünen Bananenhainen umgeben. Die Hütten sehen sehr ärmlich aus, sind aus Bambusrohr oder Bananenstroh erbaut, und werden von dürftig gekleideten Mulatten bewohnt, welche etwas Landwirthschaft betreiben.

Kurz vor dem malerisch über einem Abhang gelegenen Dorfe Salazie setzt man wieder auf das linke Ufer hinüber, und gelangt zu einer Raststation, wo die Maulthiere gewechselt werden.

Das Bild ändert jetzt plötzlich.

Man tritt in einen ungeheueren Kessel. Es ist dies einer der drei erloschenen Krater, welche um den Piton des Neiges gruppirt sind.

Die Kraterwände erheben sich senkrecht bis zu einer Höhe von durchschnittlich 2000 Meter über dem Meere.

Zur Rechten hat man den jähen Absturz der Plaine des Fougères und der Plaine des Chicots, welche Salazie von Ste. Suzanne und der Hauptstadt St. Denis trennen.

Zur Linken fällt die Plaine des Salazes ebenso steil ab. Der Hintergrund wird von den höchsten Erhebungen der Insel gebildet.

Der ganze Krater von Salazie umfaßt einen Flächenraum von ungefähr 10,000 Hektaren. In seinem Innern erheben sich die Reste der an ihrem Rande stark zerrissenen Auswurfskegel.

Man hat vollkommen den Eindruck, als befinde man sich im Hoch= gebirge der Schweiz, nur sind die Formen viel kecker, als in unseren Alpen.

Einst sah dieses Gebiet wohl furchtbar öde und nackt aus, es war der Schauplatz verheerender vulkanischer Thätigkeit. Die aufgehäuften Spann= kräfte in der unorganischen Natur machten sich hier Luft in ungezügelten

lebendigen Kräften, welche mächtige Lavamassen nach der Gegend von
St. André ins Meer hinauswälzten.

Heute ruht der Vullan, er ruht wohl seit sehr langer Zeit. Seine
Spannkräfte haben in breitere und friedlichere Bahnen eingelenkt, sie
setzen sich in nützlichere lebendige Kräfte um, sie treten in der Gestaltung
einer wunderbaren reichen Pflanzenwelt zu Tage.

Der Mensch begann sich hier anzusiedeln und führt ein von der
geräuschvollen Welt abgeschlossenes aber glückliches Dasein.

Von Salazie aus führt die breite und bequeme Straße in steilen
Windungen in die Höhe und um die Reste der Auswurfkegel herum.
Man erreicht endlich den Flecken Hell=Bourg, welcher in einer Höhe
von 872 Meter liegt. Die landschaftlichen Bilder auf der etwa 10 Kilo=
meter langen Strecke zwischen Salazie und Hell=Bourg wechseln kalei=
doskopartig von Minute zu Minute und bilden ohne Zweifel den Glanz=
punkt der Fahrt, welche ungefähr vier Stunden in Anspruch nimmt.

In dem freundlichen Flecken Hell=Bourg findet man gegenwärtig
eine bequeme Unterkunft.

Der Ort verdankt seine Entstehung den heilkräftigen Thermen,
welche im Jahre 1829 durch Zufall von kühnen Jägern entdeckt wurden
und deren Ruf sich bald über die ganze Insel verbreitete.

Sie befinden sich etwa eine Viertelstunde vom Dorfe entfernt in
einer Schlucht versteckt, und sollen für gewöhnlich per Stunde 900 Liter
natronhaltiges Wasser von 32 Grad Celsius zu Tage fördern. Gegen=
wärtig fließen sie weniger reichlich, und die Badeeinrichtungen lassen
etwas zu wünschen übrig.

Die Regierung hat bei denselben ein Hospital für fieberkranke
Soldaten und Offiziere errichten lassen, und ich fand dasselbe gefüllt
mit Kranken, welche während der Belagerung von Madagaskar vom
Klima gelitten haben.

Der erste, welcher der Welt den herrlichen Kessel von Salazie
zu eröffnen begann, war ein gewisser Theodor Cazean, welcher mit
seiner Familie im Jahre 1831 bis hierher vordrang, und für eine vom
Staate concessionirte Gesellschaft hier Boden erwarb.

Man muß ja nicht glauben, daß das Vordringen ins Innere ge=
fahrlos sei, und unter unglaublichen Schwierigkeiten drangen die ersten
Kolonisten nach Salazie vor und setzten sich am Ufer eines reizenden
kleinen Sees fest, welcher den Namen Mare à Poule d'eau führt,

links von der Straße nach Hell=Bourg in der Tiefe liegt und zu den
schönsten landschaftlichen Partien der ganzen Gegend gehört.

Aber schon im ersten Jahre wurden diese Ansiedler vom Unglück
heimgesucht. Stürme und sindflutartige Regen, welche an der Küste
ungeheueren Schaden anrichteten und zweiundzwanzig Fahrzeuge zer=
störten, waren in der Höhe erst recht furchtbar. Der Regen dauerte
ohne Unterbruch 48 Tage hindurch an, die Kolonisten mußten vor dem
Wasser flüchten und hatten zuletzt keine Lebensmittel mehr. Drei
Wochen hindurch mußten sie sich von Wurzeln und Schossen ernähren.

Indessen folgten bald neue Ansiedler nach, eine schöne und gut
unterhaltene Kunststraße wurde mit großen Opfern erbaut, und heute
besitzt die ganze Thalgesellschaft über 5000 Bewohner.

Mühelos sozusagen erhält der Mensch von diesem fruchtbaren
Garten, dessen Boden vulkanischen Ursprungs ist, Alles was er nur
wünscht.

Alle europäischen Gemüse gedeihen hier vortrefflich, der Boden ist
fabelhaft billig. Es wird denn auch vorzugsweise Landwirthschaft,
namentlich der Gemüsebau, die sogenannte petite culture betrieben.

In den Gärten sieht man Bohnen, Erbsen, Liebesäpfel in üppigster
Fülle prangen, ich sah zahlreiche Apfelbäume, Birnbäume, Erdbeerstauden
und blühende Pfirsichbäume an den Abhängen.

Die Viehzucht, namentlich Geflügel= und Schweinezucht, wird
stark betrieben, und nach den Märkten von St. André und St. Denis
wird ein schmackhaftes geräuchertes Schweinefleisch geschickt, welches sehr
gesucht ist.

Auch für die tropischen Kulturen eignet sich die Gegend, in den
tieferen Lagen gedeiht das Zuckerrohr, das Getreide und die schmackhafte
Banane.

In den höheren Lagen wird die Kaffeekultur ziemlich stark betrieben.

Die benachbarten Waldungen liefern Holz in Fülle, ihre Palmen
geben einen sehr geschätzten Palmkohl.

Die einheimische Flora ist vielgestaltig und von einer unglaublichen
Ueppigkeit. An den Bächen erreichen die saftigen Begonien eine Höhe
von 2 Meter, die Bambusen (Nastus borbonicus) bilden die graciöse=
sten Bestände. An den Felsabhängen leuchten weiße Daturablüten
und gelbe Malven aus dem Grün hervor, die feuchten Wände sind mit
dichten Moosrasen überdeckt, in den Schluchten bilden die vielgestaltigen

Farren ein fast undurchdringliches Buschwerk, im Gebüsche und in den Waldpartien erblickt man das Gewirr der schlingenden Lianen.

Einer Nutzpflanze muß an dieser Stelle noch gedacht werden, weil sie hier geradezu den landschaftlichen Charakter beherrscht, und ohne einer besonderen Kultur zu bedürfen, für die Bewohner von der allergrößten Bedeutung wird.

Es ist eine den Kürbispflanzen oder Cucurbitaceen zugehörige Art, welche den wissenschaftlichen Namen Sechium edule führt und von den Ansiedlern als Chouchou oder Chouchoute bezeichnet wird.

Sie wächst überall, sie bedeckt die Mauern der Gärten, wo ihre großen, fast herzförmigen Blätter eine recht charaktervolle Dekoration abgeben, sie kriecht regellos auf dem felsigen Boden herum, sie rankt lianenartig an dem Gesträuche und den Bäumen des Waldes empor, sie bildet an den senkrecht abfallenden Felswänden der Gebirge saftigblaugrüne Wiesen und ausgedehnte, weithin sichtbare Rasenplätze, deren weicher Ton dem Auge außerordentlich anspricht.

An dieser Pflanze ist buchstäblich Alles nutzbar.

Die Stengel und Blätter liefern ein zartes und erfrischendes Gemüse, die birnförmigen Früchte werden zu Salat verwendet oder gekocht, die tief im Boden wurzelnden Knollen, oft ein Kilogramm schwer, vertreten die Stelle der Kartoffeln und liefern ein feines Stärkemehl, welches von den Damen zum Pudern der Haut benutzt wird.

Die Einwohner benutzen das Sechium edule auch als hauptsächlichstes Futter für die Schweine und behaupten, der angenehme Geschmack des Fleisches werde durch diese Nahrung bedingt.

Von großer Wichtigkeit für die Bewohner des Thales werden die Chouchoustengel. Man zerschneidet sie in dünne Lamellen, welche gebleicht und als gelblichweißes Chouchoustroh zu eleganten Phantasieartikeln verarbeitet werden.

Eine eigene Kunstindustrie hat sich in diesen Bergen entwickelt, und die kreolischen Frauen fertigen zierliche Hüte, Taschen, Uhrbehälter und ähnliche Dinge aus Chouchoustroh an. Diese Arbeiten sind theuer, aber von blendender Farbe und großer Eleganz. Sie werden von der Damenwelt in St. Denis sehr gesucht, und nur mit Mühe konnte ich mir einige fertige Arbeiten verschaffen, um sie als Andenken mitzunehmen.

Diese Phantasieartikel würden in Europa außerordentlich Gefallen finden, aber es ist nicht leicht, sich größere Mengen von Chouchoustroh zu einem annehmbaren Preise zu verschaffen. Der einzige richtige Weg, dieselben bei uns einzubürgern, wäre der Bezug von unverarbeiteten Stengeln, welche in trockenem Zustande durch geeignete Maschinen in Lamellen zerlegt und nachher gebleicht würden.

Aehnlich wie in der Schweiz hat sich in den Bergen von Salazie auch eine Fremdenindustrie entwickelt, da die Luft zu jeder Jahreszeit angenehm frisch ist.

Namentlich im December und Januar flüchten sich die wohlhaben- den Bewohner von Réunion vor der Hitze hierher, und auch die Mauri- tianer kommen häufig herüber, da ihnen auf ihrer mehr platten Insel eine ähnliche Gebirgslandschaft fehlt. Ich wohnte in dem früheren Hôtel Cuisard, welches zur Zeit in den Besitz der Madame Rose, einer Mulattin, übergegangen ist.

Die Gesellschaft bestand aus einigen Civilbeamten der Kolonie und einem früheren Justizbeamten aus Nossi=Be, der stark vom Fieber mit- genommen war und dessen mulattische Dienerin unaufhörlich heulte, wie gesund einst ihr Herr ausgesehen und wie er nun wohl bald sterben müsse.

Für die Unterkunft der Gäste ist in Hell=Bourg in einer Weise gesorgt, welche im Princip von einem guten Geschmack zeugt.

Man hat keine Miethkasernen erbaut, sondern eine Gruppe von Châlets aus Holz, welche für eine Familie oder für zwei bis drei Freunde ausreichende Unterkunft darbieten. In der Mitte dieser Châlets steht ein Häuschen mit Speisesaal und Veranda. Ich möchte dieses System demjenigen der großartigen Kurhäuser in unseren Alpen weit vorziehen.

Ein Aufenthalt in diesen Bergen erinnert in der That an das Engadin oder an manche Gebiete in Südtirol, aber das Gesammtbild ist in seinen Einzelheiten doch viel reicher und schöner. Am glanz- vollsten gestaltet es sich in der Frühe des Morgens, wenn die höchsten Bergkuppen vollkommen frei sind, der Thau überall an den Pflanzen perlt und die durchsichtige Morgenluft die Formen zur Klarheit kommen läßt.

Ich gestehe, daß mir auf meinen Reisen niemals ein lieblicheres Landschaftsbild zu Gesichte gekommen ist, und ich glaube auch nicht, daß irgend ein anderer Punkt der Erde diese Gegend an Schönheit übertrifft.

Ich bin frei von sentimentalen Anwandelungen, aber ich muß ge=
stehen, diese Gegend hat mich eigentlich hingerissen. Unsere Sprache,
mag man auch die gewähltesten Vergleiche, die zartesten Bilder anwenden
und die schmeichelhaftesten Adjectiven zusammensuchen, sie gestattet nur
eine dürftige und blasse Wiedergabe dieser großartigen und gleichzeitig
wieder so idyllischen Tropennatur.

Es ist eine Natur, welche den gewiegtesten Poeten eigentlich heraus=
fordern müßte, die duftigsten Gebilde seiner schöpferischen Phantasie zu
einem ergreifenden Naturgemälde hervorzuzaubern.

Alle erdenklichen landschaftlichen Elemente vom Norden bis zu den
überreichen Tropen sind hier in einer so wunderbar harmonischen und
wirkungsvollen Weise zusammengedrängt, daß auch der nüchternste Be=
obachter nicht mehr kühl bleiben kann.

In der Nähe sind schattige Plätze, dunkele Lauben und zierliche,
von der Natur geschaffene Gärten; in einiger Entfernung klare Quellen,
murmelnde Bäche, niedliche Teiche im Schatten der überhängenden
Büsche und Bäume. Daneben malerische Schluchten, in denen sich die
Wälder mannshoher Begonien und Farren ansiedeln, eine wahre Augen=
weide für den Botaniker.

Steile Abgründe und mächtige, rauschende Wasserfälle überall, wo=
hin das Auge blickt und das Ohr zu reichen vermag.

In der Tiefe liebliche Seen, von Pisanggruppen, mächtigen Bam=
busenbüschen und vereinzelten Palmen umrahmt, welche sich in der
dunkel = grünblauen Fluth wiederspiegeln, abwechselnd mit größeren
Ebenen, unzugänglichen Schutthalden und dichten Waldbeständen.

Im Hintergrunde erheben sich keckansteigende Felsen, welche cou=
lissenartig vortreten, und in der That mit der Natur unserer Hochalpen
wetteifern.

Das Ganze endlich beherrscht von dem weithin sichtbaren Piton
des Neiges, dessen Spitze im Juli und August in blendendem Schnee
erglänzt — fürwahr eine Landschaft, wie sie auf unserer weiten Erde
ihres Gleichen sucht!

Der Mensch, welcher sich hier angesiedelt, ist nicht unempfänglich
für diese Natur, und hat den auffälligsten Punkten meist poetisch klingende
Namen gegeben. Der Bewohner entzückt uns noch durch seine einfache,
naive und gemüthvolle Denkweise.

Auf diesem Boden wachsen noch unverfälscht jene zahlreichen Typen, welche uns Bernardin de St. Pierre in „Paul und Virginie" vorführt.

Wären die Bewohner unternehmend, und dem dolce far niente nicht so zugethan, so könnten sie zu großer Wohlhabenheit gelangen, da der Grundbesitz außerordentlich billig ist.

Intelligente Landwirthe könnten bei den vorhandenen Verkehrswegen Sommer und Winter hindurch den Lebensmittelmarkt der größeren Ortschaften an der Küste versorgen und geradezu beherrschen.

Ein speculativer Kopf würde in kurzer Zeit einen blühenden Fremdenverkehr ins Leben rufen, und die elegante Welt der Kolonien zu fesseln vermögen, da die jetzigen Einrichtungen noch etwas primitiv sind.

Der Ruf von Salazie ist kein übertriebener, diese Gegend verdient die ihr gespendeten Lobeserhebungen ganz und gar.

Ich gestehe, hier trat an mich die Versuchung heran, dem Kampf ums Dasein möglichst Lebewohl zu sagen, mir hier ein idyllisches Besitzthum zu erwerben, meinen Garten zu pflegen, und als beschaulicher Philosoph meine Tage in diesem unvergleichlichen Erdenwinkel zu verträumen.

Hätte mich nicht mein unruhiges Temperament gerettet, so wäre das schöne Salazie beinahe das Grab meiner Forscherthätigkeit geworden. Ich rufe ihm heute aus dem rauhen Norden meinen sympathischen Scheidegruß zu!

VIII.

Die untergegangenen und die lebenden Thierschöpfungen auf Réunion.

Wenn die Kinder Flora's auf diesem lieblichen Eilande eine Art Lieblingssitz aufgefunden und zu schönster Entfaltung gelangen, so wird der Zoologe hier eine im Ganzen sehr verarmte Region antreffen.

Was er sieht, ist wenig genug, und entbehrt zudem noch in manchen Fällen der Originalität, und er wird sozusagen gezwungen, mit seinem geistigen Auge rückwärts in die Vergangenheit zu blicken, denn er befindet sich auf einer Art klassischen Bodens.

Er wird nicht umhin können, sich die untergegangenen Schöpfungen wieder in die Erinnerung zurückzurufen.

Réunion und die beiden Schwesterinseln Mauritius und Rodriguez haben mit ihren Thierschöpfungen das Interesse der Wissenschaft in hohem Grade erregt, und in einer historisch nicht allzufern liegenden Periode spielte sich hier eine zoologische Katastrophe ab, welche beweist, wie furchtbar verheerend das Erscheinen des Menschen auf die organische Welt einzuwirken vermag.

Réunion, obschon zu Anfang des 16. Jahrhunderts von dem Portugiesen Mascarenhas entdeckt, wurde erst ein Jahrhundert später von den Franzosen in Besitz genommen, und zwar kamen die ersten Ansiedler von Madagaskar her.

Unter der Herrschaft von Ludwig XIII. hatte Cardinal Richelieu im Jahre 1637 dem französischen Kapitän Rigault das ausschließliche Recht verliehen, in Madagaskar während zehn Jahren Handel zu treiben.

Es bildete sich eine Gesellschaft, um die nöthigen Mittel zur Ausbeutung der fruchtbaren Insel Madagaskar aufzubringen. Diese sandte als Agenten im Jahre 1642 einen gewissen Pronis mit einer Anzahl

Franzosen ab, und im Süden der Insel wurde an einer recht unge=
eigneten Stelle das Fort Dauphin erbaut. Pronis erwies sich als ein
gewissenloses und herrschsüchtiges Individuum, welches unfähig war, die
ihm anvertraute Aufgabe durchzuführen. Er hatte nichts Eiligeres zu
thun, als sich eine Madagassin als Ehegespons beizugesellen und deren
Eltern, Brüder und sonstige zahlreiche Verwandte wurden aus den
Mitteln der Kolonie erhalten, während die armen Einwanderer hungern
mußten. Verlangten diese Reis oder Fleisch, so holte ihr Chef die
geladenen Pistolen hervor und drohte sie niederzuschießen.

Ein hungriger Magen ist ein fürchterlicher Factor im socialen
Leben des Menschen, er wird auch durch die eisernsten Bande der Dis=
ciplin nicht eingeschüchtert.

In der Kolonie brach der offene Aufruhr los, Pronis wurde ge=
fesselt und ein halbes Jahr in Gefangenschaft gehalten.

Erst Flacourt, dem wir die ersten genauen Nachrichten über
Madagaskar verdanken, konnte nach seiner Ankunft seinen Vorgänger
befreien. Flacourt war eine rauhe Soldatennatur, der vor allen Dingen
Disciplin verlangte.

Zwölf der Empörer wurden gebunden, kahl rasirt und sollten nach
Frankreich zurückgeschickt werden.

Da aber der ausgestandene Hunger als Milderungsgrund gelten
durfte, und die Aufführung des Pronis keineswegs als musterhaft be=
funden wurde, so wurde die Strafe gemildert, und die Empörer nach
dem benachbarten und unbewohnten Mascarenhas, dem heutigen Réunion,
in die Verbannung geschickt.

Das milde Klima und die reiche Nahrung stärkte in Bälde die
durch Hunger und Krankheit herabgekommenen Franzosen.

Dies ereignete sich im Jahre 1648.

Damit aber begann über die eigenthümliche Thierwelt von Réunion
ein Verhängniß hereinzubrechen, welches in dem kurzen Zeitraum von
einem Jahrhundert die seltsamsten thierischen Geschöpfe entweder ver=
scheuchte oder gänzlich aus der Liste der Lebenden zu streichen vermochte.

Es verbreitete sich nach und nach die Kunde von dem Reichthum
der Insel, es gab Wild mancherlei Art in großer Menge, Palmen
wuchsen in Fülle.

Es kamen neue Kolonisten: Emigranten, welche ihres Glaubens
wegen verfolgt wurden oder Europamüde, welche sonstwie im Kampfe

ums Dasein flügellahm geworden waren. Sie fanden hier ein glück=
liches Eden, wie auch auf der Schwesterinsel Mauritius.

Damals wuchsen jene menschlichen Typen auf, wie sie von Bern=
ardin de St. Pierre so überaus wahr und empfindungsvoll gezeichnet
worden sind.

Nach und nach wurde die Kolonie ausgedehnter, die ursprüngliche
Poesie mußte dem Andrang neuer Menschenmassen weichen.

Damit verschwand auch der letzte Rest einer Thierwelt, welche sich
vordem einer paradiesischen Sorglosigkeit erfreute, und welche nichts von
der Bitterkeit des Kampfes ums Dasein kannte.

Wir besitzen noch zahlreiche historische Dokumente, welche einen
genaueren Einblick in die einstige Thierwelt von Réunion und den be=
nachbarten Inseln ermöglichen.

In dieser Hinsicht bieten die älteren Reiseberichte eine ausgiebige
Fundgrube, so die Angaben des Holländers Bontekoe, welcher 1618 die
Insel besuchte, dann die faunistischen Berichte eines gewissen Dubois,
welche 1674 in Paris erschienen; die Mittheilungen des Marquis
Duquesne, welche als sehr zuverlässig bekannt sind, und endlich die aus=
gezeichneten Beobachtungen des Emigranten François Leguat. Letzterer
war ein französischer Landedelmann von nicht gewöhnlicher Bildung,
welcher nach der Aufhebung des Edictes von Nantes sein Vaterland
verließ und 1691 mit einem holländischen Schiff nach Réunion ging.
Da man ihn nicht ans Land gehen ließ, siedelte er sich auf der Insel
Rodriguez an, wo er zwei Jahre verblieb, und 1693 mit anderen
Kolonisten auf einem selbstgebauten Boote, in halbverhungertem Zu=
stande, Mauritius erreichte.

Sein Reisewerk, heute sehr selten geworden, erschien 1708 in Eng=
land. Wenn Leguat auch nie nach Réunion gelangen konnte, so gestatten
dennoch seine Beobachtungen einen interessanten Vergleich zwischen den
drei Inseln, welche heute als Mascarenen bezeichnet werden. Man kann
ihre gemeinsamen faunistischen Züge, wie auch die Unterschiede er=
kennen.

Neben schriftlichen Zeugnissen besitzen wir von der Thierwelt der
Mascarenen noch eine nicht geringe Zahl bildlicher Darstellungen, und
sogar treffliche und naturgetreue Gemälde, welche nach dem Leben an=
gefertigt wurden. Es mag an die berühmten Gemälde der holländischen
Thiermaler Roland Savary und John Savary erinnert werden.

Vor einiger Zeit hat sich ferner im Besitze eines Herrn Dare auf der Insel Wight ein Aquarell vorgefunden, welches für unsere Frage von besonderem Interesse ist, sich ohne Zweifel auf die Fauna von Réunion bezieht, und ganz naturgetreue Darstellungen gibt.

Dasselbe ist von Alfred Newton in den Transactions of the Zoological Society vom Jahre 1867 eingehender besprochen, und auf einer Farbentafel reproducirt.

Wie es auf der Insel einstens aussah, davon geben die alten Reiseberichte eine recht anschauliche Darstellung.

Dubois berichtet, daß das Land Wildpret in Unmasse liefere. Die Vögel kamen in zahlreichen Arten vor und zwar so massenhaft und so zahm, daß man sie mit der Hand fassen konnte. Man hatte weder Pulver noch Blei nöthig, um auf die Jagd zu gehen. Mit einem Stock konnte man soviel Vögel todtschlagen, als man wollte. Die Flüsse waren von Flamingos, wilden Gänsen, Enten und Wasserhühnern belebt.

Diese Angaben stimmen vollständig mit der später wiederholt gemachten Beobachtung, daß unbewohnte oceanische Inseln, auf welchen Raubthiere fehlen, eine Fauna, und namentlich eine Vogelwelt beherbergt, welche die Furcht vor dem Menschen vollständig abgelegt hat.

In Mauritius muß es ähnlich ausgesehen haben, denn die rohen, aber doch sehr charakteristischen Holzschnitte, welche der Holländer Van Neck seinem Reisewerke beigibt, lassen recht idyllische Thierscenen erkennen.

Aehnliches berichtet auch Leguat von Rodriguez. Die Landvögel waren dort so zutraulich, daß man sie mit den Händen greifen konnte.

Die Seekühe oder Dugong's (Halicore cetacea) waren so wenig furchtsam, daß man unter ihre Heerden am Strande gehen konnte, sie füttern durfte, und die besten Stücke einfach todtschlagen konnte, um sie als gute Beute ans Land zu ziehen.

Diese Bilder sind längst verschwunden.

Mit dem Auftreten des Menschen kam ein neues Element in diese Schöpfung hinein, und gegen dasselbe vermochte sie nicht Widerstand zu leisten, die Inselfauna ging unter veränderten Verhältnissen zum größeren Theile unter.

Man wird da in erster Linie an den schwerfälligen Vogel Dodo denken, welcher von den Holländern als Dodeersen oder Walkvogel bezeichnet wurde.

Hier muß nun gleich auf die alte Streitfrage eingetreten werden, ob der Dodo nur auf Mauritius gelebt hatte, oder ob er auch auf der Insel Réunion vorkam. Viele verneinten die Frage, und sie sind meiner Ansicht nach im Unrecht.

Der Dodo (Didus ineptus), auch unter dem Namen Dronte bekannt, lebte in großer Zahl auf der Insel Mauritius. Er war größer als eine Gans, und mit kräftigem Schnabel und kräftigen Beinen versehen. Das graue oder braune Gefieder hatte einen Stich ins Blaue. Flügel und Schwanz waren verkümmert, und erinnerten in ihrem Federbesatz an straußartige Vögel.

Fig. 10.

Der Dodo von Mauritius (Didus ineptus).

Die Stellung im System wurde verschieden beurtheilt, es soll hier nicht auf die weit auseinandergehenden Meinungen eingetreten werden, nur so viel steht fest, daß man es mit keinem Vertreter der Straußenfamilie zu thun hat.

Man betrachtet die Dronten am richtigsten als ungewöhnlich große Erdtauben, welche sich vollkommen an das Leben auf dem Boden an-

gepaßt haben und bei welchen die Flugfähigkeit im Laufe der Entwickelung gänzlich eingebüßt wurde.

Der merkwürdige Vogel mußte das Interesse der Seefahrer erregen
und wurde mehrfach lebend nach Europa gebracht. Ein ausgestopftes
Exemplar war im Ashmole-Museum in Orford vorhanden, allein Dummheit und Unverstand ließen 1755 diese Reliquie ins Feuer wandern.
Zum Glück wurden wenigstens die Füße und der Kopf gerettet, und
werden heute noch in Orford aufbewahrt. Auch Kopenhagen besitzt noch
einen Kopf der Dronte.

Mit der Invasion der Holländer auf Mauritius verschwand das
Thier bald. Der Vogel konnte nicht fliegen, war geistig wenig begabt
und wurde von den Ansiedlern massenhaft todtgeschlagen. Die eingeführten Rinder und Schweine zerstörten die Eier, Hunde und Katzen
haben wohl der jungen Brut stark nachgestellt.

Der Dodo wird 1598 zum ersten Male erwähnt, und schon 1681
hat Kapitän Harry die letzten Exemplare gesehen. Als François Leguat
1693 ankam, war auf der ganzen Insel kein Stück mehr zu finden.

Reste sind beim Bearbeiten der Zuckerrohrpflanzungen vielfach aufgefunden worden.

Ueber das Vorkommen auf der Insel Réunion sind die Angaben
weniger zahlreich.

Die Anwohner bezeichneten zwar einen häufigen Vogel mit dem
Namen „Solitaire". Dieser ist aber von dem gleichnamigen Vogel der
Insel Rodriguez, von welchem in der jüngsten Zeit vollständige und
schön erhaltene Skelete aufgefunden wurden, gänzlich verschieden.

Anderseits liegen Berichte von Augenzeugen vor, welche den Dodo
auf Réunion gesehen haben; so von den Reisenden Tatton und Bontekoe
und Carré.

Bontekoe hält ihn für das gleiche Thier, das auf Mauritius als
Dodeersen bekannt war.

Eigenthümlicher Weise fehlen aber bis heute irgend welche Spuren
von Knochen auf Réunion, welche auf einen Dodo bezogen werden
könnten.

Ich zog in dieser Angelegenheit genaue Erkundigungen ein.

Auf den Zuckerpflanzungen wurde der Boden schon so oft um-
gewühlt, aber nie kamen Knochen zum Vorschein.

Beim Bau der Eisenbahn wurden alle Ingenieure angewiesen, auf= fällige Knochenfunde an das Museum in St. Denis abzuliefern, aber Reste vom Dodo wurden nicht gefunden. Ich hatte die Absicht, in den geräumigen und zeitweise bewohnten Höhlen von St. Paul nachgraben zu lassen, und wollte mit einigen Mulatten dahin aufbrechen, denn die Ebene von St. Paul war zuerst bewohnt, und mußte den Dronten die geeignetsten Lebensbedingungen darbieten, dort wären also Nachforschungen am ehesten von Erfolg begleitet. Ich erfuhr aber, daß man die Höh= lungen von St. Gilles und St. Paul schon eingehend durchsucht hatte und daselbst in der That auch Vogelknochen vorfand, aber sie gehören Seevögeln (Procellaria) und nicht dem Dodo an. Ich stand daher von meinem Vorhaben ab.

Bei näherer Prüfung der lokalen Verhältnisse wird das Fehlen dieser Knochenreste leicht erklärlich.

Die Insel Mauritius ist niedrig und hat ausgedehnte Ebenen, die Insel Réunion dagegen ist bergig, die Uferebenen sind wenig aus= gedehnt. Dort konnten sich Knochenreste leicht erhalten, hier mußten die ausgiebigen Regen Alles ins Meer hinausspülen.

Es gibt meiner Ansicht nach auf Réunion überhaupt nur eine einzige Stelle, wo mit einiger Wahrscheinlichkeit Dodoknochen vergraben liegen, es ist diese das hinter St. Paul liegende seeartige Wasserbecken, welches den Namen Etang de St. Paul führt. Hier sind möglicherweise zahlreiche Knochenreste durch das Wasser herbeigeführt worden, und liegen in den Sedimenten des Seebodens eingebettet.

Trotz dieser negativen Befunde dürfen die positiven Angaben ge= wichtig genug sein, und bei genauerer Prüfung eines von Alfred Newton veröffentlichten Aquarells, welches im 17. Jahrhundert von einem Amsterdamer Künstler, einem gewissen Peter Witthoos, naturgetreu nach dem Leben gemalt wurde, ergibt sich die interessante Thatsache, daß die Dronte von Réunion derjenigen von Mauritius zwar äußerlich ähnlich war, aber in der Färbung des Gefieders nicht unbeträchtlich abwich. Letzteres ist, wie auch Dubois angibt, schön weiß, die verkümmerten Schwungfedern waren lebhaft gelb. Die Schwanzfedern erscheinen länger und mit größeren Fahnen als beim Didus ineptus.

Bis in die Gegenwart führt der Vogel noch keinen passenden Namen. Selys de Longchamps hat vor vielen Jahren denselben als Apterornis solitaria bezeichnet. Da aber die Bezeichnung Apterornis zu farblos ist, und es doch nicht gut angeht, eine Art zu creiren, ohne daß man Ueberreste oder gute Abbildungen besitzt, so möchte ich diesen Namen fallen lassen.

Der Vogel muß so wie so der Gattung Didus einverleibt werden, und mit Rücksicht auf sein endemisches Vorkommen auf der Insel Réunion möchte ich für ihn den Namen Didus borbonicus vorschlagen.

Er war nur wenig scheu, konnte mit den Händen ergriffen werden, und scheint im vorigen Jahrhundert noch häufig gewesen zu sein. Die entlaufenen Neger stellten ihm nach und rotteten ihn aus.

Fig. 11.

Die Dronte von Réunion. Nach dem Aquarell von Peter Witthoos.

Mehrfach begegnet man der Angabe, daß der „Solitaire" auf der Insel Réunion lebte, was zu der Vermuthung führen könnte, daß derselbe identisch sei mit dem „Solitaire" vom Eilande Rodriguez (Pezophaps solitarius).

Ueber letzteren haben wir von Leguat ziemlich ausführliche Berichte. Auch der Solitaire war flugunfähig, und die Federn verursachten beim Laufen ein eigenthümliches, klapperndes Geräusch, das man auf 200 Schritt hören konnte, die Männchen waren einfarbig grau, die Weibchen blond mit weißen Federn in der Kropfgegend.

9*

Daß der Solitaire auf Rodriguez zahlreich vorkam, beweisen die Ergebnisse des Generalauditors Newton; er selbst fand die Reste häufig, und als er 1866 einen Trupp Kulis von Mauritius nach Rodriguez hin= übersandte, um Ausgrabungen zu veranstalten, wurden etwa 2000 Knochen zu Tage gefördert. Aber dieser Solitaire war nicht identisch mit demjenigen von Réunion. Wenn man die Litteratur vergleicht, ersieht man, daß der Solitaire der Bourbonesen nichts anderes als ihre weiße Dronte bezeichnete.

Eine der häufigsten und schönsten Erscheinungen in der Vogelwelt der Insel Réunion bildete zur Zeit der Einwanderung der Riesenvogel oder Géant.

Sein Aeußeres erinnert an einen Storch; doch stand er den Wasser= hühnern nahe.

Der Géant, von Milne=Edwards als Gallinula gigantea bezeichnet, war hochbeinig und langhalsig, der Körper besaß das Gewicht einer Gans.

Das Gefieder war weiß, unter den Flügeln ein röthlicher Fleck erkennbar. Die Füße waren nur bis zum Lauf befiedert. Man hat den Vogel bald als einen Strauß, bald als einen Flamingo erklärt. Die einfache, aber offenbar getreue Abbildung, welche Leguat hinterlassen hat, zeigt jedoch deutlich genug, daß er zu den Wasserhühnern gehörte.

Der Géant war über mannshoch und lebte mit Vorliebe an sumpfigen Stellen. An Flüssen und Seen gehörte er zu den bekanntesten und auffälligsten Erscheinungen. Seine Flugfähigkeit hatte er zwar nicht vollkommen eingebüßt, doch erhob er sich nur mit Mühe vom Boden. Der Marquis Duquesne traf ihn auf Bourbon noch häufig, und seine Angabe verdient um so mehr Glauben, als seine Widersacher seinem Charakter und seiner Wahrheitsliebe die Achtung nicht versagen konnten. Auch auf der Insel Mauritius lebte der Géant, und wurde 1693 von Leguat noch in großer Zahl beobachtet.

Ueber die Zeit des Verschwindens dieser schönen Erscheinung aus dem Gebiete der Vogelwelt besitzen wir keine näheren Angaben.

Noch eine weitere, schöne Art ist verloren gegangen.

Sie lebte ausschließlich auf Réunion, und war unter dem Namen „Oiseau bleu de Bourbon" bekannt.

Wir besitzen in den Reiseberichten von Dubois, welche im Jahre 1674 in Paris veröffentlicht wurden, eingehendere Mittheilungen.

Die Größe stimmte mit derjenigen des Dodo nahezu überein, aber das Gefieder war schön blau, die Füße und der Schnabel lebhaft roth.

Man betrachtet diesen Blauvogel von Bourbon als ein den Sultans= hühnern verwandtes Thier, und nennt ihn nach dem Vorgang des hol= ländischen Zoologen Schlegel Porphyrio coerulescens. Nach Art der Hühner lief dieses Sultanshuhn bei der Verfolgung sehr rasch davon und konnte von einem Hunde nur schwer eingeholt werden. Nach Dubois flog es nicht, es erlag der Verfolgung durch Feuerwaffen, und ist seit langer Zeit ausgerottet. Es muß an Seen und Flüssen in ähnlicher Weise Charaktervogel gewesen sein, wie es heute noch das blaue Sultanshuhn (Porphyrio smaragnotus) in dem benachbarten Madagaskar ist.

Dieses Verschwinden von Arten unter dem Einfluß des Menschen hat noch keineswegs sein Ende erreicht. Vor nicht langer Zeit ist auf Réunion ein vordem häufiger Vogel (Fregilupus capensis), welcher unseren Wiedehopfen verwandt ist, erloschen. Ich sah im Museum von St. Denis noch eines der letzten Exemplare, ein Geschenk des früher erwähnten Naturforschers Dr. Vinson.

Der früher sehr verbreitete Oxynotus Newtoni, welcher unseren Würgern nahe steht, ist bereits selten geworden und hat sich ins Ge= birge zurückgezogen.

Wie es mit anderen Thierklassen erging, darüber fehlen uns nähere Angaben. Von den Küsten sind die Lamantine verschwunden, und haben sich in ruhigere Gebiete zurückgezogen, die großen Landschildkröten kommen nicht mehr vor, wo man solche gewahr wird, sind sie von der Insel Madagaskar herüber verpflanzt worden.

Für uns ist die Vergangenheit dieser vom Festlande weit entfernten Insel sehr lehrreich.

In der Fauna fehlten von jeher größere Raubthiere; mit Ausnahme der weitverbreiteten Fledermäuse besitzt die Insel an ursprünglichen Säugethieren beispielsweise nur die kleinen Tanrekarten, auch größere Eidechsen und Schlangen fehlten.

Der beinahe fehlende Kampf ums Dasein ließ die eingeborenen Vögel ihre Scheu und Furcht ablegen. Durch Nichtgebrauch der Flügel wurden diese im Laufe der Zeit verkümmert. Es entwickelten sich die flugunfähigen Rallen, Wasserhühner, Sultanshühner und Erdtauben.

Es entstanden jene plumpen, geistig reduzirten und gutmüthigen Arten, wie sie die Ansiedler in den Dronten und Landschildkröten vorfanden.

In einem kampflosen Thierparadies vegetirten diese Wesen behaglich weiter.

Als der Mensch hier auftrat, um sich aus dem bewegten Getriebe des Lebens auf dieses Eiland zu flüchten, um dem Kampf ums Dasein zu entgehen, da trug er denselben unbewußt in die bereits vorhandene Thierschöpfung hinein und rief für dieselbe eine verhängnißvolle Wendung hervor.

Viele Arten waren demselben vielleicht seit undenklichen Zeiten vollständig entwöhnt, und als er aufs Neue hereinbrach, waren sie ihm nicht mehr gewachsen. Gerade die großen Arten verschwanden schon im Laufe eines Jahrhunderts endgültig vom Schauplatz der Schöpfung.

So erscheint also dieser Kampf ums Dasein als eine naturnothwendige Einrichtung in der organischen Welt, er ist das eigentlich Belebende und Treibende.

Es soll damit jedoch nicht unerwähnt bleiben, daß noch viele Thierschöpfungen, welche der Insel vordem eigen waren, sich noch bis heute erhalten haben.

Unter den Vögeln gibt es jetzt noch endemische Formen, welche häufig sind. Muscipeta borbonica, ein Fliegenschnäpper, ist in dem Buschwerk und in den Filaowaldungen überall zu treffen.

Ein schwärzlicher Vogel von Amselgröße, Hypsipetes borbonica ist trotz starker Nachstellungen noch gemein. Er muß auf diesem Boden entstanden sein, denn Madagaskar besitzt im Uruwang (Hypsipetes ourouvang) eine andere Art, und auch die Seychellen und Mauritius besitzen abweichende Hypsipetesarten. Sein ursprüngliches Naturell ist noch wenig verändert, der Vogel ist wenig scheu, und in den Bergen so neugierig und naiv, daß er stets in die Nähe zu kommen pflegt, wenn ein Fener angezündet wird.

Die Flüsse wimmeln an manchen Orten noch von eigenartigen Fischen, unter denen der Gobius coeruleus wohl die originellste Lebensweise besitzt.

Wir würden es seltsam finden, wenn bei uns die Fische das Wasser verließen, auf dem Boden Sprünge ausführten, an Felsen hinaufrutschten und sogar an Bäumen emporkletterten.

Dies alles vermag der genannte Gobius, von den Bourbonesen als „Bouche rongue" bezeichnet, im buchstäblichen Sinne des Wortes aus= zuführen. Ich hielt eine solche Gesellschaft lebend im Zimmer, und war sehr verblüfft, als dieselbe durchaus nicht im Wassergefäß bleiben wollte, sondern an den Wänden emporkletterte, um gemüthlich auf Tisch und Boden Spaziergänge auszuführen.

Der Fisch besitzt allerdings eine sehr eigenthümliche Organisation. Die Bauchflossen sind zu einem muskulösen Saugnapf umgewandelt, mit dessen Hülfe er an den glattesten Flächen emporklettert. Die Seiten= rumpfmuskeln sind so kräftig, daß er sich auf weite Strecken fort= schnellen kann.

Die Kiemen dienen ihm gleichzeitig als eine Art Lunge. Sobald er außer Wasser ist, führt er regelmäßige Athembewegungen aus, indem er durch das geöffnete Maul fortwährend Luft einzieht und ausstößt, also die feuchten Kiemen immer mit frischer Athemluft bestreicht. Er macht per Minute 70—80 Athemzüge, wobei die Kiemenspalten ganz geschlossen sind oder nur zeitweise geöffnet werden, um die Luft aus= treten zu ließen.

An niederen Thieren beherbergt die Insel eine Anzahl auffälliger Arten.

Hauptvertreter der Gliederthiere sind die Spinnen, welche in Vinson ihren Monographen gefunden haben.

Auf jedem Spaziergang im Freien fallen die ungewöhnlich großen Netze riesiger Radspinnen (Epeira) auf. Die gelben Fäden dieser Netze sind so stark, daß sie sich technisch verwerthen lassen.

Die gewöhnlichsten Arten sind Epeira nigra und die an ihrem hochgelben Rücken leicht kenntliche Epeira inaurata.

Die blutrothe Epeira borbonica dagegen ist nicht oft zu sehen.

Die Größe der Gespinnste steht wohl mit der geringen Insekten= zahl in Zusammenhang, die ungewöhnliche Stärke derselben wurde offen= bar durch die stets herrschenden Winde hervorgerufen.

Auf den Opuntien und den Aloëhecken fahndet Epeira opuntiae nach den zahllosen blauen Aasfliegen, und es ist höchst interessant, mit welcher Intelligenz letztere es vermeidet, in die Netze zu gerathen. Sie setzt sich fast immer auf den äußersten Spitzen der Aloëblätter ab, wenn sie ausruhen will.

Die ergiebigste Ausbeute macht die Streckerspinne (Tetragnatha protensa), welche an den Bachufern auf Wasserinsekten lauert.

Die Scolopender sind namentlich in der Nähe alter Wohnungen häufig, und werden so gut als möglich vernichtet, da ihr Biß keineswegs harmlos ist.

Die Schnurasseln (Julus corallinus) leben unter abgestorbenem Laub oft in ungeheuerer Menge, und dürften durch Umwandelung der Blätter in fruchtbaren Humus von erheblichem Nutzen sein.

An Weichthieren trifft man in allen Gärten die große, mit rother Mündung versehene Agathina, welche sich durch ihre Gefräßigkeit auszeichnet. Die Helixarten sind klein und nicht gerade häufig. In den Flüssen leben zwei sehr originelle Schneckenformen, die einer Napfschnecke vergleichbare Navicella borbonica, von tiefschwarzer Farbe, und die mit langstacheligem Gehäuse versehene Neritina longispina.

Wenn mit dem Erscheinen des Menschen eine Anzahl Arten untergehen mußten, so gewährt es in thiergeographischer Hinsicht anderseits ein großes Interesse, zu erfahren, wie von außen her theils bewußt, theils unbewußt, neue faunistische Elemente durch den Menschen hinzugefügt wurden.

Sehen wir ab von den eingeführten Hausthieren, welche ja schon in vorhistorischer Zeit den Menschen auf allen seinen Zügen treulich begleiteten, so bleiben noch viele andere Arten, welche den Ausfall zu decken begannen.

Wer an der Küste landet, wird zuerst einen alten Bekannten aus Europa antreffen, es ist der Sperling, dem man auf Schritt und Tritt begegnet, und der auch in den Tropen an Dreistigkeit nichts eingebüßt hat.

Dagegen hat sich seine Befiederung merklich verändert, er ist viel heller geworden und neigt oft stark zum Albinismus hin. Er wurde durch Zufall im Jahre 1848 eingeschleppt.

Die Ratten, und zwar die Wanderratte und die Hausratte, sind durch Schiffe längst eingeschleppt worden und werden zur Plage.

Sehr überraschend war es mir, daß sich auch der europäische Todtenkopfschmetterling (Acherontia Atropos) vollkommen eingebürgert hat und häufig angetroffen wird. Seine Raupe fand ich wiederholt an Bäumen, welche in ihrem Aeußeren eine große Aehnlichkeit mit unserem Goldregen besitzen.

Auch die Bettwanze hat ihren Weg nach Réunion gefunden, und ich kann aus eigener, schmerzlicher Erfahrung versichern, daß sie in den Tropen sehr gut gedeiht, und ich nur durch energische Vorkehrungen mich dieses Geschöpfes erwehren konnte.

Von Schnecken bildet die südeuropäische Weinbergschnecke (Helix adspersa) ein verbreitetes Glied der Fauna. Sie ist offenbar seit langer Zeit eingebürgert, hat sich aber so stark verändert, daß jeder Zoologe, der ihre Herkunft nicht kennt, sie unbedingt als eine neue Art betrachten würde. Sie ist stark degenerirt, auffallend klein, und mit ganz dünner, zerbrechlicher Schale versehen.

Daneben hat auch das indische Gebiet zur Bereicherung der Fauna beigetragen.

Ein Eichhörnchen (Sciurus palmarum) stammt aus Indien, ein nicht selten vorkommender Hase (Lepus nigricollis) von der Größe eines Kaninchens ist sehr wahrscheinlich von der Malabarküste nach Réunion verpflanzt worden.

Die an allen Mauern und Wegen herumlaufende Eidechse (Galeotus versicolor) ist durch Zufall aus Indien importirt worden, ebenso viele kleine Singvögel. Die zahlreichen Staare, von den Anwohnern Martins oder Merles des Philippines genannt, und wissenschaftlich als Acridotheres tristis bezeichnet, wurden nachweisbar im Jahre 1755 von Poivre eingeführt, um mit den Heuschrecken aufzuräumen. Sie stehen bei den Bourbonesen immer noch in hohem Ansehen, sie zu schießen ist verpönt, und auch im Käfige werden sie nur selten gehalten.

Von dem berüchtigten „Borer", welcher die Stengel des Zucker= rohres vernichtet, behauptet man, daß er aus Ceylon eingeschleppt sei. Ich muß mich eines Urtheiles hierüber enthalten, doch scheint mir die Angabe nicht über jeden Zweifel erhaben.

Die Thierwelt von Madagaskar hat ebenfalls Beiträge zur Be= reicherung der Fauna geliefert.

Man findet mehrfach erwähnt, daß die Borstenigel oder Tanrek der Insel Réunion ursprünglich von Madagaskar stammen. Die großen Landschildkröten, welche man zuweilen im Freien antrifft, sind aus der Gefangenschaft entlaufen und stammen aus dem Südosten von Mada= gaskar, wo Testuda radiata sehr häufig an Bord der Schiffe genommen wird. Heuschreckenschwärme erhoben sich wiederholt von der madagassischen Küste und fielen in Réunion ein.

Daß der Hauptfeind der Citronen = und Orangenculturen, der Papilio demoleus oder Papillion Vinson', zu Anfang der siebenziger Jahre importirt wurde, habe ich früher schon erwähnt.

Seither haben die Zollbeamten einen wahren Horror vor allen Thieren, welche von Madagaskar herkommen, und laffen nichts mehr einführen.

Zwei kleine Bilchmaki, welche ich später von Tamatave mitbrachte, durfte ich nur mit besonderer Erlaubniß der Behörde für einige Tage ans Land nehmen.

Endlich hat auch Amerika zur Gestaltung und Zusammensetzung der Inselfauna mitgewirkt.

Fig. 12.

Amerikanische Schaben werden jetzt geradezu läftig, und auch der berüchtigte Sandfloh (Pulex penetrans) hat seinen Einzug gehalten.

Er befitzt keine Springbeine, und bohrt sich mit Vorliebe in die Haut der Füße ein, wo das be= fruchtete Weibchen durch ungewöhn= lich ftarke Entwickelung der Eier= ftöcke zu einer Blafe anschwillt (Fig. 12). Aehnlich wie in Weft= afrika ift er wohl durch Zufall eingeschleppt worden.

Die Geschichte dieser infularen Thierwelt ift alfo nicht ohne In= tereffe. Wir fehen, daß fie ihre Originalität bald verlor, als der Menfch fich anzusiedeln begann.

Der frühere Charafter hat gerade die auffallendften Züge ein= gebüßt, und durch Aufnahme euro=

Sandfloh (Pulex penetrans),
a Weibchen, b Männchen.

päifcher, indifcher, madagaffifcher und felbft amerikanifcher Elemente eine recht buntfchecfige Zufammenfetzung erhalten.

IX

Ueberfahrt nach Madagaskar. — Leben in Tamatave.

Von dem unvergleichlichen Réunion mußte endlich Abschied genommen werden, und schickte ich mich zur Ueberfahrt nach Madagaskar an, wo mir, wie jedem anderen Reisenden, Entbehrungen, harte Strapazen und Gefahren bevorstanden.

Es war auch an der Zeit, daß ich mich aus der bisherigen Um= gebung losmachte, denn man versteht in den Kolonien die Kunst, dem Fremden sein Gold abzunehmen, in ganz vortrefflicher Weise.

Europäer wie Indier entwickeln darin eine Virtuosität, welche wahrhaft rührend ist, und die Dienerschaft steht hierin nicht in letzter Linie.

Den ersten Feldzug gegen meine Börse versuchte Grossami, ein zum Christenthum übergetretener Indier, der mich immer aufmerksam bediente. Er bat mich, ihm drei Franken zu schenken, damit er ins Theater gehen könne. Da er sich mir gegenüber immer gefällig gezeigt hatte, erfüllte ich seine Bitte. Er steckte das Geld ruhig in die Tasche, vom Theaterbesuch war jetzt keine Rede mehr. Dieser Erfolg verbreitete sich rasch in der Umgebung, und schon am folgenden Tage besuchte mich Sadi, ein gutmüthiger Kaffer, der noch nie ein Theater gesehen hatte und einen Franken für den letzten Platz erbettelte. Er schnitt ein so freundliches Gesicht, daß ich ihm den Wunsch gewähren mußte.

Dann folgte Heuri, ein abgebrannter französischer Kellner, der unter irgend einem Vorwand mich in meinem Zimmer aufsuchte, auf die vielfachen Beziehungen zwischen der Schweiz und Frankreich anspielte, und endlich eine kleine Summe erbettelte, um seine zerrissenen Stiefel wieder in eine etwas bessere Verfassung bringen zu können.

Die Nähterin, eine alte, aber recht ehrlich aussehende Kreolin klagte über geringen Verdienst und ihre Noth mit drei erwachsenen

Töchtern, von denen die älteste bald dem dreißigsten Jahre entgegen=
sehe und hoffentlich bald heirathen werde. Ich verabfolgte eine kleine
Beisteuer.

Die indische Waschfrau klagte ihr Leid, daß sie eine zahlreiche
Familie zu ernähren habe und einer Unterstützung dringend bedürftig sei.

So ging es fort, bis ich den guten Leuten schließlich erklären
mußte, daß ich unmöglich so viele sociale Fragen auf einmal lösen
könne, und in Madagaskar auch noch Gelegenheit finden werde, mein
Gold an den Mann zu bringen.

Eines Morgens, als ich in aller Frühe von der Markthalle zurück=
kehrte und mir mein Frühstück bringen ließ, drangen seltsame Töne
von der Rhede von St. Denis her. Bald kamen sie mir vor, wie das
Geschrei eines Esels, bald wie das Gekreisch einer Gans, dann glaubte
ich zuweilen wieder die heisere Stentorstimme eines mulattischen Volks=
redners zu vernehmen — ich konnte aus der Sache nicht recht klug werden.

Das Räthsel löste sich jedoch bald.

Ich sah nach dem Cap Bernard; richtig war eine Flagge auf=
gezogen, welche die Ankunft eines Dampfers ankündigte. Es war der
von Mauritius herübergekommene „Ebre“, welcher die Fahrt nach
Madagaskar und Zanzibar ausführte. Das undefinirbare Chaos von
Tönen stammte also von der heiseren Dampfpfeife des Schiffes, mit
welchem ich weiter zu reisen hatte.

Es ankerte neben der „Yarra“, welche nach Australien fuhr und
zwei Tage auf der Rhede von St. Denis blieb.

Da der neue Hafen noch nicht benutzt wird, also die Dampfer
immer noch auf einer abscheulichen, allen Winden preisgegebenen Rhede
ankern mußten, so hatte ich mich per Barke einzuschiffen, was oft ein
lebensgefährliches Unternehmen ist.

Einzelne Personen bekommen in der Regel kein Boot, sondern man
muß abwarten, bis sich eine größere Gesellschaft zusammenfindet. Der
Barkenbesitzer theilt jedoch seinen Passagieren ungefähr die Stunde mit,
wenn sich Gelegenheit zur Einschiffung findet.

Für einen Beobachter, der aus der Ferne diese Operation ruhig
mit ansieht, muß das Schauspiel sehr erheiternd sein.

Da das Meer stets unruhig ist, und die Barken fortwährend hin=
und hergeworfen werden, muß man schon ziemlich guter Turner sein,
um ohne Schaden in dieselben zu gelangen.

Die Damenwelt geräth denn auch meist in völlige Verzweiflung.

Das Unglück wollte, daß ich in die Gesellschaft des Bühnenpersonals gelangte, welches St. Denis verließ, um mit der „Yarra" nach Mauritius hinüberzufahren.

Die guten Leute mögen sich sehr gewandt benehmen auf den Brettern, welche die Welt bedeuten, auf den Brettern unseres Bootes waren sie dagegen sehr unbeholfen.

Das Wasser ist jedenfalls nicht das Element, das dem Schauspieler behagt, namentlich dann nicht, wenn es ihm bis an den Hals geht. Es hängt dies wohl damit zusammen, daß er so häufig aufs Trockene gelangt.

Das Choristenpersonal nahm die Sache ziemlich leichtsinnig auf und kam noch leidlich weg. Aber schon der erste Tenor hatte Unglück, da er mit einem Bein ins Wasser gelangte und die Kopfbedeckung verlor. Eine ältere Dame, welche im Lustspiel meist die Schwiegermutterrollen zu übernehmen hatte, oder als gesetzte Tante auftrat, fiel sehr unangenehm ins Boot, ihre umfangreiche Tournüre verhinderte jedoch eine erhebliche Beschädigung, dagegen verlor sie bei diesem Anlaß ihren Chignon.

Zum Schluß erschien die Primadonna, ein recht hübsches Pariser Kind mit tadellosem Profil. Sie hatte den Sprung in die Barke unrichtig bemessen, fiel einem rabenschwarzen Kaffer, unserem Bootsmann, um den Hals und war auf dem Punkte, vor ihm einen unfreiwilligen Fußfall zu thun, als dieser sie noch rechtzeitig mit seinen kräftigen Armen aufzuhalten vermochte.

Allgemeine Heiterkeit ob dieser zärtlichen Scene! Die Primadonna wimmerte und der Kaffer fletschte seine Zähne so vergnügt wie eine Meerkatze, der man eine süße Banane entgegenstreckt.

Endlich werden, nachdem noch Hunde und Papageien glücklich untergebracht sind, die Ruder in Bewegung gesetzt, und die Barke beginnt in die Wogen hinauszutanzen.

Es dauerte nicht lange, so begann die schönere Hälfte des Bühnenpersonals einem vielversprechenden Farbenwechsel anheimzufallen, und zeigte bald eine tiefe Blässe, dann wieder eine bedenkliche Röthe im Gesicht.

Die mir gegenübersitzende Primadonna betrachtete mich mit einem so mitleiderregenden Blick, als ob sie ihre letzte Beichte ablegen wollte.

Ich war auf Alles gefaßt, berechnete rasch die Schußlinie und rückte in angemessene Entfernung.

Die Seekrankheit nahm ihren regelrechten Anfang, der Einsatz der verschiedenen Sängerinnen war pünktlich und hätte vor der strengsten Kritik Gnade gefunden, aber die Accorde waren nicht sehr erbaulich. Stumm und bleich sah der erste Tenor dieser Scene zu, auch ihn erfaßte eine innerliche Rührung.

Ich war froh, als wir bei der „Yarra" anlangten, und hoffte nun bald an Bord des benachbarten Madagaskardampfers zu gelangen. Aber ich hatte die Rechnung ohne den Wirth gemacht. An der Schiffstreppe herrschte ein unbeschreiblicher Tumult, da ein anderes Boot zuerst ausladen wollte. Zunächst entstand eine regelrechte Prügelei zwischen den Bootsleuten, wobei Splitter von den als Kampfmittel benutzten Rudern absprangen. Ein Seeoffizier fuhr schließlich unsanft zwischen die Parteien und schaffte Ruhe. Unser Boot mußte warten.

Der gewaltige Dampfer schaukelte ununterbrochen, die Schiffstreppe tauchte bald tief ins Wasser, bald schwebte sie hoch über der Flut.

Mittlerweile fuhr eine große Schaluppe mit vollen Segeln direkt auf unser Boot zu und war schon in bedenkliche Nähe gelangt. Machte sie nicht eine geschickte Wendung, so mußte unsere ganze Gesellschaft an den Schiffskörper der „Yarra" gedrückt werden. Schon war der Kiel nur noch wenige Meter von unserem Boote entfernt.

Die Frauen kreischten vor Angst, ich übersah das Gefährliche der Situation und war in zwei Sätzen auf der Schiffstreppe. Andere wollten mir folgen, aber der wachthabende Offizier warf sie zurück.

Die Segelschaluppe konnte ihren Curs ändern, versetzte aber unserem Boot einen derben Stoß, und einige Splitter flogen weg.

Die Insassen, durch die Seekrankheit schließlich vollkommen apathisch geworden, lagen regungslos im Boot und mußten so gut es ging auf die Treppe geschleppt werden, was über eine halbe Stunde dauerte.

Ich war wüthend über unsere einfältigen Bootsleute, oben standen die zahlreichen Passagiere und lachten über den komischen Tumult, welcher sich unten an der Schiffstreppe abspielte.

Die Bootsleute hatten keine Eile, und nachdem sie sich noch mit einem Glas Rum gestärkt, machten sie Anstalten, mich an Bord des Madagaskardampfers zu rudern.

Hier begann das Elend aufs Neue, da erst eine Barke voll Marinesoldaten die Treppe hinaufbefördert werden mußte. Die Leute waren theilweise betrunken, verübten Unfug und wollten wieder nach St. Denis zurück.

Dann und wann versuchte Einer, durch einen Sprung auf die Treppe zu gelangen, was immer einen komischen Eindruck hervorrief. Der Absprung wurde stets lange berechnet; da die Leute aber des Guten zu viel gethan, und der Alkohol bekanntlich die Leitung in den Nerven= bahnen verlangsamt, erfolgte der Sprung genau im ungünstigsten Momente, und das Individuum nahm ein unfreiwilliges Bad.

Schließlich wurde die Sache zu langweilig, ein nüchterner Korporal rückte mit zwei handfesten Matrosen vor, packte die Jünger des Mars am Kragen, kühlte sie im Wasser gehörig ab und bugsirte sie die Treppe hinauf.

Dieses System bewährte sich vortrefflich und brachte die meisten Alkoholiker zur Besinnung.

Endlich war auch ich an Bord, auf dem sich etwa 200 Passagiere befanden. Es war eine ziemlich gemischte Gesellschaft, welche aus fran= zösischen Kreolen, Mulatten, Indiern und Arabern bestand. Die Betten waren längst vergeben, der Dampfer schmutzig, die Schiffskost schlecht — Reiseprosa in der besten Form, und so blieb mir der einzige Trost, daß die Ueberfahrt nur 36 Stunden dauerte. Ich hatte nur zwei Nächte an Bord zu verbringen, und richtete mir auf dem mit einem dichten Zelt überspannten Hintertheil des Schiffes auf einem Rohrstuhl mein Nachtlager zurecht.

Seit Abschluß des Friedens sind alle Dampfer, welche nach Mada= gaskar fahren, überfüllt, und die Einwanderung begann geradezu un= gesunde Dimensionen anzunehmen. Aermere Kreolen, Indier und Araber erwarten viel von der neuen Ordnung der Dinge, sind ohne Mittel, und fallen gewöhnlich schon in Tamatave den Behörden zur Last oder sie reisen nach den neuen Erwerbungen in Diego=Suarez und suchen dort auf irgend einem Wege Verdienst.

Aber die Leute kommen zu früh, wer nicht ein tüchtiges Handwerk gelernt oder Mittel genug besitzt, um sich anzusiedeln oder günstige Handelsoperationen abzuwarten, hat zur Zeit wenig Aussichten auf Erwerb.

Leider sind diese Leute nicht an eine regelrechte Thätigkeit gewöhnt. Hätten sie gelernt, den Boden zu bebauen und eine rationelle Land= wirthschaft zu betreiben, so wären sie wenigstens den Sorgen des Unter= haltes überhoben, so aber verfallen sie auch unter einem gesegneten Himmelsstrich dem socialen Elend.

Unser Dampfer kam rasch vorwärts, da das Meer nur wenig be=
wegt war. Wir hatten mit Einbruch der Nacht vom 23. Juni die
Insel Réunion verlassen, und schon am Morgen des 25. Juni kamen
die klaren Gebirge der Ostküste von Madagaskar in Sicht.

Die aufgehende Sonne durchbrach das Gewölk und vergoldete die
einzelnen Bergkuppen. Ich konnte in That und Wahrheit mit Freilig=
rath ausrufen:

Ueber Madagaskar fern im Osten sieht man Frühlicht glänzen!

In der Ferne ließ sich das dunkle Grün des Urwaldes unterscheiden,
und an der Küste tauchte die reiche Strandvegetation auf; ich stand
also vor den Pforten eines vielgepriesenen und noch so wenig bekannten
Wunderlandes, das für den Naturforscher noch lange ergiebig sein wird
und dem Ethnographen ein noch unverfälschtes und höchst originelles
Volksleben darbietet.

Die Ausschiffung verlangt der starken Strömungen des Meeres
wegen einige Vorsicht. Eine mit Howasklaven bemannte Barle nahm
unsere Gesellschaft in Empfang, auf der Rhede herrschte ein reges Leben,
da gleichzeitig französische Kriegsschiffe vor Tamatave ankerten, um die
Ausführung der im Friedensvertrage festgesetzten Bedingungen zu über=
wachen.

Die Douane war in den Händen der Franzosen. Man behielt
mein Gepäck zurück und verlangte die nöthigen Ausweise, da Tamatave
sich noch im Belagerungszustande befand. Auf meine Empfehlungen
hin erwies sich jedoch das Platzcommando sehr zuvorkommend und ließ
meine ganze wissenschaftliche Ausrüstung zollfrei eintreten.

Ich watete in kurzer Zeit durch den Saub der Hauptstraße von
Tamatave und sorgte für eine passende Unterkunft. Ich hatte erfahren,
daß eine Schweizerfamilie in Tamatave ein Hôtel eingerichtet hatte,
wenn man diesen Titel überhaupt auf ein Gasthaus in Madagaskar
anwenden darf. Ein Holzschuppen war nämlich so wohnlich als
möglich eingerichtet, und an einer vor demselben stehenden Kokos=
palme war auf einem hölzernen Aushängeschild zu lesen: Hôtel de
France.

Ich war der erste Gast, welcher einkehrte, und fand bei meinen
Wirthsleuten, welche aus dem Kanton Waadt stammten, die beste Auf=
nahme und eine zwar recht primitive, aber sehr behagliche Einrichtung.
Die Leute hatten ihr Wirthschaftsgeräthe, theilweise auch die Lebensmittel

aus Europa mitgebracht und mit Geschick ergänzt, was sich aus den einfachen Mitteln, welche man in Madagaskar vorfindet, ergänzen ließ.

Das kleine Gasthaus wurde denn auch bald der Sammelpunkt der höheren Militärpersonen und einiger vornehmer Howa.

Nachts hatte ich stets ein Gratisconcert, indem die Ratten einen Höllenlärm verursachten.

Aber das konnte Niemand ändern, denn Madagaskar war von jeher der Lieblingssitz der Ratten. Wir werden später noch mehr von ihnen hören.

Beim Eintritt in ein fremdes Gebiet, namentlich wenn noch Belagerungszustand herrscht, sind wirksame Empfehlungen von der allergrößten Wichtigkeit.

Ohne solche wird man entweder mit großem Mißtrauen angesehen oder doch zum Mindesten gänzlich ignorirt. Ich war bereits, ohne daß ich es wußte, beim deutschen Konsulate angezeigt und dem Schutze desselben empfohlen worden.

Dann hatte ich von Paris aus specielle Empfehlungen mit, und besuchte am zweiten Tage meiner Ankunft die Herren Campan und Laborde, zwei Persönlichkeiten, welche seit langer Zeit in Madagaskar ansässig sind und mir genauen Aufschluß über die Verhältnisse des Landes zu geben vermochten.

Es sind dies die Enkel und Erben des einflußreichen Konsuls Laborde, welcher am madagassischen Hofe so großen Einfluß besaß, und auch sie spielten während der franco-madagassischen Verwickelungen eine hervorragende Rolle. Als Erben ihres Onkels übernahmen sie die ausgedehnten Besitzungen desselben, das Howaministerium verweigerte jedoch die Herausgabe desselben, und erklärte hauptsächlich auf Betreiben der Engländer die Franzosen der Insel recht- und besitzlos. Es war diese Verweigerung der Herausgabe der Laborde'schen Besitzungen mit ein äußerer Grund zu der gewaltsamen Lösung eines Conflicts, welcher sich schon lange vorbereitet hatte.

Ich wurde von den genannten Herren in der zuvorkommendsten und liebenswürdigsten Weise aufgenommen, und verdanke ihnen eine Reihe Gefälligkeiten.

Herr Campan versah die Functionen des Vice-Residenten, welcher eben erst aus Frankreich eintraf.

Ich erhielt die beruhigende Auskunft, daß ich mit Aufwand einiger Vorsicht ins Innere reisen könne, ohne von den Eingeborenen bedroht zu werden.

Bei diesem Besuche lernte ich auch eine vielgesuchte zoologische Merkwürdigkeit kennen, nämlich das madagassische Fingerthier oder Aye-Aye (Chiromys madagascariensis), welches sich lebend im Besitz des Herrn Laborde befand. Durch einen Zufall war es gerade vor wenigen Stunden entwischt, dann von einem Baume heruntergefallen und verendet. Es war ein prachtvolles Männchen, welches vom Kopf bis zur Schwanzspitze genau einen Meter maß und mir als Geschenk übermittelt wurde. Man nannte mir einen Herrn, welcher noch ein zweites Stück besaß, und welches noch am gleichen Tage in meinen Besitz überging.

Die Sache ließ sich demnach vortrefflich an, und ich glaube, daß noch kein Reisender das seltene Glück hatte, an einem Tage in Madagaskar zwei Aye-Aye zu erlangen.

Die Eingeborenen behaupten, daß dieses immer noch sehr gesuchte Fingerthier an der Ostküste dann und wann zur Beobachtung gelange; aber sie fangen es nur ungern, weil sie vor diesem, wie vor einigen anderen Halbaffen, eine abergläubische Furcht besitzen. Bei den aufgeweckteren Madagassen vermögen jedoch die blanken Piaster das angestammte Vorurtheil zu überwinden.

Ich durchstreifte zunächst die Umgebung von Tamatave, welche in naturhistorischer Beziehung schon Vieles zu bieten vermag, und ließ zahlreiche Eingeborene auffordern, mir alle möglichen Gegenstände herzubringen.

So entwickelte sich dann bald vor meiner Wohnung ein täglicher Bazar, und mein anstelliger Diener leitete die Unterhandlungen und die Geldangelegenheiten.

Die Madagassen brachten ihre gefangenen Vögel, Makis, Tanreks, Zibethkatzen, Chamäleone, Schildkröten, Schlangen und ethnographische Gegenstände.

Meine Sammlungen erregten auch die Neugierde der vornehmen Howa, und einer meiner Tischgenossen, Namens Ramamusa, ein Mann von gutartigem Charakter und einiger Bildung, besuchte mich sogar täglich in meinem Zimmer und ließ sich den Gebrauch der verschiedenen Instrumente erklären.

Vorher erkundigte er sich jedoch nach meiner Nationalität, da ich ihm weder Engländer noch Franzose zu sein schien. Er wußte bereits, daß es Schweizer gebe, hatte jedoch keine genauere Vorstellung, in welchem Theil von Europa dieselben zu Hause seien. Dagegen hatte er gehört, daß von dieser Nation nicht zu befürchten sei, daß sie Kriegs= schiffe und Soldaten nach Madagaskar schicke — Grund genug, zu mir Zutrauen zu fassen.

Einige Tage später kam sein Bruber Ranandresa an, welcher Howa= gouverneur in dem benachbarten Bezirk Mahasoa ist und dort mit seinen Sklaven Ländereien bewirthschaftet und einen reichen Viehstand besitzt. Er gehört zu den bekanntesten Persönlichkeiten der Gegend, und ich lernte in ihm einen höchst witzigen und lebensfrohen Howa kennen, welcher sich mir gegenüber später als ehrlicher und liebenswürdiger Mensch erwies.

Er kam zu mir und klagte mir über sein Halsleiden, das ihn seit einiger Zeit störe.

„Ich habe gehört, daß man Dich Doctor nennt, gib mir eine Medicin für meinen Hals", so bat er mich in recht naiver Weise.

Ich durfte mir natürlich keine Blöße geben, sagte ihm, daß er die staubigen Straßen möglich meiden solle, verbot ihm den Wein und den Rum, und da er mir anvertraute, daß er zu Hause einige hübsche Sklavinnen besitze, gab ich ihm als Doctor der Philosophie noch einige weitere diätetische Verhaltungsmaßregeln mit auf den Weg und suchte mit einer Schachtel voll Alaunpulver seiner defecten Rachenschleimhaut auf die Beine zu helfen, was er mir dankbar mit einer Flasche Cham= pagner vergalt.

Das Leben in Tamatave begann wieder seinen gewöhnlichen Charakter anzunehmen.

Der Friedensvertrag war genehmigt, der Generalissimus der Howa= armee, der englische Oberst Willoughby, war abgezogen.

Wenn ihm auch schwerlich die Segenswünsche des Howavolkes nachfolgten, so hatte er doch seine Taschen mit Gold gefüllt und ist Besitzer des Dampfers „Normandy" geworden, welcher während des Krieges Waffen und Munition nach Madagaskar importirte.

Die Königin hatte in einer großen Volksversammlung verkündigt, daß die Fremden gut zu behandeln seien; die Eingeborenen kehrten wieder an die Küste zurück und nahmen ihre Geschäfte auf. Die zahl=

reichen Sklaven, welche den General=Residenten Le Myre de Vilers
mit seinem Gefolge nach der im Innern gelegenen Hauptstadt gebracht
hatten, trafen wieder in Tamatave ein.

Freilich lagen in diesem Hafenplatz noch etwa 500 Mann fran=
zösischer Truppen, welche täglich durch die Straße marschirten; auf dem
Fort wehte statt der Howaflagge die französische Tricolore, aber es
schwebten bereits Unterhandlungen wegen Rückgabe der Douanen und
der Festung.

Die Stadt Tamatave ist die natürliche Eingangspforte von Mada=
gaskar, aber man darf sich keine allzuhohe Vorstellung von derselben
machen.

Ein Europäer wird sie als ein unschönes Nest bezeichnen. Sie
liegt auf einer ziemlich schmalen Landzunge, deren Ende, die Pointe
Hastie, von einem breiten Küstenriff umgeben ist. Hinter diesem Riffe
liegt im Norden die gutgeschützte Rhede, so daß den Schiffen nur dann
Gefahr droht, wenn die verheerenden Cyclone das Meer aufwühlen.
Dann allerdings ist ein Schiff verloren, wenn es nicht rechtzeitig die
hohe See zu gewinnen vermag, und heute noch liegen am Strande
die zertrümmerten Wracks dreier Schiffe, welche vor einigen Jahren von
den Stürmen ans Land geworfen wurden.

Der Boden ist durchweg vom Meere angeschwemmt und daher
sandig, nach Süden hemmt eine am Strande sich hinziehende, ziemlich
hohe Düne den Ausblick auf den Ocean.

Der Küstengürtel ist, soweit das Auge reicht, mit einem Wald
von Pandanus und hohem Buschwerk bedeckt, aus welchem sich vereinzelt
die riesigen Barringtonia=Bäume hervorheben. Die zahlreichen Kokos=
palmen und Mangobäume sind offenbar durch den Menschen hierher
verpflanzt. Hinter diesem Küstengürtel dehnen sich Wiesen oder moor=
reiche Steppen aus, auf welchen Heerden von Zeburindern leben.

Im Norden der Landzunge dehnt sich die europäische Stadt von
Ost nach West aus, im Süden liegen die zerstreuten Hütten der Ein=
geborenen, im Hintergrunde erhebt sich ein starkes Fort mit Laufgräben
und Kasematten.

Es gibt nur zwei ordentliche Straßen, die Avenue I und Avenue II,
zu deren beiden Seiten sich einstöckige, mit weiter Veranda versehene
Holzhäuser erheben.

Eine Pandanusgruppe bei Tamatave.

An besseren Bauten sind einzig die Konsulatsgebäude, die Wohnungen einiger Kaufleute und eine katholische Kirche zu nennen.

Die Bevölkerung ist eine sehr gemischte. Den soliden Kern bilden neben den europäischen Beamten und Kaufleuten die vornehmeren Howa, deren Intelligenz und Gewandtheit im Umgang mich stets frappirte. Die übrigen Eingeborenen gehören meist dem Stamme der Betsimisaraka an, welcher das Hauptgebiet der madagassischen Ostküste einnimmt. Daneben leben in Tamatave viele Kreolen, welche von Mauritius und Réunion herübergekommen sind, um Handel zu treiben. Man thut gut, sich denselben gegenüber zurückhaltend zu benehmen, denn mit geringen Ausnahmen sind es abgebrannte Existenzen, welche aus irgend einem Grunde es für gut fanden, hier ihren letzten Ankerplatz zu suchen.

Stark vertreten ist das indische Element, welches den Kleinhandel in den Händen hat und sich auch hier durch Rührigkeit und Sparsamkeit auszeichnet; wenig zahlreich ist das arabische Element vertreten.

Das Straßenleben ist ein ebenso farbenreiches als originelles. In der Nähe des Landungsplatzes herrscht das bewegteste Leben. Unter lautem Geschrei sind die Schwarzen mit Verladung der Waaren beschäftigt. Ein Lendentuch von unbestimmter Farbe, welche vielleicht einmal weiß gewesen ist, und ein Kittel aus grobem Palmzeug bedeckt ihre Blöße. Müßig schaut ihnen eine Gruppe zu, deren Kleidung aus aller Herren Länder zusammengeflickt ist. Der eine hat von einem englischen Matrosen eine alte Mütze erhalten, welche kokett auf seinem Haupte sitzt, ein zweiter trägt einen alten Korkhut mit nicht geringerem Stolze, ein dritter hat sich aus altem Blech eine solidere Mütze zusammenlöthen lassen, und trägt eine mit Metallknöpfen besetzte Jacke, welche vor vergangenen Zeiten einem englischen Seeoffizier angehörte. Siegesbewußt schreitet er auf eine Schaar vorbeiziehender Madagassenweiber zu, um den leichtgeschürzten Schönen den Hof zu machen.

Mit dieser Gruppe contrastirt seltsam ein Zug vornehmer Howa mit bunter Lamba als malerischem Ueberwurf und getragen von je vier keuchenden Howasklaven, neben denen die Ersatzträger herrennen.

Wir waten mühsam durch den tiefen Sand der Straße. Vor einem großen Kaufhause lagert eine Gruppe Madagassen mit schwieligen Schultern. Sie verpacken Baumwolltücher, um sie an Bambusstangen nach der acht Tagereisen entfernten Hauptstadt zu tragen.

Ein Geschrei verscheucht plötzlich alle Paßanten auf der Straße, in der Ferne erblickt man einen Transport Ochsen, welche nach dem Landungsplatze geführt werden sollen. Eine buckelige Bestie war so glücklich, die Freiheit zu erlangen, und führt nun die tollsten Sprünge aus. Ein Indier wehrt das Vieh mit einer riesigen Stange ab, weil er befürchtet, es wolle in sein Magazin hineinrennen. Aber der Ochse hat blos neugierig die schönen ausgehängten Tücher betrachten wollen, bleibt verwundert stehen, und wird abgefangen. Unter dem langgezogenen Ruf „Hoidi" der Treiber geht der Ochsentrupp weiter.

Wir schreiten an einem Hause vorbei, aus welchem bekannte Klaviertöne herkommen, und erblicken bei offenem Fenster eine grauköpfige Frau aus einer fürstlichen Madagassenfamilie, die weitbekannte Prinzessin Juliette, setzt eine eifrige Katholikin, welche ihre Enkelinnen, zwei Backfische mit ausgesprochenen Malaiengesichtern, im Klavierspiel unterrichten läßt.

Rechts und links neben der Straße sind die zahlreichen Howaträger gelauert, in ihre baumwollene Lamba gehüllt und mit tief ins Gesicht gedrücktem Strohhut. Ihre fragenden Gesichter beleben sich auf meinen Wink, gleich rennen einige Dutzend her, um ihre Dienste anzubieten. Lassen wir uns, des Wanderns im Sande müde, auf den Bazar im Süden der Stadt hinaustragen.

Das Bild ist nicht weniger originell.

Die offenen Verkaufsbuden, einfache Hütten aus Bananenstroh, enthalten die originellen Producte des Landes: Reis, Geflügel, Gemüse, Gewürze, Wachs, Früchte oder die Erzeugnisse der Industrie, die eigenthümlichen Gewebe, Flechtarbeiten und Schuhwaaren, welche von einheimischen Handwerkern gefertigt sind; schöne Schalen, Lüffel, Gabeln und Trinkbecher aus dem Horn des Zeburindes, welche in der Hauptstadt fabricirt werden, daneben auch europäische Artikel, Gläser, Fayence, amerikanische Baumwolltücher und bedruckte Baumwollstoffe, welche von den Howahändlern feilgeboten werden.

In einer besonderen Abtheilung findet man den Fleischmarkt und den Fischmarkt, auf welchem die Producte des Meeres und Süßwassers feilgeboten werden. Duftet es in dieser Abtheilung auch nicht stets nach Veilchen und Jasmin, so haben doch die schönen Krebse, Karpfen und Aale für ein zoologisches Auge großes Interesse.

Eine letzte Abtheilung wird fast nur von Eingeborenen besucht, welche dort die Bedürfnisse ihrer einfachen Haushaltung zu befriedigen

Fig. 14.

Eine Straße in Tamatave.

suchen. Es sind da die breiten Blätter vom Baume der Reisenden in großen Paketen aufgeschichtet, welche der Madagasse als Tischtuch, als Serviette, als Trinkgefäß verwendet, oder in trockenem Zustande zum Bau der Hütten verwendet.

Hier kauft er sich seinen Bedarf an Bambusrohren, welche als Wasserbehälter, als Tragstangen, als Tragbalken beim Bau der Hütten unentbehrlich sind. Hier ist auch der Holzmarkt.

Im Ganzen herrscht nicht das lärmende Marktgetriebe, das namentlich in Südeuropa so ohrzerreißend wirkt, sondern wie im Orient wird Alles mit einer gewissen wohlthuenden Ruhe und Gemessenheit abgewickelt. Der madagassische Kleinhändler ist nicht aufdringlich, er geberdet sich vielmehr derart, als sei ihm an seinem Geschäft durchaus nicht viel gelegen.

Obschon oft eine bunte Menge, namentlich in der Frühe des Tages auf dem Bazar hin- und herwogt, so wird das Getriebe des weichen Sandbodens wegen nur wenig geräuschvoll.

Wir sind mittlerweile an den Strand gelangt und vollenden noch einen Rundgang. Von der Pointe Hastie sehen wir hinter dem Riff sich eine originelle Scene abspielen und nähern uns derselben.

Es findet die Einschiffung lebender Ochsen statt, welche für Réunion und Mauritius bestimmt sind.

Hier geht es nun geräuschvoller zu.

In einem weiten Hofe am Strande mit fester Umzäunung sind etwa hundert Bestien eingepfercht und harren ihrer Verladung. Einem Stück nach dem andern wird ein fester Strick aus Palmbast um das leierförmige Gehörn geworfen und an einem langen Seil befestigt, das Thor der Umzäunung öffnet sich, in vollem Lauf eilt das Rindvieh ins Freie. Ein halbes Dutzend Howasklaven halten das Seil, aber der luftige Vierbeiner schleift das ganze halbe Dutzend im Sande herum. Unter Halloh und Hoidi wird der Ochse nach und nach ins Wasser getrieben, er fühlt den Boden unter den Füßen weichen und beschreibt einige Curven, um hinauszuschwimmen. Das Seil gibt ihm einige Directive, die Howa lärmen im Wasser möglichst viel, weniger des Viehes wegen, als um die zudringlichen Haifische zu verscheuchen.

Draußen im Meere wird der Ochse an den Rand einer großen Barke angebunden, das kühle Naß stimmt seine Munterkeit etwas herab;

Fig. 15.

Eine Marktscene in dem Bazar von Tamatave.

falls er nicht von einem zudringlichen Hai geneckt wird, so wartet er ruhig die Ankunft seiner Kameraden ab.

Dann wird die Gesellschaft von 20—25 Stück nach dem Dampfer gebracht, Stück um Stück wird losgebunden, hinter den Vorderbeinen in einen Gurt gezwängt und auf das Verdeck gehißt. Mit rührender Geduld legt der Ochse ohne zu strampeln den Weg durch die Luft zurück.

Auffallen muß dem Ankömmling, daß man an der Küste fast nur Zebuochsen, höchst selten dagegen Zebukühe zu sehen bekommt. Ich erfuhr, daß die frühere Königin die Ausfuhr der weiblichen Thiere verbot, indem sie damit argumentirte, daß eine Nachzucht des Viehstandes nur mit Kühen möglich sei, und die Fremden am Ende selber Viehzucht treiben können, sobald man ihnen die Kühe verkaufe. Diese Argumentation entspricht vollkommen den physiologischen Grundgesetzen der Thierproductionslehre, und die königliche Fürsorge, welche sich auf einen der wichtigsten Productionszweige Madagaskars erstreckt, ist also bereits der Anfang einer schutzzöllnerischen Politik.

Fatal für mich war nur die Folge, daß ich selten in den Besitz frischer Milch gelangen konnte.

Der Hafenplatz Tamatave verdankt seine Bedeutung den benachbarten Inseln Réunion und Mauritius, welche seit langer Zeit Handelsbeziehungen mit Madagaskar unterhalten, und als bequemer Ankerplatz ist er zum Centrum der kreolischen Händler, der europäischen Kaufleute und der Howahändler geworden. Sein Verkehr mit der ganzen Ostküste und mit den Centralprovinzen des Reiches, insbesondere mit dem Gebiet der Howa und der volkreichen Betsileo überragt an Bedeutung alle übrigen Küstenplätze.

Auf der Rhede von Tamatave erscheinen durchschnittlich per Jahr 200 Segelschiffe und Dampfer.

Gegenwärtig bestehen auch regelmäßige Verbindungen nach verschiedenen Richtungen.

Seit Beendigung des franco-madagassischen Conflictes ist zunächst eine Postverbindung mit Marseille eingerichtet worden, indem die Messageries maritimes im Anschluß an ihre nach Australien fahrenden Postdampfer eine Annexlinie von Réunion aus unterhalten und dafür vom französischen Marineministerium eine tägliche Subvention von 1000 Franken erhalten. Die Dampfer dieser Linie treffen alle vier Wochen in Tamatave ein, berühren die wichtigsten Punkte des

Nordens und Westens und fahren nach Mozambique und Zanzibar, indem sie bei den Inseln Nossi-Be und Mayotte anlegen.

Ferner besteht zur Zeit eine englische Linie zwischen Mauritius, Tamatave, Natal und Kapstadt. Die Hamburger, Engländer, Franzosen und Amerikaner senden ihre Waaren nur gelegentlich nach dem Osten von Madagaskar, Segelschiffe gehen häufig nach Réunion und Mauritius, und die zahlreichen Küstenfahrer gehen nach den kleineren Häfen an der Ostküste.

Schwieriger ist die Verbindung mit dem Innern der Insel. Straßen und gangbare Wege wurden bisher aus Grundsatz nicht angelegt, um dem Fremden das Eindringen zu erschweren. Fuhrwerke und Reitthiere sind in ganz Madagaskar unbekannt. Man ist daher beim Transport der Waaren lediglich auf menschliche Kräfte angewiesen.

Einen genauen Maßstab für den Verkehr dieses Platzes dürfen wir erst in der Zukunft erwarten, da die Douane zur Zeit von europäischen Zollbeamten genau überwacht wird, und in nicht ferner Zeit der regelmäßige Handelsverkehr eintreten wird.

Die Howaregierung erhebt auf alle Waaren einen Zoll von 10 Procent, wobei es ihr freisteht, diesen Zoll in Geld oder in natura zu erheben, und als Regel darf angenommen werden, daß die Zollbeamten immer das Vortheilhaftere wählen, bei einer allfälligen Baisse also von der Entrichtung in natura absehen, für gewisse Ausfuhrartikel, wie lebendes Vieh und Ochsenhäute, bestehen bestimmte Taxen.

Die Einnahmen der Douane in normalen Zeiten beziffern sich monatlich auf etwa 120,000 Franken, was einer jährlichen Handelsbewegung von circa 15 Millionen entspräche. Doch darf bei der schlechten Bezahlung der Beamten angenommen werden, daß allerhand mit unterläuft, und dann ist nicht zu vergessen, daß die zahlreichen englischen Missionäre ihre Waaren zollfrei importiren und einen ziemlich schwunghaften Handel betreiben.

Ich sah eines Tages auf der Mauth einen Berg von Kisten, welche an zwei Missionäre addressirt waren, und die Firma des Absenders lautete: A. Guggenheim, Droguist in London. Wenn mich die Firma nicht sehr arg täuscht, so dürfte der Inhalt der Kisten kaum in madagassischen Bibeln bestanden haben. Die Handelsbewegung ist daher wohl ziemlich höher anzuschlagen.

Was den Verkehr erschwert, ist der Mangel an gemünztem Geld. Als gangbare Münze figurirt hier wie im Innern der französische Fünffrankenthaler, und um Kleingeld zu gewinnen, wird derselbe in größere und kleinere Stücke zerhackt. Bei kleineren Einkäufen muß man dann stets mit einer Waage versehen sein, um so lange gehacktes Silber aufzulegen, bis der Verkäufer sich befriedigt erklärt. In gleicher Weise wird die Bezahlung auf Reisen im Innern vorgenommen.

Unter solchen Umständen gestaltet sich der Handel weniger hier als auf manchen Plätzen im Innern zu einem Tauschhandel.

Die wichtigsten Exportartikel, welche von den Madagassen nach Tamatave gebracht werden, sollen hier in Kürze aufgeführt werden:

Reis kommt in größerer Menge an die Küste, denn der Madagasse ist ein geborener Reisbauer. Das Product ist gut und leicht verdaulich, und die südlich gelegenen Küstenplätze Mahela, Mahanuru, Mananzari und Matitane sind die großen Getreidekammern der Ostküste.

Kaffee wird im Innern vielfach angebaut und liefert ein gutes Product, dem wohl eine nicht unbedeutende Zukunft bevorsteht.

Der Kautschuk von Madagaskar wird in Europa sehr geschätzt, namentlich wenn er aus der Bergregion stammt. Er wird aus der Kautschukliane (Vahea madagascariensis, welche wohl identisch ist mit Vahea gummifera) gewonnen und kommt meist in großen, bis zu 20 Kilogramm schweren Kugeln in den Handel. Je nach der Qualität wird er an der Küste mit 4, 4$^{1}/_{2}$ bis 5 Franken per Kilo bezahlt.

Von pflanzlichen Ausfuhrartikeln gewinnt die Rofiafaser eine immer größere Bedeutung. Sie wird aus den Fiederblättern der nur in Madagaskar vorkommenden Rofiapalme (Raphia Ruffia) gewonnen, von einer englischen Firma in Tamatave in großen Quantitäten auf den Londoner Markt gebracht, und wird ihrer Zähigkeit wegen von unseren Rebenbesitzern und Gärtnern als Bandmittel sehr gesucht. Der Preis per 1000 Kilogramm beträgt an der Küste etwa 8 Piaster oder 40 Franken.

Gelegentlich kommt auch Kopal auf den Markt, welcher aus den Kopalbäumen der Küstenwaldungen gewonnen wird.

Bedeutend ist der Export von lebendem Vieh und Häuten. Madagaskar ernährt auf seinen Hochplateaux im Innern einen ungeheueren Viehstand, und die Zeburinder werden vielorts mehr der Häute als des Fleisches wegen gezüchtet. Von der Hauptstadt werden monatlich etwa

10,000 Stück Häute nach Tamatave gebracht und wöchentlich 130 bis 150 Ochsen nach Réunion, die doppelte Zahl nach Mauritius verschifft. An der Küste gilt ein Ochse 4—5 Piaster, für den Export kommt er aber etwa auf 10 Piaster oder 50 Franken zu stehen.

Schweine, Geflügel und Orangen werden entweder für die ankommenden Schiffe oder für die benachbarten Kolonien geliefert.

Anderseits ist der Import von auswärtigen Waaren nicht unbeträchtlich.

Da der Madagasse gegenüber geistigen Geträuken etwas schwach ist, so hat der Import von Spirituosen bedeutende Dimensionen angenommen, und der Kreole lobt den Bewohner der großen Insel, weil er ihm seinen schlechten Rum abkauft, und sagt schmunzelnd: „Le Malgache est bon buveur." An der Ostküste werden jährlich etwa für 700,000 Franken Rum abgesetzt, und da hier der Madagasse diesem Handel am ehesten ausgesetzt ist, so erkennt man nur zu deutlich die starken Verwüstungen unter den gutmüthigen, aber widerstandslosen Eingeborenen. Die Kreolen betreiben diesen Schnapshandel, und in Tamatave sieht man täglich Rumfässer durch die Straße wälzen, sie werden zwei Stunden landeinwärts bis zum nächsten Flusse gewälzt und dann per Boot weit ins Innere transportirt.

Neben Rum finden Weine, Biere, Wermuth und Conserven starken Eingang.

An französischen Fabrikaten gehen Flaschen, Glaswaaren, Kochtöpfe, Fayence und Spiegel nach Tamatave wie· auch nach anderen Küstenplätzen, da der Madagasse gerade für diese Dinge eine große Vorliebe besitzt; dann auch Musikinstrumente, und in jedem Küstendorf hört man die Klänge der Ziehharmonika.

Einen letzten und wichtigen Importartikel bilden die Textilstoffe, namentlich Wollstoffe, buntbedruckte und buntgewobene Baumwolltücher und rohe amerikanische Baumwolltücher, welche von den Howa in Stücken von etwa 3 Meter Länge und 2 Meter Breite als Ueberwürfe oder Lambas getragen werden.

Der Handel vertheilt sich auf verschiedene englische, französische, deutsche und amerikanische Firmen, daneben kommen auch kreolische Händler in größerer Zahl vor, deren Solidität jedoch vielfach zu wünschen übrig läßt.

Der Handel von Tamatave aus nach dem Innern liegt vorwiegend in den Händen der Howa, deren Handelsgeschick bemerkenswerth ist und gegen welche vorläufig noch schwer aufzukommen ist, sobald man das Gebiet der Küste verläßt.

Als Kleinhändler vermag sich der Indier besser als der Araber zu behaupten, und die Zahl der indischen Verkaufsbuden ist beträchtlich. Der Malabar bezieht seine Waaren von Bombay oder Mauritius oder sucht beim Grossisten Verkaufsartikel auf Kredit zu bekommen, ist nüchtern, sparsam und begnügt sich mit wenig Procenten; kann er den Madagassen überlisten, so spart er unter Umständen auch kleinliche Mittel nicht.

Fig. 16.

Ein Howasklave als Waarenträger.

Der Waarentransport nach dem Innern erfolgt durch Träger, welche auch die Producte an die Küste bringen. Es sind Howasklaven oder Betsimisaraka, welche fast immer auf der Fahrt zwischen der Hauptstadt im Innern und der Küste sind. Die große Verkehrsstraße, wenn man diesen Ausdruck in Madagaskar überhaupt anwenden darf, geht erst der Küste entlang bis Andevurante und biegt dann nach dem Juucru ab. Die Waaren werden in Pakete vertheilt, in Palmzeug eingenäht

und an Bambusstangen befestigt. Im Innern der Stange werden die
nöthigen Seile, die Lebensmittel und die Tabaksvorräthe verpackt. So
wandert der Träger mit einer Belastung von 40—50 Kilogramm
landeinwärts; ist er müde' oder überrascht ihn der Regen oder brennt
ihm die Sonne zu heiß, so findet er stets eine Unterkunft; er ist im
Ganzen zuverlässig und läßt seine Last selten im Stiche, ob er aber
drei oder vier Tage mehr zu seiner Fahrt braucht, darüber läßt er sich
keine grauen Haare wachsen.

Da Madagaskar den Europäern jetzt wieder offen steht und die
Dinge eine rasche Entwickelung nehmen werden, so unterliegt es kaum
einem Zweifel, daß der Hafenplatz Tamatave einem baldigen Aufblühen
entgegengeht.

Die Einwanderung nimmt zu, mit der Hauptstadt besteht eine
regelmäßige Postverbindung, welche der General=Resident Le Myre de
Vilers sofort nach seiner Ankunft einrichten ließ; ein Telegraph nach
dem Innern ist schon im Bau begriffen, die Vorstudien für eine Eisen=
bahn, welche Tamatave mit den wichtigsten Punkten der Ostküste ver=
binden soll, sind in die Hand genommen, sanguinische Naturen sehen
bereits im Geiste elegante europäische Quartiere erstehen und den etwa
eine Stunde entfernten Wald von Ivondro in einen großartigen Park
umgewandelt, in welchem sich Concerte abspielen und die vornehme
Welt sich erholt. Aber so weit sind wir vorläufig noch nicht, doch
dürften in wenig Jahrzehnten die elenden Holzbaracken an den Haupt=
straßen verschwunden sein und das europäische Kapital sich in größere
Handels= und Kolonial=Unternehmungen eingelassen haben.

Bei der Wichtigkeit dieses Platzes hat naturgemäß Tamatave in
der madagassischen Geschichte stets eine Rolle gespielt.

Noch im Anfang dieses Jahrhunderts herrschte hier ein König.
Er hieß Jean René und war ein Mulatte. Er wurde von den durch
die Unterstützung der Engländer mächtig gewordenen Howa vertrieben.

In den späteren Conflicten mit den europäischen Mächten wurde
Tamatave in erster Linie in Mitleidenschaft gezogen und im Laufe dieses
Jahrhunderts schon dreimal bombardirt.

Das letzte Bombardement und die darauf folgende Besetzung er=
folgte am 11. Juni 1883 unter dem Befehl des Admirals Pierre. Die
Maßregel war ein Gebot der Nothwendigkeit, wenn nicht der englische
Einfluß die französischen Ansprüche gänzlich vernichten sollte. Die Stadt

hat übrigens wenig gelitten, ist auch wenig exponirt, da sich der Angriff mehr auf das im Hintergrunde isolirt stehende Howafort richten mußte.

Die Madagassen hatten sich vorher zum großen Theil ins Innere zurückgezogen, und da man ihnen sagte, daß Kanonenkugeln und Granat= splitter auf der Haut eine sehr unangenehme Empfindung erzeugen, so wühlten sie im Boden tiefe Löcher und unterirdische Gäuge, um der Gefahr zu entgehen. Ich hatte später das Vergnügen, derartige Tanret= arbeiten der furchtsamen Eingeborenen mit eigenen Augen zu sehen.

X.

Abreise ins Innere von Madagaskar.

Nach einer vorläufigen Umschau an der Küste wollte ich mit frischen Kräften nach dem Innern aufbrechen. Ein richtiges Bild des Landes, des Volkes und seiner Sitten läßt sich an der Küste noch nicht gewinnen. Gerade in Tamatave ist das Volksleben durch die Berührung mit europäischen Elementen vielfach verzerrt worden und strömt da eine Gesellschaft zusammen, welche weder eine sehr günstige noch eine sehr richtige Vorstellung von dem Wesen der Eingeborenen zu geben vermag.

Dann sehnte ich mich danach, den Urwald, welcher erst in den Bergen beginnt, in seiner ganzen Größe kennen zu lernen, versprach er doch in naturwissenschaftlicher Hinsicht eine Menge neuer Eindrücke.

Es war zwar etwas gewagt, gleich nach Beendigung des Krieges allein nach entlegenen Gegenden auszuziehen; war der Friede auch abgeschlossen, so konnte es möglicherweise doch nur ein fauler Friede sein, und in der That kamen denn auch bald kleine Reibereien zwischen Europäern und Eingeborenen vor, welche später ernstere Verwickelungen nach sich zogen. Aber ich wußte, daß von der Hauptstadt aus nach allen Richtungen des Landes Befehl ertheilt wurde, den Weißen gut zu behandeln, und ich verließ mich auf die strenge Subordination der Howabeamten.

Immerhin hatte ich keine Ahnung von den Schwierigkeiten, welche eine Landreise in Madagaskar mit sich bringt, und zog daher kalten Blutes aus.

Ich glaubte an die Einsicht und die Erfahrung des früher genannten Ranandresa appelliren zu dürfen, weil ich durch seinen Regierungsbezirk gehen mußte und er bei seiner nicht gewöhnlichen Energie eine große Autorität besitzt.

Ich glaubte um so eher auf ihn rechnen zu dürfen, als es mit seinem Halsleiden etwas besser zu gehen schien und meine Rathschläge auf ihn einen gewissen Eindruck gemacht hatten.

Ich hatte in ihm einen richtigen Howa kennen gelernt, und ich erfuhr nebenbei im Vertrauen, daß seine Anwesenheit in Tamatave nicht so ganz zufällig sei. Er spielt in der Howapolitik eine gewisse Rolle und wartete auf genaueren Bericht in Sachen der 10 Millionen, welche die Howa als Kriegsentschädigung an Frankreich zu entrichten hatten. Es wurden große Anstrengungen gemacht, um diese Summe flüssig zu machen und die als Unterpfand gegebene Stadt Tamatave wieder auszulösen.

Englische Finanzkräfte trafen ein Abkommen mit der Howaregierung und waren geneigt, das Geld vorzuschießen. Als Garantie verlangten die Engländer die Douane in Tamatave und eine Concession für die Ausbeutung der Goldminen im Innern des Landes. Ein Goldsucher hatte sogar schon Wind von der Sache bekommen und frug mich sehr naiv, ob er setzt schon nach dem Innern aufbrechen solle, um Gold zu graben.

Ich sagte ihm, die Sache sei gewagt, indem beim ersten Spaten= stich der goldsuchende Sohn Albions von den Howabeamten abgefaßt und aufgespießt zu werden riskire; übrigens solle er sich an seinen Konsul um genauere Auskunft wenden. Am folgenden Tage berichtete mir der Goldsucher, er gehe nicht ins Innere, denn sein Konsul hätte ihm genau den gleichen Bescheid wie ich gegeben.

Die Angelegenheit mit den 10 Millionen war dem Abschluß nahe und Ranandresa war mit den Unterhandlungen betraut.

Nun schien ein Umstand meine Pläne durchkreuzen zu wollen. Zu meiner Ueberraschung blieben die Besuche des Gouverneurs seit mehreren Tagen aus und er zeigte ein mir unerklärliches Mißtrauen.

Ich glaubte zuerst, die finanziellen Unterhandlungen nehmen ihn stark in Anspruch, fand aber doch für gut, dem Grunde der Zurückhaltung nachzuforschen, und kam endlich hinter die Sache.

Ich erfuhr, daß er sich bei meinem Wirthe dreimal erkundigt hatte, ob ich auch wirklich schweizerischer Nationalität sei.

Nun war mein Wirth zufällig ein französischer Schweizer, und in einer vertrauten Stunde sagte er sehr ernsthaft zu demselben: „Der Doctor, welcher bei Dir wohnt, hat mir gut gefallen, weil er den ganzen Tag arbeitet und alle möglichen Sachen aufzutreiben sucht, eine Menge Thiere zusammenfängt; aber es gefällt mir an ihm nicht, daß er mir eine Unwahrheit gesagt hat. Er sagte mir, er sei ein Schweizer, und dies ist nicht wahr. Er ist kein Landsmann von Dir" — so behauptete Ranandresa mit aller Bestimmtheit — „er spricht sein Französisch nicht so wie Du, und ein Herr hat mir mitgetheilt, daß er die deutsche Sprache besser spreche; er ist also kein Schweizer, sondern ein Preuße." Diese Argumentation machte mir außerordentlichen Spaß, aber ich fand sie ganz natürlich.

Der Howa hatte also mit der ihm eigenen Verstandesschärfe herausgefühlt, daß mein französischer Accent einen fremdartigen Klang besitze, er selbst, des Französischen ziemlich mächtig, hatte ihn offenbar noch nicht häufig gehört, und dann hat er erfahren, daß das Deutsche meine Muttersprache sei. Er hatte ferner genaue Kenntniß davon, daß die Engländer und Franzosen zwar mächtige Nationen sind, aber daß die Preußen, d. h. die Deutschen, auch sehr mächtig sind und sogar von den Franzosen gefürchtet werden.

Die Howa sind nämlich stets genau unterrichtet von dem, was in Europa vorgeht.

In seinem Innern mochte vielleicht sogar die Ahnung aufgestiegen sein, daß ich ein Abgesandter Bismarck's sei und wichtige Missionen im Geheimen vorhabe.

Wunderbar war dies nicht, da ich auch später noch von einem französischen Heißsporn offen als preußischer Spion verdächtigt wurde und beinahe Thätlichkeiten ausgesetzt war.

Nun mußte man Ranandresa begreiflich machen, daß die Schweiz zwischen Deutschland, Frankreich und Italien liege, daß man in diesem Lande nicht nur französisch, sondern noch zwei andere Sprachen rede, und daß ich ein Schweizer mit deutscher Muttersprache sei.

Jetzt begriff er seinen Irrthum vollkommen, und von nun an war er wieder sehr gefällig, von Mißtrauen war keine Rede mehr.

Zu meiner Freude konnte ich mich von seinem biederen Kern überzeugen, und er half mir bei meinen Anordnungen für die Reise.

Specialkarten von Madagaskar gibt es nicht, da das Innere nur selten von einem Europäer besucht wird. Er besprach mit mir verschiedene Projecte.

Ich wollte nicht die längste bekannte Route nach der Hauptstadt ablaufen und wählte ein Gebiet des Urwaldes im Lande der Betsimi farafa, in welchem Halbaffen, namentlich auch die großen Babakota (Indris brevicaudatus) häufig vorkommen.

Nun wußte er genauen Bescheid und bezeichnete mir eine Route von der Küste aus, welche ich so lange verfolgen solle, bis ich das fast unbeschreibliche Geschrei dieser Thiere zu hören bekomme. Dort solle ich Halt machen. Er ahmte dabei das Geschrei des Babakota so getreu nach, daß ich über die Richtigkeit seiner Angaben nicht mehr im Zweifel sein konnte.

Da ich eine ganze Kleidung opfern mußte, suchte ich den schlechtesten Anzug heraus, nahm eine gute Wolldecke, eine starke Hängematte, Munition und Waffen, Präparirinstrumente, einen Vorrath von Blechgefäßen und einige Lebensmittel zusammen und verpackte die Dinge in starke Säcke.

Ich gedachte die Landreise möglichst abzukürzen und stromaufwärts bis zu den großen Stromschnellen vorzudringen.

Es sei hier bemerkt, daß Straßen in Madagaskar unbekannt sind und Fuhrwerke oder Reitthiere im Innern nicht zu gebrauchen sind, also auch nicht vorkommen. Eine Fußreise ist im Gebirge wohl möglich, in der Ebene aber für den Madagassen wohl, nicht aber für den Europäer. Man käme zu Fuß nicht vorwärts, denn man hat zahllose Sümpfe und Moräste zu passiren.

Daher hat sich in Madagaskar ein System des Reisens ausgebildet, welches dem Neuling im Anfang sonderbar vorkommt, ihn aber bald mit hoher Bewunderung erfüllen muß.

Man reist nämlich in einem Tragstuhl, welcher hier Filansana genannt wird.

Vier kräftige Männer nehmen die Tragstangen der Filansana auf ihre Schultern, und so geht es über weite Ebenen, durch Sümpfe und Moräste, über schwindelnde Stege, an steilen Abhängen hinauf und durch enge Schluchten hindurch. Das nöthige Gepäck wird an lange Bambusstangen angebunden und durch besondere Gepäckträger nachgetragen.

Die tägliche Löhnung per Mann beträgt im Durchschnitt 1 Franken 20 Centimes und Reis für den Unterhalt.

Auf meine Anfrage erschienen etwa 60 Träger. Ich ließ die Leute der Reihe nach vortreten und wählte mir 10 Träger aus, welche mir einen guten Eindruck machten. Auf größere Reisen thut man gut, Leute mit-

zunehmen, welche gut befreundet sind und daher gut miteinander aus-
kommen.

Die Leute aus dem Stamme der Betsimisaraka wies ich trotz ihrer
vortrefflichen Leistungen zurück mit Ausnahme von zweien, welche mir
als durchaus zuverläſſig bezeichnet wurden. Acht Träger wählte ich aus
dem Stamme der Howa. Ich verfehlte nicht, einen sogenannten luſtigen
Kerl mitzunehmen, damit er in die Truppe etwas Leben bringe. Diese
Rolle übernahm der Betsimisaraka Renimamamuna, der ein guter Sänger
war und viel Witz im Kopfe hatte.

Ich verfügte nun über ſtämmige, wohlgebaute Leute, muſterte dieſelben noch genau und ließ den Leuten mittheilen, daß ſie in der Frühe
des folgenden Tages zu erſcheinen haben, verlangte eine gute Aufführung
und Mäßigkeit im Branntweingenuß. Als Belohnung ſtellte ich ihnen
für jeden Abend ein Glas Rum in Ausſicht.

Die Leute waren erfreut, eine neue Reiſeroute einſchlagen zu
dürfen, und zogen unter Jubelrufen ab, um ſich dann am folgenden
Tage pünktlich einzuſtellen. Ich ging am Abend noch auf den Bazar,
kaufte eine Geldwaage und verſah mich mit einem genügenden Vorrath von
zerhacktem Silbergeld, um in den Dörfern Einkäufe machen zu können,
nahm auch noch verſchiedene Kleinigkeiten mit, um ſie bei paſſender Gelegenheit als Geschenke verabreichen zu können.

Mein Gepäck wollte ich übrigens nur auf das Nöthigſte beſchränken,
denn man ſagte mir, daß ich in den Dörfern Lebensmittel finden werde
und überall Gaſtfreundſchaft beanſpruchen könne.

Vor dem Abmarſch erſchien der Gouverneur Ranandreſa, inſtruirte
die Leute genau und befahl ihnen, mich zunächſt in ſein Dorf Mahaſoa
zu bringen, wo ich in einer ihm bekannten Familie das Nöthige für
meine Weiterreiſe finden werde. Er ließ mir für die erſte Nacht eines
ſeiner Häuſer anweiſen und ſagte den Trägern, daß für meine Stromfahrt
mir ein gutes Boot unentgeltlich überlaſſen werde. Er wünſchte mir gute
Reiſe, ich dankte und beſtieg meine Filanſana, um nach dem Urwald
aufzubrechen.

Es war dies am 8. Juli, alſo mitten im tropiſchen Winter. Unmittelbar vorher fielen heftige Regengüſſe, nunmehr ſchien ſich der Himmel
aufzuheitern.

Anfänglich fühlt man ſich etwas eng in dem Sitz, welcher an zwei
langen Holzſtangen befeſtigt ist.

Die Beine läßt man je nach Bedürfniß herunterbaumeln oder setzt die Füße auf die vordere eiserne Querstange. Vier Träger eilen mit dem Vehikel davon. Sie legen kein Kissen unter die Stangen, um den Druck zu mildern, dafür hat die Natur auf deren Schultern eine schützende Vorrichtung geschaffen in Form eines schwieligen Polsters, das die Stelle einer Unterlage vertritt.

Neben ihnen traben die Ersatzträger, welche von Zeit zu Zeit die vorigen ablösen. Der Transport erleidet keine Unterbrechung, denn mit großer Gewandtheit schlüpfen dieselben unter die Tragstangen und nehmen sie auf ihre Schultern.

Hinter der Filansana traben die Gepäckträger einher, und natürlich fungiren als solche die beiden Betsimisarakaleute, denn die Howa vermeiden diesen Dienst, wenn sie können. Vornehm traben sie mit ihrem „Waza", d. h. mit dem Weißen davon und beginnen die Betsimisaraka bald zu häufeln, weil ihre Last eine weniger werthvolle ist. Aber Renimamamuna hat ein gutes Mundstück und weiß stets mit einem beißenden Witz über die Howa zu antworten.

Der Weg führt anfänglich durch ausgedehnte Wiesen, in welchen die Zebuheerden weiden, und dann durch vereinzelte Bestände von Pandanusbäumen. Nach einer Stunde, indem man erst einige Sümpfe passirt, gelangt man in hübsche Waldpartien und erreicht nach einer weiteren Stunde das kleine Dorf Ivondro.

Hier fließt ein Strom von der Größe des Rheins vorbei, wird aber, trotzdem man sich in nächster Nähe der Küste befindet, durch eine angeschwemmte Sanddüne von bedeutender Größe gezwungen, den Lauf zu ändern und weiter südlich ins Meer zu münden.

Die Träger theilten mir mit, daß hier die Stromfahrt beginne und bis Mahasoa eine große Barke gemiethet werden müsse.

Die hier gebräuchlichen Pirogen sind mächtige Einbäume, welche 12—15 Personen zu fassen vermögen.

Die Filansana und das Gepäck wurden verladen, und nun ging's mit meiner Mannschaft stromaufwärts.

Das Gefühl ist zuerst kein angenehmes, denn der Rand des Bootes steht nur handbreit über Wasser.

Bei einer mäßigen Störung des Gleichgewichtes müßte das Wasser eindringen. Dieses beängstigende Gefühl, das durch die Anwesenheit der Krokodile keineswegs herabgemindert wird, verliert sich jedoch bald,

denn die Howa entpuppen sich als echte Malaien. Sie leisten als
Ruderer womöglich noch mehr denn als Träger, und das Boot gleitet
mit Eile stromaufwärts. Die starke Strömung wird mit Geschick ver=
mieden, und man hält sich in der Nähe des Ufers. Wo aber eine
starke Krümmung vorkommt, da wird der kürzeste Weg eingeschlagen und
der Strom schief durchfahren. Es ist eine pyhsiologisch interessante,
wenn auch nur ungenügend bekannte Thatsache, daß eine taktmäßige
Bewegung durch Musik und Gesang wesentlich erleichtert und geregelt
wird, und so haben sich bei den meisten Völkern Marsch= oder Schiffer=
lieder ausgebildet.

Es dauert denn auch gar nicht lange, so ertönen die madagassischen
Schifferlieder, welche für ein europäisches Ohr einen weichen, angenehmen
Klang besitzen und mit dem ewigen Refrain „He misiwa!" endigen.

Hinten im Boot sitzt der Steuermann, der gleichzeitig den Impro=
visator macht. In der stillen Voraussetzung, daß der Weiße am Abend
eine Flasche Rum opfern werde, beginnen Lobgesänge auf den im Boote
sitzenden Waza, in welche der Chor laut einfällt.

Der Improvisator verkündete, daß der Weiße ausziehe und aller=
hand merkwürdiges Gethier oder „Biby", wie die Madagassen sagen,
erbeuten wolle und mit seiner schönen Flinte bunte Vögel und den
schwarzen Babakota erlegen werde.

Kommt eine starke Strömung, dann hört der Gesang momentan
auf und es ertönt der kräftige Ruf „Maffe!" d. h. Rudert kräftig!
Er wird wohl auch kurz und kräftig wiederholt.

In der Nähe des Bootes zeigt sich plötzlich eine verdächtige Be=
wegung. Sie wird von einem Krokodil verursacht, das wohl dem Gesang
der Howa horchen wollte und seinen Rachen neugierig über Wasser hob.

Jetzt ruft der Steuermann fortwährend: Maff! Maff! bis man aus
dem Bereiche des gefräßigen Reptils gelangt ist. Diese Rufe stimmen
immer zu großer Vorsicht und machen den Eindruck der wiederholten
kurzen Töne der Lokomotivpfeife, wenn auf dem Gleise etwas nicht in
Ordnung ist.

Nach einer dreistündigen Fahrt bogen wir in einen Kanal ein und
hielten an. Die Leute sagten mir, daß wir das Dorf Mahasoa erreicht
haben und hier Rast machen werden.

Ich wurde ins Dorf getragen und vor einem Hause abgesetzt. Ich
wußte nicht recht, was ich da zu thun hatte, wurde dann aber bald

von einem Kreolen von der Insel Mauritius begrüßt, welcher hier Zucker baut und ein guter Bekannter von Ranandresa ist.

Ich erhielt die Einladung für das Abendessen, wurde aufs Freundlichste aufgenommen, und bald erschien eine stämmige Figur mit ausgesprochenem Kronprinzbart und erkundigte sich nach dem Ziel meiner Reise.

Ich erkannte in ihm unschwer einen Deutschen, es war ein aus Berlin stammender Herr von Plettenberg, welcher hier als Maschineningenieur eine Zuckerfabrik mit Dampfbetrieb einrichtete.

Er erzählte mir später beim Abendessen seine Schicksale, und ich hatte nicht gehofft, in diesem Madagassendorf mich in meiner Muttersprache so angenehm unterhalten zu können.

Am Nachmittag machte ich eine kleine Jagdpartie und erlegte einige Bienenfresser und einen hübschen Dicrurus, welche ich am nächsten Morgen abzubalgen beabsichtigte.

Abends sah ich mir noch das ziemlich große Dorf an und konnte beobachten, daß hier in zahlreichen Schenken dem Schnaps ordentlich zugesprochen wurde, die löbliche Polizeimannschaft gab mir sogar eine Ziehharmonika, um ihnen eine europäische Tanzweise aufzuspielen, und anerbot sich, im Freien einen Tanz auszuführen, wenn ich einen Liter Rum bezahle.

Am Abend spät meldeten sich noch meine Träger, um einen Piaster Vorschuß zu erhalten. Ich schlug dies jedoch ab, da ich ihnen bereits in Tamatave einen Vorschuß gewährte und die Leute sich offenbar in irgend einer Kneipe einen vergnügten Abend machen wollten.

Sie verkrochen sich hierauf in irgend einen Schlupfwinkel wie die Fledermäuse.

Ich übernachtete in einem Hause von Ranandresa und hatte sogar ein Bett mit Moskitonetz.

Ueber Nacht kamen nun allerdings die unverschämten Ratten, kletterten an dem Gesimse hinauf, wo meine geschossenen Vögel lagen, und stahlen dieselben.

Am folgenden Tage gaben die beiden Herren, welche mich so gastfreundlich empfangen hatten, mir einen zuverlässigen Madagassen mit auf die Reise, welcher ein kreolisches Französisch hinreichend vollkommen sprach, um mich über die alltäglichen Dinge auf der Reise zu unterrichten.

Ich fuhr nun den Strom Joondro weiter hinauf und erfreute mich an seinen mit üppigster Vegetation bewachsenen Ufern, aus deren Grün schöne Windenblüten massenhaft hervorleuchteten.

Nach einer mehrstündigen Bootfahrt bog ich in eine zur rechten Seite des Stromes gelegene Einmündung eines vielfach gekrümmten mäandrinisch verlaufenden Nebenflusses ein. Er führt den Namen Fanganbrano, was wörtlich übersetzt so viel als „Fluß der Geister" bedeutet. Dieser Name ist wohl auf die zahlreichen im Quellgebiet vorkommenden großen Halbaffen (Indris) zurückzuführen, welche nach den abergläubischen Vorstellungen der Madagassen von den Geistern der Vorfahren bewohnt werden und den Gegenstand großer Verehrung bilden.

Zu beiden Seiten der niedrigen Ufer beobachtet man außerordentlich fruchtbare Ländereien, theilweise unbebant, theilweise mit Bananen und Zuckerrohr bepflanzt. Vereinzelt tritt hier auch die Ravenala auf.

Beim Dorfe Kalwahary wurde zur Mittagszeit Halt gemacht, weil die Leute ihren Reis abkochen wollten. Es hatte den ganzen Vormittag geregnet, ich war durchnäßt und suchte meine Kleider zu trocknen.

Mein Führer wies mich in die Wohnung einer Howafamilie, welche mich gutmüthig begrüßte, mir eine saubere Matte auf dem Boden ausbreitete und mir einen Kochtopf und Fener herrichtete. Ich packte meinen Kochapparat aus, um Thee zu bereiten, und die Leute staunten über meine sinnreiche Einrichtung, welche man ihrer naiven Ansicht nach eben nur aus der großen Stadt Tamatave mitbringen kann.

Nachdem die Leute ihren Reis abgekocht, entstand vor dem Hause großer Lärm und Streit.

Ich erfuhr, daß meine Träger einem Nachbar einige Stücke Zuckerrohr gestohlen hatten, um ihren Reis mit dem süßen Saft der Stengel zu würzen.

Ich untersagte ihnen derartige kleine Diebstähle ein für allemal und drohte jeden Fehlbaren zurückzuschicken, worauf wieder Ruhe eintrat.

Nach einer kurzen Rast wurde die Reise fortgesetzt, und die Sonne ließ sich wieder blicken.

Die Uferlandschaft beginnt nun außerordentlich großartig zu werden.

Da und dort ist noch ein Stück Wald als Rest des einst vorhandenen Urwaldes zu sehen. Die Madagassen hüten diese kleinen Bestände und erklären sie als unverletzlich, als „fady".

An den Ufern wuchert ein undurchdringliches Dickicht von Lianen-
bambus, Rohr, Winden und Lianen, welche aus einer mächtigen Humusdecke entsprossen.

Fig. 17.

Der Baum der Reisenden (Ravenala madagascariensis).

Das Terrain beginnt hügelig zu werden, da und dort tritt am
Ufer der anstoßende Glimmerschiefer zu Tage.

Es treten jetzt drei Charakterpflanzen in den Vordergrund, welche den specifischen Charakter der Landschaft bezeichnen.

Zunächst ist es der immer häufiger werdende „Baum der Reisenden", die Ravenala der Madagassen. Die Verwandtschaft dieses zu den Pisang= gewächsen gehörigen Baumes mit der gewöhnlichen Banane springt sofort in die Augen.

Man denke sich auf einem grauen, schwammigen Strunk von wechseln= der Höhe einen riesigen Fächer befestigt, an den geraden Stangen des Fächers riesige Bananenblätter, welche vom Winde leicht eingerissen werden, zwischen den Blattstielen die zweireihig angeordneten hörnerartigen Früchte, bei welchen die Ebene des Fruchtstandes etwas schief zur Ebene des Fächers steht, so hat man die äußeren Erscheinungen des Baumes hinlänglich bezeichnet (Fig. 17).

Die frischen Blätter sind in jedem Madagassenhause vorräthig, man benutzt sie als Reisteller, als Servietten, man macht aus ihnen Löffel für den Reis, Wassergefäße zum Trinken u. s. w.

Einen zweiten Charakterbaum bildet die Rofiapalme (Raphia Ruffia), einer Kokospalme nicht unähnlich, aber mit rauhem Stamm, welcher in der Niederung nie hoch wird. Die 8—10 aus dem Stamme entspringen= den mächtigen Stangen tragen lange Fiederblätter, welche vom Winde unaufhörlich bewegt werden. An den Abhängen der Hügel sieht man diese Palme selten, dagegen sind die Thäler mit einzelnen Gruppen oder mit ausgedehnten Waldungen dieser Palme besetzt.

Was diese Palme für den Haushalt der Madagassen bedeutet, da= von bekommt man erst beim Herumwandern in den Dörfern eine richtige Vorstellung. Sie gibt dem Eingeborenen Nahrung, Kleidung und Wohnung und ist in Madagaskar das, was die Dattelpalme in den Oasen der afrikanischen Wüste vorstellt.

Die Hauptcharakterpflanze aber bildet der Bambus mit seinem zarten, gelbgrünen Blätterwerk, das stark gegen das dunkle Grün der Ravenala absticht.

Das gewöhnlichste Bambusrohr von Madagaskar, wahrscheinlich Bambusa Thouarsi, beginnt erst zwei Tagereisen von der Küste all= gemeiner aufzutreten, besitzt einen sehr gracilen Bau und wird vom leichtesten Windhauche bewegt.

Die zarten, etwa 6—7 Meter hohen Stangen stehen fast nie in Gruppen, sondern einzeln, und ihre Internodien sind häufig lebhaft gelb gefärbt.

Wollte man für diese Art eine zutreffende deutsche Benennung bilden, so wäre vielleicht die Bezeichnung „Farrenbambus" richtiger als jede andere.

An den etwas entfernteren Bergabhängen machen diese Riesengräser vollkommen den Eindruck gewaltiger Farrenwedel, indem aus den Knoten der Halme kleine Zweigbüschel entstehen und dann zu beiden Seiten je ein langer Seitenzweig, welcher mit lockerem Blätterwerk und mit Büscheln zweiter Ordnung bedeckt ist.

Wie in den Tropen der Alten Welt überhaupt spielen auch hier die Bambusen im Haushalt der Eingeborenen eine wichtige Rolle und werden in verschiedenster Weise benutzt.

Auch die Thierwelt beginnt nun reicher zu werden. Während der Stromfahrt fliegen die Reiher bald da bald dort auf. Es gibt hier zwei häufige Arten, ein blendendweißer Reiher (Ardea Idae) und eine dunkelbraune Art (Ardea atricapilla). In den Lüften wiegt sich schwalbenartig der bald grün bald goldigbraun schillernde Bienenfresser (Merops superciliosus), den die Madagassen in Nachahmung seines Geschreies Ziri-Ziri nennen.

Auf den Zweigen am Ufer hüpfen kleine Sänger, Honigsauger (Nectarinia souimanga) und der amselähnliche Uruwang (Hypsipetes ourouvang). In den Bambusen erkennt man nur mit Mühe die gelb=grünen Tauben (Vinago australis).

An den Ufern erblickt man zahlreiche Löcher, welche von dem igel=ähnlichen Taurek bewohnt werden. Zur Seite befindet sich das doppel=läufige Gewehr, um vom Boote aus eine in Schußnähe gelangte Beute zu erlegen.

So wird es früher, als man wünscht, Abend und das Boot legt an einem passenden Landungsplatze an.

Ich übernachtete im Dorfe Ambuduwangy. Mein Führer hatte hier einen Vetter, der uns Nachtquartier anbot.

Ich ließ ein fettes Huhn schlachten, bereitete eine schmackhafte Suppe und schenkte meinem Führer einen geräucherten Fisch.

Am nächsten Morgen war ich wie gerädert, da ich auf dem harten Boden geschlafen hatte. Die Hütte war nämlich so schwach gebaut, daß ich meine Hängematte nicht aufzubinden wagte, aus Furcht, die starke Belastung möchte den ganzen Bau niederreißen.

Ich präparirte die Beute des vorigen Tages, ließ die Leute erst abkochen, und fuhr gegen Mittag weiter stromaufwärts, traf erst eine mäßig entwickelte Vegetation, bald nachher aber den denkbar größten Pflanzenreichthum.

Die Bambusen hingen nach Art der Trauerweiden von den ziemlich hohen Ufern herab, an den Bäumen wucherten hübsche Orchideen (Angraecum) und seltene Farren, von ihren Zweigen hingen dicke Lianen in endlosem Gewirr herab.

Viele Bäume wurden vom Ufer in den Fluß hinaus gedrängt und ihre Aeste nöthigten uns, das Boot möglichst in der Mitte des Flusses zu halten.

Rechts und links erblickten wir zahlreiche Dörfer, welche meistens auf aussichtsreichen Anhöhen in der Nähe der Ufer stehen.

Am Abend wurde beim Dorfe Bianzaschka Halt gemacht. Der Dorfälteste wies ein Haus für mich und meinen Führer, und ein anderes für meine Träger an.

In den von mir bezogenem Hanse wohnte eine junge Howafamilie. Die Frau bot mir eine Matte zum Ausruhen und Holz zum Kochen an, schien aber im Uebrigen nicht sehr aufgeräumt.

Sie band ihren halbjährigen Sprößling auf ihre Lenden, wie dies die Madagassenfrauen allgemein zu thun pflegen; aber es geschah dies recht unsanft, und der in das Ueberkleid eingebundene Junge konnte kaum recht zu Athem kommen, machte aber dennoch ein ganz gutmüthiges Gesicht.

Die im Hanse herumlaufenden Hühnchen wurden von ihr in einen Korb gejagt und so unsanft herumgeworfen, daß sie zu schreien begannen.

Der Herr Gemahl nahm Abschied, aber die Frau wollte durchaus nicht abreisen und grunzte in einer Ecke neben dem Herd.

Ich beauftragte meinen Führer, in Erfahrung zu bringen, welches der Grund ihrer üblen Laune sei und warum sie nicht abziehen wolle.

Die Frau zeigte sich sehr erbost und ließ mir sagen, sie habe in meiner Jagdtasche eine grüne Taube bemerkt, sie werde dieselbe nicht im Hause dulden, weil dies sonst Unglück bringen könne; sie verlange, daß man sie entferne und während der Nacht im Bananengarten unterbringe. Ich ließ der Frau sagen, daß der Weiße sie als sehr einfältig betrachte und seine Taube nicht den Ratten zu opfern gedenke; der Waza werde die Taube im Hanse behalten und wünsche nicht weiter belästigt zu werden, worauf dann das Weib sehr unwillig abzog.

Ich ließ abkochen, nahm meinen Thee ein, ließ die Hängematte aufbinden und schlief vortrefflich.

Am nächsten Tage kam das Boot nur langsam vorwärts, da die Strömung des Flusses stärker wurde.

Ich ließ unterwegs an einem freien Platze halten, machte eine gute Ausbeute an Insekten, Spinnen und schwarzen Süßwasserschnecken oder Melanien, welche hier im Ufergebiet in großer Zahl vorkommen.

Unterwegs begegneten wir einigen Madagassenbooten, welche Bambus= stangen, Reis und reife Bananen an die Küste zu bringen gedachten.

Gegen Mittag erreichte das Boot den ersten Katarakt, und da über denselben nicht hinauszukommen war, so hatte die Stromfahrt vor= läufig ihr Ende erreicht, das Boot, welches Ranandresa mir zur Reise anvertraute, wurde ans Land gezogen und in Sicherheit gebracht.

In dem nächsten Dorfe wurde gehörig gefrühstückt, um sich auf die Landreise zu stärken.

Man nannte mir als seinen Namen Ballaronda. Die Leute waren mit der Verpackung von Reis stark beschäftigt, auch sah ich hier in mehreren Häusern Rofiagarne herstellen und färben. Die Frauen woben auf niedrigen Webstühlen die dauerhaften Rofiazeuge.

An diesen Wasserfällen trifft man meist ziemlich belebte Ortschaften, von welchen aus der Verkehr mit der Küste erfolgt.

Bis hierher kommen auch gewöhnlich die kreolischen Händler, um mit den Eingeborenen Handel zu treiben. Sie bringen Baumwolltücher, Indienne, Salz und Rum auf ihren Barken.

Der Handel ist meist ein Tauschhandel, und da größere Geldsummen fehlen, werden diese Waaren gegen Reis, Kautschuk und Wachs ein= getauscht.

Der Reishandel wird in diesen Gegenden dann ziemlich schwung= haft betrieben, wenn der Preis an der Küste zu steigen beginnt. In den Dörfern sieht man denn auch täglich die Frauen an den großen hölzernen Mörsern mit Reisstampfen beschäftigt, während die Männer dieses Getreide an den Bergabhängen sammeln und in die Dörfer tragen.

Ich wollte das Dorf verlassen, um den Landweg nach den Wäldern einzuschlagen, bemerkte aber zu meiner unangenehmen Ueberraschung, daß

mein Betsimisarakaträger Renimamamuna über Gebühr lustig zu werden
anfing. Er stellte sich vor mich hin, machte allerlei drollige Sprünge
und Complimente, rannte dann den Weibern nach und führte sich nicht
gerade sehr anständig auf. Ich sah, daß er sich mit Rum total be=
trunken hatte. Als Träger war er schlechterdings nicht mehr zu ge=
brauchen, da er mit dem Gepäck jeden Augenblick in den Koth stürzte,
welcher von dem in der Nacht vorher gefallenen Regen weich ge=
worden war.

Ich mußte das Gepäck einem Anderen übergeben, was ihn so
wüthend machte, daß er seine sämmtlichen Kleider wegwarf und sich
wie ein Stück Vieh im Koth wälzte.

Ich fand es für richtiger, denselben erst nüchtern werden zu lassen
und ihm dann einen derben Verweis zu geben.

Das Terrain wird nun ganz außerordentlich schwierig für den
Weitermarsch. Es ist monoton, und soweit das Auge reicht, sieht man
nichts als kleine Hügel und Thäler.

Aus der Perspective gesehen nimmt es sich etwa aus wie ein stark
bewegtes Meer mit Wellenbergen und Wellenthälern.

Die länglichen Hügel haben eine Länge von einem bis zwei Kilo=
meter und sind 100—200 Meter hoch. Der landschaftliche Charakter
bleibt derselbe bis zur Bergregion, nur daß die Hügel an Höhe fort=
während zunehmen.

Die Träger waren außerordentlich ausdauernd und kletterten die
Abhänge hinauf und hinab. Ich glaubte in meinem Tragstuhl bald
vorn= bald hintenüber zu fallen. Schließlich wurden die Wege so ab=
scheulich, daß ich nur zu Fuß weiter konnte und bei jedem Schritt in
den röthlichen, lehmartigen Schlamm einsank.

Ein schmaler Weg führt nun stundenlang durch einen Bambuswald.

Die Bäche und die Moräste mußte ich auf den Schultern meiner
Leute passiren.

Mit Sonnenuntergang hatte ich die Bambuszone hinter mir, sie
hört ziemlich schroff auf, und man nähert sich dem Gürtel des Urwaldes,
der sich durch sein düsteres Grün verräth. Da der Wald am Rande
fortwährend zerstört und abgebrannt wird, um Boden für den Bau von
Bergreis zu gewinnen, so trifft man anfänglich nur vereinzelte, übrig
bleibende Waldgruppen.

In einem kleinen Dorfe von fünf Häusern bezog ich das Nacht=
quartier. Da keine Hütte geräumt werden konnte, so nahm der Dorfälteste
mich in seiner Wohnung auf, während meine Träger in einem Reis=
schuppen Unterkunft fanden. Der Empfang war ein recht freundlicher,
und mir wurde zunächst ein Huhn und einige Bananen als Geschenk
angeboten.

Da ich meine Notizen in etwas unbequemer Lage auf den Knieen
niederschreiben mußte, so holte mir mein Wirth ein recht niedliches aus
Rofiafasern geflochtenes Tischchen herbei und bedeutete mir, ich möchte
auch diesen Gegenstand, der mir besonderes Interesse einflößte, als
Geschenk betrachten.

Die Häuser standen um einen freien Platz, auf welchem sich eine
hohe Stange mit einem Ochsenschädel erhob, und man sagte mir, daß
hier vor einiger Zeit ein Dankopfer stattgefunden habe.

Daneben stand ein Tisch mit gekochtem Reis und gedörrtem Fleisch,
sowie zwei mit Wasser gefüllte Bambusstangen. Diese Dinge sollten
dem erzürnten Geist angeboten werden, um ihn zu besänftigen. Es war
nämlich im Dorfe Jemand krank.

Zwei meiner intelligentesten Träger hatten mir mein Nachtessen
zubereitet.

Ich führte eine Flasche Bittern mit und ließ dem Alten ebenfalls
ein Glas reichen, was ihm sehr mundete. Er bat auch um ein Glas
für seine Frau.

Meine Hängematte kam ihm als ein sehr luftiges Möbel vor, und
er holte mir noch ein Kopfkissen, das mit Palmstroh gefüllt war, dann
kroch er mit seinem Weibe in einen weiten Sack aus Palmzeug, welches
sein Familienbett vorstellte.

Er träumte wohl von meinem Bittern, nach welchem er in der
Frühe des folgenden Tages sammt seiner Frau Verlangen zeigte.

Ich schenkte ihm ein Silberstück und erhielt von ihm noch drei
hübsche aus Gras geflochtene und gefärbte Servietten. Der Alte ließ
sein Weib zu Hause und sagte, daß er mir für die nächsten Tage auf
der Reise Gesellschaft leisten werde.

Die Wege wurden noch abscheulicher, die Waldungen ausgedehnter:
nach einer fünftägigen Reise befand ich mich endlich mitten im Urwalde.

Ich befand mich wieder an einer der vielen Krümmungen des Flusses Fangandrano und bezog mein Quartier im Dorfe Schaharame. Es ist dies ein Nest von sechs Häusern und einem Hühnerstall.

Die Hütten sind ärmlich und in diesen Urwalddörfern etwas anders gebaut als in der Nähe der Küste. Ihre Bedachung besteht nicht aus den Blättern vom Baum der Reisenden, sondern aus den getrockneten Halmen und Blättern der Langozy=Pflanze, einer Amomum=Art.

Die Leute sahen auch sehr ärmlich aus, machten mir aber im Ganzen einen guten Eindruck mit Ausnahme einer jungen Frau, welche durch den Schnapsgenuß ziemlich heruntergekommen schien.

Ich hatte das Bedürfniß, ein erfrischendes Bad zu nehmen, und fühlte mich durch dasselbe wieder gestärkt.

Es ist still und geheimnißvoll in dem majestätischen Urwalde, der sich im Mondlicht fast gespensterhaft ausnimmt. Ueber Nacht bilden sich in den Schluchten und am Flusse dichte Nebel, welche erst von der Morgensonne verscheucht werden.

In der Ferne hört man das dumpfe Rauschen eines Wasser= falles.

Ich packte hier meine Instrumente und begann mit meinen Leuten tägliche Excursionen in die Umgebung zu machen.

Aber die Arbeit in dem Waldgebiete ist außerordentlich mühsam und das Anlegen von Sammlungen stößt auf Schwierigkeiten, von denen man keine Ahnung hat.

Die Madagassen sind voll von Vorurtheilen und abergläubischen Vorstellungen.

Mein Führer hielt sich für sehr aufgeklärt und sagte mir mit nicht geringem Stolze, daß in seinen Adern auch etwas weißes Blut fließe, was ihm seiner Umgebung gegenüber eine gewisse aristokratische Ueber= legenheit verlieh; aber nichtsdestoweniger war er eben Madagasse.

Gewisse Dinge, auf welche ich Werth legte, verbot er mir zu sammeln, bis ich mich schließlich auflehnte und erklärte, daß ich hier zu befehlen habe.

Momentan wirkte das, ich durfte nach Belieben sammeln, aber dann verschwanden bald nachher gewisse Objecte mit einer erstaunlichen Regelmäßigkeit.

Der Urwald ist im Ganzen nicht so belebt, wie man erwarten sollte, es herrscht eine gewisse feierliche Stille.

Nur am Morgen, wenn die rauchenden Nebel aus dem Thale auf=
steigen und die Sonne die kühle Morgenluft verscheucht, dann hört man
regelmäßig um acht Uhr herum ein wahrhaft infernalisches Concert und
an allen Ecken und Enden ertönen die Thierstimmen.

Es ist der von den Madagassen verehrte Babakota (Indris brevicaudatus), ein großer, schwarzer Lemure, welcher uns seinen Morgen=
gruß aus dem Urwalde herüberschickt.

Dieses Geheul und Geschrei macht anfänglich einen fast unbeschreib=
lichen Eindruck, und ich begreife, daß dieses Thier in dem Vorstellungs=
kreise der Eingeborenen eine hervorragende Stelle einnehmen muß.

Erst klingt es wie das schmerzliche, langgezogene Geheul eines
Hundes, dann wird der Ton höher und klingt nun auf einmal wie das
Gejohle eines lärmenden und stark angeheiterten Weinbruders, endlich
steigt der Ton noch mehr und klingt wie das Gewimmer eines Kindes,
um plötzlich zu verstummen.

Aber man sieht keinen einzigen dieser Gesellen, obschon mindestens
ein halbes Dutzend in der nächsten Nähe des Dorfes sein müssen.

Mein Führer hat mir vor dem Aufbruch nach dem Walde ver=
sprochen, diesen im Astwerk herumkletternden Lemuren zu zeigen, und
schwur, daß ich mindestens fünf Stück erlegen werde.

Aber erst am dritten Tage zeigte er mir eine Stelle, wo eine solche
Bestie sitze. Sie war nur 200 Schritte vom Dorfe entfernt.

Ich nahm meine doppelläufige Flinte und begab mich in Schuß=
nähe, ohne daß der Halbaffe sich rührte.

Der erste Schuß ging in den Hinterkörper und verletzte das Rücken=
mark, denn er ließ die Hinterbeine hängen und kletterte mit den Armen
an einer Liane herab.

Der zweite Schuß ging durch den Kopf, und lautlos fiel die Beute
zu Boden.

Meine beiden Betsimisaraka schüttelten die Köpfe ob dieser Unthat,
und ein Howa suchte die Beute im Gebüsche auf, lud sie auf seine
Schultern, um sie ins Dorf zu tragen.

Aber schon hatte man im Dorfe die Sache sehr übel aufgenommen,
die sonst so sanften Bewohner veranstalteten eine kleine Revolution, und
der Dorfälteste drohte mir mit Kündigung der Gastfreundschaft, sofern
das Thier ins Dorf getragen würde.

Ich wußte wohl, was das zu bedeuten habe, und fügte mich. Das Thier wurde an eine leicht zugängliche Stelle im Walde getragen.

Hätte ich nun als Träger ausschließlich Betsimisaraka mitgenommen, so hätten diese mich während der Nacht ganz bestimmt verlassen und ich hätte ruhig allein im Urwalde sitzen können.

Meine Howaträger waren dagegen viel vorurtheilsfreier. Da es bereits an Fleisch gebrach, zündeten die Leute ein Feuer an, und die Keulen des Halbaffen wurden geröstet.

Der alte Herr schmeckte sehr zähe, ich konnte nur wenig davon genießen, während die Howa mit den Resten bald aufräumten.

Die weitere Ausbeute an solchen Babakota war rein illusorisch, da mein Führer hier offenbar sich nicht weiter compromittiren und die Geister seiner Vorfahren schonen wollte. Er führte mich stets an Stellen, wo kein Stück vorhanden war. Feder-wild war reichlich zu sehen.

In den Wipfeln der freistehenden Waldbäume bilden die schwarzen Papageien (Coracopsis nigra) sehr häufige Erscheinungen. Von den einsamen blauen Tauben mit dunkelrothen Schwanzfedern (Funingus madagascariensis) erlegte ich mehrere Stücke.

Das Geschrei der blauen Kuckucke (Cona coerulea) hört man überall, an den Bächen sind die Eisvögel gemein. Sie sind unserem europäischen Eisvogel nahestehend, haben aber eine aufrichtbare Federhaube.

Da das Unterholz nur wenig entwickelt ist, kann man im Waldgebiete überall durchkommen und den kleineren Lebeformen nachgehen. Sie sind übrigens weniger zahlreich, als man vermuthen sollte.

Fig. 18.

Ein Termitenbau.

Im Waldinnern kommen Dagfalter und Nachtschmetterlinge vor, welche aber nur schwer zu entdecken sind, da sie die Bodenfarbe sehr getreu nachahmen.

Zwei Thierformen sind dagegen unglaublich stark vertreten, nämlich die Ameisen und Dermiten.

Die gestürzten Stämme, welche sich oft quer über die Wege legen, werden von ihnen nach allen Richtungen durchnagt und zerstört.

Eine braune Dermite macht am Waldrande in einer Höhe von 60—70 Fuß gewaltige Nester von kugeliger Gestalt und baut an den Stämmen hinauf bis zur Wohnung gedeckte Gänge von schwarzer Farbe.

Eine sehr bissige, schwarze Ameise macht ganz ähnliche Nester, und die Dräger verzogen immer sehr charakteristisch das Gesicht, wenn ich sie zum Herunterholen dieser Nester aufforderte. Sie deuteten durch lebhafte Geberden an, daß die Insassen beißen.

Wenn ich von meinen Excursionen zurückkehrte, so konnte ich wiederholt beobachten, daß meine Dräger an den Beinen bluteten, und zu meiner nicht geringen Ueberraschung entdeckte ich als Ursache einen kleinen, braunschwarzen Landblutegel, welcher spannerartig mit ziemlicher Behendigkeit herumklettert und offenbar sehr häufig ist.

Er belästigt den Menschen, indem er sich auf der Haut festsetzt und Wunden verursacht.

Sein Vorkommen im Waldgebiet von Madagaskar ist vielleicht von großem thiergeographischen Interesse, da bekanntlich in den Wäldern von Ceylon ein kleiner Landblutegel (Hirudo ceylanica) die gleiche Lebensweise besitzt und hier also wieder ein Hinweis mehr vorliegt, daß die madagassische Thierwelt in ihrer Herkunft auf den Osten zurückgeführt werden muß.

Auf freien Plätzen ist die Gliederthierwelt nicht arm an sehr merkwürdigen Formen.

An Spinnen erbeutete ich wiederholt an Abhängen unter Steinen die gefürchtete Menavody (Latrodectes), und zum großen Entsetzen meines Führers, welcher die mir bevorstehende Gefahr in der ausdrucksvollsten Weise schilderte, nahm ich die interessante Spinne ganz ungestraft zwischen meine Finger.

Hier kommen auch die sonderbar gestalteten Gasteracantha-Arten ungemein häufig vor und legen Netze nach Art unserer Kreuzspinnen an.

Hier fand ich auch zum ersten mal die seltene und äußerst elegant gezeichnete Epeira mauritia, deren Hinterleib mit glänzenden Silberreifen geziert ist.

An Schmetterlingen flogen, trotzdem wir uns mitten im tropischen Winter befanden, zahlreiche Formen, meistens Acräa=Arten, darunter die schöne Acraea Ranavalona.

Ich fand jedoch bald, daß ich einer großen Schwierigkeit entgegen= gehen mußte, daß die täglichen Ausgaben des Körpers, welche sich bei den mühsamen Fußtouren in der näheren und ferneren Umgebung er= höhten und meine ganze physische Kraft in Anspruch nahmen, mit den mir zu Gebote stehenden Einnahmen in Conflict gerathen mußten — die Buchhaltung klappte nicht mehr und ich begann bereits mit erheblichen Deficiten zu arbeiten.

Die Gastfreundschaft wurde in dem Urwaldorfe wie überall geübt, aber die Leute hatten nur Reis und sehr wenig Geflügel. Wo nichts ist, da hat sogar der Kaiser sein Recht verloren.

Was die Leute an Fleischwaaren zu verlaufen hatten, bestand in einem mageren Huhn und zwei Poulets. Ich hatte zwar Vorräthe von Chocolade, Thee und condensirter Milch, welche mich noch aufrecht erhielten.

Ich schickte meinen Führer aus, um Requisitionen zu machen. Alles was er auftreiben konnte, war ein Ei und drei Maniokwurzeln. Nicht einmal Bananen waren erhältlich.

Die Waldbewohner lebten von ihrem Reis und unterhielten mich jeden Abend mit einem Spiel, welches Piripetaka genannt wird und mit Bambustrommel und Händeklatschen begleitet wird. Aber ein ordentliches Stück Rindfleisch wäre mir offen gestanden viel lieber gewesen.

Dann befand ich mich deswegen in einer unangenehmen Lage, weil mir die Vorräthe an Tabak ausgingen. In der Meinung, die= selben recht sorgfältig zu verpacken, hatte ich sie just vergessen, und sie lagen bei meiner Rückkehr schön geordnet in Damatave.

Schließlich hatte ich offenbar in Folge von Trinkwassergenuß wieder= holte Anfälle von Erbrechen und wurde sehr verstimmt.

Nach einem Aufenthalt von fünf Tagen reiste ich ab, um die nächste Barke am Fangandrano zu erreichen. Nach einem langen und beschwer= lichen Marsche erreichte ich ein kleines Dorf, in welchem ein halbes Dutzend Eier aufzutreiben war.

Mein Führer hatte in dem gegenüberliegenden Dorfe einen Vetter, der natürlich besucht sein mußte. Er holte dort auch die Erlaubniß zur Benutzung einer Barke, und ich sah in der Ferne einen Howaoffizier fortwährend lebhaft gestikuliren.

Nachdem ich eine Stunde gewartet und der Offizier immer noch leb=
haft in der Luft herumfuchtelte, glaubte ich, man wolle uns die Barke
verweigern, und ließ mich ans andere Ufer hinübersetzen.

Der schmucke Howaoffizier mit weißer Lamba und einem Phantasie=
hut aus schwarzem Wachstuch trat in militärischer Haltung auf mich
zu und bewillkommnete mich mit dem gewöhnlichen Gruß: „Finatal"

Es herrschte ein sehr munteres Leben in seiner Umgebung, und mit
dem Rum schien man sehr freigebig zu sein.

Ich erfuhr, daß hier eine sogenannte Zifakara abgehalten werde,
d. h. der Offizier hatte eben einen Ochsen schlachten lassen, als Dank=
opfer dafür, daß er aus dem letzten Kriege mit den Franzosen mit heiler
Haut davongekommen war.

Er trat, nachdem er einen Augenblick in seine Behausung gegangen,
auf mich zu und überreichte mir auf einem frischen Bananenblatte eine
blutende Ochsenzunge als Geschenk.

Diese Ochsenzunge kam mir wahrlich sehr gelegen und ich ließ ihn
fragen, welches Gegengeschenk ihm angenehm sei. Er bat um einige
Zündhütchen und eine Hand voll Schrot, was ich mit Vergnügen
gewährte.

Mein Führer war nur mit größter Mühe weiter zu bringen. Er
hatte noch alles Mögliche mit den Leuten im Dorfe zu plaudern. Dann
brachte ich später heraus, daß er in einem nicht weit entfernten Dorfe
zu übernachten gedachte, weil er dort noch eine Vase besuchen wollte,
und daher die Abfahrt möglichst hinauszog, bis ich unwillig wurde.

Endlich konnte ich mit dem Führer abfahren, die Träger schickten
wir den Landweg flußabwärts.

Zwei herkulische Betsimisaraka übernahmen die Bootfahrt um einen
Piaster.

Ich hatte am nämlichen Tage noch eine Reihe von Stromschnellen
zu passiren und bewunderte die Ruhe und Geschicklichkeit unserer Boots=
leute.

Bei der zehnten Stromschnelle wurde angehalten und in einem
sehr hübschen und belebten Dorfe übernachtet. Es herrschte hier offenbar
große Wohlhabenheit, die Reisschuppen waren alle gefüllt, in der Um=
gebung waren große Bananengärten zu sehen, und die Kaffeekultur
wurde ziemlich stark betrieben, Geflügel war in den Höfen in Fülle
vorhanden.

Die Ochsenzunge lieferte eine ausgezeichnete Suppe und schmeckte vortrefflich. Ich hatte mich wieder einmal satt essen können; das geweckte und freundliche Aussehen der Dorfbewohner verscheuchte meine Verstimmung, ja die guten Leute brachten mir noch kleine und sehr schmackhafte Bananen zum Nachtisch.

Etwas Dabak hätte mich nunmehr glücklich gemacht, aber mein Führer brachte die unerfreuliche Kunde, daß solcher im ganzen Dorfe nicht zu haben sei.

In der Noth wird man erfinderisch und lernt sogar madagassisch reden.

Ich hatte beobachtet, daß die Madagassen den Dabal „tombako" nennen, mit dem Namen „raven" zunächst die großen Bananenblätter bezeichnen, diesen Ausdruck aber überhaupt für jedes Blatt brauchen.

Ich frug nun bei den Eingebornen überall: „Raven tombako?" Vielleicht ließen sich noch gebeizte Tabakblätter auftreiben, aus welchen die Eingeborenen durch Zerreiben ihren Kautabak bereiten. Es war in der That im Dorfe noch ein einziges Tabakblatt vorhanden, das mir gebracht wurde und welches in zerschnittenem Zustande einige Pfeifen Dabak zu liefern vermochte.

Meine gute Laune kehrte wieder zurück.

Sie stellte sich auch bei meinen Trägern ein, und zwei derselben hatten dem Rum wieder stark zugesprochen. Natürlich war Renimamamuna auch wieder dabei und fing an zu lärmen.

Ich wies ihn zur Ordnung, er machte vor mir einen Fußfall und betheuerte seine Ergebenheit, worauf ich ihn sein Nachtlager aufsuchen hieß und ihm Stille gebot.

Ich hatte tagelang den Kaffee entbehren müssen, und zu meiner angenehmen Ueberraschung trat am nächsten Morgen eine recht freundlich aussehende Howafrau in meine Wohnung, in der einen Hand eine Tasse mit Löffel, in der anderen eine blecherne Kaffeekanne.

Sie kniete mit einiger Grazie vor mir nieder, sagte, daß das Dorf sich durch den Besuch eines Weißen beehrt fühle, und überreichte mir mit sehr viel Anstand eine Tasse vortrefflichen Kaffee, trank erst einen Löffel voll daraus und bat mich das Geschenk anzunehmen.

Es ist nämlich hier allgemein Sitte, daß der Gastgeber oder dessen Frau erst etwas genießt, um den augenscheinlichen Beweis zu leisten, daß man sich vor einer Vergiftung nicht zu fürchten habe.

In einem Lande, wo das Gift einst eine so bedeutungsvolle Rolle gespielt hat, ist diese Sitte vollkommen verständlich.

Ich hatte noch fünf weitere Stromschnellen zu passiren, bis ich mein zurückgelassenes Boot wieder erreicht hatte.

Dann genoß ich wieder die ganze Poesie einer Flußfahrt in den Tropen, wo man mitten durch die herrlichsten Uferlandschaften fährt.

Nach einer weiteren Tagereise langte ich wieder bei dem Dorfe Mahasoa an.

Die Dräger und Ruderer jubelten, denn die Reise war auch für sie anstrengend. Ich durfte mit ihren Leistungen in vollem Maße zufrieden sein.

Sie ließen sich mit Leichtigkeit leiten, waren stets heiter und zufrieden und bedienten mich mit großer Aufmerksamkeit.

Die Politik, welche man mit diesen Leuten einzuschlagen hat, ist eine sehr einfache. Man muß möglichst wenig in ihre Angelegenheiten hineinregieren, sie gut behandeln, aber im gegebenen Moment einen ruhigen und festen Willen zeigen.

Die Brandung der Küste war wieder hörbar, die Strecke bis nach Damatave war bald zurückgelegt, denn die Dräger machten es wie die Gäule, wenn sie wieder dem heimatlichen Stall zustreben.

Je mehr wir uns der Stadt näherten, um so schärfer wurde der Trab.

Das Fort von Damatave tauchte in der Ferne wieder auf, nach einer zweiwöchentlichen Abwesenheit war ich wieder an der Küste angelangt, nachdem ich über Land und Volk neue und merkwürdige Eindrücke gewonnen hatte.

XI

Fahrt nach Diego Suarez.

Bald nach der Rückkehr aus dem Innern von Madagaskar zeigte sich eine Gelegenheit, nach dem Norden der Insel zu reisen, indem der Dampfer „Erymanthe" nach Zanzibar zu fahren beabsichtigte und auf seiner Route verschiedene Punkte der Küste berührte.

Der Norden von Madagaskar ist noch sehr wenig bekanut, und da ich namentlich auch das marine Leben genauer zu verfolgen trachtete, so schien mir die große Bai von Diego Suarez eine Lokalität zu sein, welche allen meinen Wünschen entsprechen kounte.

Sie ist gegen das offene Meer sehr geschützt, ist sehr ausgedehnt und versprach den Vortheil, daß ich dort eine europäische Gesellschaft antreffen kounte, indem die Franzosen dieses Gebiet als Eigenthum er= worben haben.

Ich erinnerte mich ferner der Angaben, daß hier nicht allein die schönste Bucht der Welt existire, sondern nach Leguevel de Lacombe ist die Gegend gesund, mit Süßwasser reichlich versehen, die schönsten Wälder des Landes sollen in der Nähe vorkommen, also mußte dieses Gebiet in faunistischer Hinsicht sehr ergiebig sein.

Zwar lauteten die mündlichen Berichte, welche ich einzog, etwas widersprechend, und ich konnte aus denselben nicht recht klug werden.

Ich ließ meine Kisten nach Diego Suarez aufgeben, aber ich empfand vor und während der Reise ein gewisses Gefühl der Unruhe und des Mißbehagens, ich hatte fortwährend eine unbestimmte Ahnung, als müßte diese Fahrt nach Diego schief verlaufen.

Der Dampfer fuhr am 25. Juli von Damatave ab und erreichte in 7 Stunden die kleine Insel St. Marie.

Die Gesellschaft an Bord war eine zahlreiche und bestand meist aus Kreolen und Mulatten, welche nach der neuerworbenen Militärstation

Diego Suarez fuhren, und einigen Europäern, welche nach Mozambique hinüberzureisen gedachten.

Ich sah bald, daß man gegenüber dieser Mulattengesellschaft auf der Hut sein mußte, wenn man nicht bestohlen werden wollte. Trotzdem verschwand mein Feldsessel auf räthselhafte Weise, ohne daß ich ihn je wiederzusehen bekam.

Bei der Ankunft sah ich von der Insel rein nichts, da der Regen in Strömen niederfiel, ich konnte also nur bestätigen, daß man St. Marie nie anders als bei Regenwetter sehen kann. Am folgenden Tage sah ich jedoch den Hafen und die nächste Umgebung, da der Regen aufgehört hatte.

Der Hafen von St. Louis im Südwesten der langgestreckten schmalen Insel liegt ziemlich genau unter dem 17. Grad südlicher Breite und ist von vegetationsreichen, lachenden Ufern umgeben. Die Insel ist verhältnißmäßig flach, daher man sie erst erblickt, wenn man in ihre unmittelbare Nähe gelangt. Das benachbarte Festland ist nur 5—6 Meilen entfernt und kann bei günstigem Winde mit einem Segelboot in einer Stunde erreicht werden.

Im Süden und Westen dehnen sich flache Korallenbänke aus, welche zu einiger Vorsicht mahnen.

Die Zahl der Bewohner beträgt etwa 7000 Seelen. Die Eingeborenen stammen von der gegenüberliegenden Küste und betrachten sich als Nachkommen Abraham's, weshalb die Insel auch als „Abrahamsinsel" oder Nossi Ibrahim bezeichnet wird. Die Madagassen von St. Marie gehören zum Stamme der Betsimisaraka, sind durchweg hoch gewachsene, stämmige Gestalten, in welchen ich auch nicht die mindeste Andeutung semitischen Blutes zu erkennen vermag. Sie lieben die Beschäftigung zur See und liefern den französischen Dampfern geschickte und zuverlässige Matrosen.

Auf der Insel wird Reis, Maniok, Zuckerrohr und Kaffee gebaut. In jüngster Zeit hat man auch den Versuch gemacht, Kautschukpflanzungen anzulegen, was mir sehr zweckmäßig erscheint, denn bei richtiger Pflege wird die Kautschukliane gewinnbringender als jede andere Pflanze sein.

Die Kokospalmen, Arekpalmen, die Mangobäume und die Ravenala gedeihen auf der Insel vortrefflich, da die Bewässerung reichlich vorhanden ist. Im Küstengebiete kommen auch größere Waldbestände vor.

St. Marie befindet sich seit Anfang dieses Jahrhunderts in dauern=
dem Besitze der Franzosen.

Die formelle Besitznahme erfolgte am 18. October 1818 durch den
Handelsagenten Jean=Baptiste=Silvain Roux, welcher von Bourbon
herüberkam, die französische Flagge aufpflanzte und sie durch einen
gewissen Aubert hüten ließ.

Die Verwaltung der Insel ist keine selbständige, sondern derjenigen
von Réunion unterstellt.

Der Platz hat vorwiegend militärische Bedeutung, aber als Kolonie
ist er nicht zu großem Aufschwung gelangt. Er gilt auch als ungesund,
ob mit Recht vermag ich nicht zu beurtheilen.

Unser Schiff hatte nur wenig Waaren auszuladen und noch weniger
einzunehmen.

Die Zahl der Passagiere vermehrte sich um ein Dutzend Mada=
gassinnen, welche nach Diego Suarez reisten und das Verdeck bezogen.

Unsere schwarzen Matrosen erwiesen ihnen viel Aufmerksamkeit und
ließen es an Galanterie nicht fehlen, wie denn der Madagasse überhaupt
sehr gut gelaunt wird, wenn er sich in weiblicher Gesellschaft befindet.
Die schwarzen Schönheiten zeichnen sich nicht durch allzugroße Spröidig=
keit aus und verschwanden mit Einbruch der Nacht in dem Matrosen=
raum, obschon keine Spur von Regen vom Himmel fiel.

Von St. Marie aus hat man ziemlich genau 24 Stunden Fahrt
bis zu dem wichtigen Küstenplatz Vohemar. Man fährt zunächst an
der weiten Bucht von Antongil vorbei, die Berge werden niedriger und
die Waldregion tritt im Norden der Bucht hart an die Küste heran.

Die an der genannten Bai liegenden Länder haben im vorigen Jahr=
hundert viel von sich reden gemacht und bildeten einst das berühmte
Königreich des Grafen Beniowsky, welcher die Pariser jahrelang in
Aufregung zu bringen verstand.

Dieser Beniowsky war eine der merkwürdigsten und abenteuerlichsten
Figuren des vorigen Jahrhunderts.

Wegen politischer Vergehen von der russischen Regierung nach
Kamtschatka verbannt, wußte er dort sich beim Gouverneur einzuschmeicheln,
konnte entfliehen und wurde in den asiatischen Gewässern mit seinem
Gefährten vom Kapitän eines Kauffahrteischiffes aufgenommen. Dieser
hatte tausend Aengste auszustehen, da der Herr Graf auf dem Schiffe

beinahe eine Revolution angestiftet hatte, und er war froh, daß er sich auf Réunion der Gesellschaft entledigen konnte.

In der Kolonie trat der Abenturier als Bombastus auf, den man überall verlachte, kam dann nach Paris und war als interessante Per= sönlichkeit einige Zeit hindurch der Abgott der Pariser, wußte sich beim Ministerium einzuschmeicheln und wurde mit der Aufgabe betraut, in Madagaskar eine Kolonie zu gründen. Der Gouverneur von Réunion widersetzte sich diesem Vorhaben, da er offenbar längst die Gestalt von Beniowsky erkannt hatte. Man hat dies als kleinlichen Neid ausgelegt; allein wer das Leben der Kolonie kennt, wird gestehen müssen, daß es der Verwaltung in Réunion durchaus nicht gleichgültig sein konnte, was in Madagaskar vorging.

Beniowsky landete 1774 in der Bai von Antongil, gründete gerade an der ungesundesten Stelle den Ort Louisbourg, umgab sich mit einer phantastisch ausgeputzten Bedeckung, verwickelte sich in einen Krieg mit den Sakalaven, eine alte Madagassin wurde für den Schwindel gewonnen, in ihm einen Prinzen zu erkennen, und bald ließ er sich von den Ein= geborenen zum König krönen.

Man hat daraus argumentiren wollen, daß in ihm ein kolonisato= risches Genie vorhanden sei, das großen Nutzen hätte stiften können; aber man vergißt, daß die Eingeborenen für weißes Blut von jeher eine be= sondere Achtung hatten, und daß in gleicher Weise einst ein Korporal ein Königreich gründete, und noch in diesem Jahrhundert ein einfacher Mulatte König von Damatave war.

Die Pariser, welchen der Graf einige Zeit zur Unterhaltung diente, jubelten wieder einem anderen Tagesgötzen zu, man verabschiedete ihn mit einem Ehrensäbel, der Madagassenkönig fühlte sich in seiner Eitel= keit gekränkt und revoltirte. Aber man hatte nicht die Absicht, den Kolonialschwindel weiter zu dulden, und eine Kugel zerschmetterte schließ= lich das Gehirn des Abenteurers auf dem Schauplatze seiner Thaten.

Am 27. Juli fuhren wir in den Hafen von Vohemar ein und ankerten hart in der Nähe des südlichen Ufers.

Ich stieg mit einigen Beamten ans Land, um noch eine größere Jagdpartie auszuführen.

Am Ufer wehte die Howaflagge, ein weißes Tuch, welches in der rechten unteren Ecke ein rothes Feld besitzt und in der Mitte eine goldene Krone und die Buchstaben R M (Ranavalona Manjaka) trägt.

Die Beamten der Königin saßen ziemlich nachlässig unter einem Mangobaum, ließen aber die Passagiere des Schiffes ungehindert eintreten.

Vohemar, ein Ort von etwa 180 Madagassenhütten und einigen europäischen Wohnungen, liegt am südlichen Ufer des gutgeschützten Hafens und macht einen recht günstigen Eindruck. Die Küste ist fruchtbar und in der Nähe kommen ausgedehnte Wiesen und Waldbestände vor. Ein großer Wald dehnt sich hinter dem Ort im Süden und Westen aus.

Der Handel des Ortes ist nicht ohne Bedeutung, und namentlich ist die Ausfuhr von lebenden Ochsen von jeher beträchtlich gewesen.

Die Lage des Ortes ist eine sehr gesunde und würde sich für eine Kolonie vortrefflich eignen.

Die Lebensmittel sind außerordentlich billig, ein ganzes Filet ist um 15 Centimes erhältlich und das Fleisch wird nicht etwa abgewogen, sondern nur ungefähr zu Haufen geordnet; für 40 Centimes erhält man ungefähr 6 Kilogramm gutes Fleisch.

Ich hätte an diesem hübschen Orte gern für einige Wochen verweilt, da die Umgebung mir eine gute naturhistorische Ausbeute lieferte. In den Waldungen erbeutete ich einen auffallend schönen Kuckuck (Coua), zahlreiche Honigsauger und einen Sperber, unter Laub und abgestorbenen Stämmen höchst eigenthümliche und große Blattiden und Grillen, in den brackischen Gewässern große Potamides=Arten. Auf Wiesen erlangte ich die in Madagaskar sonst nicht zahlreichen Dungkäfer.

Von Vohemar bis Diego Suarez dauerte die Fahrt genau 12 Stunden.

Die Berge werden niedriger und die Küsten flacher.

In der Ferne bildet der Mont Amber, von dunkeln Waldungen umgürtet, die einzige bedeutende und weithin sichtbare Erhebung.

In der Nähe der Küsten erblickt man überall Rauchmassen und in der Nacht ist der Horizont vom Feuer geröthet.

Die Madagassen pflegen vor dem Eintritt der Regenzeit die Grasflächen anzuzünden und die Wälder an den Abhängen niederzubrennen, um den Boden für die Anpflanzung von Reis vorzubereiten.

Es wäre wohl zu wünschen, daß dem Zerstören der Wälder in der Nähe der Küsten etwas Einhalt geboten würde, da in Folge derselben ein werthvolles Gut der Insel sinnlos vernichtet wird.

Je mehr ich mich der Bai von Diego Suarez näherte, um so bedeutender wurden meine Hoffnungen herabgestimmt, da ich von der üppigen Vegetation auch keine Spur mehr erkennen konnte, in der Nähe ausgedehnte Plateaus ohne ordentliche Vegetation, im Hintergrunde aber nur nackte Höhen vulkanischen Ursprungs erblickte.

Der Eingang in die Bai, welcher im äußersten Norden der Insel unter 12 Grad 14 Minuten südlicher Breite liegt, ist nur etwa zwei Kilometer breit, und da er noch theilweise durch eine kleine Insel, Nossi Volane, versperrt wird, so reduzirt sich die Einfahrtsstelle auf etwa einen Kilometer. Sie liegt im Süden der Insel, nördlich können der Riffe wegen keine größeren Fahrzeuge eintreten.

Die Bai selbst ist etwa 10 Kilometer tief und fast ebenso weit. Der Ankergrund ist vortrefflich und hinreichend tief, um eine Landung in nächster Nähe der Küste zu ermöglichen. Mögen auch draußen die gefürchtetsten Stürme toben, die Schiffe sind in dieser Bai sozusagen absolut geschützt. Man hat sie deshalb als eine der schönsten und sichersten Buchten der ganzen Erde bezeichnet, welche der größten Kriegs= flotte Unterkunft zu bieten vermag.

Die Erwerbung ist zweifellos vom strategischen Standpunkte aus von großem Werthe.

Ich ließ zunächst die Mulattengesellschaft abreisen und miethete ein Boot, um die Küste näher in Augenschein zu nehmen. Die Boote der Eingeborenen sind lang und schmal und mit riesigen Auslegern versehen.

Die hier wohnenden Madagassen gehören dem Stamme der Anta= karen an, waren vordem wohlhabend und sind gegenwärtig ziemlich verarmt.

Am Strande auf der Südseite der Bai erhebt sich ein Dorf von 80 — 100 Madagassenhütten, welche im Durchschnitt sehr ärmlich sind. Die Höhen werden von einigen Forts beherrscht, und bereits sind ver= schiedene Kasernen gebaut, in welchen einige hundert Mann Truppen lagen.

Wie es bei solchen neuzugründenden Niederlassungen geht, findet sich zuerst ein sehr heterogenes und zweifelhaftes Publikum zusammen. Viele verunglückte Existenzen reisten hierher, um eine Schnapsbude oder ein zweifelhaftes Gewerbe zu eröffnen.

Ich steuerte einem Garten zu, um einige Erfrischungen zu nehmen; zahlreiche angetrunkene Gesellen wankten an mir vorbei.

Man zeigte mir im Dorfe das Hôtel, welches im Entstehen be= griffen war; ich erblickte weiter nichts als einen offenen Schuppen und einen bedeckten Raum, in welchem einige Matratzen zum Schlafen lagen.

Die Preise der Lebensmittel waren zur Zeit geradezu unsinnig, da die Howa nichts liefern wollten und der Ort rein auf die Zufuhr von der See her angewiesen war. Kurz vor meiner Ankunft bezahlte man für ein Ei 25 Centimes, für etwas Kohl einen Franken, Brod war tagelang fast gar nicht zu bekommen. Fleisch war manchmal reichlich, andere Male gar nicht erhältlich.

Dazu kam die ziemlich unfreundliche Haltung der Howa. Zwei Wochen vor meiner Ankunft fuhr ein englischer Dampfer mit der größten Naivetät in den Hafen und schiffte im Angesicht der französischen Kriegsschiffe Kanonen und Munition für die Howa aus, indem die Engländer sich auf die Freiheit des Handels beriefen. Etwa 1500 Eingeborene waren bei der Ausladung dieser Kriegsvorräthe thätig.

Ich sah bald ein, daß für meine Studien hier nichts zu holen war. Theuere Preise, viel zweifelhaftes Volk in der Umgebung, unbequeme Einrichtung — die Lage war ungemüthlich. Aber auch die Natur bietet sozusagen nichts.

Klettert man die ziemlich schroff abfallenden Abhänge hinauf, so sieht man sich vergeblich nach landschaftlichen Reizen um. Ueberall ein nackter, vulkanischer Boden, der zu einer rothen oder gelben unfruchtbaren Erde verwittert und nur mit niedrigem Gestrüpp bedeckt ist. Von den zahlreichen Flüssen, welche Leguevel de Lacombe erwähnt, ist auch keine Spur wahrzunehmen. In der Ferne sah ich allerdings im Grunde der Buchten ein wohlthuendes Grün und eine reiche Vegetation. Aber in der Nähe stellte sich dieselbe als Mangrovewald heraus, welcher weit ins Meer hinausreicht.

Ein weiterer Umstand macht den Aufenthalt in Diego Suarez sehr unangenehm. Ueber die Hochfläche streicht beständig ein so heftiger Wind, daß man den Rock sehr fest zuknöpfen, ja sogar binden muß, damit er nicht vom Leibe geweht wird.

Es leuchtet ein, daß ein so armseliges Gebiet für eine zukünftige Kolonisation ohne irgend welchen Werth sein kann, und Diego Suarez wird auch in der Zukunft eine reine Militärstation bleiben müssen.

Die ruhigen Buchten des Meeres entsprachen in ihrem thierischen Reichthum meinen gehegten Erwartungen gar nicht. Das einzige interessante Geschöpf, welches in der Bai zur Beobachtung gelangte, war eine blasse Ohrqualle (Aurelia), welche deswegen merkwürdig ist, weil in ihrem Magen ein großer Schlangenstern (Ophiotrix) als Parasit, vielleicht auch als bloßer Einmiether lebt und durch die Körperwand durchschimmert. Ich wollte daher um keinen Preis in Diego bleiben und gab Befehl, mein Gepäck und meine Kisten an Bord zu lassen.

Wohin ich gehen wollte, mußte ich vorläufig noch nicht, nur cir= culirte an Bord des Dampfers das Gerücht, daß auf den nächsten Stationen die Blattern ausgebrochen seien und diese auch in großen Gebieten von Westmadagaskar herrschen.

Die Lage fing an, kritisch zu werden, und in nicht gerade rosiger Stimmung fuhr ich um das sehr flach gelegene Kap Amber herum, der Dampfer hielt sich in der Nähe der Küste von Westmadagaskar und fuhr am Vormittag des 30. Juli zwischen den romantisch gelegenen Inseln Nossi=Cumba und Nossi=Be durch, um im Süden der letzten Insel anzulegen. Ich erfuhr, daß die Insel noch seuchenfrei sei, ich stieg auf gut Glück ab, wanderte durch die Straße des Städtchens Hell= ville und richtete mich im Hause eines Kreolen ein.

Kaum war der Dampfer weg, so lief die Kunde ein, daß die Blattern auch auf Nossi=Be ausgebrochen seien!

Ich schien also vom Regen in die Traufe zu kommen.

–––––––––

XII.

Nossi-Be.

Nossi-Be, d. h. große Insel, ist ein Stück madagassischer Erbe, welches allenfalls im Bureau des französischen Marineministers genannt wird, wenn es sich um die Bewilligung von Budgetposten oder um die Ernennung eines neuen Kommandanten handelt; in der übrigen Welt dürfte Nossi-Be kaum dem Namen nach bekannt sein.

Nur höchst selten gelangt ein Reisender nach dieser hart an der Nordwestküste von Madagaskar gelegenen Insel, als Kolonie hat sie wenig von sich reden gemacht, und doch ist Nossi-Be eine kleine Perle im ostafrikanischen Archipel, welche vielleicht in nicht allzuferner Zeit gewürdigt wird.

Unter einem echt tropischen Himmel gelegen, umflutet von den tiefblauen Gewässern des Kanals von Mozambique, geschmückt mit der herrlichsten Vegetation, hat dieses Eiland mit seinem originellen Stillleben mir Wochen hindurch einen ästhetischen und wissenschaftlichen Genuß verschafft, über welchen ich den ersten Schreck einer herannahenden Blatternepidemie und einer in Aussicht stehenden Quarantäne vergessen konnte.

Hier pulsirt ein Volksleben, welches an Farbenreichthum und Originalität den Orient noch hinter sich läßt und von europäischem Einfluß fast unberührt ist. Dem Neuling muß dasselbe fast märchenhaft vorkommen.

Ich hatte mich in der Kolonie sofort einer guten Aufnahme zu erfreuen, da die auf Nossi-Be lebenden Europäer aus einer geographischen Zeitschrift bereits Kenntniß von meiner Anwesenheit in Madagaskar hatten.

Der neuernannte Kommandant der Insel, Clément Thomas, den ich bereits in Aden kennen gelernt und der sich rasch einer großen Beliebtheit in seinem neuen Wirkungskreise zu erfreuen hatte, nahm mich in fehr zuvorkommender Weise auf und gab mir die gewünschten Aufschlüsse zu meiner vorläufigen Orientierung, sowie zu dem Verhalten bei allfälliger Quarantäne. Zu meiner großen Beruhigung erfuhr ich, daß ich unter Umständen ein Kriegsschiff zur Weiterreise benutzen konnte.

Sehen wir uns in der neuen Umgebung näher um.

Nossi-Be ist eine kleine, etwa 30,000 Hectaren umfassende Insel von unregelmäßig viereckiger Gestalt, welche etwa 22 Kilometer lang und 15 Kilometer breit ist, aber von zahlreichen Buchten eingeschnitten wird.

Sie liegt zwischen 13° 10′ und 13° 24′ südlicher Breite, das Klima ist daher verhältnißmäßig heiß. Die Westküste von Madagaskar ist so nahe, daß man z. B. die Spitze von Ankify mit einer Segelbarke bei günstigem Winde in einer Stunde erreichen kann.

In der Umgebung liegen verschiedene kleinere Inseln, so die gebirgige Insel Nossi-Cumba, d. h. Affeninsel, wohl so genannt, weil auf derselben keine Affen oder Makis vorkommen. Sie ist nur von Eingeborenen bewohnt und dient den Europäern zum Landaufenthalt während der Sonntage oder der heißen Zeit.

Im Osten die kleine Insel Nossi-Tanrek oder Igelinsel, im Westen die Insel Sakatia, auf welcher ein einziges Dorf vorhanden ist.

Die mehr dem Festlande genäherten Gebiete von Nossi-Faly und Nossi-Mitsiu stehen ebenfalls unter der Kommandantur der Insel Nossi-Be, werden aber von eingeborenen Fürsten verwaltet.

Der geologische Bau der Insel ist ein ziemlich verwickelter, da sie in derjenigen Zone von Nordmadagaskar gelegen ist, wo die granitische Region in die vulkanische Region übergeht.

Im Südwesten der Insel tritt in dem etwa 500 Meter hohen Massiv von Lokubé ein grobkörniger Granit zu Tage, welchem ein bläulicher oder schwarzer Schiefer mit stark geneigten Schichten aufgelagert erscheint.

Die Hauptmasse der Insel ist jedoch vulkanischen Ursprungs, besteht aus trachytischen und basaltischen Gesteinen oder aus lockeren vulkanischen Tuffen, denen im Küstengebiet alluviale Bildungen, zum Theil ausgedehnte Muschelbreccien aufgelagert erscheinen.

Die granitischen Gebiete sind mit Urwald bedeckt, welcher beinahe undurchdringlich ist und früher offenbar mit dem Festlandwalde in Zusammenhang stand. Er wird sorgfältig gegen weitere Zerstörungen geschützt.

Im westlichen Theil der Insel erheben sich einzelne Krater von sehr regelmäßiger Gestalt, man würde glauben, daß sie erst vor wenigen Jahren erloschen sind. Sie beherbergen zahlreiche, fast kreisrunde Krater= seen, an deren Ufer sich eine üppige Vegetation und ein reiches Thier= leben angesiedelt hat.

An den unregelmäßigen Küsten finden sich ausgedehnte Bäuke lebender Korallen, welche vorwiegend von Milleporen gebildet werden und an Schönheit den Bänken des Rothen Meeres weit nachstehen.

Der Hauptort der Insel, das Städtchen Hellville, liegt auf einem ungefähr 20 Meter hohen Plateau gleichen Namens in einer reizenden Umgebung ganz im Süden der Insel.

Man gewahrt dasselbe bei der Ankunft, wenn die Schiffe im Süd= westen der Insel umbiegen und zwischen dem Vorgebirge von Lokubé und der 600 Meter hohen Insel Nossi=Cumba durchfahren. Die Rhede bietet überall einen guten Ankergrund und ist vollkommen geschützt.

Ein langes aus Quadern erbautes Quai führt nach dem am Strande gelegenen Kommandanturgebäude und durch eine schattige Allee gewaltiger Mangobäume in die Hauptstraße auf den Marktplatz.

Das Städtchen macht einen ärmlichen Eindruck und an bemerkens= werthen Gebäuden fällt nur die Post, das Polizeigebäude, eine katholische Kirche und eine Kaserne auf.

Die in die Hauptstraße einmündenden Seitengassen beherbergen meist ärmliche Quartiere. Hinter der Stadt liegen die ausgedehnten Wasserreservoire und daselbst schließt sich das große und wohlhabende Madagassendorf Anduani an das Städtchen Hellville an.

Ich wohnte auf dem höchsten Puulle des Plateau in der Nähe des Strandes, und die Aussicht, welche sich mir bot, war eine wahrhaft großartige.

Zur Linken befindet sich in nächster Nähe der imposante Urwald von Lokubé, an dessen Fuß die weißgetünchten Häuser einer Hamburger Faktorei aus dem dunkeln Grün hervorschimmern, vor demselben dehnt sich die Bucht von Ambanuru aus, in deren Grunde eine reiche Hindu= stadt gleichen Namens versteckt liegt.

In der Nähe erhebt sich keck das Gebirge von Nossi=Cumba bis zu 600 Meter. Im Hintergrunde sieht man die durch frühere An= siedelungen bekannt gewordene Bai von Passandava, umrahmt von den ziemlich hohen und malerischen Gebirgsmassen von Westmadagaskar.

Im Eingang derselben gewahrt man das mit einem Leuchtthurm ver=
sehene Tany Kely, ein unbewohntes Felseneiland, welches den fliegenden
Hunden ein sicheres Asyl gewährt und dem ich einen baldigen Besuch
versprach.

Zur Rechten gewahrt man die gerundeten Höhen von röthlichen
vulkanischen Bildungen, an deren Abhängen die gelbgrünen Zuckerrohr=
pflanzungen weithin sichtbar sind bis zu dem Kap Finaloa.

Herrlich wird diese Landschaft namentlich gegen Sonnenuntergang,
wo die schönsten Farbeneffecte die Gebirge beleuchten, das Meer von
den zahlreichen mit Windeseile dahinfahrenden Segelbooten der heim=
kehrenden Fischer belebt wird und am Strande sich ein buntes Volks=
leben entwickelt. Das Bild erinnert einigermaßen an die Umgebung
von Neapel.

Die Vegetation ist eine äußerst üppige. Die Mangobäume bilden
malerische Gruppen, werden von seltener Größe und beginnen schon im
August Früchte anzusetzen. Ihr Ertrag ist so groß, daß man mit dem=
selben oft nichts anzufangen vermag.

Die Lebbek=Akazien erzeugen eine staunenswerthe Menge von Schoten
und bieten ein nicht unschönes, landschaftliches Element.

Die größeren Buchten hinter dem Plateau von Hellville bergen
ausgedehnte Mangrovewaldungen, und die gerundeten Kronen der Rhizo=
phoren, welche dichtgedrängt stehen und zur Flutzeit vom Meerwasser
erreicht werden, machen durch ihr weiches Grün für das Auge einen
sehr wohlthuenden Eindruck.

Ihre knorrigen Stämme liefern ein gutes Brennholz und werden
in einigen Dörfern zum Kalkbrennen verwendet.

Am Strande erheben sich die gewaltigen Barringtonien, untermischt
mit zahllosen Lianen und den Beständen des lindenblätterigen Hibiscus,
welcher mit seinen großen, schwefelgelben Malvenblumen wohl eine der
fesselndsten Erscheinungen der tropischen Vegetation bildet.

An den Abhängen erheben sich die Riesenfächer der Ravenala,
welche der madagassischen Landschaft ein so charakteristisches Gepräge
aufdrücken. Die Rofiapalme ist hier noch nicht zu sehen, sondern findet
sich mehr landeinwärts, wo sie in feuchten Thälern herrliche Waldungen
erzeugt.

Die Thierwelt der Insel ist keineswegs arm. In der Nähe der
Dörfer und der Stadt gewahrt man die zahlreichen, weißschulterigen

Fig. 19.

Gruppe von Mangobäumen auf Nossi-Bé.

Krähen (Corvus scapulatus) und die braunen Weihen. Die Bienen=
fresser und die Honigsauger sind in unglaublicher Menge vorhanden.
Einmal erhielt ich hier auch den höchst seltenen Kuckuck (Cuculus Ande-
berti), von dem bisher nur wenige Exemplare bekannt sind. An den
Abhängen fliegt die langgeschwänzte Terpsiphone mutata, in den Ge=
büschen hört man überall die Rufe der Couas.

An Säugethieren ist der schwarze Maki (Lemur niger) eine der
häufigsten Erscheinungen und wird nicht selten gezähmt, ohne daß sein
Wesen besonders unterhaltend und anziehend wäre.

Einen nächtlichen, mit dichtem Wollhaar bedeckten Halbaffen (Avahis
laniger) stöberte ich wiederholt in Gebüschen auf.

Eine große und bissige Viverre (Viverra fossa) wurde mir lebend
gebracht, doch vermuthe ich, daß sie vom Küstengebiet von Madagaskar
stammt.

Die Fledermäuse finden hier willkommene Schlupfwinkel. Die
gewaltigen Flederfüchse oder fliegenden Hunde (Pteropus Edwardsi)
treffen jeden Abend von den kleineren Felseneilanden her mit Anbruch
der Dämmerung in Hellville und den umgebenden Madagassendörfern
ein. Ich sah sie an den schirmförmig ausgebreiteten Aesten des „Quattier"
oder Wollbaumes (Eriodendron) sitzen, um die walzigen Früchte mit
ihren spitzen Zähnen abzubeißen.

Zur Zeit, wo die Mangofrüchte reifen, sollen sie sehr großen
Schaden stiften, und Abends läuft man unter den Mangobäumen immer
Gefahr, von den herabfallenden Früchten getroffen zu werden.

Ich machte bald nach meiner Ankunft in einer Segelbarke einen
Ausflug nach der unbewohnten Insel Tany Kely am Eingang der Bucht
von Passandava und fand diese fliegenden Hunde daselbst in großen
Schaaren den Tag über an den Zweigen der größeren Bäume hängen.

Sie sind aber sehr vorsichtig, und es ist gar nicht leicht, in Schuß=
nähe zu gelangen. Ich erlegte etwa ein halbes Dutzend, darunter
mehrere trächtige Weibchen. Einer meiner Begleiter schoß ein Weibchen
herunter, welches ein Junges säugte, das sich fest angeklammert hatte,
im übrigen ganz unverletzt war und sehr drollige Augen machte, als
ich es in Spiritus setzen wollte.

Ich fand beim Oeffnen der Thiere stets nur einen einzigen Embryo.

Von Reptilien sind die Chamäleone in drei bis vier verschiedenen
und häufigen Arten vertreten, von denen eine grüne, mit sepienbraunen

Flecken getigerte Art ungemein häufig ist und mir von den Sakalaven täglich angeboten wurde (Chamaelo pardalis).

Die Krokodile werden von den Eingeborenen außerordentlich gefürchtet. Kersten hält zwar das Vorkommen derselben für fraglich, allein es kann kein Zweifel darüber bestehen, da mir solche von ansehnlicher Größe wiederholt gebracht wurden.

An freien Plätzen, wo etwa Abfälle hingeworfen werden, sieht man fußgroße, rothbäuchige Scincusarten in unglaublicher Menge.

Das Vorkommen von Amphibien ist spärlich. In den Tümpeln begegnet man dem im ostafrikanischen Archipel so weit verbreiteten Frosch (Rana mascareniensis) nicht selten.

Die Thierwelt der Küste bietet dem Zoologen viele interessante Erscheinungen dar.

Der Boden ist felsig und daher für die Ansiedelung der marinen Thierwelt viel geeigneter als die sandige Küste von Ostmadagaskar.

Neben den zahllosen Krabben, welche in den Uferlöchern leben, ist hier in der Küstenzone der drollige Periophthalmus Koelreuteri ungemein häufig. Beständig streckt dieser froschähnliche Fisch seinen Kopf über das Wasser empor, hüpft aber rasch davon, sobald man ihn einfangen will.

Am häufigsten trifft man ihn im Gebiet der Mangrovewaldungen, doch sah ich ihn auch in die Flüsse hineindringen und viele Kilometer landeinwärts gehen.

Die Fischerei ist sehr ergiebig und wird von den Küstensakalaven stark betrieben; der Reichthum an Mollusken und Korallen ist ein bemerkenswerther. Unter ersteren erhielt ich neben Formen, welche im ganzen indischen Meeresgebiet verbreitet sind, den nicht gerade häufigen Nautilus umbilicatus, an Pflanzenthieren neben schönen Horn- und Kieselspongien mehrerer Weich-Korallen, welche neu sein dürften, aber auch Formen, welche ich im Rothen Meere häufig beobachtet hatte, wie z. B. die grünlichen Polster von Alcyonium pulmo und die rasenartigen Xenien.

Sehr ergiebig für niedere Thiere muß die gegenüberliegende Bucht von Passandava und der geschützte Hafen von Bavatube sein, leider herrschten die Blattern an den umgebenden Küsten, so daß ich nicht nach jenen vielversprechenden Punkten gelangen konnte.

Für pelagische Thiere fand ich in der Bucht von Ambanuru eine besonders günstige Localität.

Die Winde wehen am Nachmittag beständig aus dem Westen des Kanals von Mozambique und bringen viele Oberflächenthiere, namentlich Salpen und Radiolarien, in die genannte Bucht. In der Nacht legt sich der Wind und die Vormittagsstunden sind vollkommen windstill.

Schwierig wird es jedoch, tüchtige Bootsleute zu erhalten, und noch schwieriger, dieselben zum Tauchen auf die tieferen Riffe zu verwenden, da die Sakalaven eine große Furcht vor den Haifischen besitzen.

Die natürlichen Hülfsquellen der Insel haben zahlreiche Ansiedelungen im Gefolge gehabt, ihre Bevölkerung beträgt 8—9000 Seelen.

Das Klima ist etwas heiß, aber nicht ungesund, sobald man die Nachbarschaft der Mangrovesümpfe vermeidet. Die mittlere Jahrestemperatur beträgt 27 Grad Celsius.

Trotz der großen Fruchtbarkeit der Insel hat sie als Kolonie sich bisher nicht zu einer größeren Bedeutung aufzuschwingen vermocht; Kersten hat vor Jahren ein ziemlich abschreckendes Bild derselben entworfen; die Zustände sind seither jedenfalls bessere geworden.

Man darf eben nicht übersehen, daß sie lange Zeit kränkeln mußte, weil verschiedene ungünstige Factoren dem Aufschwung entgegenstanden.

Zunächst war die Verbindung mit den benachbarten Kolonien und mit dem Mutterlande eine sehr mangelhafte.

Immerhin wurde Kaffee und Zucker in größerem Maßstabe gebaut.

Zu Beginn der siebenziger Jahre nahm die Kaffeekultur einen erfreulichen Aufschwung und die Ausfuhr betrug 1876 über 14,000 Kilogramm. Dann begann der Kaffeepilz (Hemileja vastatrix) aufzutreten und fand in dem feuchtwarmen Klima besonders günstige Bedingungen, so daß der Ertrag der Kaffeestauden dermaßen zurückging, daß im Jahre 1882 nur noch 700 Kilogramm gewonnen wurden. Gegenwärtig ist diese Kultur ganz aufgegeben.

Die Ausfuhr von Zucker, welcher auf etwa 14 Pflanzungen gewonnen wird, betrug vordem etwa 1 Million Kilogramm, ist aber erheblich zurückgegangen, und den Pflanzern fehlt es an Mitteln.

Zu der empfindlichen Konkurrenz mit dem deutschen Rübenzucker kommt noch die Schwierigkeit in der Beschaffung der Arbeitskräfte hinzu. Der Sakalave, welcher von der Westküste von Madagaskar einwandert, ist zur Plantagenarbeit wenig geneigt.

Einige Stämme, welche Arbeiter liefern konnten, wurden von den Howabeamten veranlaßt, diese zurückzubehalten, und man mußte solche von der ostafrikanischen Küste beziehen.

Sie stammen meistens von Ibo und Mozambique; aber die portugiesische Regierung hat dort den Franzosen alle möglichen Schwierigkeiten bereitet, welche schließlich auf diplomatischem Wege gelöst werden mußten.

Die Komorenleute sind entweder zu faul, um Plantagenarbeiten zu verrichten oder sie werden von der Kolonie Mayotte absorbirt.

Dennoch ist anzunehmen, daß die Kolonie doch noch besseren Zeiten entgegengeht.

Zur Zeit besitzt sie eine regelmäßige Verbindung mit dem Mutterlande, die Verhältnisse in Madagaskar gehen einem günstigen Umschwung entgegen, durch die Erwerbung der Komoren ist Nossi=Be in den Mittelpunkt der Kolonialunternehmungen im afrikanischen Archipel gerückt und kann nur Nutzen aus diesen veränderten Verhältnissen ziehen.

Die Geschichte der Kolonie ist nicht reich an bemerkenswerthen Ereignissen.

Auf Veranlassung des Admirals Hell wurde das Kriegsschiff „Colibri" unter dem Befehl von Kapitän Passot nach der Küste von Madagaskar geschickt und erschien 1839 in den Gewässern von Nossi=Be.

Die Sakalaven wurden damals von den nach Norben vorrückenden Howa stark bedrängt und hatten sich unter der Anführung ihrer Königin Tsihomeku in großer Zahl auf die Insel geflüchtet und im Jahre vorher bei dem Sultan von Zanzibar Schutz gesucht. Derselbe sagte seine Hülfe zu, ließ dann aber die Sakalaven im Stiche.

Die Franzosen kamen daher in einem günstigen Moment und erlangten im Jahre 1840 von der Königin einen Vertrag, in welchem sie Nossi=Be und Nossi=Cumba an Frankreich abtrat.

Die formelle Besitznahme erfolgte am 5. März 1841, und die Königin Tsihomeku bezog eine jährliche Pension von 1200 Franken, von welcher sie jedoch einen kurzen Genuß hatte, da sie schon 1843 starb.

In den ersten Jahren entstanden einige Revolten unter den Eingeborenen, unter denen diejenige vom Jahre 1849 sehr ernster Natur war, schließlich aber unterdrückt wurde.

Zu Anfang dieses Jahrzehnts wurde die Haltung der inzwischen bis zur Bai von Passandava vorgerückten Howa drohend, bis schließlich die Kriegsschiffe eingriffen und die von den Howa befestigten Plätze zerstörten.

Wenn die agrikolen und industriellen Unternehmungen bisher auf Nossi-Be nicht zu einer gedeihlichen Entwickelung gelangen konnten, so hat dafür in commerzieller Hinsicht dieser Platz eine nicht zu unterschätzende Bedeutung erlangt, und bildet wohl den Mittelpunkt für den Verkehr mit Nordwestmadagaskar.

Die Sakalaven fühlen sich unter den Franzosen freier als unter den Howa, gerade die wohlhabenden und rührigen Elemente sind eingewandert und haben vielfache Beziehungen mit der Westküste vermittelt.

Sie treiben meist Viehzucht und Reisbau und bringen ihre Producte leicht an den Mann.

Der Import ist bedeutend und besteht in Spirituosen, denen natürlich alle Schwarzen zugethan sind, dann in Glaswaaren, Fayence, Spieldosen, Musikinstrumenten und Tüchern.

Letztere gehen ziemlich stark, da die Männer als Bekleidung entweder amerikanische Baumwolltücher verwenden oder die bei den Arabern so beliebten Maskatschärpen, wie sie beispielsweise in Toggenburg fabricirt werden, zu tragen pflegen.

Die Frauen lieben bedruckte Baumwolltücher und bunt gewobene Stoffe.

Sie tragen als Ueberwurf den Simbu, d. h. ein halbes Dutzend unzertrennte Nastücher, welche mit großen Blumen oder auffallenden Zeichnungen bedruckt sind und einen breiten Rand besitzen. Die Farben sind andere als bei den Betsimisaraka, Weiß, Roth und Schwarz ist am meisten beliebt, Grün und Blau wird sehr selten ausgewählt.

Auch die Wohnungen werden vielfach mit Tüchern ausgeschlagen und die Betten damit bedeckt.

Der Import und Export war früher in den Händen der Amerikaner und Franzosen, die deutsche Konkurrenz hat jedoch beide aus dem Felde zu schlagen vermocht, und zur Zeit besitzt das Hamburger Haus O'swald eine blühende Filiale auf Nossi-Be. Der dort stationirte Agent hat nebenbei auch die löbliche Eigenschaft, durch seine Sammlungen in naturhistorischer Beziehung der Wissenschaft gleichzeitig zu nützen.

Für den Kleinhandel hat der Sakalave gar keinen Sinn, derselbe liegt in den Händen der Hindu, und der Araber und die wohlhabende Handelsstadt Ambanuru ist eine eigentlich indische Stadt.

Die Indier gehen auch in die Dörfer von Westmadagaskar, um daselbst ihre Artikel abzusetzen. Da sie meistens nicht Mittel genug besitzen, um direct zu importiren, so nehmen sie ihre Waaren beim Grossisten auf Kredit, welcher ihnen je nach der Solidität auf 3 bis 6 Monate gewährt wird.

Auch die kreolischen Händler sind ziemlich zahlreich und gehen mit Waaren zu günstiger Jahreszeit an die volkreicheren Küstenplätze.

Vereinzelt trifft man auch die Howa als Händler.

In ethnographischer Hinsicht ist der Charakter naturgemäß sehr gemischt und im hohen Maße interessant.

Die im Süden lebenden Europäer sind nicht sehr zahlreich und waren es während meiner Anwesenheit um so weniger, als gar kein Militär anwesend war. Meist sind es Beamte, Kaufleute und Pflanzer, welche in allwöchentlichen Zusammenkünften beim Kommandanten sich gegenseitig geistige Unterhaltung zu geben suchen.

Zu ihnen gesellen sich die Kreolen der Insel.

Daß das indische und arabische Element stark vertreten ist, wurde bereits hervorgehoben. Stark vertreten sind auch die Komorenleute, insbesondere die Bewohner der Johannainsel, deren Bekleidung in einem gesteppten Käppchen und einem weißen Hemde besteht.

Sie sind schlau, aber sehr arbeitsscheu.

Wovon sie eigentlich leben, war mir immer ein Räthsel. Sie kommen zahlreich nach Nossi-Be und heirathen Sakalavenfrauen, um auf Kosten der Gutmüthigkeit dieser im Ganzen arbeitsamen Frauen zu leben.

Als gewandte Tänzer und Spaßmacher haben sie mir viel Unterhaltung verschafft. Sie veranstalteten früher in mondhellen Nächten häufig Stiergefechte, in neuester Zeit wird ihnen dieses Vergnügen jedoch nicht mehr gestattet.

Auf den Plantagen trifft man Arbeiterfamilien von der ostafrikanischen Küste, die sogenannten Makoa. Geistig wenig begabt, körperlich aber mit dem Madagassen ziemlich verwandt, sind dieselben auf den Zuckerpflanzungen gut zu gebrauchen.

Die Hauptmasse der Bevölkerung wird von den Sakalaven gebildet, auch einzelne Antafaren wandern ein, doch stammt die Hauptmasse der eingewanderten Madagassen aus den Gebieten zwischen Majunga und der Bai von Passandava.

Die Sakalaven bilden einen sehr merkwürdigen Volksstamm, welcher später noch einläßlicher erwähnt wird.

Das Volk ist jedenfalls sehr begabt, für manche Arbeiten vorzüglich geeignet, für andere wiederum gar nicht zu gebrauchen.

Waren die Fischer z. B. nicht gerade in Noth, so fiel es ihnen gar nicht ein, mit mir aufs Meer hinaus zu fahren und meine Aufforderung, mir gegen Bezahlung eine Kiste in meine Wohnung zu tragen, lehnten mir mehrere Sakalaven mit der vornehmen Bemerkung ab, daß sie keine Arbeiter seien.

Dagegen sind sie auf dem Meere unglaublich verwegen, und ich würde mich nicht so leicht ihren Booten anvertrauen, da sie nicht gern rudern, sondern ihre großen viereckigen Segel benutzen. Die Boote sind mit riesigen Auslegern versehen, und als ich einmal aus dem offenen Meere zurückkehrte, mußten drei Mann auf die Balancirstange hinaustreten, damit dasselbe nicht umgeworfen wurde. Daß ich fortwährend arbeiten mußte, um das eindringende Wasser, welches das Boot zum Sinken brachte, wieder auszuschöpfen, und daß ein Mann von der Balancirstange herunter ins Meer fiel, verursachte den Leuten nicht die mindeste Beunruhigung.

Für Viehzucht und Reisbau sind sie sehr geeignet, in der Zwischenzeit liegen sie aber ruhig zu Hause, erwarten den von ihren Frauen zubereiteten Reis und den Untergang der Sonne, um am Abend sich mit Musik oder Ringkämpfen zu unterhalten.

Sie sind durchschnittlich ebenmäßig und kräftig gebaut, dem Fremden gegenüber höflich und freundlich, aber nicht selten sehr verschlagen.

Die Sakalavenfrauen sind höchst auffallende Erscheinungen und durchweg schöner gebaut, als Negerfrauen sonst zu sein pflegen.

Sie sind dunkelbraun oder vollkommen schwarz, dennoch findet man unter ihnen viele wirklich schöne Erscheinungen.

Ihr physisches Aussehen ist ein gesundes. Sie sind geistig sehr geweckt und von großer Lebendigkeit.

Ihr heiteres Wesen, ihre Arbeitsamkeit und ihre Ordnungsliebe, die sie in ihrer Tracht und in ihrer häuslichen Einrichtung beurkunden, macht einen recht günstigen Eindruck.

Man würde oft kaum glauben, daß diese Geschöpfe auf barbarischer Stufe stehen.

Die Tracht ist sehr originell, farbenreich und verräth meiner Ansicht nach einen guten, sogar feinen Geschmack.

Die buntbedruckten Nastücher, wie man sie z. B. in den Glarner Fabriken herstellt, werden zu einem kleidsamen Ueberwurf angeordnet, wie aus der beistehenden Abbildung eines Sakalavenmädchens, einer

Fig. 20.

Wasserträgerin aus Nossi-Be, zu entnehmen ist. Die Haltung ist eine sehr bewußte und auf die Pflege der Haare wird besondere Sorgfalt verwendet. Der Schmuck wird nicht gespart, und wenn Ohr= ringe nicht aufzutreiben sind, so wird ein Pflock aus Ebenholz ins Ohr gesteckt.

Die sauberen und farben= reichen Gewänder tragen wesent= lich zu den bunten und male= rischen Scenen bei, denen man in Westmadagaskar begegnet.

Die Volksscenen auf dem Bazar, das muntere Leben am Brunnen, wo die Frauen in großen runden Thonkrügen Wasser holen, die Gruppen vor den Häusern sind höchst wirkungsvoll.

Am glanzvollsten gestaltet sich das Volksleben, wenn eine Volksversammlung von Einge= borenen abgehalten wird und im dunkeln Schatten der Mango= bäume die Sakalaven in stolzester Haltung und angethan mit dem vollen Schmucke und mit den besten Kleidern ihre Angelegen= heiten berathen. Ein Kabar in

Eine Wasserträgerin (Sakalavenmädchen) aus Nossi-Be.

Westmadagaskar bietet Volksscenen, wie sie noch von Wenigen geschaut wurden und einen unauslöschlichen Eindruck hinterlassen.

Das sind echt tropische Bilder, in denen sich angesichts des blauen Meeres, des wolkenlosen Himmels, des verschwenderischen Pflanzenwuchses eine Farbenfülle vereinigt, wie sie mir selbst in dem farbenreichen Orient nicht begegnet ist.

Ich durfte mir diese Scenen nicht entgehen lassen, sie wirkten auf mich geradezu herausfordernd, und ich suchte sie so gut als möglich mit der photographischen Camera zu fixiren.

Die Sache ist aber keineswegs so einfach, als man sich denkt. Schon die nöthigen Einrichtungen sind schwierig zu bewerkstelligen.

Ich hatte jedoch besonderes Glück, da ein in Rossi-Be stationirter Artillerieoffizier mir sein Haus und ein zweckmäßig eingerichtetes Dunkelzimmer in freundlichster Weise zur Verfügung stellte. Dann kam noch eine wahre Plage.

Sobald es ruchbar wurde, daß ich im Besitze eines photographischen Apparates sei, erhielt ich fast täglich dringende Gesuche, Aufnahmen von Kolonisten herzustellen, da die Kolonie keinen Photographen besaß.

Ich konnte auf der Straße keinen Ausgang machen, ohne daß die indischen Händler mich anhielten, um sie und ihr Haus zu photographiren.

Wo nicht besondere Verbindlichkeiten vorlagen, lehnte ich ab, mußte auch zu allerhand Ausreden Zuflucht nehmen, um sonst werthe Bekannte zu vertrösten.

Die bequeme Einrichtung machte es mir möglich, gute Clichés von charakteristischen Landschaften herzustellen, auch die Männer und Knaben waren nicht schwer zu bewegen, sich vor der Camera aufzustellen.

Dagegen verursachte es die größten Schwierigkeiten die eingeborenen Frauen von ihren Vorurtheilen abzubringen.

Kam ich auf den Bazar, um eine Gruppe zu fixiren, so erhoben sie sich und schlichen scheu davon; kam ich an die Brunnen, wo die Frauen Wasser zu holen pflegten und sehr wirkungsvolle Scenen bildeten, so schütteten sie eiligst ihre Krüge aus und rannten davon; kam ich vor eine Hütte, wo die schwarzen Schönheiten Gesänge improvisirten oder Siesta hielten, so nahmen sie unter Geschrei Reißaus.

Die abergläubischen Leute hielten den photographischen Apparat entweder für eine geladene Kanone oder für das Instrument eines Zauberers.

Die Sache mußte also anders angefaßt werden.

Durch Vermittelung europäischer Kolonisten ließen sich einige zum Christenthum belehrte Frauen bewegen, in meinem Atelier zu erscheinen, und putzten sich so elegant heraus, als handle es sich um ein großes Fest.

Sie wußten sich mit sehr viel Anstand zu benehmen und betrachteten die photographischen Einrichtungen mit großer Neugierde.

Ich erreichte damit zunächst, daß die Sache in den Dörfern erzählt, da und dort vielleicht die Eitelkeit wachgerufen wurde.

In einem großen Sakalavendorfe hatte ich wiederholt ein Weib beobachtet, welches einen sehr ausdrucksvollen Rassenkopf besaß. Dasselbe war sehr wohlhabend und figurirte als eine Art Dorfkönigin, welche stets einen Hof von Frauen um sich versammelte und dieselben beherrschte. Diese Frau war geistig sehr begabt und ihr Einfluß um so größer, als sie zwei große Spiegel besaß, in welchen sich ihre ärmeren Freundinnen stets mit ungemein viel Behagen zu betrachten pflegten.

Man sagte mir, wenn dieselbe sich gewinnen lasse, würden mir Eingeborene genug zur photographischen Aufnahme zur Verfügung stehen.

Ich ließ sie anfragen, ob ich ein Bild von ihr aufnehmen dürfe, erhielt jedoch einen abschlägigen Bescheid.

Ich bewaffnete mich nun mit zwei Flaschen Limonade und einer Flasche Wermuth und erschien mit meinen Dienern, welche den Apparat nachtrugen.

Die Frau verstand nur den Sakalavendialekt, und so wurde die Unterhandlung eine sehr drollige, da ich der madagassischen Sprache gar nicht mächtig war.

Ich hielt nun eine sehr überzeugende schweizerdeutsche Anrede, warf an den Kraftstellen die wenigen Madagassenwörter zwischenhinein, welche ich erlernt hatte, unterstützte mein Gesuch mit lebhaften Geberden und deutete demonstrativ auf meine Flaschen und die photographische Camera. Hatte die Frau vorher ihre Perücke ablehnend geschüttelt, so antwortete sie nunmehr mit einem kräftigen deutschen „Ja", hatte also offenbar meine deutsche Rede verstanden.

Diese Scene war jedenfalls urkomisch, zur Aufklärung muß ich jedoch hinzufügen, daß zufällig die madagassische und die deutsche Bejahung genau gleich lautet.

Ich wurde nun in die Wohnung eingeladen, in welcher ich eine sehr ansprechende Einrichtung vorfand.

Ein Stuhl wurde mir zum Sitzen angeboten, ein hübsches Tischchen war mit Tassen, Trinkgläsern und Fayence bedeckt, eine Stockuhr zeigte hartnäckig 5 Minuten nach 6 Uhr. An der Wand hingen einige Fächer, welche bei einem Araber gekauft worden waren.

Das Paradebett war mit Decken und Kopfkissen bedeckt. Letztere reichten bis an die Decke, waren von langer und schmaler Form, theils mit Seidenstoff, theils mit Baumwolltüchern überzogen. Ich zählte sie ab und brachte 16 Kopfkissen heraus.

Inzwischen kam auch ihr Gemahl und ihr zweijähriges Kind. Der schwarze Wurm hatte zuerst Angst und wollte weinen. Ein kleines Geschenk beruhigte das Wesen, das nun einer Aufforderung seiner Mutter nachkam und mir sein Pfötchen artig darreichte, um zu danken.

Inzwischen suchte die Frau ihre besten Schmucksachen heraus, legte sich die Halskette und die silbernen Armbänder an, nachdem sie dieselben vorerst mit Seifenwasser gewaschen hatte, und hüllte sich in ihren besten Ueberwurf.

Eine gute Seite haben diese schwarzen Modelle: man kann sie eine halbe Stunde vor dem Apparat stehen lassen, sie sind unbeweglich wie eine Statue.

Das Bild gefiel und ich erhielt das Versprechen, daß sie ihren ganzen Hof versammeln werde, aus welchem ich eine beliebige Auswahl treffen konnte.

Ich hatte von nun an gar keine Schwierigkeiten, nur legten die Leute einen besonderen Werth auf die Geschenke. Ein Mädchen z. B., das einen Wasserkrug auf dem Kopf tragen sollte, hielt dies für eine so große Zurücksetzung, daß nur eine Vergrößerung des Geschenkes dieselbe gutmachen konnte.

Im ganzen sind diese Leute sehr gutmüthig und gewinnen leicht Zutrauen, wenn man sie gut behandelt.

Daß sie mit so vielem Verständniß auf meine Wünsche eingingen, beweist, daß diesem phantasievollen Volke ein nicht gewöhnlicher ästhetischer Sinn innewohnt, welcher sich übrigens auch in der Art der Bekleidung und in der geschmackvollen Ausstattung ihrer Wohnungen äußert.

Die Sakalavendörfer sehen etwas anders aus, als diejenigen an der Ostküste im Gebiet der Betsimisaraka.

Während letztere meist nur zwei Reihen Wohnungen zu beiden Seiten einer langen Straße, welche entweder von Nord nach Süd oder

Fig. 21.

Sakalavenhaus in Nossi-Bé.

von Oft nach Weft verläuft, aufweisen, so erstellen die Sakalaven ihre Wohnungen weniger regelmäßig. Alle Dörfer, welche ich zu sehen bekam, zeichneten sich durch große Reinlichkeit aus, Kehricht oder Staub und Unrath lag nicht herum.

Die Häuser sind schöner und größer als in Oftmadagaskar, obschon das Material dasselbe ist.

Die Wohnungen sind eigentliche Pfahlbauten, und ein Sakalaven= dorf mag eine recht gute Vorstellung unserer einstigen Pfahlbau= dörfer geben.

Dieses System wird zum Bedürfniß, da die ausgiebigen tropischen Regen unter den Wohnungen abziehen können. Sie bieten außerdem den großen Vortheil, daß die Ratten weniger leicht in die Wohnungen eindringen und die Vorräthe aufzehren.

Die Pfähle und das Gerüst der Häuser sind aus Holz erstellt. Die Füllung der Wände, ebenso die Umzäunungen des Hofes werden aus den gespaltenen Mittelrippen der Rofiablätter erstellt und sind sehr dauerhaft.

Die Bedachung besteht aus den Blättern vom Baume der Reisenden (Ravenala madagascariensis) und gewährt vollkommen Schutz gegen Regen.

Diese Madagassenhäuser, welche häufig noch eine Veranda besitzen, nehmen sich meist ganz hübsch aus.

Während die Betsimisaraka die Eingangsthüre, welche in Stricken läuft, einfach zurückschieben, wird dieselbe bei den Sakalavenwohnungen auf= und zugemacht und beim Ausgang ein Schloß vorgehängt oder einfach ein Stab angelehnt.

Dieses Zeichen wird respectirt, und eine Thüre mit angelegtem Stabe wird nicht berührt, was darauf hindeutet, daß der Charakter der Bewohner lange nicht so diebisch ist, als man ihn gewöhnlich darstellt.

Der vor dem Hause liegende Hof ist meistens mit einer aus Rofia= stäben erstellten Umzäunung versehen und führt durch eine besondere Thüre auf die Straße.

In diesem Hofe stehen die schweren hölzernen Reismörser, in welchen zu bestimmten Tagesstunden die Frauen mit Reisstampfen beschäftigt sind. Die Männer geben sich niemals zu dieser Arbeit her.

Gewöhnlich beginnt das Reisstampfen um 10 Uhr Vormittags und um 2 Uhr Nachmittags.

Nach Sonnenuntergang, wenn die Reismahlzeit eingenommen ist, geht es in den Sakalavendörfern am lebhaftesten zu.

Dann rotten sich auf einem größeren Platze die Anjuanesen zusammen und führen unter Trommel= und Paukenschlag ihre Tänze auf, was immer großes Publikum anlockt.

Fig. 22.

Reisstampfende Madagassenfrauen.

Die Sakalaven klimpern eintönige Weisen auf einem Monochord, dessen Resonanzboden aus einer halben Kokosnuß besteht; ihre Frauen bilden Gruppen und begleiten ihre Gesänge mit einer Art Rasselbrett, einem eigenthümlichen Lärminstrument, welches aus zusammengebundenen

Rohren besteht, in welche Reiskörner gelegt und durch Auf= und Ab=
wärtsbewegungen hin und her gerollt werden.

Auch die Klänge der Ziehharmonika ertönen da und dort aus den
Schenken.

Aber jene wüsten Scenen, denen man in den Dörfern der Ostküste
so häufig begegnet, spielen sich hier nicht ab, was wohl auf bessere
Zustände schließen läßt.

Ich machte, da ich inzwischen die Erlaubniß zur Jagd erlangt hatte,
einige größere Jagdpartien.

Wenn im Ganzen der Reisende auf der Insel ungehemmte Freiheit
in seinen Handlungen besitzt, so herrscht im Gebrauche der Schußwaffen
eine geradezu pedantische Strenge, was mir mehrfach Unannehmlichkeiten
zuzog. Nach Sonnenuntergang darf in der Umgebung von Hellville
nicht mehr geschossen werden, und bei einer nächtlichen Jagd auf fliegende
Hunde erschien die aus Eingeborenen und Kreolen bestehende Polizei,
um meine Schußwaffe zu confisciren.

In den umliegenden Dörfern erschien jedesmal die Polizei, so oft
ich mein Gewehr entlud.

Ich erkundigte mich nach dem Grunde dieser Pedanterie, erhielt
aber die vollkommen genügende Aufklärung, daß früher in der Kolonie
zweifelhafte Elemente lebten und einmal ein Bewohner auf offener
Straße von seinem Feinde niedergeschossen wurde; seither wird jeder hoch
bestraft, der ohne Erlaubniß Waffen trägt.

Sehr anstellig erwiesen sich die Sakalavenjungen, denen es immer
ein Hauptvergnügen machte, mich auf meinen Ausflügen zu begleiten.
Diese sehr geweckten Jungen haben auch allerhand Schlingeleien im
Kopfe, und da ich auch Jagd auf Insekten machte, so deutete einer der=
selben auf einen Busch, in welchem, wie er sich durch lebhafte Geberden
ausdrückte, eine schöne Beute versteckt war.

Ich sah nach und kaum berührte ich den Busch, so flogen schwarze
Horniffen heraus, welche ganz infam stechen konnten. Der Junge hatte
sich inzwischen umgedreht, um sein Lachen zu verbergen. Dieses Lachen
hörte jedoch balb auf, als ich demselben für seinen schlechten Scherz die
verdiente Lection gab.

Besonders ergiebig erwiesen sich die Ausflüge nach dem Walde von
Lokubé, wo ich die für Madagaskar so charakteristischen Zephronien
(Zephronia hyppocastaneum) vorfand. Diese ungewöhnlich großen

Tausendfüßer können sich so vollkommen einkugeln, daß sie kugelig erscheinen und nur mit Mühe zu öffnen sind.

Fig. 23.

Junger Sakalave.

Sehr ergiebig erwiesen sich auch die Ausflüge nach dem etwa eine Stunde entfernten Djabal=See.

Unter den am Wege liegenden Steinen fand ich drei bis vier verschiedene Arten großer Landplanarien, welche für die Wissenschaft sämmtlich neu sein dürften; in den Bächen sind die Ampullarien und Melanien sehr zahlreich. Eine Art zeichnet sich durch ein sehr stark deformirtes Gehäuse aus, das an der Spitze frühzeitig wie zernagt erscheint, und später sehen die kurzen dicken Schalen wie zerfressen aus.

Nach den interessanten Beobachtungen von Semper wird diese Erscheinung durch Bohrpilze hervorgerufen, welche ihr Mycelium in dem am leichtesten zugänglichen Spitzentheil der Schalen ausbreiten und die als Ueberzug dienende Cuticula aufzehren, wodurch die Kalkbestandtheile des Gehäuses bloßgelegt werden.

Das fließende, kohlensäurehaltige Wasser greift hernach die Kalksubstanz an, und das Thier, welches sich im fortwährenden Kampfe mit diesen beiden Einwirkungen befindet, muß ununterbrochen die

Wundstellen ausbessern, wodurch die Gehäuse oft sehr stark verbildet werden.

Da das strömende Wasser die Pilzsporen überall hinführt, so bleibt auch nicht ein Gehäuse von den Angriffen verschont.

Die Insektenfauna, obschon eigentlich noch Winterszeit war, lieferte mehrere hübsche Cerambyciden und Lucaniden, merkwürdige Hemipteren und einige gute Arten von Schmetterlingen.

Die blühenden Mangobäume wurden massenhaft von Papilio disparilis und der langsam fliegenden Acraea Ranavalona umschwärmt.

In den Gebüschen ist Salamis Radama nicht selten. Diadema Bolina erhielt ich in großen und schönen Exemplaren. Die äußerst schön gezeichnete, unseren Sesien nicht unähnliche Plaucopis formosa ist ihres trägen Fluges wegen leicht erhältlich.

Die Ufer des Djabal=Sees werden von Lemuren (Avahis laniger), von Enten, Rallen (Rallus rufogularis) und Wasserhühnern (Porphyrio Alleni), sowie von Curuwangs und Bienenfressern reich belebt.

Die Umrahmung des kreisrunden Kratersees mit Rofiapalmen, Akazien und Schilf bietet ein äußerst liebliches Bild.

An der Oberfläche breiten sich die Teppiche von Seerosen mit himmelblauen Blüten aus. In diesem See fand ich zum ersten Male eine spangrüne Süßwasserspongie massenhaft wuchern, deren Vorkommen auf madagassischem Gebiet bisher unbekannt war.

Hinter dem See dehnen sich in den feuchten Thälern ausgedehnte Walbungen von Rofiapalmen aus, welche mit den schweren, walzen= förmigen Fruchtständen behangen waren und einen unvergleichlichen Anblick darboten.

Die Sammlungen dehnten sich in kurzer Zeit derart aus, daß ich bereits sechs Kisten theils mit marinen Objecten, theils mit dem von der Insel stammenden Producten füllen konnte.

Die Tage vergingen rascher, als mir lieb war, und ich mußte wieder abreisen.

Ich hatte mir den Plan ausgedacht, falls die Blatternerkrankungen znnehmen sollten, sofort eine Barke zu miethen, nach der seuchenfreien Insel Nossi=Mitsiu zu fahren, dort Träger zu engagiren und quer durch die Insel nach Diego Suarez zu reisen, um nach Tamatave zurück= zukehren.

Der glückliche Zufall wollte, daß keine neuen Erkrankungen auf=
traten, obschon die Epidemie überall an den Küstenpunkten von West=
madagaskar herrschte.

Der Gesundheitsrath beschloß, da die Erkrankungen im Innern
der Insel vorkamen, zur Zeit noch nicht Quarantäne zu verhängen
und es war kaum anzunehmen, daß der von Zanzibar zurückkehrende
Dampfer mich im Stiche ließ.

Die „Erymanthe" traf am erwarteten Tage ein, es gab eine lange
Verhandlung zwischen den Aerzten und dem Kommandanten des Schiffes,
welche ich mit dem Fernglase verfolgte.

Endlich senkte sich die verhängnißvolle gelbe Flagge, welche dem
Passagier so unangenehm werden kann. Ich konnte mich wieder an
Bord begeben und fuhr über Diego Suarez nach Tamatave.

XIII.

Die Flora von Madagaskar.

Welche Fülle und welchen Artenreichthum die Vegetation auf
unserer Erdoberfläche erlangen kann, dafür gibt die Flora der großen
afrikanischen Insel wohl ein sprechendes Beispiel, und wer diese Vege=
tationsbilder nicht allein an der Küste, sondern auch im Innern mit
eigenen Augen geschaut hat, dem müssen sie wohl einen unvergeßlichen
Eindruck hinterlassen.

Ein tropisches Klima, eine oft überreiche Bewässerung und eine
mächtige, äußerst fruchtbare Humusdecke schaffen die denkbar günstigsten
Vegetationsbedingungen.

Kein Wunder, daß diesem Boden an vielen Stellen eine Flora
entsprießt, welche nach dem Urtheil eines gewiegten Kenners der Tropen
wohl die gewaltigste unserer Erde ist.

Freilich ist diese Fruchtbarkeit des Bodens nicht überall zu finden.
Es gibt im Innern ausgedehnte und wenig fruchtbare Steppen, im
Süden und ebenso im Norden der Insel findet man trostlose und vege=
tationsarme Einöden; aber die tiefer liegenden Gebiete der Ostküste, theil=
weise auch die Westküste, weisen eine wahrhaft imposante Pflanzen=
welt auf.

Wie die Insel nach allen Richtungen durchaus originell ist, so
besitzt auch die Flora ungemein viele eigenartige Formen, und durch
das scharfe Hervortreten gewisser Charakterpflanzen kann man unschwer
einzelne Florengebiete unterscheiden.

Der Küstensaum ist zwar fruchtbar, aber er hat noch kein eigent=
lich madagassisches Gepräge, sondern er beherbergt in großer Zahl jene
halbkosmopolitischen Pflanzenformen, welche im Küstengebiet der ganzen
Tropenwelt zu Hause sind und deren Heimat sich daher nur schwer
bestimmen läßt. Einrichtungen mannigfacher Art und namentlich auch

eine große Widerstandsfähigkeit gegen die schädlichen Einwirkungen des Meerwassers ermöglichen den Wassertransport ihrer Samen. Durch Strömungen werden sie bald dahin, bald dorthin geführt, und nach weiten Reisen kommen sie glücklich an entfernten Gestaden an, um daselbst in der Strandregion zu keimen.

Die Seeluft und der mit Salzen geschwängerte Boden vermögen ihrem Gedeihen keinen Eintrag zu thun. Viele von ihnen vertragen während der Stürme und der heftigen Cyclone ein Ueberfluten mit salzigem Wasser, ja einige wagen sich sogar direct in das Meer hinaus und werden in Folge der Gezeiten des Meeres bald der glühenden Tropensonne ausgesetzt, bald stehen sie tief im Wasser. Der gesteigerte Verkehr der Handelsschiffe hat theils absichtlich, theils unabsichtlich Samen aus entfernten Regionen an diese Küsten geführt, welche aufgingen und gewisse Arten geradezu unkrautartig verbreiteten.

Wie zu erwarten ist, fallen im Küstengebiet zunächst die Pandanuswaldungen auf, welche ein so hervorstechendes landschaftliches Element der tropischen Küsten bilden.

Man findet an den Küsten drei bis vier Arten, doch halte ich die geläufige Angabe, daß sich Pandanus utilis darunter befinde, für ungenau.

Die häufigste Art besitzt einen schwammigen, nicht allzu umfangreichen Strunk, welcher mit hellgrauer Rinde bedeckt ist und selten auf Luftwurzeln ruht, sondern direct dem Boden entspringt.

Die langen, dolchförmigen Blätter bilden leicht erkennbare Spiralen und sind an der Spitze meist herabhängend. Die zusammengesetzten Früchte von länglich-walziger Gestalt bilden schwere, aufrecht stehende Trauben.

Daneben kommt an sumpfigen Küstenplätzen eine zweite, grüngelbe Form vor, deren sehr breite Blätter fast senkrecht nach oben streben.

Auch die Filaobäume oder Kasuarinen, welche in der Südsee so verbreitet sind, haben sich an einigen Küstenpunkten angesiedelt.

Die graziöse Kokospalme überschattet mit ihrer stolzen Krone, sowohl an der Ostküste als auch an der Westküste, die Hütten der Eingeborenen.

Man glaubt, daß sie stets in Madagaskar heimisch war. Doch ist es auch möglich, daß die seit langer Zeit an den Küsten ansässigen Handelsleute indischer Herkunft sie nach Madagaskar verpflanzt haben;

Fig. 24.

Ein Sakalavendorf mit Gruppen von Kokospalmen.

findet man ja auch die Melonenbäume, die Mangobäume, die Jakbäume, die Guyaven und die Anona reticulata eingeführt und theilweise verwildert.

Einen majestätischen Anblick gewähren die Waldungen der riesigen Barringtonia. Die Aeste dieses auf die Küste beschränkten Baumes sind weit ausgreifend, machtvoll entfaltet, die Kronen aus zahllosen Rosetten von großen elliptischen Blättern gebildet, zwischen welchen die mützenartigen grünen Früchte zahlreich eingestreut sind. Sie liegen überall am Strande herum und werden von den Ansiedlern als „bonnets carrés" bezeichnet.

Die dicke, faserige Hülle schützt vor dem Eindringen des Seewassers.

Wo ruhigere Buchten vorkommen oder größere Flüsse ausmünden, erblickt man schon auf große Entfernungen die hellgrünen Mangrovewaldungen (Rhizophora), welche oft weit ins Meer hinauswuchern.

Gleichsam verdrängt aus der guten Gesellschaft der Flora des Küstenlandes, retten sich die widerstandsfähigen Rhizophoren ins Meer hinaus, wo sie sich durch ihr Wurzelwerk und auch durch eine höchst originelle Art der Fortpflanzung dem für Landpflanzen sonst feindlichen Element anzupassen vermögen.

Die außerordentlich ausgreifenden, oft horizontal verlaufenden Wurzeln tragen schwebend den knorrigen, grauen Stamm, auf welchem die dichtbelaubten, gerundeten Kronen sitzen, an welche bei der Ueberflutung das Niveau des Meeres heranreicht.

Die lorbeerähnlichen Blätter stehen sehr dicht und verleihen dem Baume einen ansprechenden, weichen Charakter. Aber der Mensch flieht die fieberschwangeren Gebiete der Mangrovesümpfe.

In denselben herrscht meist ein reges thierisches Getriebe. Zahlreiche Krabben laufen auf dem Boden herum, um den angespülten Aesern nachzugehen.

Ein drolliger Fisch (Periophthalmus Koelreuteri) mit rundem Kopf und weit vortretenden Augen hüpft in der Nähe der Flutmarke in großen Schaaren herum, wagt sich auch, wenn er unbewacht ist, auf das Land, und eine eifrige Schaar von Sumpfvögeln sucht auf dem Boden das Gewürm ab.

In der Nähe der Küste tritt bereits auch der Krähenaugenbaum (Brehmia spinosa) zahlreich auf.

Er stammt wohl von der afrikanischen Küste und erinnert in seinem Habitus theilweise an den Apfelbaum, theilweise an die Schlehe.

Die hängenden, kugeligen und faustgroßen Früchte sind mit einer harten Schale versehen und enthalten im Innern eine röthliche, angenehm säuerlich schmeckende Pulpa, welche ich stets mit Erfolg als Mittel gegen den Durst anwenden konnte.

Aber auch niedere Sträucher und Kräuter, welche oft bis hart an die Strandzone heranwuchern, haben aus entferntem Gebiete die Reise an die madagassische Küste ausgeführt.

Das gemeine Chenopodium ambrosioides hat den Weg von Amerika herüber gefunden und ist wohl durch amerikanische Handelsschiffe eingeschleppt worden.

Eine über das ganze Tropengebiet der Alten Welt verbreitete Euphorbiacee (Acalypha indica) ist auch in Madagaskar zu Hanse.

Eine stachelige, niedere Malve mit leuchtend-gelben Blumen (Hibiscus surattensis) ist vielorts, namentlich im Buschwerk eine der häufigsten Erscheinungen.

Am Strande erblickt man nicht selten den lindenblätterigen Hibiscus (H. tiliaceus), der zu den herrlichsten tropischen Baumformen gehört, wenn er mit den großen, glockenförmigen und blaßgelben Blumen bedeckt ist.

Euphorbia pilulifera, Cardiospermum halicacabum und eine Amaranthacee (Achyranthes aspera) sind in Madagaskar lästige Unkräuter geworden.

Am Strande, wo der Boden aus Sanddünen besteht, kriecht die mit dicken und saftigen Blättern versehene Ipomoea pes-caprae, eine Campanulacee mit großen, fleischrothen Blumen.

Auf Schuttplätzen wuchert eine gelbblühende Mohnpflanze (Argemone mexicana) bei Tamatave und bei Vohemar oft in unglaublichen Mengen.

Ich hätte noch zu erwähnen, daß die mit Stacheln dicht besetzte, mit reichen Fruchtständen ausgestattete Guilandina Bonduc überall an der Küste angetroffen wird, ebenso das zierliche Paternosterkraut (Abrus precatorius) mit den steinharten, korallenrothen Samen.

Wo größere Waldbestände an die Küste herantreten, da schlingt sich im Astwerk die Entada mit ihren ungeheueren, bis zu einem Meter langen Gliederhülsen, welche an zarten, aber zähen Stielen herabhängen.

Daneben wagen sich aber auch echt madagassische Küstenpflanzen, welche sonst nirgends angetroffen werden, bis hart an den Strand heran.

So findet man vielorts die herrlichen Büsche der Poivrea coccinea mit den reichbesetzten, leuchtend‑rothen Blütentrauben, dann eine Euphorbiacee (Dalechampia pseudo-clematis), welche in ihrem Habitus, wie in ihren gelblich‑weißen Blüten an unsere Waldrebe erinnert, und eine von Ast zu Ast rankende Papilionacee mit großen azurblauen Schmetterlingsblumen. Für diese prächtige Erscheinung der Pflanzenwelt hätte Bojer eine schönere Benennung, als Clitoria lasciva wählen dürfen.

Auch die rothblütigen Gentianen (Tachyadenus) und die dichten Büsche von Flacourtia dringen bis in das äußerste Gebiet der Küste vor, obschon sie auch tief im Innern noch vorkommen.

Hinter diesem Saum von halbkosmopolitischen Küstenpflanzen orientalischer, afrikanischer und selbst amerikanischer Herkunft tritt ein ausgedehnter Gürtel von Heideland auf, in welchem sich zahlreiche Sümpfe und Moore vorfinden.

Gräser, Binsen und Kompositen sind hier vorwiegend:

Von Kryptogamen treten die Farrenkräuter (Polypodium und Mertensia) in großer Zahl auf. Das in den Tropen so verbreitete Bärlappgewächs (Lycopodium cernuum) bildet ausgedehnte Wiesen, welche durch ihr weiches Grün einen außerordentlich wohlthuenden Eindruck auf das Auge machen.

Wälder von hellgrünen, niedrigen Pandanus mit aufrecht stehenden, breiten Blättern wuchern in den Mooren.

Die Teiche erhalten durch den über mannshohen Papyrus (Cyperus aequalis) eine schöne Umrahmung. An der Oberfläche wuchern die Seerosen (Nymphaea emirnensis) mit ihren kleinen röthlichen Blumen. Vielorts wird ihr reiches Wurzelwerk zur Schweinemast benutzt.

Gelangt man in die Nähe der Flüsse, so sieht man die Ufer eingerahmt von sich palissadenartig erhebenden Strünken einer riesigen Arum‑Art (Arum colocasia).

Am Grunde der fließenden Gewässer wuchern die gewaltigen Rhizome der zierlichen Spitzenblattpflanze (Ouvirandra fenestralis), aus denen die Rasen der schwarzgrünen, gitterartig durchbrochenen Blätter entspringen. Die langgestielten Blattspreiten sind stets untergetaucht und sehen wie eine zierliche Spitzenarbeit aus. Der einfache und zerbrechliche Blütenschaft entfaltet über der Wasserfläche einen gabeligen Blütenkolben von röthlicher Färbung.

Die merkwürdige Pflanze liebt raschfließende und nicht allzutiefe Gewässer, wuchert dann aber in so ungeheurer Menge, daß die Blätter nur schwer auseinanderzuwickeln sind.

In dem Renirano, welcher einige Kilometer nördlich von Tamatave vorbeifließt, sah ich die Spitzenblattpflanze so massenhaft auftreten, daß man ganze Wagenladungen hätte sammeln können.

Wo Buschwerk und kleinere Waldbestände auftreten, begegnet uns im Küstengebiet, allerdings nur an der Ostküste, ein schöner Charakterbaum von Madagaskar — der Tangenbaum (Tanghinia venenifera), welcher in der Geschichte des Landes eine so hervorragende und verhängnißvolle Rolle gespielt hat. In seinem Habitus erinnert er sehr an unseren Oleander. Die dicken Zweige, welche beim Anschneiden einen reichlichen, milchigen Saft austreten lassen, sind außerordentlich dicht mit hellgrünen, lederartigen Blättern besetzt. Im September tragen ihre Enden Dolden von 20—25 Blüten, deren röthliche Knospen eine große Aehnlichkeit mit einer eben sich öffnenden Apfelblüte besitzen.

Der verwachsene Kelch zeigt fünf wagerecht abstehende, blaßgrüne Kelchzipfel von elliptischer Form. Aus demselben erhebt sich eine dünne, dunkel-fleischrothe Kronröhre, welche sich in eine radförmige Krone ausbreitet.

Im Innern erscheint sie dunkelroth, am Rande weißlich. Die länglichen oder kugeligen Früchte sind im August und September reif und erreichen die Größe eines Apfels. Sie sind olivengrün, an der Spitze oft braunroth angelaufen. Aeußerlich besitzen sie ein saftiges Fruchtfleisch, und enthalten im Innern einen steinigen Kern von Mandelgröße, dessen Eigenschaften in hohem Grade giftig sind.

Diese Tangenfrüchte wurden bis in die Neuzeit als Giftordal angewendet, und bildeten eines der beliebtesten Strafmittel der Howaregierung. Tausende und Tausende von Menschen fielen vordem der Tangenprobe zum Opfer.

Nach den mir zugekommenen und zuverläßigen Mittheilungen eines alten Howabeamten, welcher früher bei der Anwendung des Tangengiftes als Amtsperson zu fungiren hatte, lag es stets in der Hand des Richters, ob er den Delinquenten opfern oder retten wollte, da die Dosen in ihrer Wirkung genau bekannt waren.

Nach den Erscheinungen, wie sie mir nach dem Tangengenuß geschildert wurden, greift das Gift vorwiegend das verlängerte Mark an, wirkt in geringen Dosen erregend auf dasselbe und erregt starkes Erbrechen; in großer Menge dagegen vernichtet es die wichtigsten Nervencentren des vegetativen Lebens.

Französischer und englischer Einfluß haben die Howaregierung vermocht, das Gerichtsverfahren mit Tangengift zu unterdrücken, und seit zwanzig Jahren ist dessen Anwendung verboten.

Der conservativere Theil der vornehmen Howa revoltirte damals gegen diese Neuerung und zog sogar von der Hauptstadt weg, um in der Nähe eine neue Ansiedelung zu begründen, in welcher die officielle Anwendung des Giftes weiter geführt werden sollte.

An der Spitze der Bewegung stand eine Frau aus einer alten und einflußreichen Howafamilie.

Aber im Howareiche wird stets eine eiserne Disciplin gehandhabt und strenge Subordination verlangt. Das Ansehen der Person kommt wenig in Betracht. Die Frau wurde vor eine große Volksversammlung geladen und ihr eröffnet, daß sie zum Tode verurtheilt sei.

Wenn sie sich dagegen fügen wolle und ein Lösegeld von 50,000 Franken bezahle, so werde man für diesmal noch ein Auge zudrücken.

Die Frau bezahlte, und ein Mitglied ihrer Familie erzählte mir mit einigem Ingrimm, daß es bei dieser Gelegenheit auch einen milden Beitrag von 500 Franken habe entrichten müssen.

Nach und nach ist der Tangenbaum seltener geworden, denn die Howa haben in ihrem reformatorischen Eifer die radicale Maßregel angeordnet, daß alle Exemplare einfach umgehauen werden müssen, und dieselbe ist vielorts auch durchgeführt worden.

Es wurde mir ziemlich schwer, in den Besitz von Früchten dieses Baumes zu gelangen.

Mehr im Innern, wo der Boden eine wellenförmige und bergige Beschaffenheit anzunehmen beginnt, wird der Vegetationscharakter durch zwei Pflanzenformen bestimmt, welche dem Reisenden stets im Gedächtniß bleiben — die Ravenala und die Rofiapalme. Sie treten dem Wanderer auf Schritt und Tritt entgegen.

Die Ravenala, eine Riesenbanane mit fächerförmig gruppirten, langgestielten Blättern, wurde früher schon geschildert.

An nassen Standorten sah ich sie nicht häufig, sie liebt entschieden trockenen Boden und bedeckt namentlich die Abhänge der Hügel.

Fig. 25.

Ravenala mit Früchten.

Die Europäer haben der Ravenala den Namen „Baum der Reisenden" gegeben, weil ihre Blattscheiden dem durstigen Reisenden stets einen Trunk frischen Wassers darbieten. Die Thatsache ist richtig, daß sich an der Blattbasis meist ziemlich viel Wasser ansammelt, man braucht dieselbe nur anzustechen, um den erquickenden Quell sprudeln zu lassen.

Aber ich kann nicht in die schwärmerischen Lobeserhebungen einstimmen, womit viele diesen Lebensbrunnen überschütten. Wohl ist reichlich Wasser da, aber bei näherer Prüfung fand ich meist eine bedenklich hohe Ziffer von thierischen Leichnamen in demselben. Todte Ameisen, Ohrwürmer und Regenwürmer bilden eine nicht gerade saubere Zugabe. Laubfrösche tummeln sich darin munter herum, und wenn ein erfahrener Mikroskopiker genauere Bakterienzählungen vornehmen würde, so dürften unter Umständen recht bedenklich hohe Ziffern herauskommen.

Aber in anderem Sinne verdient der Baum seinen Namen mit vollem Rechte. Im Innern trifft der Wanderer vielorts eine nicht gerade exemplarische Reinlichkeit an, und da macht ihm die Ravenala die Lage etwas erträglicher.

Ihre frischen Blätter sind in jedem Madagassenhause vorräthig, ein Stück derselben dient dann als Teller, um den Reis und das Fleisch darauf zu verzehren, sie liefern ihm stets frische Servietten, sie dienen als Trinkgefäß u. s. w.

Beim Häuserbau ist die Ravenala außerordentlich nützlich, ihre Blattstiele werden zum Herstellen der Häuserwände verwendet, das Blätterwerk liefert eine solide und für tropische Regen undurchlässige Bedachung der Wohnungen.

Von der allergrößten Bedeutung für den Eingeborenen wird die Rofiapalme (Raphia Ruffia), sie bedeutet für den Madagassen beinahe das, was die Dattelpalme für den Araber.

In unseren Reisewerken wird meist eine mangelhafte Darstellung dieser schönen Palme, die auch für Europa eine große Zukunft erlangen wird, gegeben.

Die Rofiapalme verlangt einen feuchten Boden. Sie wächst in einiger Entfernung der Küste, welch letztere von ihr immer gemieden wird, häufig vereinzelt.

Ihre bevorzugten Plätze sind die feuchtwarmen Thäler, in denen sie eigentliche Waldungen von ganz entzückender Schönheit bildet.

Diese auf Madagaskar beschränkte Fiederpalme hat in ihrem Habitus eine gewisse Aehnlichkeit mit der Kokospalme.

Wenn aber die stolze Tochter Indiens durch ihre edlen Formen und den schlanken und majestätischen Wuchs dem Beschauer unwillkürlich die Bewunderung abnöthigt, so ist dies bei ihrer madagassischen Schwester nicht in gleichem Maße der Fall, und doch gehört sie zu den fesselndsten Erscheinungen der Pflanzenwelt. Sie ist, wenn ich mich so ausdrücken darf, eine etwas genial nachlässige Schönheit. Sie wird circa 15 Meter hoch und ihre Krone besteht aus 6 — 8 Wedeln, welche an mächtigen und biegsamen Stangen sitzen.

Fig. 26.

Gruppe von Rofiapalmen mit Früchten.

Die Anordnung ist keine allzu pedantische. Die etwa $1\frac{1}{2}$ Meter langen Fiedern werden vom Winde unaufhörlich bewegt. Die Stangen der Mittelrippen scheinen immer plötzlich abzuknicken, denn niemals trifft man sie hängend, wie dies an der Kokospalme zu beobachten ist.

15*

Der Stamm bleibt meist niedrig, nur wo größere Bestände vorkommen, erreicht er eine Höhe von etwa 3—4 Meter. Da die Blattstiele nicht an der Basis, sondern etwas oberhalb an ihrer Ansatzstelle abbrechen und die Stümpfe etwa einen halben Meter emporstehen, so erscheint der Stamm rauh und niemals glatt wie bei der Kokospalme.

Die volle Schönheit der Palme wird dann entfaltet, wenn sie Früchte ansetzt.

Dann hängen die schweren, kolbenartigen Fruchtstände von 1$\frac{1}{2}$ bis 2 Meter Länge zahlreich herunter und erscheinen dicht besetzt mit länglichen, tannzapfenähnlichen Palmnüssen von glänzendbrauner Farbe.

Ein einziger Baum erzeugt gleichzeitig 2—3000 Nüsse, welche in grauen Hochblättern halb versteckt sind und deren gefelderte Schalen wie lackirt aussehen.

Es braucht zwei kräftige Männer, um das Gewicht eines großen Fruchtkolbens zu bemeistern.

Für die Madagassen ist die Rofiapalme von unschätzbarem Werthe, da beinahe jeder Theil nutzbar gemacht wird.

Die mächtigen und zähen Blattrippen dienen überall beim Bau der Häuser. Sie liefern solide Strebepfeiler und Stützbalken. Aus ihnen werden die Tragstangen der zum Personentransport bestimmten Tragsessel gewonnen.

Die Fiederblätter werden abgeschnitten und zu Garn verarbeitet. Es ist dies Sache der Madagassenfrauen, welche in der Herstellung der Garne und im Weben der Palmzeuge ein großes Geschick besitzen. Ich habe diesen Arbeiten in den Dörfern oft genug zusehen können.

Die Fiedern werden erst unter einem Messer über einen Holzstock gezogen und von beiden Seiten von ihrer Epidermis befreit, dann mit einem Kamm zerschlitzt. Gewöhnlich ist der etwa 10 Centimeter lange eiserne Kamm mit Zähnen von 4 verschiedenen Weiten besetzt, wodurch man Fasern von verschiedener Breite oder Garn gewinnen kann.

Die feinen Fasern werden zusammengeknüpft und gefärbt, hernach auf ganz niederen primitiven Webstühlen zu den äußerst dauerhaften Rofiazeugen verwebt. Diese Zeuge kommen unter der Bezeichnung Rabanzeug an der Küste in den Handel.

Die ärmeren Madagassen und Howasklaven tragen Jacken aus Rabanzeug, die Frauen benutzen sie als Schürzen und Ueberwürfe.

Das Rofiastroh dient als Füllmaterial für die Kopfkissen und wird gegenwärtig stark nach Europa exportirt. Als Bandmittel zum Anbinden der Reben und Gartengewächse ist dasselbe sehr gesucht.

Die Rofiapalme dient aber auch als Nahrungsmittel. Das Herz derselben liefert ein ausgezeichnetes Gemüse, und der orangegelbe Palmtohl von Madagaskar, der mir als Salat geradezu zur Lieblingsspeise wurde, darf sich mit dem berühmten „chou-palmiste" von Réunion messen.

Die Früchte werden gesammelt und ihre Weichtheile genossen.

Unter der glänzendbraunen Schale der Palmnüsse findet sich über dem Keru ein weiches, hochgelbes Fleisch, welches den Madagassen zum Würzen des Reis dient. Sein Geschmack erinnert mich an denjenigen des Chinin. Ob eine solche Substanz darin enthalten ist, weiß ich nicht, Thatsache aber ist, daß dieses gelbe Fleisch von den Eingeborenen als Fiebermittel genossen wird.

Die Kerne enthalten sehr viel Oel, das in besonderen zelligen Räumen angesammelt erscheint.

Dieses Oel soll sich durch seine Feinheit auszeichnen, aber die Gewinnung im Großen scheiterte bisher immer an dem Umstande, daß die Palmen im Innern des Landes vorkommen, die Europäer die Zeit der Fruchtreife nicht kennen und die Eingeborenen nicht systematisch angehalten wurden, diese Früchte an die Küste zu bringen. Sie müßten im Juli und August eingesammelt werden, denn um diese Zeit sind die alten Palmen mit den reifen Fruchtkolben behangen.

Vor dem eigentlichen Waldgebiete findet sich überall ein Gürtel von Bambusen (Bambusa Thouarsi?), deren genauere Schilderung schon in einem früheren Kapitel gegeben wurde.

Diese herrlichen Bambuswaldungen bilden für den Bewohner eine Quelle des Wohlstandes, und im Haushalt der Madagassen spielen diese Riesengräser eine ähnliche bedeutungsvolle Rolle, wie wir sie von den Völkern Ostasiens kennen.

Sie finden die verschiedenartigste Verwendung. Die Bambusstangen dienen als Balken beim Bau der Wohnungen; aus denselben werden auch die Einfriedungen der Höfe erstellt. Aus Bambusstangen baut der Madagasse ein Floß der einfachsten Art, um auf demselben seine Producte flußabwärts an die Küsten zu transportiren. Er macht daraus auch Fischreusen und die Schutzwehren, welche gegen die Krokodile errichtet werden müssen, damit die Frauen ohne Gefahr Waffer am Fluffe holen können.

Die soliden Tragstangen der Waarenträger werden aus Bambus gewonnen, sowie die Trinkbecher und Futternäpfe für die gefangenen Vögel.

Die Jugend flicht zierliche Körbe und Käfige für den Geflügeltransport aus Bambuszweigen.

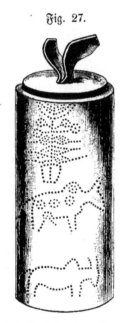

Fig. 27.

Wer in Oftmadagaskar in die Wohnung eintritt, sieht links vom Eingang in einer Ecke stets eine Anzahl Wafferbehälter, welche aus Bambusrohr gewonnen werden, indem man eine Anzahl Scheidewände durchstößt, und dem Reifenden, der Abends sich nach einem frischen Trunke sehnt, wird das dumpfe Gurgeln diefer Wafferröhren noch lange in Erinnerung bleiben.

Die gelben Rohre liefern dem Madagaffen feine soliden Tabaksdofen, in denen er den gepulverten Tabak aufbewahrt. Auf der Oberfläche derfelben ritzt er mit einem spitzen Instrument allerhand Figuren, etwa eine Palme oder ein Zeburind — schwache Verfuche einer noch ausbildungsbedürftigen Kunst. Auf dem Toilettentisch der leichtgeschürzten Schönen in Oftmadagaskar steht der bambufene Pommadetopf, deffen Inhalt gewöhnlich reichlich auf die Haarknoten aufgetragen wird, mit den Düften des Orients aber sehr wenig gemeinfam hat.

Bambusdofe eines Howa mit eingravirten Zeichnungen.

Dem Bambus anvertraut der Madagaffe auch feine Freude und fein Leid, indem er aus deffen Rohren die originelle Valiha oder Bambusguitarre herstellt.

Zwischen zwei Internodien löst er mit einem scharfen Instrument von der festen Oberfläche des Rohres 15—20 Bambussaiten los und spannt sie, indem er viereckige Schalenstücke der Früchte von Brehmia spinosa als bewegliche Stege verwendet.

Das Rohr dient als Refonanzboden.

Der Madagaffe verfteht die rundherum losgelösten Saiten zu stimmen und klimpert mit vielem Geschick auf denselben. Ich habe auf dem

Bazar in Tamatave wiederholt diesen Productionen auf der Valiha beigewohnt und die Musik ist sehr ansprechend.

Auf die Bambusen folgt eine Pflanze, welche ebenfalls verwendet wird, die sogenannte Langozy = Pflanze, eine Kardamome (Amomum angustifolium s. A. madagascariense), äußerlich unserem Schilfrohr nicht unähnlich und dadurch bemerkenswerth, daß ihre Blüten und schar= lachrothen Früchte neben dem geraden Schaft aus dem Boden entspringen.

Die Früchte kommen auf den Markt und werden als Gewürz genossen. Der Stengel mit den schilfartigen Blättern liefert den Wald= bewohnern, welche nicht mehr in den Besitz der Ravenala gelangen können, weil dort ihre Stämme zu hoch werden, ein vortreffliches Mate= rial für die Bedachung der Häuser.

Dann folgt in den Bergen der ungeheuere Urwald, welcher nach den Entdeckungen von Grandidier einen zusammenhängenden, im Osten doppelten Gürtel um die Insel bildet.

Schon aus der Ferne verräth er sich durch sein düsteres Grün, welches ihm einen ernsten Charakter verleiht, welcher durch die oft feier= liche Stille im Innern desselben noch erhöht wird.

Die Stämme mit ihren schweren Kronen schießen zu einer Höhe von 20—30 Meter empor und noch darüber.

Aber Alles überragt der Baum der Reisenden. Sein schwammiger Stamm wird auf freien Plätzen oft kaum meterhoch, aber im Urwald= gebiet schießt er zu wahren Riesenstangen empor, und triumphirend breitet er seinen Riesenfächer hoch über dem Blättermeer des Urwaldes in freier Luft aus. Seine Anpassungsfähigkeit hilft ihm über das Gedränge der übrigen Baumformen stets hinweg.

Im Innern des Urwaldes herrscht ein geheimnißvolles Halbdunkel.

Da das Unterholz schwach entwickelt ist, kann man sich oft unschwer einen Weg bahnen. Nur die zahllosen gestürzten Stämme erschweren das Vordringen.

Eine Orientirung in dem Chaos von Leben und Tod ist schwer, und der Urwald gewährt nicht den harmonischen und beruhigenden Ein= druck eines europäischen Waldes.

Das Auge wird, da es nirgends auszuruhen vermag, eher verwirrt als befriedigt.

Hier herrschen die gewaltigen Baumformen vor, und der Kampf um Luft und Licht steigert ihre Höhe ins Gewaltige.

Für den Botaniker gibt es hier harte Momente der Prüfung und Entsagung, denn die eigentliche Entwickelung der Pflanzenwelt ist in unerreichbarer Höhe, die Säulenhallen und das Gewirr unzähliger Lianen vermögen ihm wenig zu bieten.

Am Waldrande und in Lichtungen sitzen an den Stämmen die blütenreichen Orchideen (Angraecum) und die artenreichen Farren, welche in einer dürftigen Humusschicht oft mit unglaublicher Ueppigkeit wuchern.

Besonders schön nimmt sich Asplenium nidus mit den unzertheilten, meterlangen Blättern aus, wenn es an den Lianen Nester oder Körbe bildet.

Eigentlich schön und imposant wird der Urwald nur dann, wenn man ihn auf einer Stromfahrt an die Ufer herantreten sieht.

Schöne Gruppirung der Blättermassen und die Macht der Entfaltung wirken dann nicht mehr niederdrückend, sondern durch die Großartigkeit erhebend.

Im Juucru beherbergt das Waldgebiet einen Reichthum ungehobener Schätze.

Werthvolle Hölzer, wie Eben= und Rosenholz, sowie die Kautschuk= liane (Vahea madagascariensis) versprechen für die rationelle Ausbeute einen reichen Gewinn.

Aber bisher wurde nur planlos und unsinnig unter diesen Natur= schätzen gewirthschaftet. Wo der Wald unbequem ist, oder wo der Madagasse Reis anpflanzen will, brennt er den Wald einfach nieder.

Um Kautschuk zu gewinnen, zerstört er die Lianen ohne Schonung und gelangt nicht einmal vollständig in den Besitz ihres Productes.

Will er ein Brett herstellen, so wird ein Baum von beiden Seiten so lange zubehauen, bis das Brett die gewünschte Dicke hat. Vom Zer= sägen weiß er nichts, und doch wären für eine rationelle Ausbeute über= all Wasserkräfte genug vorhanden.

Es wird hoffentlich die Zeit nicht mehr ferne sein, da der Zerstörung dieser Waldungen Einhalt gethan wird.

Zum Schlusse mag noch einer mysteriösen Erscheinung der Pflanzen= welt von Madagaskar Erwähnung gethan werden und zwar lediglich zu dem Zwecke, um sie ins Reich der Fabeln zu verweisen.

Vor einiger Zeit war in verschiedenen europäischen Blättern die Erzählung zu lesen, daß es in den Wäldern von Madagaskar etwa

8 Fuß hohe menschenfressende Bäume gebe. Die Erzählung soll in einer deutschen Zeitschrift, welche in Karlsruhe herauskommt, von einem gewissen Dr. Fredlowsky veröffentlicht worden sein, nach den Angaben des mir unbekannten Reisenden Karl Liche, und machte nachher die Runde durch die ganze Welt.

Das deutsche Original ist mir unzugänglich, dagegen entnehme ich die Einzelheiten aus dem in Madagaskar von Missionären redigirten und von Eingeborenen gedruckten „Antanarivo Annual and Madagascar Magazine" vom Jahre 1881. Die Zeitschrift, in Europa schwer zugänglich, enthält auch in naturhistorischer Hinsicht viele werthvolle Abhandlungen.

Der Beobachter nennt den wunderbaren Baum „Crinoida", weil er mit aufrecht gestellten Blättern eine gewisse Aehnlichkeit mit den unter diesem Namen bekannten Strahlthieren haben soll.

Der Stamm sei 8 Fuß hoch und das oben abgestutzte Ende soll nach Art der Ananas 12 Fuß lange, bedornte und innen concave Blätter tragen. An der Stammspitze soll eine concave, breite Bildung vorkommen, welche von einem honigsüßen Saft von äußerst giftigen Wirkungen erfüllt sei. Der Rand dieser schalenartigen Bildung trage dicke, horizontal abstehende Ranken und außerdem noch dünnere, in beständiger Bewegung befindliche schlangenartige Anhänge.

Der Beobachter hat nun einer höchst aufregenden Scene in den Wäldern von Madagaskar beigewohnt. Er sah, wie die Madagassen mit wildem Schrei den Baum umstanden, um ihm einen Hymnus darzubringen, und dann eine arme Frau zwangen, den Baum zu besteigen und sich in die schalenartige Vertiefung zu stellen.

Das Schauspiel war ein entsetzliches. Die Frau versuchte wieder herunterzuspringen, aber ohne Erfolg. Die schlangenartigen Anhänge umklammerten das arme Weib, die Ranken erhoben sich und fesselten ihren Körper, und schließlich erhoben sich auch die breiten Blätter und schlossen sich über dem entseelten Geschöpf zu einem lebenden Sarge zusammen.

Der Saft des Baumes löste den Körper der Frau auf, und nach zehn Tagen sah man von ihr nichts mehr als den weißen Schädel, welcher am Fuße des Baumes lag. Die Blätter hatten sich wieder geöffnet, bereit, ein neues Opfer zu empfangen.

Der Beobachter sei ganz entsetzt ob dieser infernalischen Scene gewesen.

Madagaskar hat uns in seinen Naturerzeugnissen schon viel Wunder=
bares geoffenbart, aber so wunderbare Erscheinungen, wie die berichteten,
kommen selbstverständlich nicht vor.

Sehen wir uns die Sache nüchtern an, so handelt es sich bei dem
mysteriösen Baum Crinoida wohl nur um einen gewöhnlichen Pandanus;
die Madagassen haben dem phantasievollen Beobachter vermuthlich einen
Bären aufgebunden, was ihnen ein ganz besonderes Vergnügen gewährt,
er hat vielleicht früher auch von insektenfressenden Pflanzen gehört, und
so mit Hülfe seiner Phantasie eine alberne Erzählung ausgesonnen, welche
in Amerika und Australien einen gläubigen Kreis fand, vor dem nüchternen
Menschenverstande aber als eine naturwissenschaftliche Münchhauseniade
erscheint.

Ich habe sie nur wiedergegeben, um zu zeigen, welch unglaublichen
Unsinn man dem Publikum oft zu bieten wagt.

In den folgenden Zeilen versuche ich den Leser hineinzuführen in
das geheimnißvolle und geräuschlose Getriebe, welches diese gewaltige
Vegetation fortwährend unterhält und erneut.

Es blieb dasselbe uns bis in die allerjüngste Zeit verborgen.

Kein Pflug bearbeitet diesen jungfräulichen Boden, kein Landmann
düngt diese tropische Erde, und doch sehen wir sie fruchtbarer als
irgendwo.

Wie geht dies zu und wer beackert diesen Boden?

Man hat sich bisher keine Rechenschaft geben können, nach welchen
Gesetzen dies geschieht. Ein hervorragender Naturforscher hat sich sogar
zu der Meinung verleiten lassen, eine Beackerung unserer Felder sei
ganz überflüssig, da ja in den Tropen die Pflanzenwelt gedeiht, ohne
daß eine Bodenkultur stattfinde.

Wir werden sehen, daß diese Ansicht unrichtig ist und gelangen
damit auf ein Gebiet, das heute in den Vordergrund wissenschaftlicher
Discussion rückt.

Gerade in Madagaskar war es mir möglich, neues und reiches
Material zur Klärung dieser Frage zu gewinnen.

XIV.

Ergebnisse über Humusbildung und natürliche Bodenkultur in den Tropen.

Wenn wir die Vegetation unserer Erde überblicken, so bleibt unser geistiges Auge nicht an der äußeren Erscheinung haften, sondern sucht nach einem causalen Verständniß derselben; der menschliche Geist sucht die einzelnen Vorgänge im pflanzlichen Haushalt zu erfassen und dem Verständniß nahe zu bringen.

Dieser Haushalt der Pflanzenwelt stellt sich nun in Wirklichkeit viel verwickelter dar, als man gewöhnlich annimmt.

Zum Unterhalt der Vegetation muß eine fortwährende Zufuhr von Spannkräften von außen her erfolgen, und diese Spannkräfte werden im Organismus in lebendige Kräfte übergeführt.

Eine Reihe von Materialien müssen in genügender Menge vorhanden sein, um die Existenz der Vegetation zu unterhalten.

Die Pflanzenphysiologie lehrt uns nun an der Hand der Beobachtung und des Experimentes, daß im Grunde eine Anzahl weniger anorganischer Bestandtheile den Aufbau der Pflanze ermöglichen, und daß diese anorganischen Materialien auf dem Wege einer Synthese in die organischen Bestandtheile der Pflanze umgesetzt werden.

Man hat es hier, wenn man etwa von den sich etwas abweichend verhaltenden Pilzen absieht, offenbar mit allgemein verbindlichen Gesetzen zu thun.

Die Vorgänge sind in den nordischen Gebieten und in den Tropen überall dieselben, der Haushalt der Pflanze folgt demnach nicht einer beliebigen Laune.

Man weiß, daß zum Unterhalt der Vegetation zunächst das Wasser erforderlich ist, welches theils oberirdisch, theils unterirdisch durch das Wurzelwerk in den Körper der Pflanze einzieht, sodann Kohlensäure, welche der Atmosphäre entnommen wird und von den grünen Gebilden über dem Boden aufgenommen wird; ferner stickstoffhaltige Bestandtheile, in Form von Ammoniak und ammoniakalischen Verbindungen. Diese Verbindungen werden dem Boden entnommen und gelangen durch das Wurzelwerk in den pflanzlichen Organismus. Man kann also als Regel annehmen, daß der in denselben enthaltene Stickstoff unterirdisch einzieht.

Es gibt zwar Ausnahmen, indem die insektenfressenden Pflanzen mit Hülfe eigenthümlich organisirter Blattgebilde thierische Eiweißverbindungen zu lösen vermögen und daher den Stickstoff oberirdisch einnehmen, aber diese Fälle sind im Ganzen doch so vereinzelt, daß sie gegenüber dem Leben der gesammten Vegetation der Erde verschwinden.

Die stickstoffhaltigen Verbindungen sind für das Pflanzenleben so unentbehrlich, daß sie entweder im Boden schon vorher aufgestapelt sein müssen, oder dann fortwährend in genügender Menge entstehen müssen, wenn überhaupt eine Vegetation möglich sein soll.

Es beruht ja das Pflanzenleben in letzter Linie doch nur auf Zellenthätigkeit, und diese ist an die Gegenwart von lebendem Protoplasma, also an eine stickstoffhaltige Verbindung geknüpft.

Der Schwerpunkt der pflanzlichen Ernährung beruht demnach auf einer richtigen Zusammensetzung des Bodens, d. h. der fruchtbaren Ackerkrume.

Als weitere Momente kommen noch einige anorganische Bestandtheile und ein gewisses Quantum von Wärme hinzu. Letztere ist ja für den Unterhalt des organischen Lebens unentbehrlich.

Erfahrungsgemäß ist der Reichthum der Vegetation auf unserer Erdoberfläche sehr verschieden, und diese Verschiedenheit muß in ungleichartigen Bedingungen zu suchen sein.

An dieser Verschiedenheit hat nun offenbar die Kohlensäure gar keinen Antheil, da die atmosphärische Luft, aus welcher sie bezogen wird, überall die gleiche Zusammensetzung besitzt; an diesem Nährmaterial kann also niemals ein Mangel eintreten. Es bleiben demnach noch die drei Factoren Wärme, Wasser und Stickstoffgehalt des Bodens übrig. Unter übrigens gleichen Bedingungen erzeugt die Zunahme der Wärme eine Zunahme in der Entwickelung der Pflanzendecke.

Wenn Wärme und Vorrath an stickstoffhaltigen Verbindungen noch so reichlich vorhanden sind, das Wasser aber fehlt, so kann eine reichere Vegetation nicht aufkommen.

Das schlagendste Beispiel für die Richtigkeit dieses Satzes liefern die Wüstengebiete Afrikas.

An Wärme fehlt es nicht und im Boden liegen nicht unbeträcht=liche Mengen stickstoffhaltiger Verbindungen aufgespeichert.

Sobald das Wasser künstlich zugefügt wird, so entsproßt dem Boden eine reiche Vegetationsdecke.

Ein besonders auffälliges Beispiel liefert die Landenge von Suez. Seit man den Suez=Kanal eröffnet hat, sind die Regenfälle häufiger und die Vegetation reicher geworden, und der Süßwasserkanal, welcher vom östlichen Nilarm aus bei Zagazig durch die Wüste nach Suez führt, unterhält an seinen Ufern heute fruchtbare Gärten, welche eine Düngung des Bodens gar nicht verlangen.

Daß der Stickstoffgehalt des Bodens unter übrigens gleichen Be=dingungen mit seiner Zunahme sofort auch eine Zunahme der auf ihm vorkommenden Pflanzendecke im Gefolge hat, weiß jeder Landwirth, welcher auf seinen Aeckern und Wiesen künstliche Düngemittel anwendet.

Die Abhängigkeit der Pflanze von diesen verschiedenen Factoren wird uns auf dem Wege des Experiments veranschaulicht, indem der Pflanzenphysiologe in künstlichen Nährstofflösungen Pflanzen zieht, und in diesen Lösungen alle die vorhin genannten Factoren vereinigt.

Humusbildung und Bodenkultur. Von ganz besonderem Interesse erscheinen die Vorgänge, welche sich in derjenigen Bodendecke abspielen, aus welcher die Vegetation entsprießt, und offenbar sind diese Vorgänge recht verwickelt.*) Diese Decke nennt der Landwirth, der den Boden bebaut, die fruchtbare Ackererde, es ist die Humusdecke, welche überall zu finden ist, wo pflanzliches Leben sich ansiedelt. Sie hat ge=wisse physikalische und chemische Eigenschaften.

Sie erscheint namentlich gegen die Oberfläche hin schwärzlich, weil bei den Fäulnißprozessen in derselben organische Substanzen reducirt werden, und ist im Allgemeinen nicht von festeren Bestandsmassen ge=bildet, sondern besitzt einen lockeren Zusammenhang ihrer Theile; nicht selten hat die Ackererde eine auffallend feine Beschaffenheit.

---

*) Näheres darüber in: J. von Liebig, „Chemische Briefe".

In chemischer Hinsicht ist die fruchtbare Humusdecke die Stätte, wo organische Stoffe zerfallen und sich stickstoffhaltige Verbindungen bilden, welche den Pflanzen wieder zugeführt werden.

Der Chemiker nennt daher dieselbe sehr treffend eine langsame und stetig fließende Stickstoffquelle für die Pflanzen.

Bei der Humusbildung wird der Stickstoffbedarf der Vegetation stets neu erzeugt.

Eine große Rolle hierbei dürften die Mikroorganismen spielen. Die Gegenwart von Bakterien oder Sporen derselben dürfte wohl überall im Humus nachzuweisen sein, und die Spaltpilze sind die eigentlichen Fäulnißerreger, sie wirken als Bodenfermente, unter deren Einfluß die Fäulnißvorgänge ausgelöst werden.

Es kann nun für das Gedeihen der Vegetation durchaus nicht gleichgültig sein, ob diese Zersetzung der dem Boden zugefügten Düngmittel nur in einer dünnen Schicht oder in einer möglichst großen Zahl übereinander liegender Schichten stattfinde.

Warme Feuchtigkeit und Luftzutritt unterstützen den Vorgang der Fäulniß und vermehren damit die Menge der dem Boden zugeführten Stickstoffverbindungen.

Hier dürfte überhaupt der Schwerpunkt des Wärmeeinflusses auf die Entwickelung der Vegetation zu suchen sein; je mehr Wärme und Feuchtigkeit im Boden vorhanden ist, um so rascher entwickeln sich die als fäulnißerregende Fermente wirkenden Spaltpilze.

Der Humusboden ist gleichsam einer in großartiger Weise wirkenden Pilzkultur zu vergleichen, deren Aufgabe es ist, die grüne Vegetation fortwährend zu unterhalten.

Da nun die natürlichen Düngmittel einer Vegetation, welche nicht einer besonderen Kultur unterworfen ist, aus den abgefallenen Blättern, aus den im Kampfe mit anderen Pflanzen untergegangenen Individuen bestehen, so ist der Herd der Humusbildung vorwiegend an der Oberfläche des Bodens zu suchen. Dieser Umstand müßte aber in sehr vielen Fällen mit großen Nachtheilen verknüpft sein. An stark geneigten Flächen zum Beispiel müßten bei reichlichen Niederschlägen die eben gebildeten Stickstoffverbindungen größtentheils weggeführt und nach tieferen Lagen transportirt werden.

Dadurch müßte ein fortwährender Rückgang der Vegetation in Folge von Nahrungsmangel eintreten.

Eine richtige Ernährung der Pflanzendecke, welche durch die fort=
während Humusbildung unterhalten wird, verlangt also noch weitere
Factoren. Es sind dies Factoren, welche die natürliche Kultur des
Bodens besorgen, und welche beinahe ebenso wichtig für das Gedeihen
des Pflanzenwuchses sind wie die natürliche Düngung.

Die dem Boden zugefügten Düngmittel, sollen sie nicht größtentheils
verloren gehen, müssen im Boden zunächst richtig vertheilt werden, sie
müssen auch in die tieferen Bodenschichten gelangen. Dann muß der
Boden fortwährend gelockert werden, es muß für eine natürliche Durch=
lüftung gesorgt werden, damit Feuchtigkeit und Wärme im Verein mit
der einbringenden atmosphärischen Luft die Entwickelung der fäulniß=
erregenden Spaltpilze möglichst begünstigen.

Es muß denselben Sauerstoff zugeführt werden, da diese Mikro=
organismen eine den Thieren ganz analoge Athmungsweise besitzen.

Der praktische Landwirth, dem weniger das Causalitätsbedürfniß,
als vielmehr der materielle Nutzen längst an der Hand der Erfahrung
den richtigen Weg wies, wendet die hier entwickelten Grundsätze ja
täglich an.

Er weiß, daß er seine Felder nicht nur düngen, sondern auch ge=
hörig durchackern muß, um dem Boden einen reichen Ertrag abzugewinnen.
Er weiß aus Erfahrung recht wohl, daß die Durchlüftung der Ackererde
ein wesentlicher Factor für das Gedeihen seiner Kulturen ist; hätte er
diese unerschütterliche Ueberzeugung nicht, so würde er sich wohl längst
die Mühe des Umpflügens erspart haben.

Es kommt dann noch ein weiterer Gesichtspunkt hinzu. Im Boden
bilden sich Säuren, und zwar neben Salpetersäure die von Mulder
untersuchten, aber immer noch nicht genauer bekannten Humussäuren.

Dieselben sind oft so reich vorhanden, daß man von einem sauren
Humus zu sprechen pflegt. Dieser ist der Entwickelung der Vegetation
allerdings wenig günstig, da bei saurer Reaction des Bodens die Spalt=
pilze in ihrer Entwickelung nicht gefördert werden, während sie bei neu=
traler Bodenbeschaffenheit viel besser gedeihen.

Wichtig werden dagegen diese Säuren, wenn es sich um Aufschließung
des Bodens handelt.

Der Pflanzendecke müssen auch die nöthigen Aschenbestandtheile ge=
liefert werden. Die Gesteinspartikel und Gesteinstrümmer verwittern

und die Gesteinsmassen, welche sich in und unter der lockeren Humus=
decke befinden, werden weiter angegriffen und zersetzt.

Diese fortwährende Aufschließung des Bodens wird um so noth=
wendiger, als an den Abhängen der Hügel und Berge, überhaupt auf
allen geneigten Stellen der Erdoberfläche, unter dem Einfluß der atmo=
sphärischen Niederschläge eine fortwährende Abtragung des Landes, eine
sogenannte Denudation des Bodens, stattfindet. Die feinen Bestandtheile
werden weggeschwemmt, in den Ebenen oder erst in der Küstenzone der
Meere als Sendimente abgelagert.

Wenn man seit langer Zeit sich mit den Vorgängen der natürlichen
und künstlichen Düngung des Bodens wissenschaftlich beschäftigt hat, so
hat man den so wichtigen Factor der natürlichen Bodenkultur kaum
beachtet.

In welcher Weise die freie Natur die stattfindende Bearbeitung des
Bodens und die Durchlüftung der Humusdecke in großartigem Maßstabe
ausführt, ist bis in die allerjüngste Zeit hinein sozusagen gänzlich über=
sehen worden.

Und doch entsproßt an vielen Punkten der Erde dem Boden eine
gewaltige Pflanzendecke auf einem völlig jungfräulichen Boden, den nie
ein Landmann mit seinem Pfluge berührt hat.

Wie kommt nun diese natürliche Bodenkultur zu Stande?

Darwin's Angaben über die Bildung der Ackererde. — Die
Antwort auf die eben aufgeworfene Frage, deren Bedeutung viel größer
wird, als man gewöhnlich anzunehmen versucht ist, wurde zum ersten
Male, wenn auch nicht vollständig, so doch zu einem guten Theile, von
Darwin geliefert.

Kurz vor seinem Tode hat der Altmeister der modernen Natur=
wissenschaft eine nicht sehr umfangreiche, aber höchst merkwürdige Schrift
hinterlassen.[*]

Dieselbe behandelt ein Problem von der allergrößten Tragweite,
welches dem Biologen, dem Landwirth, dem Forstwirth und namentlich
auch dem Geologen eine Fülle neuer Perspectiven eröffnet, sogar den
Archäologen in hohem Maße interessiren muß.

---

[*] Charles Darwin, „Ueber die Bildung der Ackererde durch die Thätigkeit
der Würmer" (1882).

Darwin bedarf meiner Anerkennung nicht, dieselbe ist so allgemein, daß ein spezielles Hervorheben seiner Verdienste wohl überflüssig erscheint.

Aber wenn er in weiteren Kreisen als junger Forscher seinen Ruf durch seine geniale Arbeit über die Bildung der Korallenriffe begründete, so hat er meiner Ansicht nach in seiner letzten Arbeit bewiesen, daß auch auf rein empirischem Boden das glänzende Forschertalent sich bis ins hohe Alter ungeschwächt fort erhielt.

Seltsamerweise hat aber diese Schlußarbeit von Darwin ungleich weniger Aufsehen erregt, als man erwarten sollte.

Mit dem Inhalt, der schon früher in einigen wichtigen Punkten bekannt wurde, hat Darwin in geologischen Kreisen keinen rechten Beifall finden können, und ich bezweifle, ob in landwirthschaftlichen und forstlichen Fachkreisen die erwähnte Schrift überhaupt in ihrer Tragweite gewürdigt wurde oder nur einen tieferen Eindruck hervorrief.

Es mag dies einer momentanen Zeitströmung zugeschrieben werden, welche auf die Dauer naturgemäß die wissenschaftliche Erkenntniß in ihrem Fortschritte nicht aufzuhalten vermag.

Es wurde in vielen Kreisen Mode, Darwin zwar als einen sehr bedeutenden Naturforscher zu achten, aber seine Ergebnisse doch allzustark von der Phantasie beeinflußt zu erklären.

Noch ein zweiter Punkt mag von Einfluß gewesen sein, welcher bei der Kritik der Darwin'schen Ergebnisse näher berührt werden soll.

Darwin gelangte auf Grund eingehender, über Jahrzehnte hindurch ausgedehnter Beobachtungen zu dem überraschenden Resultat, daß die Bildung der Ackererde durch die Thätigkeit der im Boden lebenden Regenwürmer unterhalten wird.

Er verfolgte bis in alle Einzelheiten die Lebensweise derselben.

Wie sich bei einem unterirdisch lebenden Thier erwarten läßt, sind die Beziehungsapparate und demnach auch die Sinnesempfindungen beim Regenwurm sehr mangelhaft.

Das Sehvermögen ist außerordentlich schlecht und für farbiges Licht fast unempfindlich. Immerhin kann zwischen Hell und Dunkel unterschieden werden, wofür ja schon die Thatsache spricht, daß die Regenwürmer vorzugsweise während der Nacht aus ihren Gängen herauskommen und an der Oberfläche des Bodens erscheinen. Der Geruchssinn ist sehr schwach und das Gehör wohl ganz fehlend, dagegen ist der Tastsinn sehr hoch ausgebildet. Die Regenwürmer sind so empfindlich, daß sie bei der leisesten Berührung kräftige Bewegungen ausführen oder sich auffallend rasch in ihre Gänge zurückziehen.

In der Nahrung ist unser Regenwurm nicht gerade wählerisch, er frißt frische und verwelkte Blätter und Nadeln, er verzehrt rohes Fleisch und Fett, er verzehrt auch die Leichen seiner eigenen Art, und dann hat er eine Gewohnheit, die hier ganz besonders betont werden muß: er frißt große Mengen von Erde.

Seine Verdauungsthätigkeit ist ohne Zweifel eine sehr große. Die Sekrete, welche im Anfangsdarme dem Inhalt eine alkalische Reaction verleihen, wirken auf Fette, auf Eiweißkörper und greifen auch stärkemehlhaltige Substanzen an. Auch die Cellulose der Pflanzenzellen wird verdaut.

Im hinteren Theil des Darmes wird der Inhalt verändert und die oft massenhaft ausgeworfenen Excremente zeigen daher eine saure Reaction.

Mit ziemlichem Geschick ergreift der Regenwurm die auf dem Boden herumliegenden Blätter und zieht sie bis auf eine Tiefe von 10—12 Centimeter in die von ihm gebauten Röhren hinein. Er verbindet damit den doppelten Zweck, sich einen Vorrath von Nahrung anzulegen und die Feinde vor dem Eindringen in die Wurmröhren zu schützen, indem er sie zustopft. Ohne Zweifel hat er in den gefräßigen Tausendfüßern Feinde, welche ihn auch unterirdisch verfolgen.

Da ihm ein Gebiß fehlt, so ergreift er die Blätter mit den kräftigen Lippen, beziehungsweise Mundrändern und nimmt sie saugend in seine Mundhöhle auf, wobei ein kräftiger Schlundkopf die Hauptrolle spielt.

Ein gewisser Grad von Intelligenz, ein nicht zu verkennender Instinkt lehrt ihn, in welcher Weise die Blätter am leichtesten in die Wurmröhren hineingezogen werden können. Die Blätter werden nämlich an der Spitze erfaßt, so daß zuletzt nur noch die Blattstiele herausschauen.

Darwin zog auf Gerthaewohl 227 verwelkte Blätter aus Wurmröhren heraus und von diesen waren 181, d. h. 80 % mit der Spitze hineingezogen, die übrigen 20 % theils mit der Basis, theils in der Mitte.

Längliche Papierdreiecke, welche er über Wurmlöcher streute, wurden zu 62 % mit der Spitze, zu 23 % an der Basis und zu 15 % in der Mitte eingezogen.

Wie schon erwähnt, frißt der Regenwurm auch große Mengen von Erde und zwar nur die feinere und humusreichere Ackererde. •

Diese Erde wird an der Oberfläche des Bodens ausgeworfen, und nach den vorgenommenen Berechnungen würde die an der Oberfläche ausgeworfene Erde, wenn man sie gleichmäßig ausbreitete, jährlich eine Schicht von ⅕ Zoll (engl.) bilden.

Der Regenwurm verwendet die verschluckte Erde auch zur Auspflasterung seiner Röhren, welche im Boden senkrecht oder etwas schräg verlaufen. Bei trockenem Wetter oder strenger Kälte zieht sich der Regenwurm ziemlich tief in den Boden zurück. Die Wurmröhren gehen nach Beobachtungen in Skandinavien und Norddeutschland 2 Meter und darüber in den Boden.

Die Würmer legen ihre Röhren anfänglich etwas weiter, als erforderlich ist, an und pflastern sie hinterher mit ihren Excrementen aus, bis sie die richtige Weite haben und das Auf= und Absteigen erleichtern.

Fällt eine Wurmröhre zusammen, so wird eine neue angelegt.

Ueber die Zahl der auf einem bestimmten Raume lebenden Regenwürmer geben uns Beobachtungen von Victor Hensen genaueren Aufschluß. Seinen Beobachtungen zufolge leben auf einer Hektare Laub (Gartenerde) etwa 133,000 Würmer. Nimmt man als mittleres Körpergewicht ein Gramm für den einzelnen Wurm, so macht dies auf die erwähnte Fläche 133 Kilogramm oder etwa 2½ Centner Würmer. Im Wiesland und in magerer Ackererde mag die Ziffer etwas geringer ausfallen, aber sie würde immerhin noch sehr bedeutend sein. Sie ist hoch genug, um das Auswerfen einer beträchlichen Menge Erbe zur Folge zu haben.

Darwin stützt sich bei seinen Folgerungen darauf, daß die Regenwürmer auf der ganzen Erde verbreitet sind und selbst auf entfernten Inselgebieten, wie auf St. Helena auf den Kerguelen, und in Island häufig vorkommen. Sie gehen sogar hoch hinauf, in Indien wurden noch in einer Höhe von 7000 Fuß große Wurmexcremente beobachtet. Darwin berichtet von einem trockenen Excrementhaufen, welcher ein Gewicht von 123 Gramm besaß.

Ueber die Wirkung des Auswerfens der Erde theilt Darwin einige überraschende Thatsachen mit.

In Mear Hall wurde 1827 eine Schicht ungelöschten Kalkes über ein Weideland ausgebreitet, welches nachher nicht mehr gepflügt wurde.

16*

Zehn Jahre später wurden viereckige Löcher in die Erde gegraben, und die Kalkschicht war nun 3 Zoll (engl.) tief im Boden.

1833 waren im nämlichen Feld Kohlenschlacken ausgestreut worden und diese befanden sich nun einen Zoll tief unter der Oberfläche.

$4^3/_4$ Jahre später wurde das Feld neuerdings untersucht, Kalk und Kohlenschicht waren in gleichen Abständen um einen Zoll tiefer gesunken.

Es geht daraus hervor, daß die Gegenstände von der Oberfläche fortwährend in die Tiefe sinken, weil die Regenwürmer fortwährend Erde aus der Tiefe an die Oberfläche schaffen, ihre Röhren zusammensinken und damit auch die über ihnen liegenden Gegenstände.

Dieses Einsinken beträgt jedes Jahrhundert in unseren Breiten etwa 2 Fuß oder etwas mehr als einen halben Meter.

So verschwinden auf Wiesen die herumliegenden Steine, und Darwin schreibt die Glätte unserer Wiesen der Arbeit der Regenwürmer zu.

Darwin berichtet auch von einigen höchst merkwürdigen Fällen, wo antiquarische Funde durch die Würmer in den Boden eingegraben und dadurch gegen äußere Zerstörungen geschützt wurden.

Eine eigentliche Rolle von geologischer Bedeutung entwickeln die Regenwürmer durch die als Folge ihrer Thätigkeit eintretende Abtragung der Erde.

Die Regenwürmer unterstützen die Denudation der Erdoberfläche.

Es ist klar, daß die feine Erde, welche immer und immer wieder durch den Darm der Würmer getrieben und dann an die Oberfläche geschafft wird, schließlich noch feiner wird und von dem niederfallenden Regen um so leichter fortgeschwemmt werden kann.

Die feuchten Excrementmassen, welche über den Röhren an geneigten Flächen liegen, fließen langsam über die Gehänge herunter und die trockenen und zerbröckelten Excremente fallen bei stärkeren Luftbewegungen in die Tiefe.

Nach jedem starken Regen kann man annehmen, daß $^2/_3$ der ausgeworfenen Erdmasse unterhalb der Röhre liegen.

Da nun im Laufe eines Jahres auf 4 Quadratfuß etwa $7^1/_2$ Pfd. Erde herausgeschafft werden, so ist diese Erdbewegung im Laufe der Jahrhunderte offenbar beträchtlich.

In den Tropen ist diese Erdbewegung noch größer, da die Wurmexcremente oft in einen Flaben von 3—5 Zoll (engl.) Durchmesser zerfließen.

Aber mit der Denudation ist gleichzeitig eine weitere Aufschließung des Bodens verknüpft.

Der Regenwurm vertheilt die eingezogenen Blätter im Boden, er leitet eine raschere Fäulniß derselben ein, die Humusbildung wird durch ihn unterhalten. Die Humussäure, die saure Reaction seiner Excremente, beschleunigt die Aufschließung der Gesteine. Das Wasser gelangt durch die Wurmröhren in die Tiefe und führt ebenso die Säuren in die Tiefe, wo das Gestein angegriffen wird.

Was durch die Abtragung der Erde verloren geht, wird entweder ganz oder theilweise durch die Aufschließung der Gesteine ersetzt.

Dies ist in Kürze der Gedankengang, welchen Darwin an seine gewonnenen Beobachtungen knüpft.

———————

Kritik der von Darwin entwickelten Theorie. Die erwähnte Arbeit und die in derselben aufgestellte Theorie über die Thätigkeit der Regenwürmer besitzt verschiedene jener Vorzüge, die man an Darwin's Arbeiten so hoch anschlagen muß.

Zunächst überrascht uns die Fülle der Beobachtungen, obschon es sich um ein scheinbar geringes thierisches Geschöpf handelt. Beobachtungen und Experimente dehnen sich über einen Zeitraum von mehr als vierzig Jahren aus. Diese Erscheinung ist in unserer Zeit, wo die Production eine gewisse Hast verräth und die Resultate gar bald überholt werden, eine Seltenheit.

Der Gegenstand ist denn auch, sofern die Verhältnisse es gestatteten, geradezu erschöpfend behandelt.

Ein weiterer Vorzug ist mehr individueller Natur. Darwin hat diese Arbeit am Schlusse seines Lebens als gereifter Forscher veröffentlicht, welcher wie Wenige die Bedeutung kleiner Ursachen in ihrer Summirung zu großen Wirkungen zu würdigen verstand.

Anderseits dürfen gewisse Nachtheile oder vielmehr Lücken hervorgehoben werden, welche einer raschen Anerkennung seiner weittragenden Annahmen entgegenstanden.

Ein Resultat in den Naturwissenschaften steht auf um so festerer Basis, je ausgedehnter die Inductionsreihe ist.

In zeitlicher Hinsicht ist nun die Beobachtungsreihe so vollständig als nur möglich; eine Beobachtungsreihe, welche über vier Jahrzehnte ausgedehnt ist, genügt vollkommen zur Sicherstellung eines Resultates von dieser Tragweite.

Die örtliche Ausdehnung der Beobachtungen ist dagegen nicht vollkommen genug. Die Beobachtungen sind fast nur in England angestellt; ein Vorgang, der sich dort oder selbst auf europäischem Gebiet abspielt, kann sich möglicherweise in anderen Gebieten der Erde anders verhalten, da es sich nicht um chemisch-physikalische Thatsachen, sondern um biologische Vorgänge handelt. Zwar bringt Darwin vereinzelte Thatsachen aus dem Gebiete Indiens, unter anderen die überraschende Wahrnehmung, daß im botanischen Garten in Kalkutta thurmartige Excremente von 5—6 Zoll Höhe von Regenwürmern ausgeworfen werden und die Rasenplätze täglich gewalzt werden müssen, weil sie sonst schon nach einigen Tagen mit Excrementhaufen dicht bedeckt würden.

Allein die mitgetheilten Beobachtungen sind doch zu spärlich und zu localer Natur, wenn es sich um den Nachweis einer großen Erscheinung handelt, welche sich auf der ganzen Erdoberfläche, soweit wenigstens ein reicheres organisches Leben vorkommt, abspielen sollte.

Der Einwurf der Geologen z. B., wenn sie erklären wollten, daß Darwin die Tragweite der Thätigkeit der Regenwürmer sehr überschätzt hätte, würde ich an der Hand der bisherigen Beobachtungen nicht so völlig unberechtigt finden.

Dabei darf aber entgegengehalten werden, daß Darwin's Scharfblick in solchen Dingen ein ganz ungewöhnlicher war und die Theorie unter allen Umständen zu weiteren Beobachtungen einladet.

Für die Frage der natürlichen Bodenkultur ist dieselbe in forstlicher und landwirthschaftlicher Hinsicht so bedeutungsvoll, daß sie einen großen Fortschritt in unserer Erkenntniß der Humusbildung in sich birgt.

Ich konnte die Richtigkeit der Darwin'schen Angaben namentlich auch in der montanen und alpinen Region wiederholt bestätigen. Ich fand z. B. in den Bergen von Schwyz das Bett mancher Bergbäche überall bedeckt mit zerbröckelten Wurmexcrementen, welche die Abhänge heruntergerollt waren, und fand die Thätigkeit der Regenwürmer auch in höheren Lagen, wie im Engadin und Davos, vor.

Anderseits gibt es im hochalpinen Gebiet eine Humusbildung, welche sicher nicht durch Regenwürmer verursacht wird. Die so verbreiteten Flechten greifen das Gestein direct an und bereiten eine dünne Humusdecke vor, welche da und dort durch die Leichen zusammengewehter

Inseften vermehrt werden kann, dann fand ich früher in den Tropen=
gebieten eine fruchtbare Humusdecke, welche gar keine Regenwürmer ent=
hält, und doch existirt eine natürliche Kultur des Bodens.

Ich nahm mir daher vor, die angeregten Fragen gelegentlich weiter
zu verfolgen, zumal Darwin gar nicht die Behauptung aufstellt, daß
die Regenwürmer die einzige Ursache bei der Bildung der Ackererde
darstellen.

Seine Angaben zu prüfen genügt ferner, irgend ein größeres Gebiet,
wo reiche Ackererde oder Humuslage vorkommt, herauszunehmen und
die Anwendbarkeit seiner Theorie zu versuchen.

Mein Reisegebiet von Madagaskar mußte hierfür ganz besonders
geeignet sein, denn die fruchtbare Humusdecke ist dort bekanntlich sehr
ausgedehnt, und an vielen Punkten der Insel ist die Vegetation nach
den Urtheilen competenter Reisender vielleicht die großartigste der Erde.

Wir werden hören, wie die Befunde lauten.

Ich erhielt in Madagaskar verschiedene Arten von Regenwürmern,
welche in ihrer Lebensweise keineswegs übereinstimmen und bei der
Humusbildung in sehr verschiedener Weise betheiligt sind.

Bisher ist aus Madagaskar eine einzige Art durch E. Perrier
bekannt geworden. Sie wurde als Acanthodrilus verticillatus beschrieben
und wird 35 Centimeter lang.

In Wirklichkeit dürfte, namentlich wenn man während der Regen=
zeit genauere Nachforschungen anstellte, der Artenreichthum ziemlich
bedeutend sein, ich konnte mehrere verschiedene Genera beobachten.

Die in den Tropen so häufige Gattung Perichaeta findet sich auch
in Madagaskar ungemein zahlreich und fällt schon im ersten Moment
auf durch die Gewohnheit, mit Hülfe ihres kräftigen Hautmuskelschlauches
sich in die Höhe zu schnellen.

Man findet sie stets unter abgestorbenem Laub, im Mulm und
besonders in den Blattscheiden der Bananen. Hier greifen die Regen=
würmer die lebenden Pflanzensubstanzen an und sind die Haupturfache
des langsamen Absterbens der älteren Bananenblätter.

Die Perichäten machen wohl Gänge oder Nester in lebenden
Pflanzentheilen, legen aber keine eigentlichen Wurmröhren in der Erde
an und haben auch nicht die Gewohnheit, große Mengen von Erde an

die Oberfläche zu werfen, da ihr Darm hierfür einen ungeeigneten Bau besitzt. Sie scheinen sich lediglich von frischen oder todten Pflanzenstoffen zu ernähren.

Andere Arten von mäßiger Größe leben sehr zahlreich in der Erde, wo sie Gänge in verschiedener Richtung anlegen und die gleichen Lebens= gewohnheiten haben wie ihre europäischen Verwandten.

Ein besonderes Interesse gewinnt eine neue Art, welche ich unter einigen Schwierigkeiten schließlich in ziemlich unverletzten Stücken erhielt und welche ganz riesige Dimensionen besitzt, sodaß sie eher den Eindruck einer Schlange als denjenigen eines Regenwurmes macht. Ich erhielt ein Exemplar, welches 50 Centimeter maß und offenbar noch lange nicht die definitive Größe erlangt hatte. Ein anderes Exemplar maß je nach dem Grade der Zusammenziehung 75—80 Centimeter, trotzdem das Hinterende abgerissen war.

Die Art gehört zu den gürtellosen Regenwürmern und läßt sich in die bisher aufgestellten Gattungen nicht einreihen, ist von Acanthodrilus verticillatus verschieden und erhält von mir vorläufig die Benennung Geophagus Darwinii.*)

Die Kolonisten sagten mir, daß während der Regenzeit diese Würmer zahlreich hervorkommen und über meterlang werden, was mir vollkommen richtig erscheint. In Gärten sollen sie gelegentlich den Boden stark auflockern.

---

*) Die von mir aufgestellte neue Gattung Geophagus (γῇ Erde, φαγεῖν fressen) mag hier vorläufig kurz charakterisirt werden, um mir die neue Form zu sichern, wobei ich mir vorbehalte, diese und andere neue Arten aus Madagaskar und Réunion an anderer Stelle eingehender zu veröffentlichen.

Die Gattung Geophagus zeichnet sich zunächst durch das vollständige Fehlen des Gürtels (Clitellum) aus, gehört also zu den Aclitelliens E. Perrier's. Die paarigen Borsten liegen in vier Reihen an den Seiten des Körpers. Die Oeffnungen der Segmentalorgane liegen jederseits zwischen den oberen und unteren Borsten= reihen. Die männlichen Oeffnungen sind in der Zweizahl vorhanden und münden unter den Borstenreihen auf der Bauchseite aus.

Die neue Art von Madagaskar nenne ich Geophagus Darwinii. Sie besitzt einen vollkommen cylindrischen Körper, ist am hinteren Ende gar nicht, am vorderen Ende nur wenig verjüngt.

Sie wird 70—80 Centimeter lang und ist 2 Centimeter dick. Die Färbung ist blaß=bläulichroth, die Rückenseite des Vorderkörpers ist stets dunkel=braunroth gefärbt.

Riesige Regenwürmer scheinen in ganz Madagaskar vorzukommen, denn an verschiedenen Punkten hatte man von ihnen Kenntniß. Einer mündlichen Mittheilung von G. Lantz in St. Denis, welcher den Süd= often bereiste, entnehme ich, daß sie auch dort sehr häufig sind.

Ich habe möglichst viele Thatsachen gesammelt, um einen Vergleich mit unseren Arten ziehen zu können.

Der Mittelleib und der Hinterkörper ist sehr dünnwandig, da der Hautmuskelschlauch nur wenig entwickelt ist. Der Vorderkörper dagegen ist sehr muskulös und kräftig.

Er ist daher für die bohrende Arbeit ganz besonders geeignet, und der sehr weite Darm kann große Mengen von feiner Erde aufnehmen.

Die am oberen Theile des Kopfringes gelegene Lippe ist so kräftig, daß sie zum Erfassen der Gegenstände ganz besonders geeignet erscheint. Die Nahrungsaufnahme erfolgt auch hier durch Saug= wirkung, und die kräftige Muskulatur des Vorder= körpers preßt die Maffen nach hinten.

Wie sich durch Versuche leicht ermitteln läßt, ist das Tastvermögen sehr ausgebildet, und bei der leisesten Berührung zieht sich der große Regen= wurm sehr behende zurück.

Die Nahrung besteht in frischen und ab= gefallenen Blättern und Zweigstücken, welche man in den Röhren gelegentlich antrifft. Die Be=

Fig. 28.

Vorderende von Geo= phagus Darwinii (in ½ der nat. Größe).

Die Borstenreihen beginnen erst hinter den männlichen Oeffnungen. Die Borsten sind im vorderen Abschnitt angeschwollen, die schwärzliche Spitze erscheint stark umgebogen.

Die Segmentalöffnungen liegen der ventralen Borstenreihe näher als der dorsalen. Die ersten 20 äußeren Ringe sind größer als die folgenden zahl= reichen, aber schmalen Ringe. Die beiden männlichen Oeffnungen münden auf der Bauchseite des 26. Ringes aus. Der Kopfring trägt eine große, gerundete Ober= lippe und eine zipflige Unterlippe.

wohner in Nossi=Be klagten mir, daß die Würmer über Nacht aus dem Boden kommen und in den Gärten die jungen Gemüsepflanzen mit ihren Blättern und Stengeln in ihre Röhren hineinziehen, sodaß die Setzlinge oft erneuert werden müssen.

Ich halte diese Angabe für nicht unbegründet, denn in Gärten wird bei Nahrungsmangel der Wurm eben die grünen, oberirdischen Pflanzentheile angehen müssen. Daneben verschluckt er gewaltige Mengen von Erde und treibt dieselbe fortwährend durch seinen Darm.

Dieser ist namentlich im hinteren Theile so weit, daß sich seine Wandung beinahe an die dünne Körperwandung anschmiegt.

Alle von mir untersuchten Exemplare zeigten den Darm vollgestopft mit feinem Schlamm, welcher im Hinterkörper durch die dünne, bläulich= weiße Körperwandung durchschimmert.

Ein mir überbrachtes lebendes Exemplar preßte im Verlauf einer halben Stunde etwa 100 Gramm feuchte Erde aus.

Die Bodenbeschaffenheit scheint keinen Einfluß auf die Wahl des Aufenthaltsortes zu haben.

Ich fand Wohnröhren auf vulkanischem Boden ebenso häufig als auf dem Boden, welcher aus verwittertem Granit oder Glimmerschiefer zusammengesetzt war.

Wie bereits angedeutet und wie ich mich überall leicht überzeugen konnte, legt Geophagus Darwinii ganz wie unser europäischer Regen= wurm im Boden Röhren an.

Eine große Regelmäßigkeit scheint nicht zu bestehen und ihr Verlauf den zufälligen Bedingungen angepaßt.

Ich sah vielfach ganz senkrechte Röhren, wenn ich nachgrub, andere sind in ihrem Verlauf gebogen und werden in der Tiefe zuweilen gerade= zu horizontal. Wie tief dieselben hinabreichen, kann ich nicht genau an= geben. Ich kam eben zur Winterszeit, d. h. in der regenlosen Zeit nach Madagaskar. Das Nachgraben ist dann sehr schwierig. Ich fand den Boden so hart, daß ich beim Graben die mitgebrachten Schaufeln ruinirte. Aus der Länge des Wurmes dürfte sich jedoch der Schluß ziehen lassen, daß die Röhren sehr weit hinabreichen, wo es die Unter= lage gestattet.

Die Anlage der Wurmröhren erfolgt in der gleichen Weise wie in Europa. Stets waren ihre Wände wie polirt und ihre Weite genau dem Leibesumfange der Würmer angemessen. Durch Fortdrücken und Ver=

schlucken der Erde legt der Wurm die provisorische Wohnung an und pflastert sie mit den feuchten Excrementmassen aus, bis sie eng genug ist, um darin bequem auf= und absteigen zu können.

Dabei werden auch gewaltige Mengen von Erde aus dem Boden herausgeschafft, und man findet die thurmartigen Excremente an der Oberfläche des Bodens über den Wurmröhren.

Ueber diese Mengen habe ich, soweit es möglich war, genauere Messungen angestellt und die jährliche Erdbewegung annähernd zu be= stimmen gesucht. Es werden die Ergebnisse weiter unten mitgetheilt, und es sei hier nur bemerkt, daß an den meisten Stellen der Boden an seiner Oberfläche überhaupt nur aus zerbröckelten Regenwurmexcre= menten besteht.

Die Lebensgewohnheiten der riesigen Regenwürmer von Madagaskar stimmen auch darin mit den in Europa vorkommenden überein, daß sie einen Winterschlaf halten und sich tief in den Boden zurückziehen. Es ist weniger die Kälte, als der Mangel an Feuchtigkeit, welcher sie in die Tiefe zurücktreibt, obschon in der Bergregion die Nächte ziemlich frisch sind. Der Winter dauert in Madagaskar vom Mai bis zum October und während dieser Zeit fallen verhältnißmäßig wenig Nieder= schläge.

Am meisten Erfolg hatte ich bei der Erlangung von Regenwürmern auf Nossi=Be, wo ich viele Exemplare erlangen konnte.

Die aufgeweckten Sakalaven zeigten eine große Begeisterung für meine Regenwurmuntersuchungen und gruben in der Nähe der Bäche, da im Urwaldgebiet der Boden gar nicht gelockert werden konnte.

Gegen Bezahlung konnte ich schließlich ein reicheres Material erlangen.

Leider dauerte die Begeisterung nur so lange, bis die Leute Geld in der Tasche hatten, nachher erklärten sie, sie arbeiten erst wieder, wenn sie Geld brauchten.

Ueber die Zahl der auf einer bestimmten Fläche lebenden Regen= würmer habe ich keine exacten Daten erhalten können, weil eine solche Untersuchung auf allzugroße Schwierigkeiten stieß.

Indeß genügt ein einfacher Vergleich mit unseren europäischen Ver= hältnissen, daß die Masse lebender Regenwurmsubstanz auf einer be= stimmten Fläche größer sein muß, als selbst in den humusreichsten Gärten in Europa.

Wo ich nachgraben ließ, kamen Würmer verschiedener Größe zum Vorschein, wo ich hinsah, lagen die zu Ende der Regenzeit ausgeworfenen und eingetrockneten Regenwurmexcremente herum.

Die Folgerungen, welche Darwin an die Thätigkeit der Regenwürmer knüpft, konnte ich auf dem Boden von Madagaskar, den ich ja nur auf gut Glück zur Prüfung von seiner Theorie herausgriff, im weitesten Umfange bestätigen.

Die Wirkungen der Thätigkeit der Regenwürmer sind aber auf diesem Tropenboden ungleich großartiger als in England.

Was zunächst das Auswerfen von Erde und die damit verbundene Erdbewegung betrifft, so entscheiden darüber selbstredend nur genauere Messungen und Berechnungen. Ich habe solche sowohl im Gebiete des Urwaldes als auch auf freien Feldern angestellt.

Darwin bildet in seinem Werke thurmartige Excrementhaufen von ausgeworfener Erde ab, welche in Südindien und Kalkutta zur Beobachtung gelangten und welche mehrere Zoll' (engl.) Höhe erreichten.

Er erwähnt, daß der größte dieser Excrementhaufen 123 Gramm wog.

Im freien Felde fand ich überall nur Bruchstücke solcher Haufen. Dagegen fand ich sie massenhaft im Urwalde und unter größeren Bäumen im Freien, also da, wo sie gegen atmosphärische Einwirknngen geschützt waren.

Sie stammten offenbar vom Ende der Regenzeit her und waren von der Luft ausgetrocknet und sehr hart geworden. Ihre Form hatten sie vollkommen beibehalten, einige waren auch in Fladen ausgebreitet.

Ich besitze eine Sammlung von zwanzig dieser thurmartigen Erdmassen, welche von Regenwürmern im Gebiet des Urwaldes ausgeworfen wurden.

Durchschnittlich schwankt ihr Gewicht zwischen 130—150 Gramm. Ein sehr gut erhaltener, thurmförmiger Erdhaufen, dessen Basis nicht einmal ganz vollständig losgelöst werden konnte, ist 12 Centimeter hoch und an der Basis $6\frac{1}{2}$ Centimeter breit. Ich gebe beistehend eine stark verkleinerte Abbildung desselben, welche nach einer photographischen Aufnahme hergestellt ist. In trockenem Zustande beträgt sein Gewicht 178 Gramm. Eine etwas niedere, aber breitere Masse, wovon ich hier ebenfalls eine Abbildung (verkleinert) gebe und die von einem einzigen Wurm stammt, besitzt ein Gewicht von 179 Gramm.

Die größte von einem Regenwurm ausgeworfene Erdmasse beobachtete ich in Form eines runden Fladens, welcher im Durchmesser 15 Centimeter besaß, in der Mitte 4 Centimeter, am Rande noch 3 Centimeter hoch war.

Das Volumen verhält sich zu der 178 schweren Excrementmasse wie 5 : 3, das Gewicht ist demnach selbst in trockenem Zustande auf

Fig. 29.

Fig. 30.

Erdhaufen von Geophagus Darwinii. (Stark verkleinert.) Natürliche Größe: 9 Centimeter hoch, 7 Centimeter breit. Gewicht 179 Gramm.

Thurmförmiger Erdhaufen von Geophagus Darwinii nov. spec. (Stark verkleinert.) Natürliche Größe: 12 Centimeter hoch, 6¹/₂ Centimeter breit. Gewicht 178 Gramm.

mindestens 300 Gramm anzuschlagen. Das macht also weit über ¹/₂ Pfund! Die Excrementmassen finden sich im Urwald von Madagaskar nicht etwa vereinzelt, sondern können korbweise eingesammelt werden.

Gleichmäßig ausgebreitet, würden sie eine Erdschicht von einem Centimeter Dicke abgeben.

Das sind aber noch nicht die Erdmassen, welche pro Jahr ausge= worfen werden, sondern sie stammen ja nur vom Ende der Regenzeit her.

Die gleiche Erscheinung konnte ich nicht allein im Waldgebiete fest= stellen, sondern auch im Buschwerk und auf den Zuckerrohrfeldern. Hier bilden die vom Ende der Regenzeit herstammenden, von Regenwürmern ausgeworfenen Erdmassen auf Nossi=Be eine zusammenhängende, krümelige Schicht, welche 1—2 Centimeter Dicke besitzt.

Wir werden daher eher hinter der Wirklichkeit zurückbleiben, wenn wir annehmen, daß auf dem mit Vegetation bedeckten Boden von Maba= gaskar die per Jahr von Regenwürmern aus dem Boden herausgeschaffte Erde eine zusammenhängende Schicht von 2 Centimeter Dicke bildet!

Darwin gelang es auf Grund unanfechtbarer Beobachtungen, den Nachweis zu leisten, daß in England die an der Bodenoberfläche heraus= geworfene Erde in dem Zeitraum von fünfzig Jahren eine Schicht von einem Fuß Dicke bildet, also die an der Oberfläche liegenden Gegen= stände continuirlich vergraben werden und in gleichem Maße in die Tiefe rücken.

In den Tropen ist die Erdbewegung viel größer. In einem Zeit= raum von fünfzig Jahren würde nach meinen Ergebnissen eine Erdschicht von 100 Centimetern Dicke, also ein Meter hoch Erde durch Regen= würmer an die Oberfläche geschafft. Die Erdbewegung in dem Tropen= gebiet von Madagaskar ist also dreimal so groß als in England.

Ich glaube, daß auf unserer Erde nirgends eine höhere Ziffer gefunden werden kann, da die Insel eine fast unübertroffen reiche Vege= tation besitzt, in deren Dienst eben die riesigen Regenwürmer gestellt sind.

Ich habe versucht, durch eine Berechnung eine ungefähre Vorstellung von der jährlichen Erdbewegung in Madagaskar zu geben.

Die Insel zeigt das Maximum der Vegetation im Urwalde, welcher einen zusammenhängenden Gürtel in einiger Entfernung der Küste bildet.

Der Gürtel hat mindestens eine Länge von 3000 Kilometer und eine Breite von 20—25 Kilometer. Mäßig gerechnet hat Madagaskar eine Waldfläche von 70 Milliarden Quadratmeter.

Die durch Regenwürmer herausgeworfene Erde würde jährlich in runder Summe 1½ Milliarden Kubikmeter ausmachen.

Vergleichen wir diese Arbeit mit der Leistungsfähigkeit des Menschen. Ein Erdarbeiter leistet täglich eine Erdbewegung von 5 Kubikmeter, im Jahre also etwa 1500 Kubikmeter.

Die Arbeit, welche demnach die Regenwürmer im Urwald pro Jahr verrichten, entspräche der Arbeit von einer Million Erdarbeitern.

Nehmen wir madagassische Arbeiter, deren Löhnung 1 Franken pro Tag wäre und welche an der Stelle der Regenwürmer dieses Umackern im Gebiete des Urwaldes zu besorgen hätten, so würde die erwachsene männliche Bevölkerung von ganz Madagaskar eben hinreichen, um diese Arbeit auszuführen, und müßte täglich mit einer Million Franken gelöhnt werden!

Hierbei ist aber nur das Urwaldgebiet gerechnet, die Erdbewegung in den übrigen Gebieten des Landes ist ganz außer Betracht gelassen.

Auch mit dem Eingraben der abgefallenen Pflanzentheile, welche die natürliche Düngung bilden, hat es seine volle Richtigkeit.

Man sieht in der Tiefe des Bodens überall Fragmente von Blättern und Stengeln, welche von den ausgeworfenen Erdmassen überdeckt und fest in den Boden eingebacken sind.

Sie verwesen hier und liefern neuen Humus.

Auch Gesteinsmassen versinken durch die Thätigkeit der Regenwürmer nach und nach in die Tiefe, doch ist dann nöthig, daß sich die Ameisen unter denselben nicht angesiedelt haben, da diese sich mit den Regenwürmern nicht vertragen.

Unlängst hat man auf der Insel Nossi-Be die Wasserleitung, welche die Reservoire des Städtchens Hellville versorgt, abgeändert.

Der hinter dem Madagassendorf Anduany sich hinziehende Aquäduct war früher gemauert und ist jetzt durch eine gußeiserne Röhrenleitung ersetzt.

Die Steine liegen auf der Erde neben der alten Leitung und sind nicht entfernt worden. Sie sind theilweise schon so tief in den Boden eingesunken, daß man sie nicht mehr herausheben kann.

Daß der Nutzen für die Vegetation, welcher aus dieser natürlichen Bodenkultur hervorgeht, sehr hoch anzuschlagen ist, muß naheliegend erscheinen.

Die Durchlüftung des Bodens wird erleichtert, die Fäulnißprozesse werden in dem feuchtwarmen Klima rasch und energisch verlaufen, die als Fermente wirkenden Spaltpilze finden günstige Entwickelungsbedingungen.

Liebig hat einmal den Vorschlag gemacht, die künstlichen Düngmittel mit Sägspänen und Sägmehl zu vermischen, da diese indifferente Beigabe das Gedeihen der Pflanzen unterstütze.

Dieser Vorschlag erscheint mir durchaus rationell und findet seine Begründung in den Vorgängen der Humusbildung, es wird dadurch auch eine Art Durchlüftung der Humusdecke erzielt. An die Stelle dieser Stoffe, welche der Luft den Zutritt gestatten, treten eben die Wurmlöcher der Regenwürmer. Das Eindringen von Wasser in die Tiefe wird naturgemäß auch erleichtert, ebenso wird das Wurzelwerk der Pflanzen diese vorgezeichneten Bahnen gerne benutzen.

Das Aufschließen des Bodens würde ohne die Thätigkeit der Regenwürmer wohl sehr langsam erfolgen können, zumal die Humusdecke in Madagaskar oft eine erstaunliche Mächtigkeit (bis zu 2 Meter) erlangt.

An dem Aufschließen des Bodens ist vorwiegend das mit Kohlensäure beladene Wasser betheiligt, und dieses gelangt eben immer mit frischen Vorräthen in Contact mit den tiefer liegenden Gesteinsmassen und Gesteinstrümmern.

Daß die feine Erde, welche immer und immer wieder durch den Darm der Regenwürmer getrieben wird, schließlich noch feiner werden muß, ist eine Thatsache, welche nicht bestritten werden kann. Sie wird gerade in Madagaskar dem Reisenden unangenehm genug.

Der Boden ist vielorts mit einer röthlichen und äußerst feinen Erde bedeckt, welche zur Regenzeit das Marschiren ungemein beschwerlich macht, da man entweder einsinkt oder ausgleitet. Diese Erde wurde durch die Thätigkeit der Regenwürmer so fein gemahlen.

Daß unter dem Einfluß der Regenwürmer eine fortwährende Abtragung der Erdoberfläche, eine sogenannte Denudation stattfindet, ist eine Folgerung von Darwin, welche meiner Ansicht nach vollkommen gerechtfertigt erscheint.

Madagaskar ist ein Gebiet, welches dieses Abwärtsführen der Humusdecke ganz besonders schön illustrirt.

Dringt man von der Küste aus ins Innere vor, so wird der Boden bald außerordentlich stark coupirt. Man überblickt zunächst eine Unmasse von Hügeln und kleinen Thälern, welche sich etwa einem stark bewegten Meere mit Wellenbergen und Wellenthälern vergleichen lassen.

Die Thälchen, wenn sie nicht etwa von einem Flusse oder Bergbach durchströmt werden, sind mit einer schwarzen und sehr humusreichen Erde bedeckt, welche von den benachbarten Bergabhängen stammt, wobei natürlich die feinen, von den Regenwürmern ausgeworfenen Erdmassen in erster Linie von den hier mit furchtbarer Gewalt niederfallenden

Tropenregen die Gehänge hinunterfließen. Die Madagassen, welche Landbau treiben, wissen recht gut, daß diese Thälchen sehr fruchtbar sind, sie
legen hier ihre Kulturen an und benutzen sie für den Reisbau.

Ihre Dörfer legen sie meist 20—30 Meter über der Thalsohle
an. Die Erde wird, bevor der Anbau des Reis erfolgt, in höchst
origineller Weise gepflügt, sie wird nämlich etwas unter Wasser gesetzt
und dann jagt man die Zebuochsen hinein, welche den Boden aufwühlen.
Nachher wird der Reis ausgesäet.

Auch ein großer Theil der fruchtbaren Ostküste ist durch die zahlreichen Flüsse von den Bergen hergeschwemmt worden.

Es ergibt sich aus den mitgetheilten Thatsachen, daß die von Darwin
behaupteten Folgerungen, welche wohl vielfach etwas skeptisch aufgenommen
wurden, sich bei einer mehr dem Zufall anheimgegebenen Probe in
glänzendster Weise bewährt haben.

Ich gestehe, daß ich anfänglich in die allgemeine Anwendbarkeit
seiner Theorien etwelche Bedenken hegte.

Allein angesichts der in den Tropen vorhandenen Thatsachen mußten
dieselben sofort verschwinden, die Erscheinungen sind zu sehr in die Augen
fallend. Man wird auf anderen Gebieten mit reicher Vegetation bei
näherer Untersuchung bald genug analoge Vorgänge constatiren können,
indem Regenwürmer von ungewöhnlicher Größe und reicher Anzahl an
verschiedenen Punkten der Erde zur Beobachtung gelangten.

So theilt Edmond Perrier, dem wir eine Monographie der exo-
tischen Formen verdanken, die bemerkenswerthe Thatsache mit, daß er
aus Neu-Caledonien eine Art (Acanthodrilus obtusus) erhielt, welche
nahezu meterlang war. Zwei amerikanische Arten (Titanus und Anteus)
werden über meterlang. Enorme Regenwürmer finden sich auch im
Kapland. Einer Angabe der „Cap Times" vom Jahre 1884 ist zu
entnehmen, daß sie zur Regenzeit an den Wegen zahlreich zur Beobachtung gelangen und anderthalb Meter Länge erreichen sollen. Sie gehören einer Art an, welche als Microchaeta Rappi beschrieben ist.
Ob diese Art auch jene großen, thurmförmigen Erdmassen auswirft, ist
aus den Angaben nicht deutlich zu entnehmen, allein die Lebensweise
scheint doch eine unserem Regenwurm ähnliche zu sein.

Interessant wäre es, auf das Vorkommen der Regenwürmer im
Quellgebiete des Nil zu achten. Es dürfte in demselben das Vorhandensein zahlreicher und großer Regenwürmer sich herausstellen. Die Denu-

dation des Quellgebietes wird aller Berechnung nach vorwiegend auf die Thätigkeit derselben zurückzuführen sein, und ich wage die auf den ersten Moment etwas kühn erscheinende Vermuthung auszusprechen, daß das fruchtbare Nildelta seine Existenz hauptsächlich der Arbeit der humusbildenden Thätigkeit von Regenwürmern im Quellgebiet des Riesenstromes verdankt.

Für das Gebiet von Madagaskar mußte ich bei näherer Untersuchung sehr bald die Ueberzeugung gewinnen, daß die gewaltige Tropenvegetation geradezu in einem Abhängigkeitsverhältniß zu der Regenwurmthätigkeit steht. Geophagus Darwinii und einige kleinere Arten beackern unaufhörlich den Boden.

Nimmt man diese Glieder aus der zusammenhängenden Kette von Vorgängen bei der Bodenkultur heraus, so schließt dieselbe nicht mehr und die übrigen Glieder können nicht mehr in richtiger Weise eingreifen.

Der jugendliche Darwin hat in seiner Arbeit über die Bildung der Korallenriffe ein großes naturwissenschaftliches Problem gelöst und damit in genialer Weise seine Forscherlaufbahn eröffnet — der alte Darwin hat in ebenso genialer Weise seine Forscherthätigkeit abgeschlossen. In seinen Untersuchungen über die Thätigkeit der unscheinbaren und verachteten Regenwürmer hat er den Schleier über einem ungleich größeren Problem gelüftet und in scharfsinniger Weise Vorgänge an der Oberfläche der Erdrinde aufgedeckt, welche gerade deswegen übersehen wurden, weil sie aller Welt vor Augen liegen.

Weitere Factoren bei der Humusbildung. Man würde viel zu weit gehen, wenn man die Behauptung aufstellen wollte, daß bei der Humusbildung und Bodenkultur, wie sie sich in der freien Natur vollzieht, die Regenwürmer die einzige Ursache bilden. Darwin hat dies auch nirgends behauptet, sondern nur die Rolle derselben bei der Beackerung der Erdoberfläche klar zu legen versucht.

Es gibt noch weitere thierische Factoren, welche wirksam sind, und es existiren weite Vegetationsgebiete auf unserer Erdoberfläche, in denen die Regenwürmer gar keine Rolle spielen und dennoch eine natürliche Kultur des Bodens stattfindet. Hier müssen andere Thierformen vicarirend auftreten.

Diese Factoren sind bisher kaum angedeutet worden und zum Theil noch vollkommen unerkannt geblieben.

Zunächst fiel es mir auf, daß auf der Insel Réunion, welche ich zu besuchen Gelegenheit hatte und welche eine äußerst üppige Vegetation besitzt, die Arbeit der Regenwürmer nicht so auffällig war wie auf der Insel Madagaskar.

Ich erhielt zwar auch zahlreiche Exemplare, darunter befindet sich eine sehr große Perichaeta; allein die thurmförmigen Erdmassen an der Oberfläche des Bodens scheinen mir zu fehlen.

In Salazie ließ ich den Boden umwühlen, ohne daß mir eine beachtenswerthe Zahl von Regenwürmern vorkam.

Vielleicht daß zur Regenzeit im Waldgebiete das Verhältniß sich anders gestaltet.

Vielleicht liegt aber auch eine Ausnahme vor, welche durch lokale Verhältnisse bedingt wird. Der Boden ist durchweg vulkanischer Natur, stellenweise sehr locker, so daß eine Durchlüftung und Humusbildung möglich wird, ohne daß Regenwürmer eingreifen müssen.

Es kann übrigens keinem Zweifel unterliegen, daß auf der Insel Réunion die Schnurasseln oder Juliden einen großen Antheil an der Humusbildung haben.

Wo abgefallene Blättermassen oder gestürzte Stämme auf dem Boden liegen, stellen sich diese Tausendfüßer in unglaublicher Menge ein, zernagen die todten Pflanzentheile und fügen durch ihre abgestoßenen Hüllen, durch ihre Ausscheidungen und Excremente dem Boden neuen Dünger zu.

Sie gehören einer einzigen, schwärzlichbraunen Art (Julus corallinus) an.

In großem Maßstabe wird übrigens in den Tropen der Humus schon über dem Boden vorbereitet, wovon ich mich sowohl im Küsten=gebiet als im Urwaldgebiet von Madagaskar überzeugen konnte.

Es sind vorwiegend die Ameisen, welche die Umwandlung der im Kampfe mit anderen Mitbewerbern um Luft und Licht untergegangenen Bäume hinwegräumen und dem Boden wieder frische Nahrungsquellen liefern.

Im Küstengebiete liegen zahlreiche Stämme von Barringtonien und Pandanus herum, welche von heftigen Cyclonen umgeworfen wurden. Im Waldgebiet werden die Wege durch die gestürzten Stämme versperrt, welche das Vordringen so sehr erschweren.

17*

Sie werden rasch von Ameisen und gelegentlich auch von Termiten befallen, welche die Rolle der natürlichen Polizei übernehmen und diese Pflanzenleichen in Mulm verwandeln, welcher als Dünger wieder dem Boden einverleibt wird.

Diese gestürzten Stämme sind ergiebige Fundstätten für Ameisen, und Madagaskar besitzt eine große Zahl von Arten, welche zum Theil über das ganze Tropengebiet verbreitet sind, zum Theil der Insel eigenthümlich sind.

Die von mir gesammelten Arten, unter welchen sich verschiedene neue befinden, sind kürzlich von Professor August Forel zusammengestellt und beschrieben worden.*)

Von denjenigen Arten, welche in der Natur durch rasches Beseitigen der gestürzten Baumstämme eine besonders wichtige Rolle spielen, sind namentlich hervorzuheben: Pheidole megacephala, welche unglaublich gefräßig ist und in allen Gebieten der Tropen vorkommt; die Pandanusstämme werden durch den ungemein häufigen Odontomachus haematodes und Onochetus africanus vernichtet; die gestürzten Palmstämme werden durch Camponotus maculatus, C. Grandidieri, C. Kelleri und Crematogaster tricolor rasch beseitigt; die gleichen Arten verwandeln auch die abgestorbenen Barringtonien in Mulm, auf welchen sie stets außerordentlich zahlreich leben.

Man wird zwar einwenden, daß die Pflanzensubstanz zum Theil in lebende Thiersubstanz übergeführt wird; allein dieser Besitz der Substanz ist nur ein temporärer, zudem werden ja die stickstoffhaltigen Ausscheidungen und Abfallstoffe sofort vom Thiere zurückgegeben, bei den Häutungen werden die stickstoffhaltigen Bälge abgestoßen u. s. w. Gleichzeitig ermöglichen die genannten Ameisen, indem sie Gänge anlegen, das Eindringen der Luft in die abgestorbenen Theile, wodurch auch fäulnißerregende Keime zugeführt werden.

Ist die genannte Arbeit auch nur eine vorbereitende, so fällt sie in den Tropen bei der Humusbildung schwer ins Gewicht und darf nicht unterschätzt werden.

---

*) A. Forel, „Études myrmécologiques." („Annales de la Société entomologique de Belgique", Tome XXX.)

Ferner: „Fourmis récoltées à Madagascar par le Dr. Conrad Keller et décrites par Aug. Forel." („Bulletin de la Société entomologique Suisse", 1887.)

· **Humusbildung auf Korallenriffen.** Im Gebiet der Korallen=
bänke und Koralleninseln scheinen die Regenwürmer gar keinen Einfluß
auf die Humusbildung zu haben, wenigstens konnte ich im Gebiet des
Rothen Meeres die Gegenwart derselben auch da nicht constatiren, wo
sich eine durchaus nicht ärmliche Riffvegetation angesiedelt hatte.

Die über Wasser gehobenen Korallenbänke bieten in der Strandzone
für das Vorkommen von Regenwürmern entweder ungünstige oder geradezu
unmögliche Lebensbedingungen dar.

Sie sind der tropischen Sonne stark exponirt und vielfach trocken.

· Die Regenwürmer, welche sich in die tieferen und feuchteren
Schichten zurückziehen wollten, könnten sich vielfach nicht eingraben,
da die Unterlage aus hartem Korallenfels besteht.

Der Regenwurm, welcher den Humusboden bearbeitet, verträgt
wohl das süße Wasser, liebt aber brackisches oder gar salziges Wasser
nicht, wird also Riffgebiete, welche von Zeit zu Zeit überflutet werden,
als Aufenthaltsort meiden.

Durchweg scheint dies zwar nicht stattzufinden, wenigstens hat
E. Perrier eine Form als Pontodrilus litoralis beschrieben, welche im
Strandgebiete lebt, und von dem riesenhaften Regenwurm des Cap
(Microchaeta Rappi) wird angegeben, daß er auch im Boden vorkomme,
welcher zeitweise vom Meere überflutet wird.

Aber das sind doch wohl Ausnahmen, und diejenigen Arten, welche
für unsere Frage am meisten in Betracht kommen, dürften dem salzigen
Wasser gegenüber sehr wenig widerstandsfähig sein. Regenwürmer, welche
ich in eine gesättigte Kochsalzlösung legte, waren schon nach vier Minuten
eine Leiche.

In ·einer zweiprocentigen Lösung .begannen sie schon nach einer
halben Stunde matt zu werden und waren nach zwei Stunden verendet.

Das Gebiet des Meeresstrandes wird also im Allgemeinen ver=
mieden werden.

Die Vegetation der Riffgebiete kann bei der Neubildung von Humus
die Regenwürmer nicht in ihren Dienst nehmen, aber bisher hat noch
Niemand die Bedingungen genauer untersucht, unter welchen hier die
Humusbildung und die natürliche Bodenkultur sich vollzieht.

Die Riffflächen bilden aber in den Tropengebieten einen nicht zu
unterschätzenden Teil der Bodenoberfläche, sodaß es sich lohnen muß,
den noch unbekannten Factoren nachzugehen.

Damit sich auf einem in Hebung begriffenen Korallenriff eine reichlichere Vegetation ansiedeln kann, und wir sehen ja in der That die Atolle der Südsee mit Vegetation bekleidet, sind zwei Bedingungen erforderlich: erstlich das Vorhandensein einer gelockerten Erdschicht' und zweitens die Zufuhr von stickstoffhaltigen Bestandtheilen.

Wie die erstere zu Stande kommt, darüber gibt Darwin in seinem Werke über den Bau der Korallenriffe *) einige Andeutungen.

Bei seiner Besprechung des Keeling=Atoll sagt er mit Bezug auf die in der Lagune vorkommende Bodenbeschaffenheit: „Die Ablagerung aus den tiefsten Theilen der Lagune erschien, als sie trocken war, wie sehr feiner Sand. Große weiche Bänke von ähnlichem, aber selbst noch feinkörnigerem Sand kommen an der Südostküste vor und bieten eine dicke Vegetation von Seegras dar; obschon dieser Schlamm durch vegetabilische Substanzen mißfarbig geworden ist, scheint er doch nach seiner gänzlichen Löslichkeit in Säuren rein kalkig zu sein.

„An der Außenseite des Riffes muß durch die Thätigkeit der Brandung auf die herumgerollten Bruchstücke von Korallensubstanz viel Niederschlag gebildet werden; aber in den ruhigen Wässern der Lagune kann dies nur in einem geringen Grade stattfinden. Es finden sich hier indessen andere und unerwartete Kräfte in Thätigkeit. Große Schaaren zweier Species von Scarus leben gänzlich vom Abweiden der lebendigen Polypenstöcke.

„Ich öffnete mehrere dieser Fische, welche sehr zahlreich und von beträchtlicher Größe sind, und fand ihre Eingeweide durch kleine Stücke von Korallen und fein zermahlener kalkiger Substanz ausgedehnt. Diese muß täglich als feinster Niederschlag von ihnen abgehen; viel muß auch durch die unendlich zahlreichen wurmförmigen Thiere und Weichthiere erzeugt werden, welche in beinahe jedem Block von Korallenmasse Höhlungen machen.

Dr. J. Allan von Forres, welcher die besten Mittel zur Beobachtung gehabt hat, theilt mir in einem Briefe mit, daß die Holothurien von lebendigen Korallen leben. Die Zahl der Species von Holothuria und der Individuen, welche auf jedem Theile dieser Korallenriffe herumschwärmen, ist außerordentlich groß; und wie bekannt ist, werden jährlich

---

*) Charles Darwin, „Ueber den Bau und die Verbreitung der Korallenriffe. Aus dem Englischen übersetzt von J. Victor Carus" (Stuttgart 1876).

viele Schiffsladungen nach China mit Trepang verfrachtet, welches eine Art dieser Gattung ist.

„Die Menge von Korallen, welche jährlich durch diese Geschöpfe und wahrscheinlich noch durch viele andere Arten verzehrt und zu dem feinsten Schlamme gemahlen werden, muß ungeheuer sein."

So weit Darwin, welcher das Vorkommen solcher Sandmassen auch für den Chagos-Archipel angibt.

In einem kürzlich veröffentlichten Aufsatz von O. Fintsch*) wird die sandige Beschaffenheit des Strandes für das atollförmige Riff von Diego Garcia im Indischen Ocean angegeben.

Für die Riffe des Rothen Meeres kann ich nur bestätigen, daß das Strandgebiet aus seinem Korallensand von verschiedener Mächtigkeit besteht, und in den zahlreichen kleinen Buchten in der Nähe von Suakin an der ägyptischen Küste des Rothen Meeres holte ich mit dem Schleppnetze einen feinen Korallensand aus der Tiefe hervor.

An den madagassischen Küsten sind die Riffe zu wenig entwickelt und nur lose zusammenhängend, als daß man dort die Erscheinung genauer verfolgen könnte. Mit Bezug auf die Bildung des Korallensandes, welcher später, wenn ein Riff über Wasser gehoben wird, die Ansiedelung der Vegetation ermöglicht, bin ich zu theilweise andern Resultaten gelangt.

Es mag korallenfressende Fische geben, aber viele der Korallenfische leben zwischen den Korallen, um mit diesen eine sogenannte Symbiose zu bilden, sie verzehren die lebenden Korallen nicht.

Diese Korallenfische leben am Absturz der Riffe, aber nicht an den seichteren Stellen.

Für die Bildung der Sandmassen, welche die seichteren, der Strandlinie genäherten Zonen der Küstenriffe überdecken, kommen sie kaum in Betracht.

Daß die Holothurien lebende Korallen abweiden, kann ich wenigstens für das Gebiet des Rothen Meeres nicht bestätigen. Diese Thiere treiben die Sandmasse durch den Darm und leben von den kleinen Organismen, welche darin verborgen sind. Ein Gebiß kommt ja den Holothurien nicht zu.

---

*) O. Fintsch, „Ein Besuch auf Diego Garcia im Indischen Ocean." („Deutsche geographische Blätter", Bremen 1887.)

Da auf den Küstenriffen des Rothen Meeres die schwarzen Holo=
thurien (Holothuria vagabunda) zu Tausenden im Sande herumliegen,
untermischt mit einzelnen, meterlangen Haftwalzen (Synapta) und Schaaren
von Seeigeln (Diadema), so muß diese Thiergesellschaft den Sand feiner
und feiner mahlen.

Bohrende Thierarten, welche in Korallen leben, sah ich im ery=
thräischen Gebiet zahlreich (Bohrwürmer, Bohrmuscheln, Bohrschwämme).
Sie sind zum Theil Ursache der Bildung von Korallensand.

Aber der wesentliche Antheil gebührt den Krebsen.

Zunächst finden sich die Sandkrabben (Ocypoda) in ungeheuerer
Anzahl und zernagen die Riffe an ihrer Oberfläche, theils über, theils
unter dem Wasser.

Die Strandzone, in welcher sie leben, beträgt etwa 200—300
Meter in ihrer Breite.

Klunzinger*) schildert deren Thätigkeit in recht anziehender Weise:
„Sie graben sich jenseits der Flutmarke, oft eine gute Strecke vom
Meere entfernt, doch nur soweit der Sand unten feucht bleibt, Löcher
von der Größe ihres Körpers. Die Löcher dringen 3—4 Fuß tief
schief oder in die Kreuz und Quere ein; die Krabben bewohnen sie einzeln
oder in Pärchen desselben oder verschiedenen Geschlechtes. Der beim
Graben abfallende Sand wird, zwischen einem Scheerenarm und einem
Vorderfuß gehalten, herausgetragen, wobei die am zweiten Fußpaar
befindliche Haarbürste wohl zu statten kommen mag; die andere Seite
aber wird zum Herauswandeln aus dem Loch freigelassen und vorgesetzt.
Oben angekommen, schleudert die Krabbe in einiger Entfernung vom
Loch den Sand mit einer plötzlichen haftigen Bewegung von sich. Der
weggeschleuderte Sand thürmt sich nach und nach zu einer spannenhohen
Pyramide auf, welche dann die leichte Krabbe jedesmal erklimmt.“

Ich kann diese Beobachtung nur bestätigen und habe bei den Sand=
krabben des Rothen Meeres die gleiche Thätigkeit auch in den seichteren
Stellen auf dem Riffe, das noch unter Wasser liegt, beobachtet.

Die Hügel haben oft das Aussehen von großen Maulwurfhaufen,
werden 20—25 Centimeter hoch und können 1 Meter im Durchmesser
haben.

---

*) C. B. Klunzinger, „Bilder aus Oberägypten, der Wüste und dem Rothen
Meere“ (Stuttgart 1878).

Die Hügel sind an manchen Stellen so zahlreich, daß auf 2 bis 3 Quadratmeter ein großer Sandhaufen kommt.

Am Strande leben ferner die Myriaden von Eremitenkrebsen, welche ebenfalls Löcher graben. Diese sind jedoch nur 12—15 Centimeter tief.

Diese Eremitenkrebse (Coenobita) leben von den Aasmassen, welche durch die Brandung an die Küsten angeschwemmt werden.

Beide Krebsformen bilden den Humus in der Strandregion. Indem sie alle thierischen Abfälle verzehren, binden sie naturgemäß die Düngmittel an das Strandgebiet und führen dem erzeugten Sande die nöthigen Mengen von Stickstoff zu.

Wenn auch die dem pelagischen Gebiete entstammenden todten Körper in ihnen zunächst wieder in lebende Substanz übergeführt werden, so bildet der für den Boden bestimmte Stickstoff ja nur ein Anleihen, welches diesen Strandbewohnern vorübergehend gewährt wird und welches schließlich doch dem Strandboden zu Gute kommt. Die Thiere unterliegen ja periodischen Häutungen, wobei stickstoffhaltige Substanzen abgestoßen werden, der Stickstoff, nachdem er in den Körper dieser strandbewohnenden Krebse eingezogen ist, tritt wieder mit den zahlreichen Ausscheidungen in den Boden über. Beim Tode zerfallen zudem die Leichen dieser Kruster.

Gerade dadurch, daß dieselben zahlreiche Löcher ins Ufer graben, werden sie ganz besonders geeignet, den Stickstoff in seinen Verbindungen in der Strandregion aufzuspeichern, und die Strandflora findet den Boden bereits vorbereitet.

Nur so wird es möglich, daß z. B. auf den zahlreichen Riffen und Koralleninseln der Südsee sich jene üppige Riffflora ansiedelt, von welcher uns die verschiedenen Beobachter Mittheilung machen.

––––––––––

Mariner Humus. Es gibt noch ein Gebiet, auf welchem Humusbildung und Bodenkultur in bedeutendem Umfange stattfindet, welches für sich allein behandelt werden muß, obschon es dem eben besprochenen nahe liegt. Es kann sogar mit Korallenriffen vergesellschaftet sein, ist es aber in der Mehrzahl der Fälle nicht.

Das Gebiet liegt in der Strandzone der verschiedenen Meere in der Alten wie in der Neuen Welt und ist dadurch ausgezeichnet, daß es eine tägliche, periodische Ueberflutung mit salzigem Wasser erleidet,

weshalb ich dem auf diesem Gebiet gebildeten Humus die obige Be=
zeichnung geben möchte.

Das Verbreitungsgebiet ist vielleicht größer, als dasjenige des
Riff=Humus, ist aber auf die Tropen der Alten und Neuen Welt be=
schränkt und fehlt meines Wissens in den gemäßigten Strecken.

Durch das Auftreten der Mangrovevegetation ist dieser marine Humus
so scharf bezeichnet, daß vielleicht die Benennung „Mangrove=Humus"
noch zutreffender wäre.

Da, wo größere Flüsse und Ströme in die Oceane ausmünden, wo
ausgedehntere Lagunen vorhanden sind und namentlich da, wo ruhige
Meeresarme sich ins Land hineinerstrecken, pflegen Mangrovewaldungen
sich anzusiedeln.

Ich finde dieselben für die verschiedensten Gebiete der Tropen er=
wähnt. Sie kommen an den Küsten der großen Inseln im Indischen
Archipel, an den Küsten von Neuguinea, im Rothen Meere, an der
Westküste von Afrika und an den brasilianischen Küsten in ausgedehnter
Weise vor. In Madagaskar fand ich Mangrovewaldungen in der Bai
von Vohemar, im Grunde der Bai von Diego Suarez, wo sie fast das
einzige Grün bilden, ferner in Westmadagaskar. Auf der Insel Nossi=Be
liegt in einer Bucht hinter dem Plateau von Hellville ein fast unabseh=
barer Wald von Mangrovebäumen.

Die Mangroveformen gehören meistens den verschiedenen Arten der
Gattung Avicennia und Rhizophora an, welche die tropischen Küsten,
wo sie vor übermäßiger Brandung geschützt sind, umsäumen.

Auf den oft weit reichenden, fast horizontalen Wurzeln erheben sich
die kurzen knorrigen Stämme, welche ein vortreffliches Brennholz liefern
und an manchen Orten von Madagaskar zum Kalkbrennen benutzt werden.

Zur Zeit der Flut dringt das Meer in diese Waldungen ein, und
alsdann ragen nur noch die gerundeten, mit glänzenden Lorbeerblättern
bedeckten Kronen über dem Wasser hervor.

Von den Rhizophorawäldern sagt A. Engeler*): „Es wird bisweilen
fast unmöglich, durch ein solches Gebüsch zu dringen, und jedenfalls
unangenehm, des vielen stinkenden, zwischen den Wurzeln angesammelten
Schlammes wegen. Im Aeußeren ist dieser Baum einem frischen dicht=

---

*) A. Engeler, „Botanische Jahrbücher für Systematik, Pflanzengeschichte und
Pflanzengeographie" (1883.)

laubigen Lorbeerbaume ähnlich, deſſen üppige Krone, von immergrünen glänzenden, lederartigen Blättern geziert, oft ganz bis zum Waſſerſpiegel reicht und immer abgerundete Umriſſe zeigt."

In dieſen Waldungen beobachtet man zur Ebbezeit ein reiches Thierleben. An den Stämmen ſitzen Auſtern und auf dem Boden ſieht man zahlloſe Eremitenkrebſe und Sandkrabben herumlaufen, alſo iſt für Zufuhr ſtickſtoffhaltiger Abfälle geſorgt.

Der Humus wird theilweiſe von der Küſte hertransportirt, wo etwa Gewäſſer ausmünden, theilweiſe findet deſſen fortwährende Bildung an Ort und Stelle ſtatt.

Da eine tägliche, zweimalige Entblößung des Grundes erfolgt, die ſtickſtoffhaltigen Materialien alſo durch das abſtrömende Waſſer leicht weggeführt werden könnten, ſo werden ſchützende Einrichtungen nothwendig, welche die ſtickſtoffhaltigen Subſtanzen zurückbehalten und in den Boden vergraben, dann die abfallenden Blättermaſſen dem Boden einverleiben, damit ſie wieder in den organiſchen Kreislauf eintreten können.

Die Exiſtenz von Regenwürmern in dieſem Gebiet iſt aus den früher erwähnten Gründen unmöglich. An deren Stelle treten auch hier wieder, wie ich mich leicht überzeugen konnte, die Cruſtaceen der Strandzone.

Es ſind Arten, welche hauptſächlich, ſoweit ich der Litteratur ent= nehmen kann, die Krabben=Gattungen Aratus, Ocypoda, Sesarma, Cyclograpsus und Gelasimus.

Alle dieſe Gattungen ſtimmen in ihrer Lebensweiſe überein. Sie leben vorwiegend in Mangroveſümpfen und graben Löcher, wodurch ſie zunächſt ein fortwährendes Umwühlen und Umpflügen des ſchlammigen Bodens vermitteln.

Ueber ihre Zahl finde ich nirgends nähere Angaben, ich habe da= her an den Küſten von Madagaskar genauere Daten erhoben.

In Vohemar an der nordöſtlichen Küſte von Madagaskar beobachtete ich am Rande einer Lagune, welche ſich hinter dem Dorfe weit ins Land hineinerſtreckt und mit einer ſehr üppigen Vegetation bedeckt war, zwiſchen den Stämmen und Wurzeln zahlreiche große Löcher, welche von Krabben bewohnt waren. Es waren 6—8 per Quadratmeter. Dieſe Löcher waren 3—4 Centimeter weit und 12—15 Centimeter tief. Die Erde iſt dort ſehr humusreich. Es fiel mir auf, daß trotz der reichen Vegetation nirgends Blätter am Boden lagen.

Ich sah die Krabben behende auf die Bäume klettern und die welken Blätter abkneifen, um sie herunterzutragen und in den Löchern zu vergraben.

Bei näherer Untersuchung fand ich wiederholt im Grunde der Gänge Laub verborgen.

Die Thätigkeit dieser Krabben entspricht also genau derjenigen des Regenwurmes.

Auf der Insel Nossi-Be fand ich auf der westlichen Seite in einer Bucht, welche mit Mangrovebäumen bewachsen ist, die Krabben außerordentlich zahlreich. Auf jedem Quadratmeter zählte ich 40—50 Krabbenlöcher von 1—3 Centimeter Weite und 5—7 Centimeter Tiefe.

Die Erscheinung fiel selbst den Bewohnern des anstoßenden Dorfes auf, denn der Name des Dorfes heißt Andavakutuku, was ins Deutsche übertragen, wörtlich „Krabbenlochdorf" heißt.

Da nun diese kiemenathmenden Krabben während der Ebbezeit sich stundenlang im Trockenen befinden, also kein frisches Athemwasser zur Verfügung haben, so hat sich bei denselben ein sehr eigenthümliches System der Athmung als Anpassung an die erwähnten Verhältnisse herausgebildet, auf welches erst Fritz Müller*) eingehender hingewiesen hat.

Ich gebe seine eigenen, sehr zutreffenden Worte wieder: „Die Oeffnungen zum Austritt des Wassers, das der Athmung gedient hat, liegen bekanntlich bei diesen wie bei den meisten Krabben in den vorderen Ecken des Mundrahmens, während von dessen hinteren Ecken aus die Eingangsspalten der Kiemenhöhlen über dem ersten Fußpaare sich hinziehen. Der Theil des Panzers nun, der zu den Seiten des Mundes zwischen den beiderlei Oeffnungen sich hinzieht, erscheint bei unseren Thieren, und schon Milne-Edwards hat das als eine besonders auffallende Eigenthümlichkeit derselben hervorgehoben, in kleine quadratische Feldchen von äußerster Regelmäßigkeit getheilt.

„Dieses Aussehen ist bedingt theils durch kleine warzenförmige Erhöhungen, theils und vorzugsweise durch eigenthümlich knieförmig gebogene Haare, die gewissermaßen ein dicht über der Oberfläche des Panzers ausgespanntes feines Netz oder Haarsieb bilden. Tritt nun eine Wasserwelle aus der Kiemenhöhle aus, so verbreitet sie sich im Nu in diesem Haarnetze und wird durch angestrengte Bewegungen des in der Eingangs-

---

*) Fritz Müller, „Für Darwin" (Leipzig 1864).

spalte spielenden Anhanges der äußeren Kieferfüße der Kiemenhöhle wieder angeführt.

„Während das Wasser so als dünne Schicht über dem Panzer hingleitet, wird es sich wieder mit Sauerstoff sättigen und dann aufs Neue der Athmung dienen können.

„In feuchter Luft kann der in der Kiemenhöhle enthaltene Wasservorrath stundenlang vorhalten, und erst wenn er zu Ende geht, hebt das Thier seinen Panzer, um von hinten her Luft zu den Kiemen treten zu lassen.“

Diese Thiere sind also nach den schönen Beobachtungen von F. Müller in wunderbarer Weise ihrem eigenthümlichen, periodisch von Wasser entblößten Wohnelemente angepaßt. Nur daburch wird es möglich, daß sie ihre Aufgabe bei der Humusbildung der Mangrovewaldungen zu erfüllen vermögen.

Es mag noch die Frage entstehen, ob im Meerwasser die fäulnißerregenden Microben existiren können. Diese Frage muß bejaht werden. Ich konnte mich früher durch Beobachtungen in der zoologischen Station Neapel überzeugen, daß solche Fäulnißvorgänge im Salzwasser stets durch die Gegenwart von zahllosen Bacterien charakterisirt sind.

Die Krabben der Mangrovegebiete müssen bei ihrer großen Zahl ein bedeutendes Gewicht an stickstoffhaltigen Substanzen repräsentiren. Für dies gilt das früher Gesagte, der Stickstoff ist nur temporär an die lebende Thiersubstanz gebunden und kommt später wieder der Vegetation zu Gute.

—————

Aus den bisher angeführten Thatsachen ergibt sich, daß die Humusbildung und die natürliche Kultur und Bearbeitung des Bodens an bestimmte Formen der Thierwelt gebunden ist. Ihrer unausgesetzten Thätigkeit verdankt die Pflanzenwelt ihr Gedeihen.

Zunächst sehen wir auch hier wieder das Meer als die Mutter des Lebens. Es gibt in Form von thierischen Leichen, welche an die Küsten gespühlt werden, von seinem Reichthum an stickstoffhaltigen Materialien an die über das Wasser gehobenen Küstengebiete ab. Dort nimmt eine eigenartige Strandbevölkerung die Gaben des Meeres entgegen und hält sie in der Küstenzone fest. Sie bereitet den Boden für die Küstenflora vor.

Später dringen andere Vegetationsgebilde ins Innere des Landes vor; aber in ihrem Gefolge befinden sich wiederum gewisse Geschöpfe, welche gleichsam als Kulis der Thierwelt die harte Bodenarbeit verrichten. Es sind die Regenwürmer, deren vielseitige Thätigkeit erst Darwin in ihrem vollen Umfange für das Gebiet von England aufdeckte. Meine neuen Untersuchungen bestätigen in schlagender Weise, daß auch in dem Gebiete der Tropen die Thätigkeit dieser Regenwürmer sich in gleicher Weise abspielt, nur ist ihre Leistung eine viel großartigere, womit wohl auch die Großartigkeit der tropischen Pflanzenwelt zusammenhängt.

Die Arbeitsleistung, der Aufwand von lebendigen Kräften, welchen die Thierwelt hierbei erzeugt, ist gewaltig.

Der Mensch, welcher schließlich von dem Dasein der Pflanzenwelt abhängt, wird indirect also von dieser niederen Thierwelt mit unterhalten.

Diese Thatsachen in der organischen Natur wirken einigermaßen versöhnend, wenn man den fortwährenden Kampf zwischen der Pflanzenwelt und der Thierwelt verfolgt.

Wir sehen, wie zahllose thierische Geschöpfe, große und kleine, die Pflanzenwelt ausbeuten und als Parasiten fortwährend berauben.

Allein es ist doch vorwiegend die Thierwelt, welche anderseits wieder die Vegetation unterhält; eine Anzahl Thierformen treten direct in den Dienst der Vegetation.

So beruhen also die Dienstleistungen auf Gegenseitigkeit, und das Verhältniß zwischen der Vegetation und den humusbildenden Thieren erscheint als eine großartige Symbiose, bei welcher sich beide Theile gut stellen.

XV.

Die Thierwelt von Madagaskar.

Schon der alte und geistreiche Geoffroy St. Hilaire that den Ausspruch, die Insel Madagaskar bilde gleichsam einen sechsten Welttheil, wenn man sie nach ihren zoologischen Erzeugnissen beurtheilen soll, und so oft ein verwegener Reisender von diesem Gebiet herkam und seine Samm= lungen dem Kreise der Zoologen vorlegte, so durfte man auf eine große Ueberraschung rechnen.

Und je mehr man forscht, um so erfreulicheren Funden wird man dort begegnen; die niedere Thierwelt namentlich ist noch wenig durchsucht, sie bot mir viele neue und überraschende Erscheinungen.

Die Wissenschaft hat später dieses Gebiet als Ueberbleibsel eines im Indischen Ocean versunkenen Kontinents zu deuten versucht — es ist das viel verspottete Lemurien, die angebliche Urheimat des Men= schengeschlechtes, von welcher ein etwas boshafter Poet singt:

> „Lemuria heißt das schöne Land,
> Wo unsere Affenwiege stand!"

Lassen wir zunächst die Wiege des menschlichen Geschlechtes uner= örtert, so hat der lebhafte und weitblickende Franzose im Grunde den Nagel auf den Kopf getroffen, und nachdem ich das so eigenartig gestaltete organische Leben dieser großen Insel mit eigenen Augen gesehen, so will ich gleich das Bekenntniß ablegen, daß mir das alte Lemurien gar nicht so spottwürdig erscheint.

Die Thierwelt von Madagaskar in ein afrikanisches Gewand hinein= zwängen wollen, hieße den Thatsachen geradezu Zwang anthun, wenn auch die geographische Lage eigentlich hierzu drängt. Man muß doch aufrichtig zugeben, daß die heutige afrikanische Thierwelt derjenigen von Indien weit näher steht als derjenigen von Madagaskar, wenn auch die räumliche Entfernung eine viel größere ist.

Die Gesammtphysiognomie der madagassischen Thierschöpfung hat jedenfalls das Gepräge eines sehr hohen Alters und nahm in dem ununterbrochen thätigen Gang der organischen Entwickelung einen eigenen und oft recht originellen Weg. Wir dürfen annehmen, daß dieser Weg seit der frühen Tertiärzeit begann, und noch heute erkennen wir in der Thierwelt der Insel die deutlichen Spuren jener alttertiären Fauna.

Doch sehen wir uns zunächst die Thatsachen an.

Hier sind die negativen Befunde vom thiergeographischen Standpunkte aus beinahe ebenso merkwürdig wie die positiven.

Was auf den ersten Blick überrascht, das ist das Fehlen aller jener massigen oder reißenden und gefährlichen Thierformen, welche dem afrikanischen Gebiet eigenthümlich sind und theilweise auch auf dem Boden Indiens durch verwandte Erscheinungen vertreten werden.

Die madagassische Thierwelt ist friedlich und harmlos.

Wer in das Waldgebiet der Tropen eindringt, findet es beinahe als selbstverständlich, im Astwerk der Riesenbäume und an den herabhängenden Lianen das lärmende und muntere Volk der Affen herumklettern zu sehen. Es sind dies ja sozusagen die echten Kinder der Tropen in der Alten wie in der Neuen Welt. Aber Madagaskar, obgleich dem afrikanischen Kontinent nahe angelagert, macht eine auffallende Ausnahme. Es besitzt keinen einzigen echten Affen und hat sich somit bereits von dem allgemeinen Tropenverbande losgelöst, bevor das Affengeschlecht auf dem Schauplatze der Schöpfung erschien.

Die afrikanische ·Thierwelt, im Lichte der Schöpfungsgeschichte betrachtet, ist keineswegs neueren Datums.

Wir begegnen ihren wichtigsten Vertretern in tertiären Ablagerungen von Südeuropa und Südasien. Sie rückt dann mehr in die Tropengebiete vor und hat um die Mitte der Tertiärzeit ihre Wanderung nach dem afrikanischen Gebiete angetreten, um dort theils eigenartige Thierformen zu erzeugen, wie z. B. die gestreiften Pferde, oder sie ist ziemlich stabil bis zur Gegenwart verblieben.

Aber alle diese Charakterformen fehlen auf madagassischem Boden.

Kein Löwe oder Leopard bedroht die menschlichen Ansiedelungen; keine Hyäne läßt ihr widerwärtiges Geheul ertönen; keine Giraffe durcheilt die Steppen; kein Rhinoceros jagt dem Bewohner Furcht und Schrecken ein; keine Elefantenheerden zerstampfen den bewaldeten Boden.

Diese kolossalen Formen der Thierwelt fehlen gänzlich.

Die geftreiften Pferde, wie Zebra und Quagga, find ein echt afri=
kanifches Erzeugniß, fie kommen aber auf der großen Infel nicht vor,
letztere war vom Kontinente fchon abgetrennt, als diefe im füdlichen
Afrika fo häufigen Pferde den irdifchen Schauplatz betraten.

Afrika beherbergt einen einzig daftehenden Reichthum an Antilopen;
aber kein einziges diefer flüchtigen und fcheuen Wefen vermochte die
grasreichen Steppen von Madagaskar zu erreichen.

Das Flußpferd lebte vordem in den Flüffen von Weftmadagaskar,
feine Refte find von Grandidier in wohlerhaltenem Zuftande aufgefunden
worden; aber es vermochte fich auf die Dauer nicht zu behaupten und
ift in nicht fehr entlegener Zeit ausgeftorben.

Wenn nun gerade jene hervorragendften Erfcheinungen der Sänge=
thierwelt, die uns für die Beurtheilung der thiergeographifchen Verbrei=
tungsgebiete zur Zeit immer noch den zuverläffigften Maßftab abgeben,
auf dem in Rede ftehenden Boden fehlen, fo fcheint es mir kaum ge=
rechtfertigt, Madagaskar als eine befondere Subregion von Afrika auf=
zuführen. Die äthiopifchen Beziehungen find fo fpärlich, daß es wohl
richtiger ift, wie dies Geoffroy St. Hilaire angedeutet, Madagaskar
als eine Welt à part, als eine befondere Region aufzufaffen.

Wollte man dies nicht, fo könnten ebenfo zahlreiche orientalifche Züge
hervorgehoben werden, um aus Madagaskar eine indifche Subregion
zu fchaffen.

Gewaltige Thierformen, felbft große Arten fehlen.

Von höheren Ordnungen find nur die Fledermäufe bemerkenswerth.
Ihre große Beweglichkeit ermöglicht ihnen eben eine viel bedeutendere
geographifche Ausbreitung, als dies bei den fchwerfälligeren Gattungen
der Fall ift.

Kleinere Arten bewohnen das Gebiet des Urwaldes, die großen
Flederfüchfe oder fliegenden Hunde (Pteropus Edwardsii) leben im
Küftengebiet und auf den benachbarten Infeln oft in ungeheurer Anzahl.
Die Madagaffen erlegen fie mit Pfeilen und verfpeifen fie als eine
befondere Delicateffe.

Von Nagern hat die Wanderratte ihren Weg auch hierher gefunden.
Sie wird durch ihr maffenhaftes Auftreten vielorts fo läftig, daß nichts
vor ihr ficher ift.

An Raubthieren ift eine faft meterlange Viverre (Viverra fossa),
von den Eingeborenen Foffa genannt, ziemlich verwegen.

Das schlanke Thier mit dem schöngestreiften Pelz und dem dicht=
behaarten geringelten Schwanz bietet eine ebenso elegante wie selbst=
bewußte Erscheinung dar. Der Inhalt seiner Zibethdrüsen wird von den
anwohnenden Indiern sorgfältig gesammelt.

Die den Pharaonsratten ähnlichen Vontsira (Galidia elegans)
sind häufig und werden da und dort in Gefangenschaft gehalten. Aber
der stattlichste Räuber ist die Pintsala (Cryptoprocta ferox), welche
auf den Westen und den äußersten Norden beschränkt zu sein scheint
und in europäischen Museen immer noch eine Seltenheit ist.

Fig. 31.

Centetes ecaudatus.

Der einfarbige, braungelbe Pelz deutet darauf hin, daß die Steppe
ihr eigentliches Wohngebiet ist. Ich sah das Thier ein einziges Mal
in Diego Suarez, wo es mit einem Speer erlegt wurde und einem
Leoparden an Größe kaum nachstand.

Die Pintsala ist vom zoologischen Standpunkte aus eine der merk=
würdigsten Thierformen der Insel. Auf den ersten Moment glaubt man in
ihr einen echten Vertreter des Katzengeschlechtes zu erblicken; aber das Vor=
kommen von Afterdrüsen und die bedeutend größere Anzahl von Zähnen
nähert sie den Viverren, denen sie in der Kopfbildung gar nicht gleicht.

Im Gebiß kommt sie den lebenden Formen nicht nahe, und man
muß schon in die Eocänzeit, zu dem ausgestorbenen Pseudaelurus zurück=
greifen, um Anknüpfungspunkte zu finden.

Cryptoprocta ist eine alttertiäre Katze, ein Uebergangsgebilde zu
den echten Katzen, das sich nur auf diesem Boden lebend behaupten konnte.

Nicht minder eigenthümlich sind die Insektenfresser. Sie sind durch Gattungen vertreten, welche mit unserem Igel verwandt sind und von den Eingeborenen Tanrek oder Tandraka genannt werden.

Eine Gattung kann sich einkugeln, die am häufigsten vorkommenden Centetesarten, welche in unterirdischen Gängen leben, besitzen diese Fähigkeit jedoch nicht.

Die häufigste Art (Centetes ecaudatus) kommt in Tamatave zuweilen auf den Markt und gilt als Delicatesse.

Die Löcher sieht man an den Abhängen des Berglandes überall. In der Gefangenschaft ist das Thier sehr bissig und unruhig. Es wird mehrfach angegeben, daß die Tandraka während der trockenen Jahreszeit einen Sommerschlaf halten.

Ob diese Thatsache ganz richtig ist, möchte ich bezweifeln, wenigstens sah ich während der trockenen Jahreszeit dieses Thier sehr munter herumlaufen.

Den hervorstechendsten zoologischen Charakter von Madagaskar bilden die Halbaffen, und unter diesen treten die Makis oder Lemuren in einer so hohen Zahl von Arten auf, daß man entweder hier oder doch in der Nähe den Schöpfungsmittelpunkt des sonderbaren Thiergeschlechtes zu suchen hat.

Früher vereinigt mit den echten Affen, stimmen sie mit diesen eigentlich nur im Bau der Gliedmaßen überein.

Es sind wahre Vierhänder, da die Finger und Zehen mit Plattnägeln versehen sind und auch die Hinterhand einen mächtigen Daumen besitzt. Meistens sind die Innenflächen glänzend schwarz und machen den Eindruck, als ob die Pfoten in Glacéhandschuhen stecken.

Ein wirkliches Affengesicht kommt nur bei einigen sehr hoch stehenden Arten, den Schleiermakis, vor, deren Gesicht nackt ist, die übrigen Lemuriden besitzen wegen der stark vorgezogenen Schnauze einen fuchsartigen Kopf.

Die Schädelbildung und die Bezahnung weicht gänzlich von den Affen ab. Die Hirnkapsel ist meist glatt und gerundet, die Unterkiefer schwach, das Gebiß erinnert an dasjenige der Insektenfresser und Beutelthiere.

Nimmt man noch die weitgreifenden Unterschiede zur Zeit der Entwickelung, die ganz abweichende Bildung der Placenta hinzu, so läßt sich eine tiefe Kluft zwischen den Lemuriden und den Affen nicht verkennen.

Die meisten Arten sind mit einem dichten und feinen Pelz ver=
sehen. Der außerordentlich kräftige Schwanz wird als Stütze oder beim
Sprunge als Balancirstange benutzt. Bei einigen Arten ist er jedoch
schwach entwickelt.

Fig. 32.

Gruppe von Lemuren (Propithecus diadema).

Die Muskulatur ist vortrefflich ausgebildet und besonders in den
Gliedmaßen so kräftig entwickelt, daß diese Lemuren nach Art der

Känguruhs über dem Boden dahinhüpfen oder die gewagtesten Kletter=
partien im Aftwerk spielend vollziehen.

Das fröhlich=tolle Wesen und das übermüthige Gebaren der
echten Affen ist diesen Lemuren fremd, und einzig der Katta (Lemur
catta) von Westmadagaskar, wohl die zierlichste Art, versteigt sich so
weit, seine Langeweile durch wiederholtes Abspringen vom Boden zu
vertreiben.

Ihr Naturell ist ein ruhiges und sanftes. Sie sind geistig wenig
begabt, womit das Fehlen ausgeprägter Windungen auf der Oberfläche
des Großhirns in völligem Einklang steht.

Nichtsdestoweniger sind diese leicht zähmbaren Thiere ihrer eleganten
Erscheinung und Haltung, ihres zutraulichen Wesens halber doch sehr
sympathische Geschöpfe, und der Madagasse sieht es sehr ungern, wenn
man Jagd auf dieselben macht.

Die Lemuren sind bald Tagthiere, bald nächtliche Geschöpfe, wie
z. B. der kleine Bilch=Maki (Microcebus myoxinus), welcher unserem
Siebenschläfer nicht unähnlich ist, sich am Tage regungslos zusammen=
kugelt, mit Einbruch der Nacht aber sehr lebhaft wird und nach Art
unserer Spitzmäuse schreit.

Das Halbdunkel des Waldes ist das eigentliche Lebenselement der
sonderbaren Geschöpfe.

In ihnen wiederholt sich das Gesetz, daß echte Baumthiere meist
einen sehr lokalen Verbreitungsbezirk haben.

So trifft man den Katta und den schwarzen Maki (Lemur niger)
nur auf der Westseite.

Nehmen wir ferner das Prachtwerk über die Madagaskarfauna
von Alfred Grandidier zur Hand und werfen einen Blick auf die Ver=
breitungskarte der Schleiermakis (Propithecus), so finden wir 3 Arten
(P. diadema, P. sericeus und Edwardsii) auf den Osten, 3 Arten
(P. coronatus, P. Coquerelii und P. Deckeni) auf das Sakalaven=
gebiet des Westens und eine Art (P. Verreauxii) auf den Süden von
Madagaskar beschränkt.

An manchen Plätzen kommen die Halbaffen zahlreich vor, dann
kann man wieder tagelang wandern, ohne ihrer ansichtig zu werden.

Ihr Geschrei ist bei den großen Arten womöglich noch toller als
bei den Affen, und wenn dasselbe in dem sonst so stillen Urwalde ertönt,
so möchte man fast glauben, in der Schöpfung stehe eine Revolution bevor.

Es ist ein fürchterliches Geheul und Gejohle, wenn diese Gesellen im Chor zu lärmen beginnen.

Die Wirkung dieses infernalischen Concerts ist in einer hübschen Legende der Madagassen wiedergegeben, welche mir im Innern des Landes erzählt wurde und welche dem poetischen Volksgeiste dieser primitiven Menschen alle Ehre macht.

„Unsere Vorfahren", sagte mir ein Madagasse, „lebten als glückliches und mächtiges Volk und bauten im Frieden ihren Reis.

„Da kam das fremde Volk der Howa in unser Land. Es lebte an der Küste und drohte die Madagassen zu unterjochen.

„Beim großen Walde kam es zu blutigen Kämpfen, und die Madagassen waren in Noth, sie waren auf dem Punkt zu unterliegen.

„Da kam eine Schaar von schwarzen Babakota (meterhohe schwarze Lemuren) und erhob ein lautes Geschrei.

„Die Howa glaubten, daß viele Tausende von Kriegern den Madagassen zu Hülfe eilen, und ergriffen voll Schrecken die Flucht. Die Madagassen bekamen neuen Muth und stachen mit ihren Lanzen zahlreiche Feinde nieder. Die Howa flohen in die Berge und wagten nicht mehr an der Küste zu erscheinen."

Und wahrlich, diese Thierstimmen sind ganz dazu angethan, einem abergläubischen Gemüth Angst und Schrecken einzujagen. Indessen scheinen nicht alle Arten diese lärmenden Gewohnheiten zu besitzen; an vielen Lemuren konnte ich außer einem behaglichen Grunzen wochenlang keinen auffälligen Laut vernehmen.

In dem Vorstellungskreise der abergläubischen Madagassen nehmen die Halbaffen eine hervorragende Stellung ein und sie verehren dieselben als ihre Vorfahren, insbesondere sind es die Betsimisarakavölker, welche in ihnen ihre Ahnen erblicken und dafür halten, daß die Geister der Abgeschiedenen in diesen Halbaffen fortleben.

Mir erscheint es sogar nicht unwahrscheinlich, daß der Betsimisaraka, dessen Wesen durch und durch lemurenhaft ist, diesen Thieren einige Lebensgewohnheiten abgelauscht hat. Er ist ein aufmerksamer Naturbeobachter und kennt die Thiere des Waldes ziemlich genau. Der Babakota, welcher unter allen Halbaffen der menschlichen Gestalt am nächsten kommt, wird geradezu mit einer ehrfurchtsvollen Scheu behandelt.

Liegt ja schon in der Benennung eine Art Schmeichelei. Baba heißt nämlich Vater und Kota ein Kind, das noch keinen Namen hat.

Er nennt seinen Stammvater so, weil er nicht über die Größe eines Kindes hinausgeht. Der Betsimisaraka nimmt auch häufig eine halbe, ja eine ganze Stunde lang jene eigenthümlich hockende Stellung ein, welche man am ruhigen Babakota beobachtet, und als ich eine Häuser=gruppe photographiren wollte und einem Madagassen jene hockende Stellung vor dem Hause anwies, um einige Staffage im Bilde zu erhalten, ver=ursachte dies ein großes Gelächter unter den Betsimisarakaweibern. „Er muß den Babakota vorstellen", tönte es von mehreren Seiten.

Fingerthier (Chiromys madagascariensis).

Man kann nicht von dem madagassischen Halbaffen reden, ohne eines der seltensten und originellsten Wesen der organischen Schöpfung zu gedenken, welches nur in Madagaskar zu Hause ist und ohne Zweifel auf diesem Boden sich entwickelte. Es ist dies das madagassische Finger=thier oder Aye=Aye (Chiromys madagascariensis).

Es ist ungefähr ein Jahrhundert her, seit Sonnerat auf seinen Reisen dieses Geschöpf an der Westküste von Madagaskar entdeckt hat;

es kam dann lange nicht mehr nach Europa, und bereits glaubte man, dasselbe sei ausgestorben. In neuerer Zeit kommen jedoch wieder ab und zu Exemplare dieses Halbaffen nach Europa.

Ich gelangte in den Besitz zweier Exemplare, und ein drittes Stück, welches lebend eingefangen wurde und später von Herrn Drouin, dem französischen Konsul in Mauritius, erworben wurde, konnte ich wieder= holt in seinen Gewohnheiten beobachten, dabei auch zuverlässige Erhebungen machen, welche unsere bisherigen Kenntnisse über das Leben der Aye=Aye berichtigen.

Die äußere Erscheinung ist sehr auffällig. Der Kopf ist breit und beinahe kugelig. Die meisten Abbildungen, welche wohl auf die Sonnerat'sche Zeichnung Bezug nehmen, stellen das Gesicht viel zu lang dar und in den meisten Museen ist der Kopf unrichtig gestopft.

Der Ausdruck ist vollkommen eulenartig, die großen, stark vortretenden Augen sind von ungemeiner Lebhaftigkeit und schön braungelb, nicht röthlich, wie vielfach angegeben wird.

Die vortretenden, nackten und papierdünnen Ohren sind stark ab= stehend. Von einem Halsabschnitt ist gar nichts zu sehen.

Der Körper ist, wie der eichhörnchenartige Schwanz mit groben. schwärzlichen Haaren von bedeutender Länge bedeckt, und zwischen diesen finden sich graue Grannenhaare eingestreut.

Mit Ausnahme des Daumens an der Hinterhand sind die Finger mit krallenartigen Kuppennägeln bedeckt.

An der vorderen Extremität sitzen dünne, griffelartige Finger, von welchen der Mittelfinger geradezu pfriemlich erscheint.

Das definitive Gebiß ist ein vollkommenes Nagergebiß mit je zwei meißelförmigen Schneidezähnen im Ober= und Unterkiefer.

Daß eine so merkwürdige Thierform den Systematikern der alten Schule viel Verlegenheit bereitete, sozusagen gar keine Disciplin an= nehmen wollte, liegt auf der Hand.

Recht naiv und recht treffend sagt schon Sonnerat: „Dieses vier= füßige Thier hat viel Aehnlichkeit mit dem Eichhörnchen, es gleicht auch einigermaßen dem Maki und dem Affen."

Heute wird uns der Bau aus der Lebensweise vollkommen verständlich; beim Aye=Aye ist alles auf den leichten Erwerb von Insektennahrung angepaßt, während die übrigen Lemuren mehr Früchtenahrurg besitzen. Diese Anpassung der Finger und des Zahnsystems hat denn allerdings zu Einrichtungen geführt, welche mit dem Nagergebiß eine täuschende Analogie darbieten.

Die wenigen Beobachtungen erklären das Aye=Aye für den beharrlichsten Tagschläfer, welcher im Grunde ein gutmüthiges Naturell besitzt.

Beides ist nicht ganz richtig.

Ein frisch eingefangenes Thier, das ich in Tamatave beobachtete, war immer sehr unruhig, so oft am Tage der Käfig berührt wurde. Es sah mich mit seinen großen, prächtigen Augen anfänglich sehr herausfordernd an, geberdete sich sehr muthig, versuchte mich in die Hand zu beißen und grunzte unaufhörlich.

Gelang ihm dies nicht, so wandte es sich unwillig ab, steckte den Kopf zwischen die Hinterbeine und bedeckte ihn mit seinem buschigen Schwanze, dann und wann hervorguckend, als ob es einen neuen Angriff machen wolle.

Nach zwei Monaten war es zahmer geworden, und ich durfte es wenigstens anfassen und den Pelz streicheln, ohne daß es sich bissig geberdete. Wenn Sonnerat seine beiden Thiere als gutmüthig schilderte, so kam dies offenbar nur daher, daß dieselben schon einige Zeit in Gefangenschaft gelebt hatten.

Ueber die Bedeutung der meißelförmigen Schneidezähne war man anfänglich im Unklaren. Sie dienen aber unzweifelhaft dazu, die Baumrinden abzuschälen, unter welchen die großen Larven von Lucaniden und Cerambyciden versteckt sind. Wie schon Vinson und Pollen angeben, werden die Larven mit dem dünnen Mittelfinger herausgezogen, aber nicht zerkaut, sondern ausgelöffelt.

Man glaubte früher, das Fingerthier sei auf die Westküste beschränkt; es findet sich aber auch an der Ostküste, wenngleich die Eingeborenen nur schwer dazu zu bringen sind, dasselbe einzufangen.

Von den Betsimisaraka hörte ich die Behauptung, daß es dem Honig in den Bienennestern eifrig nachstelle, was wohl dahin zu berichtigen ist, daß es sich hinter die Bienenbrut macht und daher den Bienen schädlich wird. Ich muß dies aus einer Mittheilung schließen, welche mir Herr Eduard Laborde in Tamatave machte.

Er bot einem Aye=Aye, welches nachher in meinen Besitz überging, Bienenwaben mit Larven an, über welche das Thier mit ungemeiner Freßlust herfiel und in überraschend kurzer Zeit alle Larven mit dem

Mittelfinger ausgelöffelt hatte. Dieser Finger wurde so rasch dem Munde zugeführt, daß man Mühe hatte, ihn bei dieser Operation zu erkennen.

Noch eine Richtigstellung mit Bezug auf den Namen. Sonnerat berichtet, daß die von der Ostküste stammenden Madagassen beim Anblick des merkwürdigen Fingerthieres, das sie noch niemals gesehen hatten, ihre Bewunderung und ihr Erstaunen durch den Ausruf Aye! Aye! kundgaben, und dieser Ausruf wurde zur Namengebung des neuen Geschöpfes verwendet.

Nnn theilt aber Reverend Baron im „Antanarivo Annual" mit, daß die Sihanaka in Ostmadagaskar das Fingerthier in Nachahmung seines Geschreis als „Haihay" bezeichnen, und ich kann nur bestätigen, daß die Betsimisarakastämme mir den gleichen einheimischen Namen für dasselbe angaben.

Der eben genannte Autor erhielt von den Eingeborenen den Aufschluß, daß es im Waldgebiete häufig vorkommt und dort aus Zweigen und Blättern große Nester von 2—3 Fuß Durchmesser baut, in welchen es seinen Tagesschlaf macht.

Die Angabe klingt nicht unwahrscheinlich, da der Bilchmaki (Microcebus myoxinus), welcher ebenfalls den Tag über schläft, bekanntlich auch Nester baut.

Wie alle nächtlichen Thiere, ist auch das Aye-Aye ein Gegenstand der Furcht und des Aberglaubens geworden und kommt gerade deswegen so selten an die Küste. Die blanken Piaster haben aber bei den Eingeborenen sehr aufklärend gewirkt, und in Tamatave wird es gar nicht sehr selten zum Verkauf angeboten.

Unter den in Madagaskar einheimischen Säugethieren fand der Mensch kein Material vor, welches durch Zähmung in den Hausstand der Eingeborenen hätte übergeführt werden können. Die Hausthiere mußten daher von außen bezogen werden.

Die Hauskatze ist sehr verbreitet und der magere, schakalähnliche Hund wird auch im elendesten Madagassendorfe angetroffen. Ein Flußschwein (Potamochoerus) ist da und dort häufig, läßt sich aber nicht zähmen.

Das Schwein, schon von den Portugiesen eingeführt, ist ein schwarzes, hochbeiniges und ziemlich mageres Thier, welches ein sehr schmackhaftes Fleisch liefert und exportirt wird. Man findet es jedoch nur an der Ostküste und im Innern. Im Gebiet der Sakalaven fehlt es, da die dortigen Bewohner den Genuß des Schweinefleisches verabscheuen. Möglicherweise hat arabischer und indischer Einfluß den Sakalaven diese Anschauung beigebracht.

Pferde sieht man höchst selten, sie sollen sich auf die Daner nicht halten.

An Rindern wird das in Indien und Ostafrika so verbreitete Zebu= rind in ungeheuern Mengen gehalten, oft mehr der Häute als des Fleisches wegen.

Madagaskar besitzt im Innern fruchtbare Weidegründe, ist für die Viehzucht wie geschaffen, und die Ausfuhr von Häuten und Zebuochsen bildet eine der wichtigsten Einnahmequellen für die Madagassenstämme.

Ueberall herrscht die Gewohnheit, den Thieren die Ohren zu schlitzen oder die Hörner und Schwänze zu verstümmeln.

Reicher als die Säugethierwelt ist die Klasse der Vögel vertreten, sie belebt überall die Heide, den Busch, die Flußufer und den Urwald.

An Farbenglanz steht die befiederte Welt von Madagaskar an= deren Tropengebieten vielleicht nicht ebenbürtig zur Seite, dafür ist ihre Originalität um so größer und die Zahl endemischer Formen ist auf= fallend groß. Sind auch afrikanische Züge nicht zu verkennen, so ist doch eine indische Verwandtschaft unleugbar, selbst australische Anklänge fehlen nicht.

Die Fauna hat durch Hartlaub und durch Grandidier eine ziemlich vollständige Bearbeitung erfahren.

Im Küstengebiet, wo ausgedehntere Ebenen vorkommen, ist der Reichthum an Singvögeln groß.

In der Nähe der Dörfer lauert die in Afrika so weit verbreitete weißbrüstige Krähe (Corvus scapulatus) auf allerhand Abfälle, ist im übrigen ebenso schlau und vorsichtig wie unsere Art.

Im Buschwerk hüpft der amselgroße Ouruvang (Hypsipetes ourou= vang) und der melancholische Dicrurus (D. forficatus).

Die blühenden Sträucher werden von den zahllosen Honigsaugern (Nectarinia souimanga) umsummt, und vereinzelt begegnet man dem Würger (Vanga curvirostris). Auch die Webervögel (Ploceus pensilis) sind hier zu Hause. Auf den Wiesen sind die weißen Reiher die un= zertrennlichen Begleiter der Viehheerden.

An den Ufern der Flüsse herrscht ein reges Leben, denn Enten, Reiher und Ibisse sind zahlreich. Der Eisvogel (Alcedo cristata) huscht über die Wasserfläche dahin und in den Lüften kreist einer Schwalbe gleich der grün und braun schillernde Bienenfresser (Merops superciliaris), der sein durchdringendes Geschrei als ein scharfes Ziri=Ziri hören läßt.

An den Mooren lebt das prachtvoll blaue, auf dem Rücken grün schillernde Sultanshuhn (Porphyrio smaragnotus), und eine zweite, aber kleinere Art (P. Alleni), sowie verschiedene Rallen und Schnepfen.

In der Nähe trifft man auch ein schön gezeichnetes Rebhuhn (Margaroperdix striata).

In den Bambuswäldern leben meist paarweise die grünen Tauben mit ihren himmelblauen Augen und werden gelegentlich eine Beute der verwegenen Falken und Sperber. In den Palmenwaldungen schreien die Schaaren grüner Papageien (Psittaculus madagascariensis), und an den Bergabhängen bildet ein langgeschwänzter Fliegenschnäpper (Terpsiphone mutata) immer eine schöne Erscheinung. Im Waldgebiete er= tönen an allen Ecken und Euden die raschen Rufe der Kuckucke oder Couas, unter denen die himmelblaue Coua coerulea am auffälligsten ist. In den Wipfeln der Urwaldbäume leben die Schaaren von schwarzen Papageien (Coracopsis nigra) und blauen Tauben.

Hier darf wohl auch eines großen Todten gedacht werden, der als gewaltigste Erscheinung der Vogelwelt vielleicht noch im Beginne dieses Jahrtausends die weiten Steppen von Westmadagaskar durchrannte, aber schon längst vom Schauplatze der Schöpfung abgetreten ist — es ist der berühmte Vogel Rukh oder Aepyornis maximus, ein Riesenstrauß, von dem uns schon der venetianische Reisende Marco Polo berichtete.

Er soll zu gewissen Zeiten von Süden hergekommen sein, die Kiele seiner Federn waren 90 Spannen lang, was entschieden ganz unerhört wäre, wenn die angeblichen Federkiele sich nicht in sehr prosaischer Weise als die Mittelrippe der Palmwedel der Rofiapalme entpuppt hätten.

Einen realen Hintergrund hat der bereits ins Gebiet der Fabel ver= wiesene Vogel Rukh aber doch, denn zum großen Erstaunen der Welt wies der französische Zoologe Isidor Geoffroy St. Hilaire am 27. Jannar 1851 im Schooße der Pariser Akademie ein ungeheueres Ei vor, welches der Kapitän Abadie von Westmadagaskar mitgebracht hatte.

Es besitzt eine Länge von etwa 30 Centimeter und faßt etwa 7 Liter Inhalt, übertrifft ein Straußenei sonach um das Sechsfache.

Ein solches Ei mag einst ausgereicht haben, um eine zahlreiche Gesellschaft zu sättigen.

Seither sind über ein Dutzend Eier aufgefunden worden. Die Bruchstücke müssen an manchen Stellen massenhaft vorkommen, da ein Sammler eine ganze Kiste voll mitbringen konnte. Ich erhielt gut conservirte Reste, und sogar ein tadelloses Ei wurde mir angeboten; ich bedauerte, kein zoologischer Krösus zu sein, sonst hätte ich die Summe von 500 Franken nicht gespart.

Knochenreste werden bei genauerer Nachforschung wohl leicht entdeckt werden können, zumal Madagaskar jetzt wieder zugänglicher als früher ist.

Es gelang bisher nur Alfred Grandidier, einige Wirbel und Beinstücke zu erlangen, aus denen hervorgeht, daß mehrere Arten vorkamen.

Ein schweres Schienbein des Riesenstraußes maß die respectable Länge von 64 Centimeter.

Daß der Vogel Rukh zu Marco Polo's Zeiten noch gelebt hat, klingt angesichts der wohlerhaltenen Eier ganz wahrscheinlich. Aber bei den Eingeborenen finden sich heute durchaus keine Traditionen mehr, welche auf das neuerliche Aussterben desselben hindeuten. Die Erinnerung an ihn hat sich bereits verloren.

Was bedingte sein Verschwinden?

Ich kann mir keine andere Ursache denken, als das Erscheinen des Menschen. Vermuthlich hat der menschliche Ankömmling den Eiern nachgestellt und dadurch den Vogel nach und nach vernichtet.

Wenden wir uns von der gefiederten Welt zu den Reptilien und Amphibien, so begegnen uns zahlreiche eigenthümliche, anderseits aber auch über weite Tropengebiete verbreitete Gestalten.

Obenan mag das Krokodil gestellt werden, wohl das einzig wirklich zu fürchtende Reptil der Insel Madagaskar.

Grandidier und nach ihm Gray haben es zu einer besonderen Art (Crocodilus madagascariensis) erhoben, es scheint jedoch, daß dieselbe kaum haltbar ist, sondern nur eine Spielart des in Afrika weitverbreiteten Nilkrokodils darstellt. Ich sah wiederholt lebende Exemplare von stattlicher Größe, und die Madagassen haben mit Recht eine große Furcht vor dieser Bestie, sie warnen den Reisenden stets vor ihr, und an den Flüssen, an welchen die Dörfer liegen, sieht man überall besondere Schutzwehren errichtet, damit die Frauen beim Wasserholen keiner Gefahr ausgesetzt sind.

Ich erhielt mehrere lebende Exemplare aus den Kraterseen der an der Nordwestküste angelagerten Insel Nossi-Be, wo die Ablage der Eier im Jannar erfolgt und das Ausschlüpfen der jungen Krokodile gegen Ende Februar beobachtet wird.

An Landschildkröten ist die Insel nicht arm. Unter diesen erlangt Testudo radiata eine stattliche Größe und die Spinnenschildkröte (Pyxis arachnoides), welche von den Eingeborenen überall angeboten wird, ist vor allen übrigen Landschildkröten dadurch ausgezeichnet, daß sie durch eine bewegliche Brustklappe ihr Gehäuse verschließen kann.

An Schlangen besitzt Madagaskar einen nicht unbeträchtlichen Reichthum; allein dieselben sind durchweg harmlos und werden von den Eingeborenen wenig gefürchtet.

Die Insel weicht von den übrigen Tropen darin ab, daß giftige Reptilien zu fehlen scheinen, und bisher ist noch von keiner Schlange mit Sicherheit erwiesen, daß ihr Biß giftig wirkt.

Stattliche Nattern (Heterodon madagascariensis) sind außerordentlich häufig und kommen bei der Bearbeitung des Bodens fast täglich zum Vorschein. Eine sonderbare Baumschlange (Langaha nasuta) hat einen zolllangen nasenartigen Fortsatz auf der Schnauze und soll in Ste. Marie sehr häufig vorkommen.

An Riesenschlangen kommen zwei schöngezeichnete Arten vor, welche nicht selten 2—2½ Meter lang werden, aber wenig gefürchtet sind.

Sie sind als Pelophilus madagascariensis und Xiphosoma (Sganzinia) madagascariensis beschrieben worden. Von letzterer Art erhielt ich aus dem Betsimisarakalande ein Exemplar von der Dicke eines Schenkels; es befindet sich nunmehr in den zürcherischen Sammlungen.

Von dem nach Art der Regenwürmer im Boden und unter abgefallenem Laub lebenden Wurmschlangen ist Typhlops braminus eine der häufigsten Erscheinungen.

Die Reptilienfauna erreicht ihren größten Reichthum in den Chamäleonen, welche sowohl durch ihr herrliches Farbenspiel als durch ihre oft abenteuerliche Kopfbildung den Beobachter zu fesseln vermögen. Obschon einzelne Formen sich der Beobachtung entzogen haben mögen und namentlich das Gebiet des Urwaldes noch neue Erscheinungen bieten dürfte, sind bisher nicht weniger als 15 verschiedene Arten entdeckt worden. Es hat beinahe den Anschein, als ob das alte Lemurien als

Bildungsherd oder Schöpfungsmittelpunkt dieser merkwürdigen Kletter=
reptilien angesehen werden müßte. Einzelne Arten sind winzig, andere
wiederum von stattlicher Körpergröße, und sie leben besonders zahlreich
im Buschwerk im Norden und Westen von Madagaskar.

Die Sakalaven haben mich mit Chamäleonen tagtäglich belästigt,
und bei Vohemar sah ich sie in Gärten und auf Sträuchern, wo die
bedächtigen Thiere, mit dem einen Auge dahin, mit dem andern dorthin
schielend, sich greifen ließen, ohne den leisesten Fluchtversuch zu machen.

Chamaeleo pardalis, Ch. bifidus und Ch. nasutus sind die
häufigsten und schönsten Arten. Die Formen des Urwaldes sind klein,
ihre Färbung düster und fast gar nicht wandelbar. Ebenso zahlreich sind
die flinken Gekonen, von denen die rindengrauen Formen an allen
alten Stämmen nach Insekten fahnden und eine prächtig smaragdgrüne
bis lauchgrüne Art in den Bananengärten lebt oder in die Häuser klettert,
um ein recht zutraulicher und neugieriger, aber doch wieder sehr vorsichtiger
Gesellschafter zu werden.

Von Amphibien sind bis heute einige zwanzig Arten aufgefunden
worden; aber weder ihre Größe und Farbe, noch die Originalität in Bau
und Entwickelung ist beachtenswerth. Es sind meist kleine und unscheinbare
Geschöpfe.

Salamanderartige Wesen, wie man sie in den gemäßigten Breiten
der Alten und Neuen Welt so verbreitet antrifft, scheinen gänzlich zu
fehlen, obschon an Tümpeln und Mooren das Küstengebiet reich ist.

Der madagassische Frosch ist unserem ähnlich, aber bedeutend kleiner.
Er gehört zu einer auf den Maskaren, den Seychellen und selbst in
Abessinien ungemein häufigen Art (Rana mascareniensis). Größer
ist der unlängst entdeckte, dunkelkarminrothe Frosch (Dyscophus Guineti),
welcher aber ziemlich selten zu sein scheint.

An Laubfröschen fehlt es nicht, sie sind durch Hylorana und
Polypedates vertreten, haben aber nicht die lärmenden Gewohnheiten
unseres einheimischen Laubfrosches.

Lieblingsaufenthalte derselben sind im Küstengebiete die Barring=
tonien und Pandanusbüsche. Auf letzteren wird man nie umsonst nach
ihnen fahnden.

Nach einem frischgefallenen Regen oder in der Frühe des Morgens
sitzen sie beschaulich auf den schwertförmigen Blättern; wenn aber die

Sonne in die Höhe steigt, ziehen sie sich wieder in die stets mit Wasser gefüllte Blattbasis zurück.

Ein winziger Laubfrosch, welcher einen stark zugespitzten Hinterleib besitzt und gewöhnlich die Beine straff anzieht, lebt auf den Barringtonia-Büschen meist in Gesellschaft eines metallischbraunen, langgestreckten Käfers (Buprestis). Mit Hülfe seines Farbenwechsels und durch Anziehen der Beine ahmt er diese Käfer in Form und Farbe aufs täuschendste nach.

Welchen Nutzen der Laubfrosch aus dieser Mimicry zieht, habe ich nicht genau ermitteln können, doch wäre es deutbar, daß er in dieser Verkleidung die Käfer wegfängt und verzehrt.

Die Süßwasserfische scheinen nicht gerade sehr artenreich zu sein; gewaltige Aale und verschiedene Karpfenarten bevölkern die Flüsse und Teiche und bilden eine Lieblingsnahrung der Eingeborenen, welche im Innern des Landes die Fische räuchern.

Die kleinen, übrigens ziemlich schlecht schmeckenden Cyprinoiden, welche in den Morästen leben, werden auf sehr originelle Weise gefangen. Es sind meist alte Weiber, welche sich mit diesem Geschäft befassen.

Ein Weib stellt sich mit einer großen aus Bambus gefertigten Reuse im Wasser auf. Eine Schaar vertheilt sich im weiten Kreise, macht möglichst viel Lärm, um die Fische aufzuscheuchen, bildet dann einen kleiner werdenden Kreis um die Reuse und jagt so die Fische hinein. Der Erfolg dieser Fischerei ist nicht immer lohnend, aber das Madagassenvolk rechnet eben niemals mit dem Factor der Zeit.

Die niedere Thierwelt, zum Theil einen großen Reichthum von eigenthümlichen Formen entfaltend, ist erst in einigen Abtheilungen näher bekannt geworden, während andere für künftige Forscher, denen es vergönnt ist, eine längere Zeit deren Studium zu widmen, noch einen reichen Schatz unentdeckter Thatsachen darbieten werden. Dazu gehört jedoch, daß man das Küstengebiet verläßt und unter Aufgabe der so nöthigen Bequemlichkeiten das Innere des Landes durchsucht.

Die Insektenwelt scheint einen sehr großen Reichthum zu besitzen und entwickelt in manchen Formen einen echt tropischen Glanz. Unter den Käfern weisen die Lucaniden und Cerambyciden recht stattliche Formen, die Prachtkäfer (Buprestidae) sind auf dem Buschwerk überall anzutreffen, ebenso die schön gezeichneten Marienkäfer und Rosenkäfer. Dagegen fällt im Waldgebiet die Spärlichkeit an Borkenkäfern und auf dem von Viehheerden begangenen Weideland die Armuth an Dungkäfern auf. Ein schönes Schauspiel gewähren die zahllosen Leuchtkäfer (Luciola) mit Einbruch der Nacht. Sie beginnen dann die Büsche zu umschwärmen und lassen ihr hellgrünes, glänzendes Licht in regelmäßigen Zwischen=räumen aufblitzen und dann wieder verschwinden.

Im Küstengebiet sind die Hummeln sehr zahlreich, aber die häu=figste Art ist auch in Arabien und Aegypten zu Hanse. Nicht selten erblickt man große, schwarze Ichneumoniden und die schwefelgelbe, an ihrem trägen Fluge leicht erkennbare Polistes hebraea.

Die im Buschwerk nistenden Horniffen sind klein, aber sehr reizbar und durch ihren brennenden Stich berüchtigt.

Die Zahl der Ameisen ist groß, einige darunter sind sehr bissig.

Ich sammelte etwa zwei Dutzend häufige Arten, unter denen sich eine Reihe neuer befanden. Es sind theils Kosmopoliten der Tropen, theils eigenthümliche, nur in Madagaskar vorkommende Formen.

Ihrer Lebensweise wegen bemerkenswerth ist eine neue Art (Cre=matogaster Ranavalonis Forel), welche ich im Walde von Ivondro sehr häufig antraf und die an den Bäumen kugelige, schwarze Nester baut, deren Durchmesser einen Fuß erreichen kann. Die Madagassen nennen diese Ameisen „Wiziga" und waren nicht dazu zu bringen, die Nester dieser äußerst bissigen Art herunterzuholen. Zwei andere Ameisen, Odontomachus haematodes und Anochaetus africanus, haben die Gewohnheit, nach Art der Flöhe fortzuhüpfen, obschon sie keine Spring=beine besitzen. Das Fortschnellen bewerkstelligen sie in der Weise, daß sie ihre sehr langen Kiefern sehr weit ausbreiten und dann plötzlich zu=sammenpressen. Damit stoßen sie ihren Körper sehr gewandt von der Unterlage ab und führen Sprünge von 10—12 Centimeter Länge aus.

Auch der madagassischen Biene mag gedacht werden, welche im Waldgebiet sehr häufig ist und den Eingeborenen Honig und Wachs liefert.

Die Falter sind außerordentlich zahlreich und zum Theil sehr schön gefärbt, wie die glänzendgrüne, mit Goldstreifen durchzogene und mit silberweißen Fransen eingefaßte Urania riphaeus.

Auf freien Plätzen und an Ufern der Flüsse sind die Acraea-Arten Salamis und Diadema überall auch zur Winterszeit vorhanden.

Eine der gewöhnlichsten und schönsten Erscheinungen ist Plaucopis formosa, unseren Sesien nicht unähnlich, aber von sehr trägem Fluge. Die Flügel sind schmal, der dicke Hinterleib mit den glänzendsten Metallfarben geziert.

Einige Spinner erreichen eine gewaltige Größe. Nutzbar werden zwei Seidenspinner, Bombyx Radama und der als Raupe auf Ambrevattensträuchern lebende Ambarivatry (Borocera cajani). Vinson berichtet, daß dessen Puppen von den Madagassen als Delicatesse verspeist werden.

Die graubraune Seide dieser Spinnercocons ist außerordentlich dauerhaft, wenn auch etwas grob. Sie wird nur im Gebiet der Howa verarbeitet und liefert schwere, aber beinahe unzerstörbare Seidenzeuge, welche ungefärbt gelassen werden. Daneben verstehen die Eingeborenen auch die Kunst der Seidenfärberei und verwenden diese einheimische Seide auch zur Herstellung großer und prächtig gefärbter Lambas und Schärpen.

An der Küste erhielt ich wiederholt enorm große, gelbgraue oder bräunliche Cocons, welche zu Anfang September zahlreiche, rothköpfige Raupen enthielten und sich bald verpuppten. Der Inhalt bestand aus je 80—130 Raupen, welche nach Art der Processionsspinner gesellschaftlich lebten, erst einen großen Generalcocon von fester Beschaffenheit anlegten und in demselben nachher die Einzelcocons zu spinnen begannen. Die Seide kann nicht abgehaspelt werden, sie wird gezupft und nachher versponnen.

Neben nützlichen Insekten kommen auch lästige vor. Die Moskitos werden namentlich in Westmadagaskar zur Landplage, sodaß sogar die Sakalaven sich durch Moskitonetze während der Nacht schützen müssen.

Die heuschreckenartigen Thiere stiften durch Abfressen der Kulturen vielfach Schaden, die Schaben sind durch zahlreiche und zum Theil sehr große Arten vertreten, ebenso die Ohrwürmer.

Die Libellen treten in den moorigen Gebieten oft in zahllosen Schwärmen auf, die Termiten sind im Waldgebiete überall häufig, ihre am Astwerk angelegten, schwarzen Nester verrathen sie schon auf große Entfernungen.

Unter den Schnabelinsekten treten einzelne prachtvoll gefärbte Arten auf.

Auf diesem Boden findet das Volk der Spinnen ein ausgiebiges Jagdrevier und stellt sich auch zahlreich genug ein.

Insbesondere sind es die großen und schönen Netzspinnen, welche in der Nähe der Wohnungen, im Busch, an den Flußufern und im Urwalde überall ihre Gewebe anlegen, um der beweglichen Insektenwelt nachzustellen.

Die dickleibige Epeira livida ist unter Dächern die allergewöhnlichste Erscheinung, sie begleitet sozusagen den Menschen überall hin, wo er seine Wohnungen anlegt.

In Gärten, im Buschwerk und in Waldlichtungen spinnt die aben= teuerlich gestaltete, mit zwei Dornen am Hinterleibe versehene Gastera= cantba madagascariensis ihre zarten Netze.

Im Grase jagt Epeira mauritia, eine der prächtigsten Formen, deren Leib mit glänzend silberfarbenen und goldigen Ringen eingefaßt ist. Unter Steinen lauert Latrodectus menavody, von den Maba= gaffen in geradezu lächerlicher Weise gefürchtet, im übrigen völlig harmlos.

Die Scorpione sind selten und von unbedeutender Größe, dagegen sind die großen Scolopender höchst unangenehm.

Schnurasseln leben unter Rinde und abgestorbenem Laub oft in unglaublicher Zahl.

Eine der originellsten Erscheinungen ist Zephronia hyppocasta= meum welche lebhaft an die Trilobiten erinnert und sich bei Gefahr sehr fest einkugelt.

Im Süßwasser ist die Klasse der Krebse spärlicher vertreten, als man erwarten sollte. Die Flohkrebse und Muschelkrebse, meist winzige Gestalten, kommen nie in so großen Mengen vor, wie dies in unseren Gewässern der Fall ist; Garneelen dringen von der Küste aus ins Innere größerer Ströme vor. In der Centralprovinz wird ein stattlicher Flußkrebs (Astacus madagascariensis) häufig gefangen.

Die Land= und Süßwassermollusken sind artenreich, aber nicht gerade in großer Individuenzahl vorhanden.

Am häufigsten wird im Küstengebiet die große und gefräßige Agathina beobachtet, wo sie in Gärten und an Pandanusbüschen lebt; die Helix=Arten sind im Waldgebiete schwierig zu erlangen, da sie meist in der Höhe leben. Daselbst bilden auch die stattlichen Arten von Cyclostoma eine willkommene Beute. Nach einem frisch gefallenen Regen kriecht eine große, schwefelgelbe Nacktschnecke im Laubwerk herum.

In den Flüssen und Seen sind Ampullarien und Melanien am meisten verbreitet. Die Brackwassergebiete beherbergen die Potamides= Arten, welche von den Madagassen gegessen werden.

Die niedere Welt der Würmer ist noch fast unbekannt, enthält aber doch sehr bemerkenswerthe Arten.

Die Tümpel beherbergen in nicht übergroßer Zahl die räuberischen Blutegel; eine in thiergeographischer Hinsicht bemerkenswerthe und be= deutungsvolle Thatsache ist das massenhafte Vorkommen von Land= blutegeln im Gebiete des Urwaldes.

Fig. 34.

Landblutegel von Mada= gaskar in natürlicher Größe.

Wie sich erwarten ließ, fand ich auf dem tropischen Boden von Madagaskar auch zahl= reiche Landplanarien vor. Ich sammelte etwa fünf Arten, von denen theilweise sehr große Individuen vorkommen.

Die unterirdisch lebenden und noch nicht untersuchten Regenwürmer haben sehr bemerkens= werthe neue Erscheinungen aufzuweisen.

Es wurde schon früher hervorgehoben, daß sie zahlreich sind und in Geophagus Darwinii eine ungewöhnlich große Art aufweisen.

Ihre Rolle bei der Beackerung des Bodens ist eine so bedeutsame, daß der Madagasse, welcher in lächerlicher Weise seine Halbaffen ver= ehrt, mit viel mehr Grund diese Verehrung auf die Regenwürmer über= tragen dürfte.

Die mikroskopische Thierwelt der Wasserbecken von Madagaskar ist uns so gut wie fremd, aber sie verspricht viele neue Funde.

An ruhigeren Stellen, wo die Spitzenblattpflanze wuchert, sah ich erstaunliche Mengen von Infusorien, welche einen schimmelartigen Ueber= zug auf den Blättern bildeten. Nicht ohne Interesse dürfte es sein, daß ich in den madagassischen Gewässern auch die Gegenwart eines großen, spangrün gefärbten Süßwasserschwammes (Spongilla) zu con= statiren Gelegenheit hatte.

Ueberblickt man die Gesammtheit der madagassischen Thierwelt, so fällt sofort auf, daß sie ziemlich isolirt dasteht und namentlich von dem benachbarten Ländergebiet von Afrika sich sehr weit entfernt.

Auf madagaffifchem Boden entftanden zahlreiche und höchft originelle Thiergeftalten, welche im Gange der organifchen Entwickelung ihren eigenen Weg einschlugen.

Daher hat denn auch die Infel von jeher die befondere Aufmerk= famkeit der Thiergeographen erregt.

Diefer fcharf ausgeprägte Charakter fteht mit der Gefchichte der Infel im engften Zufammenhang.

Wir wiffen, daß die organifche Welt nicht ftabil bleibt, fondern fich gleichfam in einem langfamen, aber ftetigen Formenfluß befindet. Der Proceß der Umbildung kann allerdings da und dort Unterbrechungen erleiden, ganz aufhören dürfte er wohl nie.

Die hohe Ziffer von Arten, Gattungen und Familien, welche einzig auf Madagaskar befchränkt find, weift auf eine fehr lange Ifolirung des Landes hin.

Eine Lostrennung von dem benachbarten Afrika muß fchon in früher Tertiärzeit ftattgefunden haben, und als um die mittlere Tertiärzeit die heutige Säugethierwelt des tropifchen Afrika von Norden her einwanderte und dafelbft neue Charakterformen erzeugte, vermochte fie fchon nicht mehr nach Madagaskar hinüberzufetzen.

Die 65 Arten lebender Säugethiere, welche Madagaskar befitzt, haben mit der afrikanifchen Fauna fehr wenig gemein.

Wenn man auf die Flußfchweine und die erft in einer neueren geologifchen Periode ausgeftorbenen Flußpferde hinweift, fo kann recht gut eine Einwanderung angenommen werden, welche erft nach der Los= trennung erfolgte.

Die Halbaffen treten in einer fo hohen Artenzahl auf, daß fie den fauniftifchen Charakter geradezu beherrfchen.

Die Vogelwelt, im Ganzen viel beweglicher als die Säugethier= welt und daher für Schlußfolgerungen nur mit Vorficht zu verwenden, fteht fehr ifolirt da und hat keinen echt afrikanifchen Charakter.

Die Reptilien, welche in der Schöpfung viel früher auftraten als die beiden vorigen Klaffen, zeigen fchon mehr ein afrikanifches Gepräge, was auch vollkommen verftändlich wird.

Die Chamäleone z. B., welche dem afrikanifchen Gebiet faft ganz eigen find, erreichen in Madagaskar eine auffallende Entwickelung, ebenfo die Gongylus=Arten.

Was aber besonders frappirt, das sind die Beziehungen, welche die madagassische Thierwelt zum indischen, malayischen, australischen und selbst amerikanischen Gebiet aufweist. .

Die Halbaffen reichen z. B. nicht allein nach Afrika, sondern auch bis in die südasiatische Inselwelt hinüber.

Der Vogelwelt fehlen gerade die wichtigsten afrikanischen Vertreter, während orientalische und selbst australische Beziehungen nicht zu leugnen sind.

Die Reptilien zeigen wiederum auffallende Erscheinungen. Die Leguane, deren Auftreten auch in Madagaskar beobachtet ist, haben heute ihr größtes Verbreitungsgebiet im wärmeren Amerika.

Die Riesenschlangen, sowie die großen Nattern (Heterodon u. a.) lassen eine amerikanische Verwandtschaft erkennen.

Die bisher bekannt gewordenen Amphibien sind zum Theil orientalischer Herkunft, zum Theil lassen sie amerikanische Züge erkennen, und das gleiche Verhältniß besteht für die Insektenwelt.

Ist es ferner ein bloßer Zufall, daß die kleinen nach Art der Spannerraupen herumkletternden Landblutegel in den Waldungen von Madagaskar und dann wieder in einer außerordentlich nahestehenden Form in den Wäldern von Ceylon auftreten?

In solchen Fällen hat man nur die Wahl zwischen zwei Annahmen. Entweder nimmt man zu der nicht ganz unbedenklichen Hypothese Zuflucht, daß identische oder nahe verwandte Formen an verschiedenen Punkten der Erde gänzlich unabhängig entstanden sind, oder man nimmt einen Zusammenhang derselben an und erklärt ihre Verbreitung nach sehr entfernten Punkten mit Hülfe alter Landverbindungen.

Bekanntlich hat der englische Zoologe Sclater, um den vorhandenen Thatsachen gerecht zu werden, die einstige Existenz eines Kontinentes Lemurien angenommen, welcher sich im Süden von Asien bis nach Madagaskar und Afrika hin ausdehnte.

Madagaskar und die Maskarenen wären daher als die westlichen Bruchstücke dieses im Indischen Ocean untergetauchten Lemurien anzusehen.

Lemurien hat seine lebhaften Anhänger und seine geistreichen Spötter gefunden.

Ich gestehe, daß ich die Sclater'schen Ausführungen annehmbar finde. Ist Madagaskar auch seit der frühen Tertiärzeit isolirt, so enthält es so viel Elemente orientalischer Herkunft, daß eine alte Landverbindung mit der indischen Welt bestanden haben muß.

Vertheilung von Land und Meer wechseln im Laufe der großen geologischen Zeitabschnitte, Kontinente können entstehen und wieder unter der Oberfläche der Oceane verschwinden, da die Erdrinde keineswegs so stabil ist, als man früher annahm.

Aber auch eine alte Verbindung mit dem wärmeren Amerika mußte einst vorhanden gewesen sein, man denke nur an die Verbreitung strauß= artiger Vögel auf der Südhälfte der Erde. Sie haben ähnlich wie die Beutelthiere ihre Vertreter in der Alten und Neuen Welt. Auch Maba= gaskar besaß einen gigantischen Strauß, vielleicht gar mehrere Arten.

Die Einzelheiten häufen sich immer mehr und mehr, welche darauf hinweisen, daß Madagaskar einst eine viel größere Ausdehnung hatte und sein Gebiet der Schauplatz einer afrikanischen und indischen Invasion der organischen Welt, aber auch der amerikanischen Lebewelt darstellte.

Ich kann nicht umhin, hier noch auf eine frappante botanische Thatsache hinzuweisen.

Wir kennen unter den strandbewohnenden Algen gewisse Siphoneen= gattungen, deren Organisation und geographische Verbreitung auf ein hohes geologisches Alter hinweist und einen auffallend klaren genetischen Zusammenhang erkennen läßt. Ich habe hier die Gattungen Acetabu- laria, Polyphysa, Neomeris u. a. im Auge. Sie sind für die Algen etwa das, was die sonderbaren Dipnoer für die Wirbelthiere darstellen.

Diese Algen sind nirgends häufig, sondern leben im Küstengebiet mehr vereinzelt, oft sind sie geradezu selten.

Daß ihre Gattungen dennoch über die ganze Erde zerstreut sind, deutet auf ein hohes Alter. Ihre festsitzende Lebensweise ist für den Wassertransport ungeeignet, sie breiten sich längs der Küstengebiete durch ihre kleinen Schwärmsporen aus.

Es ist für die berührte Frage nicht ohne Interesse, daß z. B. die sehr isolirt stehende Gattung Neomeris, welche bisher nur aus dem Gebiete der Antillen bekannt war, auf einmal an der Küste von Maba= gaskar auftauchte.

Ich traf sie in einer größeren Zahl von Exemplaren am Strande der Ostküste an, und diese neue Art ist bereits von Professor Karl Cramer eingehend untersucht und wird demnächst zur Veröffentlichung gelangen.

Ist diese Gattung durch den Wassertransport von den Antillen nach der madagassischen Küste gelangt? Die Art der Fortpflanzung schließt diese Möglichkeit aus. Sie spricht wiederum für einen Zusammenhang mit Amerika.

Wenn das alte Lemurien nicht von der Hand zu weisen ist, so darf man allerdings nicht so weit gehen, in demselben die Wiege des Menschengeschlechtes zu erblicken. Dasselbe war längst zerfallen oder doch sehr reduzirt, als der Mensch den Schauplatz der Schöpfung betrat.

Und wenn man gar, wie dies von englischer Seite geschehen ist, in den Eingeborenen von Madagaskar die Nachkommen jener hypothetischen Lemurianer erblicken wollte, so wird der folgende Abschnitt darthun, daß diese Annahme gänzlich unrichtig ist.

XVI

Die Volkselemente in Madagaskar.

Unlängst hat der verdienstvolle Madagaskar-Reisende Alfred Grandidier in einer öffentlichen Sitzung im Institut de France eine sehr bemerkenswerthe Rede über die Volkselemente der Insel Madagaskar gehalten und hierbei als Curiosum erwähnt, daß die Litteratur über die genannte Insel gegenwärtig etwa anderthalbtausend Bücher, Broschüren und Karten umfaßt. Es macht das schon eine kleine Bibliothek aus, und man sollte erwarten, daß wir über jenes Gebiet sehr genau unterrichtet sind.

Aber man braucht die Litteratur — und die neuere macht hierin keine Ausnahme — nur zu durchmustern, um bald genug die Ueberzeugung zu gewinnen, daß in derselben vieles werthlos oder geradezu erfunden ist. Grandidier hat viel dazu beigetragen, den Gehalt gewisser Angaben ohne Schonung zu enthüllen.

Die widersprechendsten Meinungen lassen uns kein richtiges Bild des Landes gewinnen, und über das Volk herrschen bei uns in Europa bis zur Stunde noch die verkehrtesten Vorstellungen.

Während einige Autoren von dem sympathischen Wesen der Madagassen bezaubert sind, schildern andere wiederum das Volk in den düstersten Farben und erblicken in ihm den Ausbund von Verlogenheit, Heuchelei, Niederträchtigkeit, Grausamkeit und Immoralität.

Wo liegt nun die Wahrheit und woher rühren die so widersprechenden Urtheile?

Madagaskar ist zweifellos eine höchst originelle Welt, in welcher die merkwürdigsten Gegensätze vorkommen. Ist ja schon der Boden voller Kontraste. Ausgedehnte Küstenebenen wechseln mit einer gewaltigen Gebirgswelt. Reich bewässerte Gegenden finden sich neben völlig dürren Regionen. Während auf weiten Gebieten der Boden mit einer gewaltigen

Pflanzendecke geschmückt ist und hier wohl das Maximum der organischen
Entwickelung auf unserem Globus erreicht wird, kommen ebenso viele
trostlose Steppengebiete vor, deren Boden eine zwar originelle, aber
kümmerliche Vegetation aufweist. Aehnliche Gegensätze finden wir bei
den Menschen. Neben völlig dunkeln Rassenelementen gibt es solche,
welche an die hellen kaukasischen Völker streifen. Während einige Stämme
unschön und abstoßend sind, gibt es wiederum andere, deren Schönheit
unsere Bewunderung verdient. In manchen Gegenden sah ich die Leute
starren vor Schmutz, in anderen Gegenden dagegen fand ich eine muster=
hafte Reinlichkeit und einen fast pedantischen Sinn für Ordnung vor,
eine so ansprechende und behagliche Häuslichkeit, daß ich aufs an=
genehmste überrascht wurde.

Bei einigen Völkern begegnet man einer ausschweifenden Lebensweise
und ziemlich lockeren sittlichen Begriffen, bei anderen wiederum Nüchtern=
heit und Sittenstrenge. Meist sind die Eingeborenen gastfrei und nehmen
den Fremden liebenswürdig auf, daneben soll es aber auch Stämme
geben, deren Gebiet der Fremde nicht ohne Gefahr betreten darf und
welche durchaus ungastlich sind.

Die Stämme des Westens führen ein freies und ungebundenes
Leben und sind Halbnomaden, während in Central=Madagaskar die
Howa geregelte staatliche Einrichtungen besitzen und diese Autorität un=
bedingt anerkennen müssen; auch haben sich bei ihnen verschiedene gesell=
schaftliche Schichten ausgebildet.

Daß bei diesen Gegensätzen die Urtheile der Reisenden vielfach
abweichen, ist einleuchtend. Daß der Madagasse vielorts ein origineller
Kauz ist und nicht selten die wunderlichsten Vorurtheile und abergläubische
Meinungen erkennen läßt, muß ebenfalls zugegeben werden, und dem
Reisenden können daher gewisse Regeln nicht oft genug wiederholt werden.
Man muß diese Vorurtheile schonen; mit humanem Auftreten wird man
auch hier, wie bei vielen primitiven Völkern, nie fehlgehen können und
wird dann den Madagassen willig, dienstfertig und im Ganzen recht sym=
pathisch finden, während er bei barscher Behandlung zu einem sehr unan=
genehmen Gesellen werden kann. Ich lernte aus eigener Anschauung die
Völker im Osten, im Innern und im Westen kennen.

So verschieden im Einzelnen der physische und geistige Charakter der
zahlreichen Stämme zu sein pflegt, so läßt sich sofort ein gemeinsamer
Zug dieser Volkselemente erkennen — es ist eine durchschnittlich bedeutende

Intelligenz, welche mich wiederholt frappirt hat. Damit Hand in Hand geht ein nicht ungewöhnliches sprachliches Talent und eine oratorische Begabung, die dem Reisenden oft einen eigenartigen Genuß verschafft.

Es wird nicht schwer sein, eine Erklärung für die relativ hohe geistige Begabung der Madagassen zu finden. Wir müssen annehmen, daß Inselgebiete im Allgemeinen ziemlich spät vom Menschen besiedelt wurden. Erst mußten sich die Kontinente bis zu einem gewissen Grade mit menschlichen Individuen anfüllen, bevor ein Ueberschuß dieses Menschen= materials an die Inselwelt abgegeben wurde. Erst wenn die socialen Bedingungen nicht mehr zusagten und drückend zu werden begannen, wurde die Migration als natürliches Correctiv benutzt. Naturgemäß wird vorwiegend der begabtere Theil eines kontinentalen Volkes auswandern. Es gehört zu diesem Schritte eine gewisse Initiative, es kommt der Kampf mit neuen Elementen, namentlich mit dem Meere, hinzu, welcher seinerseits wieder als treibendes Element dient, die auswandernden Individuen müssen unter gänzlich neuen Bedingungen ihren Kampf ums Dasein aufnehmen und sich demselben anschmiegen können. Daher die Thatsache, daß selbst unter primitiveren Völkern die Inselbewohner den Kontinentalen, namentlich den Binnenländer, an geistiger Beweglichkeit übertreffen.

Mit Bezug auf die Herkunft und anthropologische Stellung der Madagassenvölker herrscht bis auf den heutigen Tag noch eine auffallende Unklarheit und eine kaum glaubliche Verwirrung.

Beinahe jeder Autor, der auf Grund eigener Anschauungen sich in dieser Frage vernehmen läßt, stellt eine neue Hypothese auf, weshalb die Madagassenvölker zu einer Art Hauskreuz für die Anthropologen wurden.

Auf einem Gebiete, welches einer Geschichte entbehrt und welches den Schauplatz wiederholter Einwanderung und Völkerverschiebungen bildete, wird diese Thatsache allerdings verständlich.

Allein da muß man sich eben vorerst über die methodischen Grund= sätze einigen, welche in zweifelhaften Fällen den Ausschlag geben.

Die geographische Lage und die damit verbundene Beziehung zu benachbarten Gebieten gibt werthvolle Winke, allein sie kann auch zu Täuschungen führen.

Sitten und Gebräuche, religiöse Vorstellungen u. s. w. sind bei der Beurtheilung der Verwandtschaft eines Volkes nicht zu unterschätzen, aber doch keine zuverlässigen Kriterien, denn die Gebräuche wechseln oft von Stamm zu Stamm, und anderseits haben sich viele Sitten ohne Zweifel bei ganz verschiedenen Völkerrassen völlig unabhängig in gleicher Weise entwickelt. Volkstraditionen, wie wir sie auch bei gewissen Madagassenvölkern finden, sind sehr schätzbar, dürfen aber nur mit Vorsicht aufgenommen werden.

Sicherere Anhaltspunkte gewährt die Sprache eines Volkes, sie ist neben der Geschichte von großem Werth, wenn es sich um die Entscheidung der Stellung eines Volkes handelt. Allein die Möglichkeit bleibt unter Umständen nicht ausgeschlossen, daß eine ursprüngliche Sprache verloren geht und durch eine völlig verschiedene ersetzt wird, wenn eine spätere Invasion erfolgt.

Meiner Meinung nach liegen die Verhältnisse gerade auf dem Inselland von Madagaskar derart, daß auf alle genannten Kriterien eine Hypothese nicht aufgebaut werden darf.

So bleibt nur das letzte, aber zuverlässigste Kriterium — der Körperbau, und es können einzig morphologische Thatsachen sein, welche bei der Entscheidung über den Ursprung der madagassischen Völker den Ausschlag geben.

Prüfen wir aber diese morphologischen Thatsachen, so sind sie dürftig genug.

Bei dem abergläubischen Charakter der Madagassen und bei ihrer großen Verehrung für die Verstorbenen hält es schwer, Schädel von Eingeborenen zu erlangen. Die wenigen, nur durch Zufall bisher nach Europa gelangten Exemplare haben nur einen sehr relativen Werth, da vielorts eine starke Vermischung verschiedener Elemente stattfindet und man zum Mindesten über größere Serien von Rassenschädeln verfügen muß.

Vollständigere Sammlungen von Photographien existiren ebenfalls nicht. Bei ihrer Herstellung muß man wiederum möglichst unvermischte Individuen auslesen. Wer aber die zahllosen Vorurtheile des Volkes gegen eine solche geheimnißvolle Beschäftigung kennt, wird bald genug die Erfahrung machen, wie schwer es ist, die Leute von ihren Vorurtheilen abzubringen. Gerade die Frauen, welche im Allgemeinen den Rassentypus getreuer vererben als die Männer, sind nur sehr schwer zu bewegen, vor dem photographischen Apparate stehen zu bleiben. Wir haben z. B. noch keine guten Abbildungen der schön gebauten Sakalavenvölker in West-

Madagaskar, und es kostete mich zuerst außerordentliche Mühe, gute Typen zu bekommen. Freundliches Zureden und Geschenke bewogen einzelne Personen, sich wenigstens den Vorgang bei der Aufnahme an= zusehen und sich zu überzeugen, daß Alles mit natürlichen Dingen zu= geht; erst nach und nach willigten sie ein, sich vor die Camera hinzu= stellen, und ich gelangte schließlich in den Besitz guter Typen aus West=Madagaskar.

Es gewährt vieles Interesse, die in den letzten zwanzig Jahren aufgestellten Annahmen zu durchgehen, und hier sollen wenigstens die wichtigsten Stimmen Erwähnung finden.

Man ersieht daraus am besten, wie unsicher die aufgestellten Meinungen sind, und auffallend ist nur, daß dieselben meistens an der anthropologischen Einheit der Madagassen festhalten.

Auf den ersten Moment ist es nahe liegend und naturgemäß, die Herkunft in dem benachbarten afrikanischen Kontinente zu suchen, denn eine wirkliche Urbevölkerung besitzt Madagaskar wohl nicht, sonst hätte sich diese nach und nach wohl auch der Inseln Réunion und Mauritius bemächtigt, welche bekanntlich bei ihrer Entdeckung unbewohnt waren.

Eine afrikanische Verwandtschaft wird von den Engländern Crawfurd und Staniland Wake befürwortet. Der letztere Autor hat sich wieder= holt über die Stellung der Madagassen vernehmen lassen und im Schooße der Anthropologischen Gesellschaft in London dieselben als ein durchaus autochthones Volk bezeichnet.

Er war anfänglich stark beeinflußt von dem hypothetischen Kontinent Lemurien, welcher das indomalayische Gebiet einst mit Afrika verband und als die Wiege des Menschengeschlechts und der ersten Civilisation betrachtet wurde. Diese primitiven Lemurianer wären noch am getreuesten in den heutigen Madagassen repräsentirt, aus ihnen gingen im Osten die dunklen Völker der Südsee und im Westen die südafrikanischen Völker hervor. Die Beziehungen zwischen Madagassen und Malaien wären somit auch verständlich. Die Unwahrscheinlichkeit dieser Annahme liegt für Jeden, der die Madagassenstämme gesehen, auf der Hand, und es hat auch kürzlich Staniland Wake seine frühere Annahme gänzlich fallen gelassen und kommt nun zu dem Resultat, daß die Gebräuche und Vorstellungen der Madagassen auf den Orient hinweisen, daß zwar arabische Einflüsse nicht zu verkennen sind, die ursprüngliche Heimat im Südosten Asiens, wohl im Gebiet der Siamesen liege.

Diese neue Hypothese wird im „Antananarivo Annual" vom Jahre 1880 entwickelt.

Noch sonderbarer klingt die Annahme von James Cameron. Er zieht eine Parallele zwischen den Gebräuchen der Howa und denjenigen der Juden zu Salomo's Zeiten und gelangt zu dem Resultat, daß die Madagassen von den Juden abstammen müssen, welche auf phönizischen Schiffen durch das Rothe Meer nach Ostafrika und Madagaskar auswanderten.

Den vielen Argumenten hätte Cameron noch beifügen können, daß das Handelstalent der Howa den stärksten Hinweis auf ihre jüdische Abstammung darböte.

Ich halte es für überflüssig zu bemerken, daß semitische Gesichtszüge den Madagassen durchaus fehlen.

In der neuesten Zeit ist die einheitliche malayische Herkunft der Madagassen so sehr in den Vordergrund getreten, daß man namentlich auf Grund sprachlicher und theilweise auch morphologischer Thatsachen Madagaskar als die westlichste Kolonie der Malayenrasse ansieht.

Mit besonderer Wärme vertritt der Engländer James Sibree diese Ansicht. Sein Werk über Madagaskar, im Ganzen objectiv gehalten, erörtert im Einzelnen die Gründe, welche gegen eine afrikanische Affinität sprechen, leidet jedoch an dem Mangel, daß der Autor zu wenig Gewicht auf morphologische Gründe legt und ihm die wichtigen Stämme im Norden und Westen von Madagaskar zu wenig bekannt sind.

Es ist allerdings richtig und gewiß nicht ohne Interesse, daß die Sprache des mächtigen Howastammes über die ganze Insel verbreitet ist und überall verstanden wird. Diese Sprache, darüber kann kein Zweifel sein, ist nicht afrikanisch, sondern nahe verwandt mit den malayischen Sprachen, welche im Malayischen Archipel und bei den Polynesiern gesprochen werden.

Ein Freund, welcher lange in der Südsee gelebt hat, war überrascht von der großen Aehnlichkeit einiger ihm von mir vorgelegter madagassischer Wörter mit den in der Südsee gebräuchlichen Bezeichnungen.

Diese linguistische Thatsache spricht nun allerdings dafür, daß das malayische Rassenelement auf Madagaskar eine sehr wesentliche Rolle spielt. Die Einheit der Sprache beweist jedoch noch keineswegs die Rasseneinheit des ganzen Volkes.

Nehmen wir z. B. an, die Geschichte der benachbarten Inseln
Réunion und Mauritius sei völlig verloren gegangen und ein Anthropologe
hätte die Aufgabe, die dortigen Volkselemente zu analysiren. Er fände
dort eine einheitliche Sprache, ein Französisch mit der specifisch kreolischen
Aussprache und den eigenthümlichen kreolischen Wendungen. Diese Sprache
wird vom französischen Kreolen, vom Mulatten, vom Kaffer, vom
Araber, vom Indier und vom dort lebenden Chinesen verstanden und
gesprochen. Dennoch müßte ein Anthropologe gar bald die verschiedenen
Rassenelemente herausfinden. Ein ähnlicher Proceß hat sich veilleicht
vordem auf Madagaskar abgespielt, wenn uns auch historische Documente
gänzlich fehlen.

Immerhin ist nicht zu vergessen, daß die Dialekte der einzelnen
Stämme sehr stark von einander abweichen und z. B. die Sakalaven des
Westens die Sprache der Zansibarleute und der Schwarzen von Mozambique
mit Leichtigkeit erlernen.

Das Vorkommen einer allgemein verbreiteten malayischen Sprache
auf Madagaskar könnte man sich vielleicht in folgender Weise erklären:
Die Malayen sind verhältnißmäßig spät nach dem westlichen Madagaskar
ausgewandert. Sie fanden dort bereits Volksstämme vor, welche sie
vermöge ihrer geistigen Ueberlegenheit nach und nach beherrschten, und
namentlich als begabtes Handelsvolk kamen sie in verschiedene Gebiete.
Bei dem Wanderleben der Madagassen mußte sich eine gemeinsame
Sprache als Bedürfniß herausstellen. Der einfache Bau und der Wohl=
klang des Malayendialektes mußte das Ohr der übrigen Madagassen,
welche sprachlich ganz ungewöhnlich begabt sind, ansprechen und gewann
nach und nach die Oberhand.

Aber die afrikanischen Affinitäten werden entschieden unterschätzt.
Sehen wir ganz ab von der physischen Beschaffenheit der Bewohner,
welche zur Zeit noch mangelhaft dargestellt ist, so müssen uns einzelne
Unterschiede in den Gewohnheiten und Arbeitsproducten der Madagassen
auffallen.

Sibree sagt, daß die Madagassen nur Pflanzenfasern für ihre
Bekleidung verwenden. Es ist dies nicht ganz genau. Ich sah die
Eingeborenen zuweilen Mützen aus Lemurenfellen tragen, und ein zu=
verlässiger Beobachter, welcher häufig nach dem Südwesten reiste, berichtete
mir, daß ein Stamm Mützen aus Ochsenfellen trage, an denen Ochsen=
schwänze befestigt sind. Nehmen wir die gebräuchlichsten Musikinstrumente,

so ist das Faktum nicht ganz bedeutungslos, daß die im Gebiet der Malayen des Indischen Archipels so verbreitete Bambusguitarre auch in Madagaskar gebräuchlich ist, aber nur im Gebiet der Howa und der ihnen zunächst liegenden Völker, nicht aber wird die Vahila gespielt bei den Betsimisaraka und Sakalaven.

Auffallen muß ferner, daß im Westen von Madagaskar die Gesänge der Frauen von einem Lärminstrument, einem Rasselbrett begleitet werden, welches in derselben Construction auch von ostafrikanischen Stämmen gebraucht wird.

Die Sakalaven schnitzen große Reislöffel, welche zuweilen sehr geschmackvoll verziert werden. Die Zeichnungen stellen aber Motive dar, welche mit ähnlichen Arbeiten der afrikanischen Küste übereinstimmen.

Die Madagassenfrauen können überall weben und stellen oft recht sauber gearbeitete Zeuge her.

Vergleicht man aber die grellen Farben und eckigen Figuren der Howa mit den düstern und matten Dessins der übrigen Madagassen, so erkennt man einen gänzlich verschiedenen Geschmack.

Eine andere Thatsache muß sofort auffallen. Unter den Eingeborenen wird ein sehr bewußter Unterschied zwischen dem jetzt herrschenden Volks= element und den übrigen Völkern gemacht. Ueberall, wo ich hinkam, fand ich diese Unterscheidung des Howa vom übrigen Element, das in Bausch und Bogen als „Malgasche" bezeichnet wird. Hier gewinnt ein allgemein verbreitetes Volksgefühl einen prägnanten sprachlichen Ausdruck, dem eine wohlbegründete Thatsache zu Grunde liegen muß.

Ob man eine afrikanische, ob man eine orientalische Herkunft be= fürworte, ich kann mich in keinem Fall zur Einheit im Ursprunge des Madagassenvolkes bekennen.

Der einzige Forscher, welcher den genannten Thatsachen Rechnung trägt und meiner Meinung nach der Wahrheit am nächsten kommt, ist der französische Reisende Alfred Grandidier. Sein langer Aufent= halt in verschiedenen Gebieten der großen Insel befähigte ihn, besser als seine Vorgänger, über die Bevölkerung ein zuverlässiges Urtheil abzugeben.

In einer unlängst in Paris gehaltenen Rede, deren Abdruck im „Journal officiel" vom 27. October 1886 mir vorliegt, spricht er sich nunmehr eingehend über die Herkunft der madagassischen Volksele= mente aus.

Grandidier hebt bei dieser Gelegenheit zum ersten Male mit voller Schärfe den Gegensatz zwischen den in Centralmadagaskar und an einigen Küstenplätzen ansässigen Howa und den übrigen Madagassen hervor, deren Wohnsitze mehr an der Peripherie der Insel liegen. Für ihn besteht eine wahrnehmbare ethnographische und anthropologische Kluft zwischen beiden, und er läßt nur den Howa als echten Malayen gelten.

Ich freue mich, von Grandidier ein Resultat ausgesprochen zu finden, das von mir ebenfalls und zwar völlig unabhängig in Madagaskar gewonnen wurde und dem ich fast am gleichen Tage wie Grandidier öffentlichen Ausdruck in einer vorläufigen Reisepublication verlieh. Diese erfreuliche Uebereinstimmung beweist, wie klar im Grunde die Thatsachen liegen müssen.

Grandidier hält es für wahrscheinlich, daß die Howa aus dem Gebiet von Java oder wenigstens aus jener Region eingewandert sind, während er vermuthet, der übrige Theil der madagassischen Bevölkerung entstamme dem Gebiete von Indochina. Nach den interessanten Parallelen in Sitten und Gebräuchen, sowie in religiösen Anschauungen findet er Anklänge an die Bewohner des indochinesischen Gebietes.

Hier weichen nun meine Ergebnisse ab. Ich fühle allerdings die zahlreichen Züge der „Malgaschen", welche auf den Osten hinzudeuten scheinen, wohl heraus, aber viele Bräuche und Volksanschauungen können sich gelegentlich völlig unabhängig an verschiedenen Punkten der Erde entwickeln; Manches mag importirt sein; aber Beziehungen zur afrikanischen Welt sind doch ebenso sehr verbreitet. Die sicherste Richtschnur bleiben in zweifelhaften Fällen doch die rein morphologischen Verhältnisse, der physische Charakter der Stämme ist am wenigsten wandelbar.

Gelangt man nach dem Westen von Madagaskar, so wird das afrikanische Gepräge der Bewohner doch sehr in die Augen fallend und ihre körperlichen Beziehungen zu den festländischen Bewohnern der Küste von Mozambique und Zansibar sehr groß.

Scheinbar stehen die Stämme an der Ostküste, insbesondere die Betsimisaraka, weit ab, haben sich auch vielfach mit dem malayischen und kaukasischen Element vermischt, aber sie werden durch die im Norden lebenden Antankaren doch in unleugbarer Weise mit den afrikanischen West-madagassen verknüpft.

Ich hätte allerdings der Vollständigkeit wegen erwähnen sollen, daß verwandte Anschauungen in einem kürzlich erschienenen Aufsatz über die Rassenelemente von Madagaskar enthalten sind, welcher von L. Dahle herrührt.

Derselbe enthält jedoch keine genauere Analyse der einzelnen Volks=stämme, sondern will nur Vermuthungen Ausdruck verleihen, wie der Autor ausdrücklich bemerkt.

Die Arbeit leidet zudem an Widersprüchen.

Einerseits wird der Satz an die Spitze gestellt, daß die Bewohner von Madagaskar ein einheitliches Volk darstellen, was wohl so viel heißen soll, daß sie eine einheitliche Abstammung besitzen, was dem Verfasser aus dem Grunde klar erscheint, daß über die ganze Insel der Hauptsache nach eine gemeinsame Sprache besteht.

Dagegen haben Araber und afrikanische Sklaven mit zur Vermischung der Eingeborenen beigetragen.

Dann werden diese Sätze am Schlusse des Aufsatzes wieder auf=gehoben und ausgeführt, daß die Insel zuerst von Afrikanern (Vazimba) bewohnt wurde und später die malayische Invasion durch die Howa erfolgte.

Bloße Vermuthungen, welche sich zudem noch widersprechen, können naturgemäß nicht zur Aufklärung der so verwickelten anthropologischen Verhältnisse dienen.

Ich stimme daher vollkommen mit Grandidier überein, daß nur die Howabevölkerung malayischer Herkunft ist und aus dem Osten her=stammt.

Die übrigen Eingeborenen, die sogenannten Malgaschen, wo sie sich noch unvermischt erhalten haben, sind afrikanischer Herkunft und wohl aufs engste mit den Volksstämmen der Suahelifüste verknüpft.

Ich kenne aus eigener Anschauung nur die volkreichen Stämme der Betsimisaraka, der Antankaren und der Sakalaven des Westens, welche alle kraushaarig sind.

Einzelne Betsileo habe ich wohl gesehen, kann aber kein genügendes Urtheil über sie abgeben, genaueren Darstellungen entnehme ich jedoch, daß sie mit den Betsimisaraka näher verwandt sind. Die Vazimba des Westens, angeblich die Urbevölkerung Madagaskars, sind noch zu wenig untersucht.

Es mag nun eine Schilderung einiger der wichtigsten Stämme folgen; ich halte mich dabei an diejenigen, welche mir aus eigener An=schauung näher bekannt wurden.

Der Stamm der Howa.

Im Sinne der Ethnographen bezeichnet man mit dem Namen Howa das malayische Volkselement, welches zur Zeit die Herrschaft über die Insel besitzt und die Centralprovinz Imerina, sowie einige Küsten= plätze bewohnt. Der Madagasse braucht jedoch diese Bezeichnung in viel engerem Sinne und versteht unter Howa den freien, aber nicht adeligen Theil der Malayen, also etwa den bürgerlichen Mittelstand.

Das Howavolk ist in der jüngsten Zeit vielfach genannt und zeit= weise in den Vordergrund der Ereignisse getreten, wozu namentlich die Verwickelungen mit Frankreich beigetragen haben. Die Urtheile über dieses Volk lauten äußerst verschieden. Hören wir dieselben zunächst an:

Der Madagaskar=Reisende Aubebert sagt in einer unlängst er= schienenen Schrift, daß ihre geistigen Fähigkeiten sehr entwickelt, ihre Geschicklichkeit in mehreren Zweigen der Industrie bemerkenswerth, ihre moralischen Eigenschaften aber sehr geringe sind.

„Das Howavolk vereinigt in sich alle Laster der anderen Völker= schaften Madagaskars, sein Blick hat etwas Falsches und Unstetes, Gefühle der Freundschaft und Hochachtung sind ihm unbekannt; die Sucht nach Gewinn wird bei ihm zur förmlichen Leidenschaft. Wo er seiner Herrschaft sicher ist, tritt er grausam und herzlos auf u. s. w."

Ungefähr ein ähnliches Bild hat der ehemalige Minister und De= putirte von Réunion, de Mahy, in der französischen Kammer entrollt, als es sich um die Genehmigung des Friedensvertrages handelte, und mit echt südlicher Lebhaftigkeit hat er sich vernichtend über den Volks= charakter der Howa ausgedrückt.

In vollem Gegensatze hierzu gibt ein so competenter und ruhiger Beobachter, wie Alfred Grandidier, folgende Charakterzeichnung der Howa: „Ihr Geist ist mißtrauisch, aber das Volk ist der Aufmerksamkeit würdig. Die Howa sind mäßig und ausdauernd bei der Arbeit. Sie haben ein angeborenes Gefühl der Achtung für ihre Vorgesetzten, eine strenge Disciplin, und sind ihren Oberhäuptern bedingungslos ergeben. Ihre Vaterlandsliebe ist aufrichtig, und nie vergißt ein Howa das Dorf, in welchem er geboren ist. Das sind Eigenschaften, welche nicht ge= wöhnlich sind, und ihnen verdanken sie ihr Uebergewicht über die übrigen Madagassen."

Dieser Autor betont, daß die Howa Sympathie verdienen und daß sie für die Zukunft des Landes von großer Bedeutung werden können.

Ich kann nicht in die vielfachen Verdammungsurtheile einstimmen und muß nur bestätigen, daß die Howabevölkerung mir im Ganzen einen guten und sehr sympathischen Eindruck gemacht hat.

Die äußere Erscheinung des Howa hat etwas, was dem Fremden Interesse einflößt. Die Männer sind mittelgroß, doch findet man auch stattliche Figuren von kräftigem und muskulösem Bau. Manche Individuen

Fig. 35.

Ein älterer Howa.

sind auffallend hochbeinig. Die Kopfbildung ist brachycephal oder höchstens mesocephal, die schön gewölbte Stirn stark vortretend, so daß, da das Kinn meist gerundet zu sein pflegt, die Köpfe mancher Howa im mittleren Alter fast kugelig erscheinen. Die nicht allzugroßen Augen sind etwas tiefliegend, die Farbe nicht schwarz, sondern dunkelbraun bis kastanienbraun. Einmal sah ich einen Howa mit blauen Augen; in diesem Falle haben wir es aber mit einer seltenen Ausnahme zu thun, oder, was wahrscheinlicher ist, es hat sich eine Howafrau an einem nglischen Clergyman „versehen".

Der Blick verräth Intelligenz, hat bei vielen Howa etwas Un=
ruhiges, bei manchen aber auch etwas sehr Treuherziges. Die Nase
ist gerade und stumpf, oder stark vortretend und adlerartig gebogen.
Der Mund ist etwas groß, die Lippen jedoch nicht übermäßig aufge=
worfen. Das Haupthaar ist schlicht, vollkommen schwarz, bei vielen
Howa jedoch gelockt, aber niemals kraus. Der Bartwuchs ist vorhanden,
aber spärlich. Häufig wird ein Schnurrbart, zuweilen auch ein Backen=
bart getragen. Hände und
Füße sind wohlgeformt, die
Finger jedoch kurz. Die
Hautfarbe der Howa ist sehr
verschieden. Manche sind hell,
andere auffallend dunkel.

Fig. 36.

Im Ganzen erinnern die
Männer sehr an den Europäer
und verrathen nicht immer den
Malayen. Manche Physiog=
nomien glaubte ich als Süd=
deutsche, als Süditaliener oder
Ungarn taxiren zu müssen, da
eine große Variabilität besteht,
während uns vielfach auch echte
Malayenköpfe begegnen.

Anders verhält sich die
Sache bei den Frauen. Dem
Gesetz entsprechend, nach
welchem sich der Rassencharak=
ter in weiblicher Linie viel

Howafrau.

getreuer vererbt als in männlicher Linie, kann man über die malayische
Abstammung der Howafrauen keinen Augenblick im Zweifel sein. Ihre
kohlschwarzen, glatten Haare werden nach Art europäischer Frauen
gekämmt und zu zwei im Nacken aufgebundenen Zöpfen geflochten oder
auf verschiedene Felder vertheilt, zu Zöpfchen angeordnet und schnecken=
artig aufgerollt. Zur Zeit der Trauer werden die Haare offen getragen.
Ein Autor bemerkt, daß er bei einigen Howafrauen eine schräge Stellung
der Augen bemerkt habe. Diese Angabe ist entschieden zutreffend und
mehrmals haben solche Frauen mich an Chinesinnen erinnert.

Im Ganzen sind es sehr gracile und bewegliche Geschöpfe, welche
ziemlich pfiffig in die Welt hinausschauen. Sie haben etwas Ansprechendes
in ihrem Wesen, wenn man auch eigentliche Schönheiten unter ihnen
nur selten findet. Mit zunehmendem Alter neigen sie wie die Männer
vielfach zur Fettleibigkeit.· Männer wie Frauen kleiden sich nach euro=
päischer Art und entwickeln in der Wahl der Farben einen auffallend
feinen Geschmack. Der ärmere Howa trägt ein Lendentuch, eine Jacke
aus grobem Palmzeug und eine Lamba als Ueberwurf. Als Kopf=
bedeckung dient ihm ein breitkrämpiger Hut aus Reisstroh oder eine
Strohmütze. Die Frauen tragen auf der Reise einen geschmackvoll mit
rothen oder blauen Seidenbändern garnirten Strohhut.

Der Trunkenheit wenig ergeben, nimmt der Howa nicht allzugroße
Mengen von Spirituosen zu sich, in besseren Howafamilien sind Weine und
Biere beliebt. Dagegen ist er dem Genuß von Tabak sehr ergeben
und trägt ihn in Bambusdosen stets bei sich. Der Tabak wird selten
geraucht, sondern in gepulverter Form mit einer geschickten Hand=
bewegung zwischen Unterlippe und Schneidezähne gebracht und gekaut.

Der Howa besitzt, darüber kann kein Zweifel sein, einen hohen
Grad von Intelligenz und eine Schärfe des Verstandes, eine Richtigkeit
im Urtheil, die oft geradezu verblüffend wirkt.

Daß er anfänglich sehr zu Mißtrauen geneigt ist, das kann ich
nur bestätigen. Es ist dies aber kein moralischer Defect; der Howastamm
hat mit großer Umsicht nach und nach die Herrschaft in Madagaskar
erlangt und ist sehr eifersüchtig auf seine erlangte Macht. Daß er dem
Europäer gegenüber, dessen Ueberlegenheit ihm nicht entging, oft Grund
zum Mißtrauen hat, wer wollte ihm dies zum Vorwurf machen?

Eine große Geschmeidigkeit ist ihm nicht abzusprechen, es hängt
das mit den gesellschaftlichen und staatlichen Zuständen in Madagaskar
eng zusammen. Seine Findigkeit und sein diplomatisch sehr fein an=
gelegtes Wesen hat gewiß, wer wollte das leugnen, den Europäern schon
viel zu schaffen gemacht, und geht man die Geschichte dieses Jahrhunderts
durch, so sieht man, wie er bald die Franzosen, bald die Engländer
begünstigte, von beiden Gewinn zog für seine geistige Entwickelung, im
richtigen Moment aber beide mit langer Nase abziehen ließ, wenn er
Uebergriffe befürchten mußte.

Gewiß ist es auch ein günstiges Zeichen und ein Beweis der
Weitsichtigkeit, daß der Howa die Branntweinpest aus seinem Wohn=

gebiet fern zu halten sucht, da es ihm nicht entgehen konnte, welche Verwüstungen dieselbe unter einigen Madagassenstämmen angerichtet hat.

Daß der Howa im Allgemeinen heuchlerisch und verschlagen sei, ist sicher unrichtig. Wenn er sein anfängliches Mißtrauen abgelegt hat, so wird er offener, und es ist nicht schwer in ihm einen zuverlässigen Freund zu gewinnen. Er ist dann ein liebenswürdiger Gastwirth, und die Gastfreiheit wird bei den Howa sehr allgemein geübt. Die Howa= träger, welche mich auf einer Reise ins Innere begleiteten, waren sehr ausdauernd und anstellig; obschon ganz ohne Bildung, zeigten dieselben viel natürlichen Anstand und waren immer heiter und willig in der Arbeit.

Daß auch unter den Howa Ausnahmen vorkommen, ist selbstver= ständlich. Wollte man aber ein objectives Bild des Europäers zeichnen, so fände man neben viel Licht auch sehr viel Schatten.

Der Trieb nach Erwerb ist bei dem Howa stärker ausgesprochen, als bei allen anderen Madagassenstämmen. Daher widmet der freie bürgerliche Howa sich mit Vorliebe dem Handel und entwickelt hierin vieles Geschick. Daß zuweilen dieser Erwerbstrieb in Habsucht ausartet, wird dieselbe Ursache haben wie bei allen anderen auf Erwerb bedachten Völkern, und ich glaube, daß ihr die Habsucht der kaukasischen, speciell der europäischen Völker in keiner Weise nachsteht.

Auffallend ist die oratorische Begabung vieler Howa, von welcher ein nicht allzusparsamer Gebrauch gemacht wird. Dem Gaste werden dann auch häufig Toaste ausgebracht. Die angenehm klingende, vokal= reiche Sprache, dieses Italienische der südlichen Halbkugel mit den über= schwenglichen, echt orientalischen Bildern gibt allerdings ein vortreffliches Hülfsmittel der Beredsamkeit ab.

Mit besonderer Vorliebe pflegt der Howa die Musik. Auf Reisen, namentlich auf Stromfahrten, singen die Begleiter, um sich die Arbeit zu erleichtern, wobei einer als Improvisator dient.

An einheimischen Musikinstrumenten ist die originelle Bambusguitarre oder Vahila häufig im Gebrauch, welche auf einem Bambusinternodium als Resonanzboden 15 bis 20 Bambussaiten besitzt. Die Saiten werden mit einem scharfen Messer aus der Oberfläche des Bambusrohres herausgehauen und mit Stegen aus den getrockneten Fruchtschalen von Brehmia spinosa gespannt. Ich hörte wiederholt den Productionen auf der Valiha zu, und das Instrument hat einen angenehmen und weichen Klang. Daneben wird die Violine und Flöte nicht ohne Geschick gespielt. Ein mit Trompeten versehenes Musikcorps hörte ich die Marseillaise ganz correct blasen; ich habe bei uns Dorfmusikanten schon schlechter blasen hören.

Während des letzten Krieges componirten die Howa sogar eine eigene Nationalhymne, die ich mehrmals spielen hörte und die wenigstens das Trommelfell nicht allzusehr belästigt. Als Handwerker entwickelt der Howa ein bemerkenswerthes Geschick. Die aus Palmfasern, Baumwolle oder Seide hergestellten Gewebe sind sehr regelmäßig gearbeitet. In den als Lamba bezeichneten Ueberwürfen treten uns oft sehr gewählte Farbencombinationen entgegen. Die Zeichnungen enthalten weder Motive aus dem Pflanzenreiche noch aus dem Thierreiche, sondern stellen eckige Figuren dar. Schmiede, Schuhmacher, Strohflechter und Hornarbeiter liefern brauchbare Arbeiten, welche europäischen Vorbildern nachgeahmt sind.

Daß eine europäische Kultur bei diesem Volke vielfach Eingang gehalten, ist bekannt, und man muß gestehen, daß ihm dieselbe nicht schädlich wird, sondern veredelnd wirkt. Der Howa ist auf dem besten Wege, sich aus seinen barbarischen Zuständen herauszuarbeiten und auf die Stufe eines civilisirten Volkes hinüberzuschreiten. Dieser Entwickelungsprozeß ist zwar noch nicht und noch lange nicht vollendet, aber er wird weiter gehen, und viele barbarische und grausame Gebräuche, wie die Anwendung des Giftordals, sind bereits verschwunden. Daß bei der Einführung europäischer Einrichtungen Manches noch komisch wirkt, ist naturgemäß.

So ist die Schöpfung einer Armee nach europäischem Muster zum Theil nur Farce, und die Herren Howa-Obersten und Howa-Generale machten mir trotz ihrer Würde, mit welcher sie auftreten, doch mehr den Eindruck kostümirter Affen, die auf unseren Jahrmärkten sich produciren. Wunderbar bleibt immerhin, wie dieser Volksstamm seit Beginn dieses Jahrhunderts so gewaltige Erfolge und eine so ausgedehnte Macht erlangen konnte.

Dieser Erfolg ist nur zwei Factoren zu verdanken, zunächst seiner geistigen Begabung und dann der erstaunlichen Meisterschaft in der Kunst des Gehorchens. Ein Volk, das nicht gehorchen kann, wird niemals die Kunst des Herrschens lernen. Aber Subordination, unbedingte Anerkennung der Autorität — hierin ist der Howa Meister. Auflehnung gegen die bestehende Ordnung, Widersetzlichkeit gegen die Befehle der herrschenden Parteien wird schonungslos gezüchtigt, und die Geschichte um die Mitte dieses Jahrhunderts beweist, daß dann der Howa auch vor Grausamkeit nicht zurückschreckt. Diese Disciplin, richtig geleitet, muß aus einem Volke Großes schaffen.

Im Ganzen genommen verdient dieses sympathische und gastfreie Volk, dessen bildsamer Geist für europäische Kultur so leicht empfänglich ist, unsere Beachtung. Manche Härten und halbbarbarische Sitten wird es bald abstreifen und nicht auf die Stufe der Barbarei zurücksinken. Es wird früher oder später seine Macht gänzlich an die Europäer ab= treten müssen; aber es wäre eine verfehlte Politik, sich mit diesem Element zu verfeinden.

Das Volk der Betsimisaraka.

An der Ostküste von Madagaskar bis zum Urwaldgürtel wohnen Völker, welche man als Betsimisaraka bezeichnet. Es dürfte am richtigsten sein, als ihr Verbreitungsgebiet den Raum zwischen dem 15. bis 20. Grade südlicher Breite anzunehmen. Im Norden gehen sie nicht über die Bai von Antongil hinaus. Obschon sie an der häufig besuchten Ostküste wohnen, berichten die neueren Werke auffallend wenig von den Eigenthümlichkeiten der Betsimisaraka.

Ich kam oft mit diesem Volke in Berührung und führte in ihrem Gebiete eine größere Reise ins Innere aus, habe aber im Allgemeinen einen sehr bemühenden, ja peinlichen Eindruck gewonnen. Hier lernte ich so recht die fluchwürdigen Wirkungen kennen, welche die Laster der civilisirten, aber verdorbenen europäischen Elemente auf gutmüthige afri= kanische Rassen auszuüben vermögen.

Dies Volk war seit langer Zeit in erster Linie dem Einfluß aller möglichen Abenteurer ausgesetzt, vermochte auch dem Alkohol nicht Wider= stand zu leisten und ist auf dem besten Wege, zu Grunde zu gehen.

Der physische Charakter weicht von dem des Howa ganz bedeutend ab, und wenn in vielen Werken angegeben wird, daß dieser Stamm dem Howavolke nahe stehe, so ist das unrichtig und kann sich nur auf die Farbe der Haut beziehen, welche beim Betsimisaraka ein lichtes Sepien= braun darstellt, zuweilen aber auffallend hell ist.

Nun muß in Berücksichtigung gezogen werden, daß der Howa häufig Betsimisarakafrauen heirathet und die Nachkommen auffallend stark die väterlichen Merkmale in Kopfbildung, sogar in Behaaruug vererbt erhalten; dann haben europäische Seeleute an der Ostküste viele Spuren hinterlassen, da die Betsimisarakafrauen längst in dem Rufe stehen, dem europäischen Element sehr leicht zugänglich zu sein.

Fig. 37.

Junger Betsimisaraka.

Nimmt man aber dieses Volkselement in unvermischtem Zustande, so verräth die krause Behaarung, die starke Entwickelung der Backenknochen und der Lippen, die Bildung der Nase, welche breit und häufig eingedrückt erscheint, das schwarze Auge mit den kräftigen Augenbrauen bald genug die afrikanische Herkunft.

Die Männer waren ursprünglich kräftig gebaut und zeigen in ihren Gliedern ein schönes Ebenmaß. Im Innern begegnete ich wahren Riesengestalten, und ein schöner Schlag wohnt an der Bai von Antongil

und auf der Insel Ste.-
Marie. Angeblich sollen
letztere semitisches Blut
besitzen, was mir aber
keineswegs glaubwürdig
vorkommt.

Der Rumpf ist auf=
fallend lang und der
Brustkasten gewaltig ent=
wickelt. An dem brachy=
cephalen oder mesoce=
phalen Kopfe ist das
kurze und spitze Kinn sehr
charakteristisch. Der Bart=
wuchs ist spärlich. Im
Küstengebiet sind die
Leute stark degenerirt und
von kleiner Statur.

Von den Betsimi=
sarakafrauen läßt sich kein
anziehendes Bild ent=
rollen. Es gibt unter
ihnen einzelne recht an=
sprechende Erscheinungen,
und ein alter Howa,
welcher mit einer solchen
Frau in glücklicher Ehe
lebte, gedachte mir gegen=
über mit Wärme des
guten Charakters und
der häuslichen Tugenden
seiner verstorbenen Frau;
aber das sind seltene Aus=
nahmen. Die Mehrzahl
macht einen abstoßenden
und widrigen Eindruck.
Es sind meist kleine, sehr

Fig. 38.

Haartracht eines Betsimisarakamädchens.

Fig. 39.

Betsimisarakafrau.

behende Geschöpfe, deren niedere Stirn, vorstehende Backenknochen und auffallend großer Mund den Physiognomien das Gepräge niedriger Dig= nität verleiht. Die zu lebhaften, oft dreisten Augen sind nie recht klar, die Formen eckig, namentlich die Schultern auffallend spitz. Der Hals ist über Gebühr lang, sodaß ich mich oft wunderte, wie die copiösen Reismengen ihren Weg in den Magen finden können. Dazu kommt, daß diese Frauen eine geschmacklose Haartracht besitzen. Ihre Frisur besteht aus großen Haarknoten, welche auf viereckige Haar= felder so vertheilt sind, daß auf dem Oberkopfe 4, auf dem Hinter= kopfe 6 bis 8 Knoten sitzen. Die äußeren Reize werden selten durch Schmuck zu heben versucht. Die Frauen bekleiden sich mit einem Stück Palmzeug, aus Rofiagarn gewoben, und erscheinen oft recht schmutzig. Auch ihre Haut ist oft mit einer Kruste von schwer zu be= stimmender Herkunft bedeckt. Der Betsimisaraka besitzt ein gutmüthiges Naturell und dem Weißen, dem „Waza“ gegenüber ein fast unbegrenztes Gefühl der Verehrung. Wie der Howa ist er gastfrei, und tritt der Fremde vor ein Haus, um auszuruhen, so reichen ihm die Insassen die Hand mit den Worten: „Finata mosé!“ Dann besehen sie neugierig seine Einrichtung, sein Gepäck, holen eine saubere Binsenmatte zum Ausruhen und einen mit Reis gefüllten Sack als Sitz. Unter sich sind die Leute sehr verträglich, und zu Eltern und Verwandten konnte ich eine große Zuneigung erkennen.

Eine Schwäche ist sein abergläubisches Wesen, das mich oft in die größte Verstimmung und Verlegenheit versetzte. Gewisse Gegenstände bezeichnet er als unantastbar, als „Fady“. Wer als Naturforscher reist, begegnet beim Sammeln ernsten Schwierigkeiten, denn man weiß niemals, was der Madagasse als Fady ansieht.

Einen großen Lemuren des Waldes, den schwarzen Babakota (In- dris brevicaudatus) verehrt er als seinen Vorfahren. Ich fand im Innern von Madagaskar recht anziehende Legenden, welche die Phantasie dieses Volkes erfunden, um die Verehrung dieses Halbaffen zu begründen.

Eine barsche Behandlung verträgt der Betsimisaraka nicht, sein sanfter und gutartiger, aber reizbarer Charakter will gerechte und freund= liche Behandlung erfahren.

Zwei Schwächen haben dieses vordem mächtige Volk der Betsimisaraka dem Ruin entgegengeführt. Zunächst ist es zu Ausschweifungen geneigt, und in den größeren Küstendörfern herrscht ein ziemlich lockeres Leben.

Die Familienbande sind nicht allzufest, was der Eheherr schon bei der
Eingehung einer Ehe andeutet. Es besteht nämlich eine Ceremonie der
Trauung, die Paare erscheinen mit lose zusammengeknüpften Ueberwürfen
und dann trennt der Mann mit einer Handbewegung die lose verbundenen
Lambas, um symbolisch anzudeuten, daß die Ehe wieder gelöst werden kann.

Die zahlreichen Ausschreitungen haben eine starke Verbreitung vene=
rischer Leiden im Gefolge und sind die Hauptursache, daß auffallend
wenig Kinder erzeugt werden.

Dann ist das Volk dem Schnapsgenuß sehr stark ergeben. Wenn
ich im Inneren des Landes weder ein Huhn, noch ein Ei, noch ein
Stück getrocknetes Fleisch aufzutreiben vermochte, so fand ich doch im
elendesten Urwalddorfe noch Rum vor.

Die Kreolen von Mauritius und Réunion haben seit langer Zeit
die Ostküste von Madagaskar mit ihrem schlechten Fabrikat berieselt und
die gutmüthigen Schwarzen damit dem Ruin entgegengeführt. In den
Küstendörfern kann man jeden Abend die Schnapsbuden von Männern
und Weibern dicht belagert sehen, und bei den Klängen der Ziehharmonika
herrscht da das richtige schnapsverlotterte Leben.

Es ist dies sehr zu bedauern, da der Betsimisaraka sonst arbeitsam
ist und für den zukünftigen Plantagenbetrieb billige und brauchbare
Arbeitskräfte liefern könnte. Wenn nicht in Bälde solide europäische
Kolonisten die noch vorhandenen guten Elemente retten, so geht dieser
Stamm dem völligen Untergange entgegen.

Der Stamm der Sakalaven.

Die ganze Westküste der Insel wird von Völkerschaften bewohnt,
welche unter der Collectivbezeichnung Sakalaven zusammengefaßt werden
und ohne Zweifel zu den interessantesten Bewohnern von Madagaskar
gehören.

Eine zuverlässige Darstellung ihres physischen Charakters und ihres
geistigen Wesens fehlt uns zur Zeit noch.

Doch hat in neuester Zeit Walen über die Südsakalaven einige
nicht uninteressante Beobachtungen veröffentlicht.

Die von ihnen bewohnten Länderstriche scheinen überall fruchtbar
zu sein, und eine gewisse Wohlhabenheit ist vielfach anzutreffen.

Ueber den Charakter der Sakalaven gehen die Urtheile sehr weit auseinander, ich finde vereinzelte Angaben, welche anerkennend lauten; aber die Mehrzahl der Urtheile lautet ungünstig und schildert die Sakalaven als verschlagen, diebisch, roh und der Trunkenheit ergeben, als eine gefährliche Gesellschaft, vor welcher der Europäer stets auf der Hut sein muß.

Als verwegene Seeräuber machten sie den Kanal von Mozambique unsicher und plünderten die Kauffarteifahrzeuge, bis man sie energisch züchtigte.

Fig. 40.

Ein Sakalave.

Die Ermordung des hoffnungsvollen Reisenden Dr. Rutenberg im Gebiet der Sakalaven war auch nicht dazu angethan, für dieses Volk ein günstiges Vorurtheil zu erwecken.

Und dennoch wage ich es, für dieses originelle Volk ein gutes Wort einzulegen und einige Meinungen zu berichtigen.

Ich lernte viele Sakalaven kennen und konnte von Europäern, welche ihr Gebiet bereisten oder als Händler unter ihnen gelebt haben, viele werthvolle Aufschlüsse erhalten.

Ich glaube, daß man den Nordſakalaven vom Südſakalaven unterſcheiden muß. Im Südweſten leben einige Stämme, mit denen der Verkehr etwas ſchwierig ſein ſoll und welche auch der Trunkenheit ergeben ſind. Europäiſche Händler wurden oft von ihnen geplündert; aber ein erfahrener und zuverläſſiger Europäer, welcher jene Gegenden oft beſuchte, verſicherte mich, daß auch der Charakter der ſüdlichen

Fig. 41.

Sakalavenfrau aus Majunga.

Sakalaven in Grunde nicht bösartig ſei, dieſelben dagegen heute noch vom Araber aus Geſchäftsneid fortwährend gegen die europäiſchen Handelsleute aufgewiegelt werden.

Die Nordſakalaven verdienen den ſchlimmen Ruf nicht, ſie haben mich perſönlich ſehr angeſprochen, und ich kounte, je mehr ich mit den Leuten in Berührung kam, viele gute Seiten entdecken.

Zur richtigen Würdigung des Volkscharakters muß hervorgehoben werden, daß die Sakalaven halbnomadiſche Stämme ſind, welche zwar vielfach feste Wohnsitze haben, aber dieselben jährlich für kürzere oder längere Zeit verlassen.

Daher finden wir sowohl die guten wie die schwachen Seiten eines Nomaden in ihnen ausgesprochen.

In seinem Auftreten verräth der Sakalave etwas Selbstbewußtes, etwas Stolzes, aber gleichzeitig auch etwas Angenehmes.

Seine Haltung ist eine imponirende.

Anstrengende Arbeit ist nicht seine Sache, das Hauswesen überläßt er den Frauen, das Wanderleben sagt ihm sehr zu.

Abhängigkeit von seinem Herrn behagt ihm nicht, wenn er auch für seinen Häuptling und König eine unbegrenzte Verehrung besitzt. In den europäischen Kolonien hat er daher auch nie zur Plantagenarbeit herangezogen werden können.

Demüthigung und Beleidigungen verträgt der Sakalave nicht, er wird diese nicht offen, aber im Geheimen zu rächen suchen. Den Howa, welcher ihn im Verlauf dieses Jahrhunderts nach und nach unterjochte, haßt er und gibt diesem Haß auf jede Weise Ausdruck. Sogar die gutmüthigen Frauen tragen diesen Haß unverhohlen zur Schau. Als ich eines Tages eine Sakalavenfrau, welche sich in sehr geschmackvollem Kostüm einfand, um sich photographiren zu lassen, ersuchte, ihren bunten Ueberwurf in weiten Falten nach Art einer Lamba anzuordnen, antwortete diese sofort ganz empört: „Ich will nicht aussehen wie ein Howa."

Gastfreiheit wird auch von den Sakalavenstämmen geübt, und der Europäer wird von ihnen im Ganzen gut aufgenommen und freundlich behandelt.

Man hat ihnen nachgesagt, daß sie in hohem Grade diebisch seien und den Fremden bestehlen, wo sie können.

Für die ganz im Süden wohnenden Sakalaven scheint dies richtig zu sein, da auch Walen diese Eigenschaft hervorhebt.

Für die nördlichen Sakalaven muß ich den diebischen Charakter verneinen und halte sie im Großen und Ganzen sogar für recht ehrlich. Die Händler von Nossi-Be, welche oft nach den hauptsächlichsten Küstenplätzen reisen, um ihre Waaren abzusetzen, hatten keineswegs über den diebischen Charakter zu klagen.

In den Dörfern sah ich oft Leute ihre Wohnung verlassen, ohne die Thüren zu schließen. Sie lehnten einfach einen Stock an die Hausthüre, zum Zeichen, daß der Besitzer abwesend sei, und dieses Zeichen wird fast immer respectirt.

Ich sah Leute ihr Geld unverschlossen in einer Schale oder in einer Tasse liegen lassen und ausgehen, was doch auf ziemliche Ehrlichkeit hinweist. Strolche gibt es natürlich auch hier wie in der ganzen Welt.

Die mir zu Gesicht gekommenen Sakalaven gehören einem kräftigen und ungewöhnlich schönen Menschenschlage an, sie bilden ohne Zweifel einen der besten Stämme der Völker Ostafrikas.

Die Männer sind fast nie unter Mittelgröße und muskulös gebaut, dabei aber sehr schlank.

Die Kopfbildung ist mesocephal. Das Gesicht durchschnittlich länger als beim Ostmadagassen und zeigt nicht selten einen sehr feinen Ausdruck.

Es läuft bei Männern auffallender als bei den Frauen nach dem verlängerten Kinn spitz zu.

Während die Betsimisaraka einen schwachen Bartwuchs besitzen, ist der Sakalave vollkommen bartlos.

Nicht daß er etwa den Besitz eines Bartes als gering ansehe, im Gegentheil — die jungen Bursche sagten mir oft, daß sie auch gern einen Bart haben möchten, aber es wächst ihnen eben keiner.

Die Stirn ist schön gewölbt und vortretend, wie denn die Sakalaven im Ganzen sehr intelligent sind.

Der Arcus superciliaris ist kräftig und stark vorspringend, sodaß die schwarzen Augen tief zu liegen kommen.

Die Behaarung ist vollkommen kraus, aber nie büschelartig. Die Backenknochen treten stärker als beim Ostmadagassen hervor.

Die Nase ist breit, ihre kräftigen Flügel weit. Sie ist stark vor= tretend, ohne je gebogen zu sein.

Der Mund ist groß und von kräftigen Lippen umrahmt. Daß eine schiefe Stellung der Zähne vorkomme, wie Hildebrandt angab, habe ich nie beobachten können.

Der Brustkasten ist breit und sehr kräftig.

Die Hautfarbe ist vollkommen schwarz.

In der Kleidung macht sich vielfach der arabische Einfluß geltend.

Eine Kopfbedeckung sah ich nie tragen. Um die Lenden wird ein weißes Baumwolltuch oder ein blaues oder rothes Maskattuch getragen.

Im Winter dient eine Flanelljacke zum Schutz gegen die rauhe Witterung.

Die Männer sind lebhaft, dem Fremden gegenüber höflich; aber eine gewisse Verschlagenheit ist nicht selten zu beobachten, sobald man sie über irgend etwas ausfragt. Sie geben, wenn sie einer Sache nicht ganz trauen, gern ausweichenden Bescheid.

Die Knaben dagegen, deren Bau ein zarter ist, sind viel offener und dem Fremden gegenüber sehr dienstfertig. Ihr munteres Wesen und ihre große Lebhaftigkeit spricht sehr an, dagegen sind sie auch zu nichtsnutzigen Streichen stets aufgelegt.

Sie jagen mit ihren langen Blasrohren allerhand kleines Gethier und gehen mit viel Verwegenheit auf den Bäumen den lebenden Vögeln nach, um sich einigen Erwerb zu verschaffen.

Der Küstensakalave betreibt den Fischfang ziemlich stark. Seine langen und schmalen Boote sind mit riesigen Auslegern versehen. In der Schifffahrt ist er ebenso gewandt als verwegen.

Daneben wird Reisbau und Viehzucht ziemlich stark betrieben.

Das Handwerk steht auf einer niederen Stufe. Die Weberei wird überall betrieben und aus Rofiafasern das dauerhafte Rabanzeug gefertigt, welche Arbeit jedoch mehr den Frauen überlassen ist. Im Norden wird die Töpferei nicht ohne Geschick betrieben, und ich erhielt in NossiBe schön gearbeitete Kullen von geschmackvoller Gestalt. Diese Krüge werden gebrannt und mit Graphit überzogen.

Auch die Holzschnitzerei wird geübt. Die Knaben fertigen allerlei Phantasieartikel aus Holz, und die Erwachsenen schnitzen oft ganz kunstvolle Löffel.

Verschiedene Spiele, namentlich ein Brettspiel, bei welchem als Kugeln die Samen von Guilandina benutzt werden, sieht man oft mit Leidenschaft pflegen. Ringkämpfe sind vielfach beliebt.

Merkwürdige und imposante Gestalten bilden die Sakalavenfrauen. Sie sind das, was wir uns etwa unter einer wilden Schönheit vorstellen, und wer diese merkwürdigen Gestalten mit ihrem phantastischen Haarputz und ihren blitzenden Augen zum ersten Male erblickt, wird beinahe von einem Gefühl der Furcht beschlichen.

Ich mußte mir sagen, daß solche afrikanische Weiber allerdings im Stande waren, ein Geschlecht von verwegenen Seeräubern zu erzeugen.

Aber mit diesem beinahe wildphantastischen Aeußern steht die außerordentliche Gutmüthigkeit dieser Frauen in einem seltsamen Widerspruch.

Die Sakalavenfrauen sind auffallend groß und nicht selten von einer Plastik des Körpers, wie man sie in germanischen Ländern allenfalls in Bayern oder in Tyrol antrifft.

Die Hautfarbe ist bald vollkommen schwarz, bald dunkelbraun, die Formen durchschnittlich edler, als man sie bei Negerfrauen antrifft. Es gibt unter ihnen wirklich schöne Gestalten. Die Gesichtszüge sind lebhaft

Fig. 42.

Sakalavenmädchen.

und angenehm. Nur die platte, oben eingedrückte Nase, welche bald genug die afrikanische Abstammung verräth, verhindert, daß man bei ihnen von tadelloser Gesichtsbildung sprechen kann. Doch gibt es auch Gestalten mit edler geformten Nasen.

Das schöne, klare und feurige Auge der Sakalavenfrau bildet ohne Zweifel ihre Stärke, es ist bei edleren Gestalten zuweilen nach Art der

21*

orientalischen Frauen mandelförmig geschlitzt. Eine besondere Sorgfalt wird auf die Pflege des reichen Haares verwendet, und die Toilette füllt die meiste freie Zeit aus, da die Haarfrisur oft zweimal im Tage gewechselt wird.

Fig. 43.

Sakalavenmädchen mit kappenartiger Haartracht.

Beim Durchwandern der Dörfer begegnet man dem gewöhnlichen Bilde, daß diese Schönen auf dem Bauche am Boden liegen und sich von einer Freundin oder einer Sklavin die Haare frisiren lassen.

Die Betsimisarakafrisur wird niemals getragen, denn diese Frauen besitzen einen feineren Geschmack.

Meist wird das reiche Haartoupée gescheitelt und in zahlreiche Zöpfe geflochten, welche in wallnußgroße Haarkugeln endigen. Oder die Zöpfe werden am Ende offen gelassen, sodaß sie wie Dochte erscheinen und horizontal zu beiden Seiten abstehen. Zuweilen wird auch eine Art Haarkappe geflochten, indem die Flechten in bogenförmigen Leisten nach hinten verlaufen, oder die Frisur besteht in 20—30 Haarkugeln, welche dicht aufsitzen. Der Phantasie ist da ein weiter Spielraum gelassen und eine nicht ungewöhnliche Koketterie leicht zu beobachten.

Das Gesicht wird vielfach mit weißen oder gelben Schönheitstupfen und Sternchen bemalt, was vor dem Spiegel mit großer Sorgfalt ausgeführt wird.

Häufig werden auch die Lider geschwärzt. Ich sah vielfach auch Frauen herumlaufen, welche ihr Gesicht mit einem weißen oder gelben Teig beschmiert hatten, was ganz scheußlich aussieht. Es ist diese Schminke kein Schönheitsmittel, sondern, wie mir die Leute erklärten, ein Mittel, um das Kopfweh zu vertreiben.

Als Bekleidung dient der Simbu, d. h. ein farbiges Tuch, welches als Ueberwurf um die Schultern geschlungen wird. Ein zweites Tuch wird um die Lenden geschlungen und als Rock getragen.

Auch die vornehmen Frauen gehen stets barfuß.

Auffallend ist der zierliche Bau der Hände und Füße. Schmuck ist sehr beliebt, und wohlhabendere Frauen tragen nach dortigen Begriffen an ihrem Körper ein kleines Vermögen.

Der Hals wird mit schweren silbernen Ketten behangen oder trägt Glasperlen und Korallenschnüre. Die Finger sind mit silbernen Ringen dicht besetzt, ebenso die Zehen. Ohrringe werden gelegentlich auch von Männern getragen. An den vollen Armen prangen schwere Armbänder aus echtem Metall.

Das Wesen dieser Frauen ist ein gutmüthiges, heiteres und phantasievolles, sie lieben Musik und Gesang. Wenn sie den Tag über mit vielem Fleiß ihr Hauswesen besorgt haben, so finden sie sich in Gruppen zusammen und lassen ihre eintönigen Melodien ertönen.

Sie verblühen auffallend langsam und ergrauen erst im hohen Alter. Ich sah eine Großmutter, die noch als eine jüngere Frau gelten konnte.

Die Sakalavenfrauen besitzen eine Eigenschaft, welche sie vortheilhaft vor denen aller anderen Stämme auszeichnet: sie halten strenge auf Ordnung im Hauswesen und zeigen eine musterhafte Reinlichkeit in der Führung desselben.

Ihre Wohnungen, welche durchschnittlich besser sind als im Osten, sind denn auch nicht selten recht hübsch eingerichtet, sauber und mit vielen Luxusgegenständen ausgestattet.

Es ist wohl ein Vorrecht der Frau, in Ausstattung der Wohnung, im Luxus mit Bezug auf Kleidung und Schmuck einen Ersatz für die ihr einseitig überbundene Führung der Haushaltung zu suchen.

Die Sakalaven im Nordwesten sind der Trunksucht weniger allgemein ergeben als die Stämme im Osten, und daß auch die moralischen Zustände bessere sind, dafür spricht wohl das gute Aussehen der Bevölkerung und der größere Reichthum an Kindern.

Einen Familiensinn, eine Anhänglichkeit gegenüber Eltern und Verwandten konnte ich häufig beobachten.

Die Geschwisterliebe soll vielorts so groß sein, daß der Tod eines Kindes den Selbstmord eines seiner Geschwister zur Folge hat.

Die Sakalavenfrauen betrachten es als ein Unglück, keine Kinder zu besitzen, und da auffallende Steine häufig den Gegenstand einer besonderen Verehrung bilden, so wallfahrten unfruchtbare Frauen in Nordmadagaskar nach einem berühmten Stein, dessen Name durch unseren Ausdruck „Kindlistein" fast getreu übersetzt wird.

Als gewecktes und sehr phantasievolles Volk haben die Sakalaven zahlreiche, zum Theil recht anziehende Legenden erfunden, und zukünftige Forschungen dürften sehr interessante Einblicke in die Volksphantasie gewähren.

Höchst sonderbare Gebräuche herrschen bei Traueranlässen. Ich hatte Gelegenheit, die Ceremonien mit anzusehen, da ich zufällig in ein Dorf kam, in welchem eine wohlhabende Frau an einem Schlag= anfalle starb.

Man gestattete mir, das Trauerhaus zu betreten, bemerkte aber, daß das Opfer eines Weißen die Ehre der Todten besonders erhöhe und ich daher zwei Flaschen Rum mitbringen möge, wozu ich mich gern verstand.

Kurz nach dem Tode wurde die Leiche in weiße Tücher gehüllt und neben derselben mehrere Töpfe mit Räucherwerk unterhalten. Die Leiche wurde stets von einer Menge von Klageweibern umstanden, welche den ganzen Tag Trauergesänge absangen. In einem zweiten Hause waren die männlichen Verwandten versammelt und zerflossen in Thränen. Klageweiber suchten Tröstung zu spenden.

Vor den Häusern spielte eine Howamusik, bestehend aus zwei Trommlern und zwei Violinspielern.

Von Zeit zu Zeit zog die Musik langsamen Schrittes um die Wohnungen, gefolgt von Männern und Frauen.

Im Hofe wurde ein fetter Ochse geschlachtet, die vier Füße ab= geschnitten und auf einen Sandhaufen gestellt. Die Trauerversammlung wurde mit Reis, Fleisch und Rum bewirthet.

Zuerst wurden die Eingeweide abgekocht, dann das Fleisch, an welchem man Haut und Haare sitzen ließ.

Am folgenden Tage wurde die Leiche in aller Frühe etwa 1¹/₂ Stunde weit weggetragen.

Als Särge verwendet man ausgehöhlte Baumstämme oder zimmert sie zuweilen aus Brettern. Die Todten werden nicht eigentlich begraben, sondern nur lose zugedeckt. Die Grabstätte wird durch ein kleines Fähnlein bezeichnet. Neben dem Kopfe wird eine Flasche und ein Teller mit Reis aufgestellt, damit der Todte sich auf seiner ewigen Reise stärken kann.

Man liest mehrfach, daß die Sakalaven ihre Todten sehr lange behalten und erst nach Wochen begraben. Das ist nach den eingezogenen Erkundigungen dahin zu berichtigen, daß dies nur bei hohen Personen, bei Fürsten gebräuchlich ist. Die Leiche wird dann aufgebahrt und während 20—30 Tagen täglich umlagert. Sollte jemand die Unvor= sichtigkeit begehen, sich über den schlechten Geruch zu beklagen, so folgen grausame Züchtigungen.

Das Volk der Sakalaven ist tapfer und numerisch den Howa über= legen. Es besaß daher vormals die Herrschaft und hat sie erst mit Beginn dieses Jahrhunderts abtreten müssen. Die Zersplitterung in viele kleine Königreiche und die Uneinigkeit der Stämme führten den Verfall herbei.

Die Oberherrschaft der Howa ist jedoch mehr eine nominelle und erstreckt sich auf einige wichtige Küstenpunkte.

Einzelne Fürsten haben sich unter den Schutz der Franzosen begeben. Mit dem Vertrage von 1885 fallen diese Gebiete jedoch wieder an die Howa zurück.

Es herrscht deswegen große Unzufriedenheit, und die Sakalaven beklagen sich, daß sie von ihren bisherigen Freunden im Stiche gelassen wurden.

Die hübsche Königin Binao, welche an der Bai von Passandava ein Königreich besitzt und sich unlängst mit großem Pomp von dem Kommandanten von Nossi-Bé krönen ließ, hat sogar einen langen Brief an den Präsidenten der französischen Republik schreiben lassen, um Schutz gegen die Howa zu erlangen. Dieser Brief hat ein gewisses Aufsehen erregt, bisher aber noch keine praktischen Folgen gehabt.

Schließlich seien noch einige Bemerkungen über den im äußersten Norden der Insel wohnenden Stamm der Antankaren hinzugefügt. Er gilt als kriegerisch, war einst wohlhabend, ist aber gegenwärtig verarmt. Ich lernte das Volk nur auf der Durchreise kennen, habe aber den Eindruck erhalten, daß es den Sakalaven nahe steht. Körperlich weichen die Antankaren jedoch ab und stehen in der Mitte zwischen den Sakalaven und den Betsimisaraka der Ostküste. Die Statur ist ungemein kräftig, und einzelne Antankarenfrauen fallen durch ihre bedeutende Körpergröße auf. Aber die Gesichtsbildung, namentlich das kurze, spitze Kinn erinnert an den Betsimisarakastamm.

Die Haartracht der Frauen besteht aus zahlreichen Zöpfchen, welche auf den Nacken herabfallen. Da die neuen Erwerbungen der Franzosen in ihrem Gebiete liegen, dürfte man über deren Sitten bald näheren Aufschluß erhalten.

Sucht man nach den Affinitäten der kraushaarigen, nichtmalayischen Küstenmadagassen, so verräth ihre Gesichtsbildung, am deutlichsten ihre Nasenbildung, daß sie afrikanischer Herkunft sind.

Wir dürfen dabei weniger an die Kaffernbevölkerung Südafrikas und an die Galla- und Somalivölker Ostafrikas denken, als an die Stämme an der Suaheliküste.

Die Zanzibarleute und die Schwarzen von Mozambique, welche ich zu sehen bekam, hatten eine unleugbare Aehnlichkeit mit den Sakalaven, und es ist auffallend, wie leicht sie die letzteren verstehen, auch die Sakalaven ohne Schwierigkeit die Suahelisprache erlernen.

Die Komorenleute der Insel Johanna gehören ebenfalls in diese Völkergruppe. Man schreibt ihnen zwar arabische Abstammung zu, es muß aber bemerkt werden, daß man mit dem Begriff Araber in Ostafrika wenig genau umgeht. Es scheint mir das Naturgemäßeste, daß die Insel Madagaskar zuerst von der Suaheliküste aus bevölkert wurde und die erste Besiedelung im Westen erfolgte, dann vom Norden aus sich auf die Ostküste ausdehnte und dort die volkreichen Betsimisarakastämme und Betsileo nach dem Innern der Ostseite vordrangen.

Die Straße von Mozambique konnte kein allzugroßes Hinderniß bilden.

Erst später erschien der Howa aus dem Osten oder Südosten. Er hat mit dem Afrikaner nichts zu thun, ist echter Malaye, vielleicht das begabteste Glied der malayischen Völkergruppe.

Wann diese Völkerbewegungen sich vollzogen, darüber fehlen uns historische Zeugnisse, und es fragt sich, ob wir nicht eine Handhabe besitzen, um einen ungefähren Schluß auf die Zeitperiode der ersten Einwanderung zu ziehen.

Man gestatte mir, hier auf einen Gesichtspunkt aufmerksam zu machen, der, soviel ich weiß, bisher noch nicht verwerthet wurde.

Die Insel Madagaskar besaß eine oder wahrscheinlich mehrere Arten großer Vogelformen, welche den Straußen angehörten und flugunfähig waren. Schon Marco Polo hat im 13. Jahrhundert davon berichtet, und obschon dies in einer etwas herausgeputzten Art und mit unwahr= scheinlich klingenden Angaben geschah, so hat später sein Bericht doch eine Bestätigung erfahren.

Daß Aepyornis maximus zu Marco Polo's Zeiten noch gelebt hat, erscheint durchaus wahrscheinlich, oder dann war er erst kurz vorher ausgestorben und lebte noch deutlich in der Erinnerung fort.

Nun sehen wir mehrfach, daß flügellose Vögel, welche auf un= bewohnten Inseln lebten, sehr rasch im Kampf ums Dasein untergehen, wenn der Mensch auf ihrem Schauplatz erscheint.

In historischer Zeit hat sich dieses Schauspiel mehrfach wiederholt. Auf Mauritius verschwand die Dronte (Didus ineptus). Auf Réunion, wo die Dronten wohl auch lebten, ging das blaue Sultanshuhn ver= loren; auf Rodriguez mußte der Solitaire (Didus solitarius) dem Menschen weichen. Auf Neuseeland starben die Moas aus und die Kiwis gehen dem gleichen Schicksal entgegen.

Kann nicht das gleiche Schauspiel sich auch auf Madagaskar voll= zogen haben?

Die heutigen Madagassen, namentlich die Sakalaven des Westens, sind im Fang der Thiere nicht ohne Gewandtheit. Die großen Vögel wurden von ihnen erlegt oder vielleicht mehr noch durch Vernichtung der Eier decimirt, sodaß sie nach und nach ausstarben.

Daraus ginge hervor, daß es eine Urbevölkerung von Madagaskar gar nicht gibt und eine stärkere Besiedelung der Insel erst spät, vielleicht gegen das Jahr 1000 unserer Zeitrechnung, begann.

Ich spreche hier nur eine Vermuthung aus, aber analoge Vorkommnisse dürften die Berechtigung derselben darthun.

XVII.

Letzte Wochen in Madagaskar. — Abschied und Heimkehr.

Ich kehre nach einer Umschau auf verschiedenen Gebieten nochmals zu einigen persönlichen Erlebnissen zurück.

Nach meiner Ankunft vom Lande der Sakalaven bezog ich meine alte Wohnung in Tamatave. Die Madagassen waren während meiner längeren Abwesenheit nicht unthätig gewesen und hatten Vieles hergetragen. In meinem Hofe hatte ich eine stattliche Menagerie von Lemuren und anderen größeren Geschöpfen.

Allein die bisherigen Anstrengungen waren nicht spurlos vorüber- gegangen. Ich fühlte mich durch die fortwährende geistige und körperliche Anstrengung derart erschöpft, daß ich zunächst an eine Verarbeitung des gesammelten Materials nicht denken konnte und mir einige Tage absoluter Ruhe gönnen mußte.

Das tägliche Beobachten, die größeren Ausflüge, die zunehmende Hitze, das genaue Eintragen aller Resultate und das Abfassen größerer Correspondenzen, welche mit jeder Post abgehen mußten, dann vielfach Mangel an bequemer Einrichtung hatten mich ziemlich schlaff gemacht.

Ich versuchte mich zu kräftigen, und bei diesem Bestreben war ich auf dem Punkte, gerade da auf die größte Gefahr zu stoßen, wo ich sie am allerwenigsten vermuthete. Ich war, nachdem ich überall mit der größten Vorsicht reiste, aus Unkenntniß einem außerordentlichen Leichtsinn anheimgefallen.

Ich fühlte das Bedürfniß nach erquickenden Bädern, und in dieser Hinsicht ist man in Tamatave etwas ungünstig situirt.

Ein größeres Wasserbecken ist in der nächsten Umgebung nicht vor- handen. Nach dem Fluß zu gehen und dort zu baden, ist der vielen Krokodile wegen gefährlich.

Ich zog daher die Meerbäder vor. Der Strand ist sandig und flach, man kann sich einige hundert Meter ins Meer hinauswagen, ohne den Boden unter den Füßen zu verlieren.

Die brandenden Wogen wirkten erfrischend und ich schwamm wiederholt weit hinaus.

Man warnte mich eindringlich, da die Haifische häufig an der Küste erscheinen sollen. Ich hatte schon so oft und so seltsame Haifisch-historien erzählen hören, daß ich mich denselben gegenüber etwas kritisch verhielt und vieles auf Rechnung der Phantasie der Seeleute zu schreiben geneigt war. Ich erinnerte mich ferner, derartige Haifischerzählungen meistens um die Hundstage herum gelesen zu haben.

Allein ein gräßlicher Vorfall belehrte mich, wie furchtbar die Gefahr war, in welcher ich schwebte.

Ich hatte inzwischen einen Zimmergenossen erhalten, derselbe war ein französischer Offizier aus dem Departement Bar, welcher sich im Urlaub befand und mit dem nächsten Dampfer nach Frankreich zurückzukehren gedachte. Derselbe machte mir einen sehr guten Eindruck, indem er etwas mehr als gewöhnliche Bildung besaß und eine recht interessante Bibliothek in seinen Koffern verpackt hatte, meistens Reisewerke und Schriften über Madagaskar, aus welchen er sich Belehrung verschaffte.

Derselbe begleitete mich meist bei meinen Ausgängen und nahm ebenfalls Meerbäder.

Eines Tages stand er ahnungslos im Wasser, als er plötzlich einen durchdringenden Schrei ausstieß und rasch von der Oberfläche verschwand. Ich glaubte er wollte sich in einem Anfall von Wahnsinn ertränken, allein eine vom Blute geröthete Stelle ließ auf ein Unglück schließen.

Ein in der Nähe stehender Schwarzer eilte auf die Stelle zu und zog meinen Genossen als Leiche heraus.

Der Anblick war grauenerregend. Die halbe Bauchdecke war abgerissen und aus dem Oberschenkel einige Kilogramm Fleisch herausgebissen, die Schenkelarterie geöffnet.

Eine gefräßige Haifischbestie hatte ihn von vorne gepackt.

In der Stadt entstand eine sehr erklärliche Aufregung, die Militärpolizei sorgte für Unterbringung des Leichnams im Hospital und erschien in meinem Zimmer, um ein Inventar über den Nachlaß aufzunehmen und die Versteigerung desselben anzuordnen.

Vielfach hatte sich das Gerücht verbreitet, ich sei das Opfer geworden, in einem Magazin fragte man mich sogar ganz naiv, ob ich noch am Leben sei.

Die Scene machte auf mich einen äußerst widerwärtigen Eindruck.

Auf dem Felde der Ehre zu fallen hat etwas Tröstliches, aber in feiger Weise von einer heimtückischen Bestie des Meeres überfallen und vernichtet zu werden, erscheint als ein klägliches Ende. Die darauf folgende Nacht quälte mich mit widerwärtigen Träumen, in welchen ich fortwährend meine kostbaren Sammlungen versteigern hörte. Ich ärgerte mich über die Verschleuderung meiner schönsten Sachen, deren Erwerbung mir so viel Mühe gekostet hatte.

Beim Erwachen hatte ich einen regelrechten Katzenjammer, wie man ihn theoretisch nicht vollkommener construiren kann.

Am folgenden Tage ging ich hinter dem Sarge meines Genossen her, die Militärmusik blies ihrem Waffengenossen zu Ehren die Fanfaren und in Tamatave wird man sich noch lange des Begräbnisses des beliebten Lieutenants Doncel erinnern.

Mittlerweile hatte sich auch die politische Situation stark verändert und wurde täglich düsterer. Da ich stets zuverlässige Informationen einziehen konnte, blieb mir der Zustand der Dinge nicht unklar.

Die Berichte aus der Hauptstadt lauteten schlecht und der Generalresident Le Myre de Vilers stellte die Wiederaufnahme der Feindseligkeiten in Aussicht.

Der meist etwas angeduselte Redacteur eines in Tamatave erscheinenden französischen Blattes, das übrigens die unsinnigsten Dinge druckte, rasselte in jeder Nummer mit dem Säbel.

Mein alter Bekannter Ranandresa, der in die tieferen politischen Geheimnisse eingeweiht war, hatte fortwährend schlechte Laune, so oft ich ihm begegnete — ein Zeichen, daß nicht alles nach Wunsch ging. Eine hochgestellte Persönlichkeit, welche sich nach Antananarivo hatte begeben sollen, reiste plötzlich nach Paris ab — ich hielt mich für alle Fälle zur Einschiffung nach Réunion bereit.

Die Engländer hatten ohne Zweifel ihr altes Intriguenspiel mit Erfolg wieder aufgenommen und den Franzosen stark entgegengearbeitet. Sie boten der Howaregierung Geld an, um die Stadt Tamatave auszulösen.

Allein der französische Resident berief sich auf den Friedensvertrag, wonach das Howaministerium ohne seine Einwilligung keine Unterhandlungen finanzpolitischer Art mit einer fremden Nation pflegen darf. Ferner verlangte er, daß endlich die Abgrenzungsarbeiten in dem neuerworbenen Gebiet von Diego Suarez an die Hand genommen werden, denen der Premierminister immer auswich.

Ein Bruch schien unmittelbar bevorstehend, und wir erwarteten täglich die Nachricht von der Abreise des Residenten.

Aber plötzlich gab das Howaministerium nach, und es erklangen auf einmal sehr friedliche Weisen von der Hauptstadt her. Alles wurde zugestanden, die Uebergabe von Diego erfolgte sofort und zwar ein viel größeres Gebiet, als ursprünglich vereinbart war; die Unterhandlungen mit den Engländern wurden fallen gelassen und der Bau einer Telegraphenlinie von der Hauptstadt nach der Küste zugesagt.

Es trafen dann auch bald Abgeordnete französischer Finanzkreise ein, um den Howa das nöthige Geld vorzustrecken.

Bald rückte auch ein großer Stab von Howageneralen ein, um sich an Bord eines französischen Kriegsschiffes zu begeben und die Grenzen der abgetretenen Gebiete festzustellen.

Ich genoß das originelle Schauspiel, diesen imposanten Einzug mit anzusehen, es war mir das ein wohlthuender Ersatz für das leider verschwundene Kasperletheater.

Es war ein nicht enden wollender Zug. Die Herren Obersten und Generale saßen mit einer Würde in ihrer Filanfana, welche deutlich genug ihre hohe Mission erkennen ließ.

Was an Theaterfräcken, Dreimastern, Offizieruniformen europäischer Seeleute aufzutreiben war, schmückte diese Gestalten, in der Auswahl der Uniformen ist der Phantasie dieser Würdenträger der schrankenloseste Spielraum gelassen.

Was an der ganzen Gesellschaft noch einen vernünftigen Anstrich hatte, das waren ihre Franen, welche in großer Toilette einzogen. An dem weißen Unterkleide fehlte es nicht an Spitzen und das zartrothe Ueberkleid, der mit farbigen Seidenbändern verzierte Strohhut, unter welchem ein dunkles und ausdrucksvolles Augenpaar hervorleuchtete, kleidete diese barfüßigen Generalsdamen recht gut.

Rührend war es, die Träger mit dem ganzen Mobiliar vorbeiziehen zu sehen. Da folgten Blechkisten, Kochtöpfe, Sessel, Bettzeug u. s. w.

Ja ein in der Kultur offenbar sehr vorgeschrittener General mit schreiend rother Uniform führte sogar jenes unentbehrliche irdene Gefäß mit, welches man zur Nachtzeit immer in der Nähe des Bettes unterzubringen pflegt.

Ich folgte dem phantastischen Zuge nach dem Landungsplatze, wo sich bald bunte Gruppen bildeten. Die Frauen lagerten sich auf den herumliegenden Kisten und Ballen, ihre Männer verhandelten mit dem französischen Militärkommando.

Es kam mir hierbei vor, als dürften einige der Herren Howa-obersten mit der Seife etwas weniger spärlich umgehen.

Damit es an Aufregung nicht fehle, ertönte in der darauf folgenden Nacht die Sturmglocke. Ein großes Haus gegen die Pointe Hastie hinaus stand in vollen Flammen, es brannte der Palast des einstigen Königs René von Tamatave.

Da außer dem aufgesammelten Regenwasser um die Stadt herum keine größeren Wasserbehälter vorkommen, entstand eine ziemliche Calamität, und anfänglich herrschte eine große Verwirrung. Eine Menge Volk sammelte sich an und das Löschen wurde in einer höchst originellen Weise bewerkstelligt.

Die Howabeamten begannen alle Schwarzen einzufangen und auf den Brandplatz zu treiben; erst wurden die brennbaren Gegenstände in der Umgebung weggerissen und nachher die Madagassen in möglichst geschlossener Reihe aufgestellt, um mit den Händen möglichst viel Sand ins Feuer zu werfen.

Eine solche Scene um die mitternächtige Stunde hat etwas Wildphantastisches, da dieses Löschen mit einem wahren Huronengeheul erfolgte. Ich muß übrigens anerkennen, daß die eingeborene Polizei viel Umsicht und Kaltblütigkeit bewies.

Das europäische Element in Tamatave begann, diese Beobachtung drängte sich schon bei meiner Rückkehr auf, in erfreulicher Weise zuzunehmen. Handwerker und Geschäftsleute stellten sich mit jedem ankommenden Dampfer ein. Mit den Eingeborenen wurden Verträge über zu erwerbende Ländereien abgeschlossen, die flüchtigen Kolonisten, denen die Aushändigung der Kriegsentschädigung in naher Aussicht stand, kehrten wieder ins Land zurück.

Es ist lebhaft zu hoffen, daß die große Insel einer baldigen und großartigen Kolonisation entgegengehe, und die Zeit dürfte nicht mehr

ferne fein, in welcher endlich ein dauerndes Aufblühen der von Natur
überreich gefegneten Infel ftattfindet.

Frankreich hat diesmal einen Fehler vermieden, der in Madagaskar
ebenfo verhängnißvoll werden müßte, wie anderswo, es hat zu Anfang
einen Nichtmilitär mit der Ueberwachung feiner Intereffen belehnt.

Der diplomatifche Apparat, welcher entfaltet wird, ift ein recht
anfehnlicher. Frankreich unterhält in der Hauptftadt einen General=
refidenten, welcher eine Befoldung von 60000 Franken bezieht. Ihm
find zwei Hülfsrefidenten beigegeben mit 20000 und 12000 Franken
Gehalt, ferner ein befonderer Kanzler, ein Arzt und zwei Commis.

Dazu kommen noch zwei Vicerefidenten in Tamatave und Majunga.
Die jährliche Ausgabe für die Vertretung in Madagaskar kommt Frank=
reich auf etwa 300000 Franken zu ftehen. Ferner find regelmäßige
Dampferlinien nach den Hauptplätzen der Küfte eingerichtet, fo daß der
Eröffnung des Landes nach allen Richtungen Rechnung getragen ift.

Allerdings hat man noch mit den klimatifchen Factoren zu rechnen,
und in der öffentlichen Meinung ftcht das Klima der Infel in dem
denkbar fchlechteften Ruf. Wer die Verhältniffe mit angefehen, wird
finden, daß derfelbe unverdient ift. Das Klima ift nicht beffer und
nicht fchlechter als in andern tropifchen Gebieten. Zweckmäßige Lebens=
weife ift allerdings eine unerläßliche Bedingung des Wohlbefindens.
Wer allerdings fo wirthfchaftet, wie dies fo viele franzöfifche Kreolen
zu thun pflegen, wird die bekannten Fieberanfälle und das eigentliche
Wefen des böfen Madagaskarfiebers vollkommen begreifen.

Im Innern, wo noch ungeheure Strecken fruchtbaren Landes fo
gut wie unbenutzt daliegen, ift das Klima gefund.

In einer Zeit, da Europa zu eng geworden und fich entweder
ausdehnen oder aufreiben muß, kann es nicht mehr fraglich fein, daß
diefer Boden europäifchen Unternehmungen erfchloffen werden muß.

Die unumfchränkte Herrfchaft der Howaregierung kann nur noch
von kurzer Dauer fein. Ihre Unabhängigkeit befteht in Wirklichkeit
fchon heute nicht mehr, wenn ihr in dem neuen Vertrag mit Frankreich
auch noch der Schein der Selbftändigkeit belaffen wurde.

Ob Handels= und Freundfchaftsvertrag, ob Protektorat, ob end=
gültige Annexion, das find alles Dinge, welche auf außereuropäifchem
Boden nicht fo fcharf abzugrenzen find, fie gehen alle auf das gemein=
fame Endziel hin, Europa Raum zu fchaffen.

Die Howa sind zwar eifersüchtig auf ihre Rechte und sind nicht ohne juristischen Scharfsinn. Beim Abschluß der Friedensbedingungen mit Frankreich wurde die Tragweite der einzelnen Paragraphen von ihnen mit einer Verstandesschärfe und Beredsamkeit erörtert, welche einem geschulten Juristen alle Ehre gemacht hätte; aber zunächst ist ihnen doch nur eine Vertagung der Annexion zugestanden.

Madagaskar ist für die europäische Kolonisation eine so werthvolle Erwerbung, daß sie nicht mehr aus dem Auge gelassen wird.

Man darf billig fragen, wie es möglich sei, daß diese schöne Insel noch nicht zu einer Kolonie geworden, da doch bereits schon im Jahre 1642 europäische Niederlassungen angelegt und seither wiederholte Kolonsationsanläufe genommen wurden.

Eine Kolonie wird nicht von heute auf morgen geboren, sie muß auch vielfach erst ihre Kinderkrankheiten durchmachen, und Madagaskar ist ein ganz besonderes Schmerzenskind geblieben.

Durchgeht man die Geschichte der Kolonisationsversuche auf diesem Boden, so bildet sie eigentlich bis in die Neuzeit hinein eine fortlaufende Kette von Mißgriffen, ein buntes Gemisch von erust gemeinten, aber in verfehlter Weise ausgeführten Unternehmungen und eine planlose Wirthschaft von Abenteurern.

Schon die ersten Kolonisationsanfänge der Gesellschaft Rigault vom Jahre 1642 an waren unglücklich. Eine Befestigung anlegen, die Eingeborenen zu Lieferungen von Reis, Fleisch und Ebenholz verpflichten, sie ab und zu züchtigen, heißt noch lange nicht kolonisiren.

Der Kolonisation ging die Mission zur Seite; aber die ersten Verbreiter des Christenthums betrieben ihre Sache naiv genug.

Einen einflußreichen Eingeborenen in seiner Wohnung überfallen, ihm Himmel und Hölle vorstellen, seine Götzen zerstören, wie dies einst der Pater Etienne that, ist ein völlig verfehlter Weg.

Man braucht nicht Madagasse zu sein, um zu begreifen, daß eine so stürmische Christianisirung damit endigt, daß der Eingeborene von seinem Hausrecht Gebrauch macht und den Sohn der Kirche etwas unsanft vor die Thüre setzt.

Die späteren Versuche hatten keinen dauernden Erfolg und wurden vielfach durch politische Vorgänge im Mutterlande lahm gelegt.

Den Franzosen wurde ihre Aufgabe in Madagaskar mit Beginn dieses Jahrhunderts immer mehr erschwert.

England war eifersüchtig auf die Unternehmungen im ostafrikanischen Archipel, es setzte sich in den Besitz der Kolonie Mauritius, von wo aus es mit seinem Späherauge die Bedeutung von Madagaskar rasch erkannte und in wahrhaft genialer Weise das französische Ansehen nach und nach zu untergraben verstand.

Es umgarnte in geschickter Weise den Hof von Antananarivo, gewann mit einem Stab von Missionären einen großen Einfluß auf die Bevölkerung, der englische Handel fand kräftige Wurzeln und gute Absatzgebiete in Madagaskar; wird doch offen zugegeben, daß jeder englische Missionär für den englischen Handel 3000 Pfund jährlichen Absatz bedeutet.

Die Jesuitenmission der Franzosen, welche mir im Ganzen keineswegs einen ungünstigen Eindruck machte, hatte immer schweren Stand.

Namentlich neigte der intelligenteste Stamm, die Howabevölkerung, entschieden zu England hin. Ein langer und geräuschloser, aber erbitterter Kampf zwischen England und Frankreich führte endlich zu der jüngsten Katastrophe, welche eine gewaltsame Lösung erheischte.

Frankreich hat durch den neuen Vertrag mit der Howaregierung sein Uebergewicht wiedererlangt, die Eingeborenen mußten weitgehende Zugeständnisse machen. Aber noch auf Jahre hinaus wird England mit der alten Zähigkeit entgegenarbeiten.

Indessen wechseln die Geschicke der Nationen und damit auch ihre Rollen in der Weltstellung. Ein einziges Ereigniß kann bestimmend auf die Entwickelung kolonialer Bestrebungen einwirken.

Es ist zu hoffen, daß der Kleinkrieg europäischer Interessen in Madagaskar einem baldigen Ende entgegengehe, denn Raum ist hier noch für Millionen, und zur Zeit ist die Lage derart, daß die verschiedensten europäischen Nationalen sich ansiedeln können. Der Unternehmungslust eröffnet sich ein dankbares Gebiet.

Nachdem ich bereits ein halbes Jahr von Europa abwesend war, rückte die Zeit der Heimkehr heran. Ich machte mich eigentlich nur ungern mit diesem Gedanken vertraut.

War ich auch fern von der Kultur, so hatte ich doch stets die angenehmste geistige Anregung gefunden. Tag für Tag bot mir eine originelle Welt fremdartige und fesselnde Eindrücke. Allein meine Zeit war abgelaufen. Es folgte noch die weniger unterhaltende Arbeit des Verpackens meiner Sammlungen, welche als reiche Frucht mir eine

bleibende Erinnerung an die Tropen fein follten. Eine ftattliche Schaar
von Eingeborenen schleppte meine Kiften nach dem Landungsplatz. Noch
in den letzten Tagen meines Aufenthaltes strömten werthvolle Gegen=
ftände herbei, ich mußte darauf verzichten, denn es blieb mir kein
Raum mehr.

Die stämmigen Howa trugen mich zum letzten Mal durch die sandige
Straße von Tamatave, und es dürfte wohl geraume Zeit vergehen, bis
ich wieder in der Filanfana sitze.

Unser Dampfer stand zur Abfahrt bereit und machte seine Fahrt
nach der Insel Réunion.

Die klaren Berge von Ostmadagaskar verlor ich nach wenigen
Stunden aus den Augen und schwamm wieder auf offenem Meere.
Dreißig Stunden später tauchte in der Morgenfrühe das Eiland von
Réunion aus den Fluten des Indischen Oceans empor.

Keine Wolke verhüllte die Insel, deren kecke Linien ich stets aus
dem Gedächtniß zeichnen könnte. Die Berge von Salazie, die Massen
des Piton des Neiges hoben sich scharf vom Horizonte ab. Bald durch=
schritt ich wieder die Straßen und Gärten von St. Denis, noch einmal
war mir der unvergleichliche Genuß vergönnt, für einige Tage auf
dieser Perle der oftafrikanischen Inselwelt zu verweilen, da der von
Australien kommende Dampfer noch nicht eingetroffen war.

Ich traf frühere Bekannte, und die geselligen Kreolen interessirten
sich aufs Lebhafteste für meine Erlebnisse in dem Lande der Madagassen.

Da ich monatelang mit der Außenwelt sozusagen gar keine Ver=
bindung mehr hatte, erfuhr ich wieder allerlei, was in Europa vorging.

Am 30. September erschien der „Calédonien" auf der Rhede, um
nach Europa zu fahren. Ich begab mich an Bord und durfte hoffen,
nach einer dreiwöchentlichen Fahrt Europa wiederzusehen.

Das Leben zur See mit seiner Einförmigkeit bildete einen noth=
wendigen und wohlthuenden Gegensatz zu dem bewegten Reiseleben der
vergangenen Monate.

Ich hatte für mein reiches Reiseprogramm eine knapp zugemessene
Zeit zur Verfügung gehabt und war oft in Sorge, bald da bald dort
meine Zeiteintheilung vereitelt zu sehen.

Zwar lief meine Reise wunderbar glatt ab und ungeftraft durfte
ich unter Palmen wandeln, aber ein Rückschlag begann sich geltend zu
machen. Die zahllosen Eindrücke, welche Tag für Tag geordnet werden

22*

mußten und geistig zu analysiren waren, hatten aufreibend gewirkt. Strapazen, welche mit Geistesarbeit verbunden sind, nehmen den Organismus viel schonungsloser mit, als dies in unserem gemäßigten Klima der Fall ist.

Aber die würzige Seeluft wirkt wunderbar stärkend und das heitere gesellschaftliche Leben an Bord bot eine angenehme Abwechselung.

Im leichten Négligé verplauderte man die Morgenstunden, labte sich wieder an europäischer Küche, die Abende unter dem tropischen Himmel wurden uns durch die Gesänge und Deklamationen des lustigen Matrosenvolkes verkürzt.

Der Indische Ocean war auffallend ruhig, von Zeit zu Zeit kam Land in Sicht, und das Gerassel der Ankerketten brachte etwas Abwechselung.

Am 3. October kam bereits die bergige Insel Mahé in Sicht, vier Tage später ließen sich in der Ferne die Küsten des Somalilandes unterscheiden, und wir näherten uns dem Kap Guardafui. Die arabischen Heizer hatten längst nach dem Fels von Aden ausgespäht, auf dem ihre Heimat lag.

Am 8. wurde bei Steamer Point angelegt und ein zwölfstündiger Aufenthalt gemacht. Dann steuerte der Riesendampfer wieder ins Rothe Meer hinein; die verrufene Hitze dieses Himmelsstriches bereitete uns sechs Leidenstage, man athmete wieder auf, als die grotesken Felsmassen des Sinaigebirges sichtbar wurden.

Mit dem ersten Morgengrauen des 14. October erschien der „Caledonien" auf der Rhede von Suez, die Araber kamen in ihren bunten Segelbarken herangefahren, um Datteln und frische Trauben anzubieten, der Aufenthalt war jedoch so kurz als möglich, da wir in der Frühe des Tages in den Suez Kanal einzulaufen hatten, um noch am späten Abend Port Said zu erreichen.

Eine Fahrt durch den Suez-Kanal bietet wenig Reiz, denn der gelbe Wüstensand der Kanalufer ist so ziemlich das Interessanteste, was die Landschaft bietet.

Zudem ist die Fahrgeschwindigkeit der Dampfer herabgesetzt. Beinahe wäre uns das rasche Eintreffen in Port Said vereitelt worden, da vor unserem Schiff ein italienischer Dampfer eingelaufen war und bald glücklich stecken blieb. Nach einer halben Stunde war er wieder flott; um aber einer Wiederkehr dieser unliebsamen Erscheinung vor-

zubeugen, überholte der „Calédonien" das italienische Fahrzeug in den
großen Bitterseen. Die an Bord anwesenden Italiener wurden sehr
empfindlich, daß ihre Nation auf dem Meere so zurückgesetzt wurde; ein
dicker und doch ziemlich heißblütiger Mailänder feuerte durch wiederholte
Rufe seine Landsleute an, sich nicht überflügeln zu lassen, und als dies
dennoch geschah, schickte er dem italienischen Kapitän den nicht gerade
seemännischen Scheidegruß „Asino" hinüber.

Nach Sonnenuntergang befanden wir uns schon bei El Kantara,
glanzvoll erhob sich der Mond als blutrothe Scheibe am Saume der
Wüste und verbreitete sein klares und mildes Licht über die Landschaft,
sodaß ein Aufenthalt im Kanal nicht nöthig wurde und bald nach
Mitternacht Port Said erreicht war.

Am nächsten Morgen erfolgte die Einfahrt ins Mittelmeer, die
flache Küste von Aegypten verschwand, die Meeresoberfläche blieb spiegelglatt, schon am 18. October lief der Dampfer in die schmale Straße
von Messina ein, fuhr gegen Abend desselben Tages an den Liparischen
Inseln vorüber und langte 50 Stunden später in Marseille an.

Ich war wieder auf europäischem Boden, fuhr nach kurzem Aufenthalt das Rhônethal hinauf und langte wohlbehalten in meiner schweizerischen
Heimat an.

Verschwunden waren die farbenreichen Bilder der ostafrikanischen
Inselwelt, verschwunden der heitere Himmel der Tropen; ich war wieder
untergetaucht in den grauen Herbstnebeln Europas.

Verbesserungen.

Seite 246 Zeile 18 von oben ist zu lesen: „Den Einwurf" statt „Der Einwurf".
Seite 260 Zeile 14 von oben ist zu lesen: „Pheidole megacephala" statt „Phei-
dole megacophala".
Seite 260 Zeile 17 von oben ist zu lesen: „Anochetus" statt „Onochetus".

Gedruckt bei C. Polz in Leipzig.

Lightning Source UK Ltd.
Milton Keynes UK
UKHW030115231118
332791UK00011B/823/P